寓义于利

商业银行绿色金融探索与实践

兴业银行绿色金融编写组 ◎ 著

中国金融出版社

责任编辑：亓　霞　任　娟
责任校对：孙　蕊
责任印制：赵燕红

图书在版编目（CIP）数据

寓义于利——商业银行绿色金融探索与实践（Yuyi Yuli：Shangye Yinhang Lüse Jinrong Tansuo yu Shijian）/兴业银行绿色金融编写组著．—北京：中国金融出版社，2018.8
　ISBN 978－7－5049－9683－1

　Ⅰ．①寓…　Ⅱ．①兴…　Ⅲ．①商业银行—银行业务—研究—中国　Ⅳ．①F832.33

中国版本图书馆 CIP 数据核字（2018）第 172617 号

出版　中国金融出版社
发行

社址　北京市丰台区益泽路 2 号
市场开发部　（010）63266347，63805472，63439533（传真）
网上书店　http：//www.chinafph.com
　　　　　（010）63286832，63365686（传真）
读者服务部　（010）66070833，62568380
邮编　100071
经销　新华书店
印刷　北京市松源印刷有限公司
尺寸　169 毫米×239 毫米
印张　29.25
字数　421 千
版次　2018 年 8 月第 1 版
印次　2018 年 8 月第 1 次印刷
定价　76.00 元
ISBN 978－7－5049－9683－1
如出现印装错误本社负责调换　联系电话（010）63263947

《绿色金融丛书》编委会

主编：马 骏

编委（按姓氏拼音排序）：

安国俊　别　涛　蔡　宇　郭沛源
罗施毅　马险峰　梅德文　王　文
王　遥　叶燕斐　殷　红　周诚君
周月秋

本书编委会

主　编：陶以平

副主编：薛鹤峰

编　委（按姓氏拼音排序）：

陈　伟　　陈晓虹　　华　兵　　黄婉如
景　嵩　　柯　楷　　赖富荣　　李　健
李泰顺　　林　琳　　罗施毅　　王升乾
吴红英　　巫天晓　　张　旻　　邹积敏
周　伟

《绿色金融丛书》
序　言

2016年冬季，我国北方和东部大部分省市又陷入重度雾霾，红色预警持续发布，学校停课、汽车限行、企业停产、工地停工，严重影响了正常的生产生活秩序，也给当地的经济造成了冲击。一些经济学家们在猜测，雾霾是否已经构成了我国经济发展的硬性约束条件，经济增长潜力还有多少？百姓对雾霾的抱怨、对碧水蓝天的期盼，经济面临的环境制约再次成为政府焦虑的中心，中央和各级政府纷纷开展调研，征求各界意见，以寻求更有效的措施来解决困扰百姓生活、健康和经济可持续发展的最大痛点：环境问题。

近年来，要求环保部门法治生威的呼吁日益高涨，强化执法力度、依法治理环境问题的诉求给各级环保部门带来了空前压力。同时，我国环保法律和标准也确实在不断提高。2015年1月1日，新的《环境保护法》开始实施，环保部密集发布了按日计罚、查封扣押、限产停产、企业信息公开和突发环境事件调查等管理办法，环境执法力度也在不断趋严。

绿色金融是推动绿色发展的重要动力

然而，我们目前面临的严重的环境挑战不仅仅是一个环境的末端治理问题，从根本上来讲是一个经济问题。长期以来，我国经济高速增长，但是其所付出的环境代价是难以估量的。世界银行的研究显示，污染所造成的环境成本占我国年度GDP的比重高达9%，而我国2016年GDF增速为6.7%，若将环境成本考虑在内，"绿色GDP"实际上是负增长。在经济的高速发展过程中，各级政府采取了许多不可持续的"激励"措施，包括税收优惠、廉价土地、低廉的资源（能源、水等）价格等，吸引了大量低端、污染性的制造业，使高污染的煤炭产业占能源产业的2/3，让高排放的汽车产业以每年20%的速度增长。即使末端治理能够将单位GDP的排放量降低60%~70%，由于高污染的经济活动在成倍增长，总的污染水平也在继续恶化。

我国政府已经清晰地意识到，过去的污染型的发展模式是不可持续的，并将绿色发展提升至国家发展战略的最高层面。2015年4月，中共中央、国务院审议通过了《关于加快推进生态文明建设的意见》，指出"协同推进新型工业化、城镇化、信息化、农业现代化和绿色化"，首次提出了"绿色化"概念。党的十八届五中全会提出贯彻"创新、协调、绿色、开放、共享"五大发展理念，把绿色发展提升到一个新的高度。加强生态文明建设被写入"十三五"规划，绿色发展和环境保护将成为我国经济发展中首要考虑的重要国策。

要从根本上治理环境，需要建立一套新的激励和约束机制，使经济资源（包括资金、技术、人力等资源）更多地投入清洁、绿色的产业，抑制资源向污染性产业投入。而绿色投资在整个资源配置过程中起着关键作用。只要资金流向了绿色产业，其他资源就会跟着流向绿色产业。根据环保部、中国环境与发展国际合作委员会（国合会）等机构的研究报告，未来五年，我国绿色投资需求为每年3万亿~4万亿元人民币。我们估计，财政资金最多满足15%的绿色投资需求，85%以上的绿色投资需求必须依靠市场化的融资方式来解决。因此，建立一个绿色金融体系，让金融机构和金融市场能够引导大量社会资本投入绿色产业，就是当务之急。

绿色金融是指为支持环境改善、应对气候变化和资源节约高效利用的经济活动，即对环保、节能、清洁能源、绿色交通、绿色建筑等领域的项目投融资、项目运营、风险管理等所提供的金融服务。近年来，我国绿色金融取得了快速发展。2015年9月，中共中央、国务院发布了《生态文明体制改革总体方案》，其中首次明确提出"要建立我国的绿色金融体系"。经国务院批准，2016年8月31日，中国人民银行等七部委联合发布了《关于构建绿色金融体系的指导意见》（以下简称《指导意见》），标志着构建绿色金融体系在金融市场和各级地方政府的全面落实和正式启动。《指导意见》明确提出要通过再贷款、贴息、专业化担保机制等措施支持发展绿色信贷和绿色债券市场，设立各类绿色发展基金，在环境高风险领域实行强制性的环境责任保险制度，建立上市公司和发债企业强制性环境信息披露制度，支持金融机构开展环境压力测试，建立碳金融市场，建立绿色评级制度，推动对外投资绿色化等三十五条具体措施。《指导意见》的发布标志着我国成为全球第一个具有明确政府政策支持的、全面构建绿色金融体系的国家。

2016年是绿色金融元年

很多国内外专家说，2016年是绿色金融的元年。我很认同这个看法，这个观点适用于中国，也适用于全球。除了政策层面的创新之外，2016年我国在绿色金融产品、工具、方法等领域中，取得了许多重要的进展。如绿色债券，2015年我国还没有绿色债券市场，2016年我国在境内和境外发行的绿色债券已经达到了2300亿元人民币，占到全球同期绿色债券发行量的40%，成为全球最大的绿色债券市场。此外，我国的机构还推出了绿色资产支持证券（green ABS）和绿色资产担保债券（green covered bond），各个地方设立了不少绿色产业基金支持绿色股权融资，我国四家评级公司推出了绿色债券的评级方法（全球只有六家），我国出现了多家有能力提供绿色债券第三方认证的机构，中央国债登记结算公司和中国节能环保集团公司推出了四只绿色债券指数，中国金融学会绿色金融专业委员会推出了公益性的绿色项目环境效益评估方法，工商银行率先在全球推出了银行业的环境压力测试方法，最近北京环境交易所和上海清算所一起推出了中国第一个碳掉期产品。2016年以来,几乎每个星期,都可以看到各种绿色金融产品发行和创新的新闻,令人十分鼓舞。中国在绿色环境压力测试方法、环境效益评估工具、绿色债券指数、气候债券指数等方面的创新在全球都是领先的。广东、浙江、贵州、新疆、江西、内蒙古等地纷纷制定了或正在制定构建本地绿色金融体系的实施方案。

2015年4月,中国人民银行批准成立了中国金融学会绿色金融专业委员会(以下简称绿金委)。尽管成立的时间只有两年,绿金委在国内外组织了几十场推广和研讨活动,组织开展了四十多个研究课题,编制了《绿色债券支持项目目录》,支持了包括许多绿色金融产品和分析工具在内的开发工作。目前,绿金委会员单位数量已达170多家,包括所有的大中型银行和很多大型券商、保险公司、基金公司、绿色企业等,这些机构所持有的金融资产占全国金融资产的67%。众多金融机构积极参与绿金委的活动,表明中国金融体系已经开始真正关注绿色金融和责任投资。农业银行、国家开发银行、工商银行、中国银行等一些大的金融机构都已经在集团内部建立了全面推动绿色金融发展的规划。

从国际上看,2016年绿色金融领域的最大亮点是在二十国集团(G20)框架下正式讨论了绿色金融议题,并在G20领导人杭州峰会公报中明确提出了要扩大全球的绿色投融资,要从七个方面克服绿色金融发展面临的挑战。两年前,绿色金融在全球还是一个被边缘化的题目,主要国家央行行长和财政部部长几乎没有讨论过这个话题。一些国家对绿色金融的理念存有疑虑。2016年,在中国的倡议下,G20财金渠道设立了绿色金融研究小组,由中国人民银行和英格兰银行共同主持。在研究小组的推动下,绿色金融成为主流议题,而且通过G20领导人杭州峰会公报成为全球共识。这个"政策信号"的作用非常大。2016年10月,我在美国华盛顿参加世界银行和国际货币基金组织年会期间的4天之内,就有8个由金融界主办的关于绿色金融的研讨会;11月在摩洛哥参加第22届气候变化大会（COP22）的两天半时间里，也参加了4场关于绿色金融的讨论会。现在业界对绿色金融的关注程度之高，在几年之前是不可想象的。

除了中国和G20的推动之外，2016年以来，全球其他一些机构和国家也在努力推动绿色金融的主流化。比如，金融稳定理事会（FSB）设立了一个气候相关金融信息披露工作组（TCFD），2017年3月要向G20提交关于强化环境信息披露的自愿准则。法国发布了《能源转型法》，其中第173条专门提到，要求法国的机构投资者披露在投资过程当中如何考虑环境、社会和治理（ESG）的因素。IFC旗下的可持续银行网络（sustainable banking network）和联合国责任投资倡议（PRI），在G20绿色金融研究小组的支持下，迅速扩大其能力建设的网络。印度、日本、印度尼西亚等国正在准备推出自己的绿色债券市场。香港联交所启动了半强制性的环境信息披露制度。从这几个例子来看，全球正在形成一个强劲的、共同推动绿色金融发展的势头。

虽然绿色金融在2016年取得了长足的进展，但其规模与绿色投资的巨大需求相比，仍然是杯水车薪。比如，根据OECD专家的预测，全球绿色债券发行量只占全球债券发行量的0.2%（中国绿色债券占全部债券发行量的2%），但未来会有几十倍的成长空间。我预计在今后几年乃至十几年内，绿色金融在全球仍将保持高速增长，而要保持好的发展势头，关键在于准确识别和有效克服绿色金融面临的挑战。

绿色金融面临的挑战和克服挑战的选项

由我本人和英格兰银行高级顾问Michael Sheren担任共同主席的G20绿色金融小组在2016年《G20绿色金融综合报告》（*G20 Green Finance Synthesis Report*）中指出，全球绿色金融的发展面临以下五大障碍，并提出了克服这些障碍的一系列政策选项。

（一）外部性。这种外部性可以是绿色项目带来环境改善的正外部性，也可以是污染项目带来环境损害的负外部性。内化环境外部性的困难会导致"绿色"投资不足和"棕色"投资过度。比如，一些清洁能源项目比传统能源项目的建设成本更高，但无法就其环境效益正外部性（降低排放、提升居民健康水平）收费，因此项目回报过低，无法吸引私人投资。一些国家用补贴、税收抵免、电价补贴、碳交易和环境保护政策等来应对这些外部性，而在绿色金融领域则可以采用增信和担保、优惠贷款、利率补贴和项目补贴等，以改善这些项目经风险调整后的回报率。再如，有些制造业企业会污染环境，但是它们的负面外部性没有被充分内部化。比如，如果区域内居民健康状况受到损害，却由于种种原因不能向污染企业索赔，就会纵容污染企业的过度投资和生产。这种情况在那些环境权益尚未被有效界定和环保政策执行能力较弱的国家尤其常见。近年来，通过金融措施来应对类似负面外部性的案例越来越多。比如银行业的"赤道原则"和许多证券交易所对上市公司提出的环境信息披露要求等，都在一定程度上抑制了污染性投资，从而达到了将部分环境外部性内生化的目的。

（二）期限错配。在不少国家，由于资本市场不发达，许多长期基础设施项目融资主要依靠银行贷款。而银行由于需要避免过度期限错配，因此难以提供足够的长期贷款。这就导致了长期资金供给不足，使得长期项目，包括长期绿色项目（如污水和固体废物处理、清洁能源、地铁和轻轨）面临"融资难、融资贵"的问题。金融部门创新可以帮助缓解由于期限错配带来的问题。这些方法包括发行绿色债券、通过设立绿色基础设施投资收益信托（Yield-co）进行融资，以及用未来绿色项目收入作为抵押取得贷款等。

（三）绿色定义的缺失。如果缺乏对绿色金融活动和产品的清晰定义，投资者、企业和银行就难以识别绿色投资的机会或标的。此外，缺少绿色定义还可能阻碍环境风险管理、企业沟通和政策设计。因此对绿色金融和产品的适当定义是发展绿色金融的前提条件之一。由于各国的国情和政策重点不同，目前难以对绿色金融活动达成统一的定义。但是，若定义太多,比如每家金融机构推出一个自己的定义,交易对手之间没有"共同语言",也会大大增加绿色投资的交易成本。

中国、孟加拉国和巴西已经在国家层面推出了对绿色信贷的定义和指标;国际资本市场协会(ICMA)和中国绿金委也分别推出了对绿色债券的"国际定义"和"中国定义"。但是不少国家还没有采纳任何一种对绿色金融或对主要绿色资产类别的定义。

(四)信息不对称。许多投资者对投资绿色项目和资产有兴趣,但由于企业没有公布环境信息,从而增加了投资者对绿色资产的"搜索成本",因此降低了绿色投资的吸引力。此外,即使可以获取企业或项目层面的环境信息,若没有持续的、可以信赖的绿色资产"贴标",也会构成绿色投资发展的障碍。在一些国家,由于不同政府部门的数据管理较为分散(比如,环境保护部门收集的数据不与金融监管机构和投资者共享),也加剧了信息不对称。不过,解决信息不对称问题的努力已经取得了一定进展。比如,全球超过二十家证券交易所发布了上市公司环境信息披露要求,若干国家或证券交易所已经开始强制要求上市企业披露环境信息。中国也在《指导意见》中明确提出要对上市公司和发债企业建立强制性的环境信息披露制度。

(五)缺乏对环境风险的分析能力。一些金融机构已经开始关注环境因素可能导致的金融风险(包括对机构投资者所持有资产的估值风险和对银行贷款的信用风险),但其理解仍然处于初级阶段。许多银行和机构投资者由于分析能力不足,无法识别和量化环境因素可能产生的信用和市场风险,因而低估"棕色"资产的风险,同时高估绿色投资的风险。结果,污染性和温室气体排放较多的项目仍然获得了过多的投资,而绿色项目则面临投资不足的问题。对环境风险进行更加深入的分析,有助于更好地应对风险,更有效地将环境外部性进行内部化,进而有利于动员私人资本加大绿色投资。近年来,部分金融机构和第三方机构已经开发了一些环境风险分析方法。典型的案例包括中国工商银行开发的环境因素对信贷风险的评估模型、《自然资本宣言》（*Natural Capital Declaration*）对干旱如何影响债券违约率的分析、英格兰银行对气候因素如何影响保险业的评估，以及评级公司将环境因素纳入信用评级的做法等。

绿金委推出的《绿色金融丛书》

在推动我国绿色金融发展和形成 G20 绿色金融共识的过程中，绿金委的专家们发挥了关键的作用。绿金委的主要骨干曾经都是 2014 年由中国人民银行发起的绿色金融工作小组的成员，该小组于 2015 年初提出了发展我国绿色金融体系的 14 条建议，其中大部分都被写入了中共中央、国务院发布的《生态文明体制改革总体方案》，此后也被写入了七部委的《关于构建我国绿色金融体系的指导意见》。绿金委的成员单位也是中国绿色信贷、绿色债券、绿色保险、绿色指数、碳金融、责任投资、环境信息披露、环境压力测试的工具和方法的主要倡导者和实践者。

绿金委的专家们充分认识到，党中央、国务院提出构建绿色体系的国家战略，七部委出台绿色金融的《指导意见》，只是构建我国绿色金融的一个起点。未来大量的工作需要相关部委、金融机构、第三方机构、地方政府来落实。落实过程中将要面临的一个最大挑战是能力建设问题。许多金融机构的从业人员，虽然有很高的实践绿色金融的积极性，但缺乏对绿色金融产品和分析工具的了解；许多希望参与绿色金融的第三方机构，缺乏进行绿色评估、评级、认证的专业知识和经验；许多绿色企业，希望获得更低成本的绿色融资，但苦于不了解绿色金融各种产品的特点和提供此类金融服务的机构；许多地方政府官员，有推动当地发展绿色金融的积极性，但不知道用哪些政策工具可以最有效地调动社会资本。

为了进一步推广绿色金融理念，强化能力建设，有效传播绿色金融产品、工具和方法，绿金委的部分骨干成员成立了《绿色金融丛书》编委会。编委会组织了绿金委的一大批专家，计划以丛书的形式推出一系列与绿色金融发展相关的案例和研究成果。目前已经出版和即将出版的第一批研究成果包括：构建中国绿色金融体系、中国绿色金融发展与案例研究、国际绿色金融发展与案例研究、绿色金融与"一带一路"、G20绿色金融倡议和背景报告、绿色债券市场研究、绿色基金研究、金融机构的环境风险分析、低碳城市融资模式、面向金融业的环境信息披露、碳市场与碳金融研究、绿色保险案例与研究、可持续投资研究等。这些研究成果以中国作者为主，包含大量中国元素，不但有理论创新，也有极强的实践性，是国际上绿色金融前沿领域中最为系统的一套丛书。我相信，这套丛书的出版，将成为我国绿色金融发展过程中一个积极的推动力量，也会为我国绿色金融教育和人才培养提供重要的参考教材。

马骏

中国人民银行研究局首席经济学家

中国金融学会绿色金融专业委员会主任

G20绿色金融研究小组共同主席

2017年3月

序 一

自 2016 年绿色金融首次列入 G20 议程,至今年(2018 年)7 月 G20 可持续金融研究小组提出支持发展绿色资产证券化、绿色 PE/VC、探索数字科技在绿色金融中的运用等新倡议,在这短短的三年之内,绿色金融经历了一个奇迹般的主流化过程。发展绿色金融已经从一个小众的技术性话题迅速演变为全球领导人和金融界的广泛共识。

2015 年底,我(代表中国人民银行)和英格兰银行的 Michael Sheren 共同主持 G20 绿色金融小组的筹备会议的时候,许多国家的代表还对绿色金融的概念并不清楚,多数讨论还集中在到底什么是绿色金融、为什么环保政策不能解决环境和气候问题、有没有必要推动绿色金融。但今天,在中国、英国、法国、卢森堡、印度尼西亚、墨西哥、蒙古国、摩洛哥、阿拉伯联合酋长国、哈萨克斯坦、新加坡等许多国家和地区,已经不再讨论是否应该发展绿色金融,而是讨论应该如何发展绿色金融。过去几年中,至少十几个国家和地区发布了绿色和可持续金融的政策框架和行动计划。2017 年底,法国、中国等八个国家发起建立了央行与监管机构绿色金融网络(Central Banks and Supervisors Network on Greening the Financial System),在短短八个月的时间里,该网络成员已经发展到 15 个,并有继续迅速扩大的趋势。这个网络已经开始讨论是否应该降低绿色资产的风险权重、如何推进银行的环境信息披露、如何支持金融机构开展环境压力测试等实质性、操作性的议题。

在中国,绿色发展也已被提升至国家战略层面。从中共中央、国务院发布《关于加快推进生态文明建设的意见》、加强生态文明建设被写入"十三五"规划，到十九大报告继续强调建设人与自然和谐共生的现代化，"环境保护"和"绿色生态"已成为我国的重要国策。同时，我国的环保标准也在不断提高。新《环境保护法》开始执行，提出促进人与自然和谐相处的理念和保护优先的基本原则；《大气污染防治行动计划》《水污染防治行动计划》《土壤污染防治行动计划》相继实施，《环境保护税法》落地执行，环保执法力度不断趋严。

但是，要从源头上改善我国的生态环境，有效应对气候变化，不仅仅要依靠末端治理和惩罚措施，更需要动员大量的社会资本投入到环保、节能、清洁能源、绿色交通、绿色建筑等绿色产业。2016年，人民银行等七部委联合发布的《关于构建绿色金融体系的指导意见》是当时全球第一份比较完整的绿色金融政策框架。该意见提出了发展我国绿色信贷、绿色债券、绿色基金、绿色指数产品、绿色保险、碳金融和建立绿色融资的激励机制及强化环境信息披露等重要举措，其中许多措施已经或正在落地。

占我国社会融资总额约80%的银行业，在构建我国绿色金融体系的过程中扮演着举足轻重的角色。银行既是绿色信贷的主要来源，也是绿色债券发行、承销和投资的主要参与者，还在支持绿色基金、碳金融、环境权益抵质押融资等方面发挥着重要的作用。兴业银行作为我国首家赤道银行，在通过信贷手段实现金融资源向绿色产业倾斜方面积累了丰富的经验和实操案例，本书正是这些宝贵素材的集中展现。

《寓义于利——商业银行绿色金融探索与实践》一书从绿色金融的理论基础和政策导向出发，系统性地梳理了中国银行类金融机构在绿色金融领域作出的制度、体系、产品创新。同时以赤道原则的中国化为起点，以兴业银行在绿色金融领域的实践为载体，通过对绿色金融工具、绿色金融重点领域的案例分析，引出对现阶段我国绿色金融领域存在的问题的思考，面向政策制定和产品创新有针对性地提出了建议。

序 一

建立和完善中国绿色金融体系将是一个长期的过程。本书对商业银行，特别是兴业银行十余年绿色金融探索、发展经验和实践案例的总结提炼，将为决策部门、金融机构、企业、其他市场参与方以及学术界提供宝贵的参考。在此，我向所有关心绿色金融和中国绿色发展的人士推荐此书。

马骏

中国人民银行货币政策委员会委员

中国金融学会绿色金融专业委员会主任

G20 可持续金融研究小组共同主席

2018 年 8 月

序 二
(原文)

I was much honored when asked to provide a preface to this important book on Green Finance. The significance of green finance cannot be overstated. The negative consequences of decades of non-sustainable activities around the globe have left the world in a perilous position. Therefore it is imperative for a wholesale transition to take place that will lead the world to a fully sustainable economy. Such a monumental transition will require immense amounts of funds from financial institutions. I have worked with many counties on this problem; however, no country matches the ambition and innovation demonstrated by Chinese financial institutions and policy makers to scale up green finance. It is with this knowledge I am very pleased to speak to the importance of this book.

Green finance has become an important tool within China to promote an ecological economic transition. The work China has undertaken has catalysed the international community to act in areas ranging from green bond standards to green definitions and taxonomies. Further, the establishment of the G20 Green Finance Study Group during the Chinese Presidency in 2016 has proved to be a forum of global cooperation and information sharing among nations. It is through constant development and innovation green finance will be able to develop the financial products and services to meet the needs of a sustainable economy. This book acts as a strong contribution to advancing green finance.

To provide international context, the book begins by introducing the historical development of green finance outside of China. This allows the reader to become acquainted with the international organizations and institutions that help develop the concept, theories and framework of green finance. The book then moves into the impressive evolution of green finance in China by analyzing policy and regulatory development. Based on my work within the G20 and on the global stage, the rapid and comprehensive development of green finance policies and regulations at the government level has been unrivaled.

In section two of the book, a deep exploration of the practice of green finance is examined. Examples of how green finance is applied in the real economy are descriptive and highly practical. More specifically, the "five pillar" paradigm devised by Industrial Bank of China that supports their green finance business is particularly illustrative and should be considered a best practice structure. The book then drills down into the financial products and services commercial banks need to develop to meet all of the demands of servicing the green economy. More specifically, innovative services related to cash settlement, carbon and emission pledge financing, green leasing and green securities among others are explored. The book carries on to look at important topics such as the Equator Principal in China as well green finance application toward major industries in China and the sustainability and growth of green finance in China. Again, the insights and depth of analysis on these topics provide useful pathways that can be considered and replicated to grow green finance in and outside of China.

The book concludes with twenty green finance case studies from Industrial Bank in three business sectors: traditional green financing, innovation and integrated group services. Industrial Bank, through these case studies, lays out an impressive collection of green financial activities that could serve as an example to any institution looking to make green finance the centerpiece of their business model. It is though case studies such as these that the G20 shared best practices among countries that helped accelerate green finance on a global basis.

The book has been authored by distinguished and notable group of experts on green finance from within the Industrial Bank of China and has resulted in a comprehensive study of green finance. The book has strong relevance and practical value for financial institutions ranging from commercial banks to insurance companies to asset management firms.

Michael Sheren

Co – Chairman G20 Sustainable Finance Study Group

London

Aug 2018

序 二
（译文）

非常荣幸被邀请为这本绿色金融专著作序。绿色金融的重要性说再多都不为过。人类社会过去几十年来不可持续的生产和消耗，已将我们赖以生存的世界置于生态几近崩溃的危险境地，促使人类经济向可持续发展转型迫在眉睫。这种转型需要金融机构提供充足的资金。我与许多国家就此问题进行过合作，然而来自中国的金融机构和政策制定者在扩大绿色金融的效果和影响力方面展现出的雄心和创新能力远超其他国家。本书对绿色金融发展的重要性正体现于此。

绿色金融已成为中国促进生态经济转型的重要工具。中国在推动国际绿色债券标准制定、绿色分类及认定等方面作出了开创性的贡献。此外，在2016年中国担任G20轮值主席国期间成立的G20绿色金融研究小组已经成为促进绿色金融国际合作和信息共享的重要机制。只有通过长期不懈的发展和创新，绿色金融产品和服务才能满足可持续经济的增长需求。本书将为推动绿色金融的发展作出巨大贡献。

本书首先以国际视角介绍了绿色金融的发展历史，这将有助于读者熟悉与绿色金融相关的概念、理论、框架以及国际组织和机构。随后该书深入梳理和分析了过去中国绿色金融政策和监管的脉络。就我多年在G20峰会及相关国际工作的经验而言，中国政府在推进绿色金融政策和法规的制定方面的效率和速度是无与伦比的。

本书的第二部分深入探讨了绿色金融的实践，引用的绿色金融支持实体经济的案例十分详尽，具有极强的实用性。本书详细阐述了兴业银行开展绿色金融业务的"五大支柱",我认为这是目前推进绿色金融业务的最佳架构。随后,本书介绍了商业银行为满足绿色经济发展需要而开发的金融产品和服务,具体包括环境权益交易、资金清算结算与存管、环境权益抵质押授信、绿色租赁以及绿色债券等创新服务。本书进一步探讨了赤道原则的中国实践、绿色金融在重点领域及行业中的应用以及中国绿色金融的可持续性发展等议题。这些分析兼具广度和深度,可供中外绿色金融同业参考和复制。

本书的第三部分总结了兴业银行在传统绿色融资、绿色金融特色创新、集团化综合服务三个业务领域的20个绿色金融案例。对所有有志于将绿色金融作为其核心商业模式的金融机构而言,这些案例具有极高的参考价值。此类案例的分享将有力促进G20集团在全球范围内加速推广绿色金融。

本书由兴业银行内部绿色金融专家组撰写,是针对绿色金融研究的集大成之作,对商业银行、保险公司和资产管理公司等金融机构具有很强的参考意义和实用价值。

迈克尔·谢伦(Michael Sheren)
G20可持续金融小组共同主席
英格兰银行高级顾问
2018年8月于伦敦

序 三

短短十几年间,我国在绿色金融领域实现了从追随者到引领者的转变,绿色信贷、绿色债券、绿色基金、碳交易规模等都从原来的几近空白迅速走向国际前列,在我国金融业的发展过程中非常引人瞩目。

我国绿色金融的跨越式发展,首先应归功于时势变化。随着我国经济的持续发展,伴随而来的生态环境问题不断凸显,民众对于经济增长与美好环境的认知发生巨大变化,可持续发展成为全社会共识,更干净的水、更清新的空气、更安全的食品等逐渐从"奢侈品"转变为"必需品"。党中央、国务院深刻认识到生态环境的极端重要性,积极回应人民群众对于美好生活的强烈向往,作出了一系列决策部署。特别是党的十八大以来,以习近平同志为核心的党中央强调生态文明建设是关系中华民族永续发展的根本大计,要求"绝不能以牺牲生态环境为代价换取经济的一时发展",指出"绿水青山就是金山银山",将绿色发展纳入新发展理念,将污染防治作为未来一个时期的重大攻坚战,使绿色逐渐成为我国全面发展的底色。具体到绿色金融领域,强化顶层设计,着力建立完整的政策体系,力求政府作用充分发挥和市场机制有效运行良好结合,推动生态环境及相关的金融活动外部性内部化。这些为我国绿色金融快速崛起创造了坚实基础。

与此同时,作为绿色金融直接供给者的金融机构,也做了很多努力和探索。以兴业银行为例,2006年就创新推出节能减排融资业务,在国内率先开展现代意义上的绿色金融。2008年,又主动采纳旨在全面管理环境和社会风险的赤道原则，成为国内首家赤道银行，并借此将可持续发展理念融入企业文化、公司治理和机制流程的方方面面。十二年来，兴业银行将发展绿色金融作为一项战略性安排，探索形成了"寓义于利"的可持续的社会责任实践模式，取得了经济和社会生态效益的大丰收。截至2018年6月末，兴业银行已累计为1.5万家企业和项目提供约1.5万亿元绿色融资，为美丽中国建设作出突出贡献。对此，社会各界给予诸多肯定，兴业银行先后被一些权威机构和媒体评为"年度最佳绿色金融银行""最佳公司社会责任银行"，还在过去七年连续获得中国银行业协会颁发的"年度最具社会责任金融机构奖"。

本书作者是兴业银行绿色金融专家，都亲身经历了这段虽然艰苦但激情燃烧的岁月，积累了丰富的实践经验和认知体会。不过，同事们在繁忙的工作之余，把这段经历详细记录，在这段经历之上展开深度思考，并汇编成书，又大大超过我的想象。抛开这些情感，仅以理性检视，本书也很有质量。综览全书，我认为它有三个突出特点：

首先，这是一本历史书。它将绿色金融在国内外发展的历史沿革与国内商业银行的实践与探索，分类杂陈，条分缕析，由此，我们能够对绿色金融有全面完整的了解。在这个过程中，我们也会更加相信，无论经济发展模式如何变迁，无论全球化与逆全球化如何相对，绿色金融都将沿着当前之势滚滚向前，而金融机构可以在经济、社会和环境的协调发展中大有作为、大有收获。

其次，这是一本工具书。绿色金融不仅是一种理念的引入，也不仅是一项项具体产品的创新，它涉及金融机构和企业发展战略、组织架构、制度体系以至业务流程的全面变革，其中的挑战可想而知。例如，一些金融机构有开展绿色金融的积极性，但缺乏对绿色金融体系和风控技术的了解；一些环保企业希望获得更低的绿色融资成本，但并不了解各种绿色金融业务的特点；一些地方政府对于如何更加广泛地调动社会资本参与PPP

项目力不从心；一些希望参与绿色金融的第三方机构缺乏绿色评估、评级、认证的专业知识和经验。而本书"字字皆得之阅历而切于实际"，特别强调实践性，可以在很大程度上解决这些问题。

最后，这还是一本故事书。本书将严谨的专业分析和生动的案例故事相融合，既力求内容有高度、有深度，又力求叙述有温度、有气度，给人很好的阅读体验。

近两年，兴业银行以绿色金融和赤道原则为主题，采用不同的视角，编著了三本书籍。随着我国绿色金融的发展，同类主题的论著还将不断涌现。但我相信本书有它独特的价值，能够有效加深人们对绿色金融的认识，有力推动我国绿色事业发展。

高建平

兴业银行董事长

2018 年 8 月

目 录

理论篇

第一章 走向世界舞台的绿色金融 …………………………………… 3
  第一节 绿色金融的概念与内涵 ………………………………… 3
  第二节 绿色金融的范围 ………………………………………… 9
  第三节 国际绿色金融发展与演进 ……………………………… 15
  第四节 绿色金融领域主要的国际组织或机构 ………………… 22
  第五节 国际绿色金融产品与服务介绍 ………………………… 27

第二章 日新月盛的政策演变 …………………………………………… 36
  第一节 绿色金融政策演变特点 ………………………………… 36
  第二节 绿色金融政策演变进程 ………………………………… 40
  第三节 绿色金融政策体系归纳及重点文件解读 ……………… 61

实务篇

第三章 千帆竞发的绿色金融探索 ……………………………………… 75
  第一节 国内银行在绿色金融领域的探索历程 ………………… 75
  第二节 商业银行发展绿色金融的五大支柱 …………………… 94

1

第四章　多元化的绿色金融工具 ………………………………… 101
第一节　绿色信贷介绍 …………………………………………… 101
第二节　绿色债券介绍 …………………………………………… 109
第三节　绿色产业基金介绍 ……………………………………… 119
第四节　环境权益金融服务产品介绍 …………………………… 124
第五节　绿色金融集团化产品服务体系 ………………………… 132
第六节　绿色金融综合服务方案 ………………………………… 140

第五章　赤道原则的中国实践 …………………………………… 146
第一节　赤道原则起源和影响 …………………………………… 146
第二节　赤道原则的国际实践 …………………………………… 156
第三节　兴业银行实施赤道原则经验分享 ……………………… 171
第四节　赤道原则在国内的发展情况 …………………………… 189

第六章　源头活水——绿色金融重点领域分析 ………………… 197
第一节　水资源行业分析 ………………………………………… 197
第二节　大气治理行业分析 ……………………………………… 211
第三节　固废处理及资源循环利用行业分析 …………………… 224
第四节　新能源与清洁能源行业分析 …………………………… 240

第七章　绿色金融可持续的省思与启示 ………………………… 316
第一节　绿色金融发展面临的问题 ……………………………… 316
第二节　推动绿色金融发展的建议 ……………………………… 321

案例篇

第八章　玄圃积玉——绿色金融案例分析 ……………………… 337
第一节　传统绿色融资案例 ……………………………………… 337

第二节 绿色金融特色创新案例 …………………………… 345
第三节 集团化综合服务案例 ……………………………… 362

附 录

赤道原则Ⅲ ………………………………………………… 373
关于构建绿色金融体系的指导意见 ……………………… 391
绿色信贷指引 ……………………………………………… 398
能效信贷指引 ……………………………………………… 403
绿色信贷实施情况关键评价指标 ………………………… 410
节能减排授信工作指导意见 ……………………………… 431

后记 ………………………………………………………… 436

理论篇

第一章 走向世界舞台的绿色金融

工业革命以来,高速的经济增长与严峻的环境污染间出现了激烈的矛盾,引发了人们对传统经济发展模式的反思。自1987年世界环境与发展委员会在《我们共同的未来》报告中提出"可持续发展"理念以来,世界范围内对于环境与经济的协同发展进行了广泛探讨,逐渐诞生了绿色经济、绿色金融等概念。绿色金融的实践始于20世纪70年代的德国,但直至2003年"赤道原则"的发布才引起各方重视。在2016年9月的G20峰会上,中国作为主办方首次将绿色金融纳入国际讨论的重点议题,将绿色金融推向了新的高度。

第一节 绿色金融的概念与内涵

一、引言:庇古税和比较优势中的绿色金融思考

(一)庇古税

我们首先看一个案例:假设企业A排放污水,导致了下游村庄B的河流污染。对于企业A来说,排放污水造成的损害没有量化为生产成本,因此从经济收益的角度考虑,它没有动力处理污水。但对于下游村庄B中的居民来说,虽然健康状况受到影响,却由于种种原因难以向污染企业A索赔,使得污染企业A继续其污染行为。

在没有外力干预的情况下,这种恶性循环将会加剧,甚至出现"劣币驱逐良币"的问题,迫使原来的非污染企业降低环保标准,增加新的污

染。最终,下游居民身体健康日益受损,却无法得到赔偿。

面对上述情况,福利经济学家庇古在1920年提出庇古税以解决此问题。庇古税意在针对环境污染带来的、环境资源配置上的低效率与不公平的问题,采用税收规则加以校正。简而言之,通过向污染者征税,控制污染排放水平。

(二) 比较优势

我们再看第二个案例:假设农场中有工人C和D,C加工1斤土豆需要2小时,D需要1小时;而C加工1斤玉米需要1小时,D需要2小时。

在其他条件都相同的情况下,对于C来说,1小时工作量要么获得1斤玉米,要么获得0.5斤土豆;对于D来说,1小时工作量要么获得1斤土豆,要么获得0.5斤玉米(见表1-1)。显然,C和D会分别选择加工玉米和土豆,即选择效率高的工作。经济学上称C在加工玉米上有比较优势;同样地,D在加工土豆上有比较优势。

表1-1 C与D加工玉米和土豆情况对比

	1斤玉米	1斤土豆
C	1小时	2小时
D	2小时	1小时

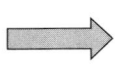

	1小时
C	1斤玉米,或0.5斤土豆
D	1斤土豆,或0.5斤玉米

比较优势是指一个生产者以低于另一个生产者的成本生产一种物品的行为。比较优势常常被用来解释交易的价值,当每个人专门生产自己有比较优势的产品的时候,经济总量增加,每个人都可以从交易中获益。但需要注意的是,传统经济学在讨论比较优势时常常忽略了资源环境的约束。

上述案例中,当C和D乃至越来越多的生产者加入交易的体系时,生产总量不断增加,对于资源环境的需求日益旺盛,必然在某个时点突破其承载能力。在人类的发展史上,这种情况并不鲜见:森林过度砍伐、鱼类过度捕捞、矿产过度开发……究其原因,是发展的需求超越了资源环境的承载能力。

(三) 有关绿色金融的思考

从庇古税和比较优势出发,我们进一步思考以下问题:一方面,保护环境、节约资源能够为全社会带来积极的效应,但相应的经济主体却无法从中获得货币收益，甚至可能付出额外的成本。这也就是经济学上所说的外部性和市场失灵问题。另一方面，交易行为中若忽略了资源环境的限制，可能导致经济增长超越资源环境的承载能力，带来不可逆的灾难性后果。

仅仅依靠市场力量无法解决污染环境和浪费资源的问题，需要政府等公共力量干预，而相关产业的发展、技术的升级涉及规模巨大的资金需求，仅仅依靠政府的公共财政资金难以支撑。

因此，解决环境与经济协调发展的问题，既需要通过政府"有形的手"加以引导和矫正，又需要通过市场"无形的手"自发形成可持续的效果，即强化政府、企业、社会公众等各方对生态环境的重视，引导环境友好型和资源节约型的经济金融投入。

由此，引出本书的主题——绿色金融。

二、关于绿色金融概念的百家争鸣

国际金融公司（IFC）2013年的一份报告指出："'绿色发展'涵盖非常宽泛的领域，缺乏一个广泛接受的定义。各领域特有的问题和面对的挑战迥异，这对定义、研究和发展'绿色金融'造成了重大的障碍。"[①]

近年来，绿色金融逐渐成为社会各界关注的焦点，但人们对于其概念尚未形成统一的认识。

（一）相关国际机构的观点

2012年，国际发展融资俱乐部（IDFC）发表的《绿色金融投资路线图》指出，绿色金融是指金融投资流入可持续发展的项目倡议、环保产品和鼓励发展可持续经济的政策；绿色金融包括但不限于气候金融，它也指更广泛的其他环境目标，如工业污染控制、水体卫生或生物多样性保护。[②]

2013年，联合国环境规划署金融行动机构（UNEP FI）与国际可持

---

① IFC. Mobilizing Public and Private Finance for Inclusive Green Growth Investment in Developing Countries, 2013.
② HÖHNE, KHOSLA, FEKETE, GILBERT. Mapping of Green Finance Delivered by IDFC Members in 2011, Ecofys, 2012.

续发展研究所（IISD）在日内瓦召开"国际金融对话"，会后的报告中提出绿色金融通常也称为绿色投资，即投资于环境产品和服务部门。但报告同时指出，在实践中，绿色金融往往也包括超过绿色投资的更宽泛的内容。①

经济合作与发展组织（OECD）将绿色金融定义为"在减少污染、降低温室气体排放、最小化浪费及提高自然资源利用率的同时，实现经济增长"的金融手段。

英国政府认为，绿色金融是指"为发展低碳能源、提高能效、适应气候变化，以及在环境保护、自然资源领域的投资"，其中特别强调了金融体系在减缓气候变化行动领域的作用。

2016年，德国政府下属的德国发展研究所（DIE）将绿色金融定义为"包括所有考虑到环境影响和增强环境可持续性的投资或贷款"。该机构同时指出，"绿色金融的关键要素是以环境筛查和风险评估作为投资和贷款决策的基础"。②

（二）学者和金融机构的观点

Hohne等（2012）认为，绿色金融是指金融投资流入可持续发展的项目倡议、环保产品和鼓励发展可持续经济的政策，通过针对气候变化的金融投资活动，减少温室气体排放，降低气候变化对作物和人类产生的危害。

Zadek和Flynn（2013）指出，绿色金融通常也称绿色投资。然而，在实践中，绿色金融通常被定义为超过绿色投资的更宽泛的层面。最重要的是，它包括不在绿色投资定义下的运作成本，如项目准备和土地获得成本，这两者都可以构成不同的融资挑战。

孟加拉国银行（Bangladesh Bank）认为，绿色金融是绿色银行业务的一部分，对向节约、低碳型的绿色产业及绿色经济转变有着重要的贡献。

---

① ZADEK, FYNN. South – Originating Green Finance：Exploring the Potential. The Geneva International Finance Dialogues，2013.
② BÖHNKE, EIDT, KNIERIM, RICHERT, RÖBER, VOLZ. How to Make Green Finance Work – Empirical Evidence from Bank and Company Surveys，German Development Institute / Deutsches Institut fürEntwicklungspolitik（DIE），2016.

在保护环境的背景下，绿色银行是全球金融业发展的趋势。

普华永道（2013）认为，对于银行业而言，绿色金融是指在环境因素考虑下的、跨越贷款决策、事后监督和风险管理流程的金融产品和服务。这些产品和服务用于加大对环境负责任的投资以及刺激低碳技术、项目、产业和商业。

中国人民银行等七部委2016年出台《关于构建绿色金融体系的指导意见》（银发〔2016〕228号），将绿色金融定义为："为支持环境改善、应对气候变化和资源节约高效利用的经济活动，即对环保、节能、清洁能源、绿色交通、绿色建筑等领域的项目投融资、项目运营、风险管理等所提供的金融服务。"

总体而言，国际上对绿色金融概念的表述主要有以下三种说法：一是"绿色金融战略"说，指将环境保护作为一项基本政策，通过各种金融业务的运作来体现绿色的理念，维持经济发展与节能环保的"双赢"状态，最终实现可持续发展的目标；二是"绿色产业支持"说，指金融业在贷款政策、对象、条件、种类及方式上，优先扶持绿色产业，并在信贷投放手续、期限、利率等政策方面给予倾斜；三是"绿色金融手段"说，指在金融市场中运用绿色金融产品作为环保政策中的金融与资本市场手段，如绿色信贷、绿色债券、绿色保险等，用于保护自然环境、应对气候变化等。

随着绿色金融在世界范围内受到越来越高的重视，参与绿色金融实践的主体从国际组织和政府扩展到各类金融机构、投资者、产业部门、社会大众；融资的渠道也不再限于公共资金，而是拓宽至各类金融产品、衍生品和服务，绿色金融的内涵因此不断完善、丰富。

三、绿色金融的定义及内涵

尽管人们对绿色金融的概念存在不同表述，但其核心始终围绕节能环保的金融实践。目前，国际上最为广泛采用的定义是由G20绿色金融研究小组于2016年9月作出的、较为开放式的定义：绿色金融是指能产生环境效益从而支持可持续发展的投融资活动，包括能够减少空气、水和土壤污染，降低温室气体排放，提高资源使用效率，减缓和适应气候变化并体现其协同效应等的投融资活动。此外,绿色金融还涉及整个金融体系对环境风险的有效管理。①

这一定义包括两层内涵:一是金融机构促进环境和经济社会的可持续发展,将环境评估纳入投融资决策流程,积极地在绿色产业或企业中寻找投资机会;通过多种金融手段引导资金流向环境友好型和资源节约型领域,在全社会引导形成绿色消费理念,进而促进经济社会的可持续发展。二是金融机构自身的可持续发展,金融机构需聚焦于长期投资利益,避免短期过度投机行为。

与传统金融相同的是,绿色金融以市场收益为导向,实现对经济资源的引导和配置。与传统金融不同的是,绿色金融最突出的特点在于关注环境和社会效益,将环境保护和对资源的有效利用程度作为考量金融机构活动成效的重要标准,追求经济金融活动与环境保护、资源节约、生态平衡的协调,最终实现经济社会的可持续发展。

四、绿色金融、环境金融与可持续金融的关系

由于绿色金融的概念边界尚未有十分明确的划定,因此在不同场合下,绿色金融常常与环境金融、可持续金融等概念混用。三者互有交集并各有侧重,均与可持续发展密不可分。

"可持续发展"最早由世界环境与发展委员会(WCED)在《我们共同的未来》报告中提出,其定义为"能满足当代人的需要,又不对后代人满足其需要的能力构成危害的发展"。1992年6月,在里约热内卢召开的联合国环境与发展大会通过了以可持续发展为核心的《里约环境与发展宣言》《21世纪议程》等,进一步明确了可持续发展的内涵,包括社会、生态环境和自然资源的可持续三个主要方面。这三个主要方面互有交叉与融合:生态环境同时也是重要的自然资源,对生态环境的保护与对水资源、土地耕地、森林以及其他许多自然资源的保护是重合的;同时,自然环境的保护,以及对耕地、水资源的保护,对于人类健康、社会稳定,即社会

---

① G20绿色金融研究小组. G20绿色金融综合报告[R]. 2016.

的可持续发展也有重要的影响。

人们结合可持续发展中社会、生态环境和自然资源三个方面，针对不同的发展目标，形成了金融领域的不同概念：环境金融偏重以支持环境保护为目标的金融服务；通常所说的绿色金融包括环境保护和资源节约两个范畴，较环境金融丰富了资源节约的内容；而可持续金融支持所有可持续发展相关领域，包括社会、生态环境与自然资源三个方面，较绿色金融又强化了对社会可持续的关注。

在具体实践中，由于社会、生态环境与自然资源三个方面之间有着密切的交互影响和关联关系，因此绿色金融、环境金融、可持续金融这几个概念常常互相混同，难以严格区分。人们普遍认为，广义的绿色金融即可持续金融。

第二节　绿色金融的范围

本节主要从三个方面介绍绿色金融的范围：第一，从国际通行模式上，列举了绿色金融业务开展所遵循的主要准则；第二，从资金投向上，说明了绿色金融支持的重点项目；第三，从关注度上，阐释了绿色金融领域最为广泛探讨的经济效益与环境效益的关联。

一、遵循的主要准则

通过金融手段支持绿色发展，需要将发展目标、市场主体和金融工具相结合，从而形成了绿色金融的相关标准和操作指引。当前，国际上践行绿色金融的主要准则包括赤道原则（EP）、责任投资原则（PRI）、绿色债券原则（GBP）、气候债券标准（CBS）、OECD出口信贷与环保新协议等。

（一）赤道原则（EP）与赤道银行（EPI）

赤道原则是2003年6月由国际金融公司（IFC）与荷兰银行、巴克莱银行、西德意志银行、花旗银行等多家著名金融机构共同发起的一套自愿性的行为准则，要求参与银行在贷款项目审核过程中审慎考虑环境和社会风险，承诺仅为符合条件的项目提供贷款，并督促项目发起人或借款人采取有效措施来消除或减缓所带来的负面影响。赤道原则已经成为国际项目融资中的行业标准和国际惯例。宣布接受赤道原则的金融机构，即为"赤道原则金融机构"（EPI）；又由于赤道原则主要针对银行信贷业务，因此EPI在国内也被称为"赤道银行"。

（二）责任投资原则（PRI）与社会责任投资者（SRI）

2006年责任投资原则由时任联合国秘书长的安南在纽约证券交易所提出，并由联合国环境规划署金融行动机构和联合国全球契约组织（UNGC）共同管理。责任投资原则号召投资者将"社会责任"引入投资决策，强调以一种保护环境（E）、维护社会正义（S）及强化公司治理（G）的方式，即遵循ESG框架进行投资，追求长期收益。从目标的范畴看，责任投资原则涵盖可持续发展的全部内容，并且拓展至企业经营与治理领域，如注重供应链劳工标准、提倡人权、反贪腐、完善信息披露等；从行为主体的范畴看，签署责任投资原则的机构，即社会责任投资者（SRI），均为投资基金。截至2014年底，欧洲责任投资基金总值9.8万亿欧元，占全部基金总值的25%；美国责任投资基金总值6.6万亿美元，占18%；亚洲则较低，占比不足1%。

（三）绿色债券原则（GBP）

2015年3月27日，国际资本市场协会（ICMA）联合130多家金融机构共同制定推出绿色债券原则（GBP），明确绿色债券的范畴，即任何将所得资金专门用于资助促进环境可持续发展、减缓和适应气候变化、遏制自然资源枯竭、生物多样性保护、污染治理等几大关键领域的项目，或为这些项目进行再融资的债券工具。此外，绿色债券原则还对发行程序、资金使用与管理、项目评估与筛选等方面的信息披露设定了明确的要求，从而帮助绿色债券市场健康、有序地发展。从目的看，绿色债券原则对应着绿色金融的投资领域；而从金融工具的范畴看，绿色债券原则明确针对债券融资产品，包括金融债、公司/企业债，以及资产支持证券（ABS）等。

（四）气候债券标准（CBS）

2015年，气候债券倡议组织（CBI）制定了气候债券标准，旨在引导债券融资工具支持全球减缓和适应气候变化的相关投资。在具体操作的过程中，生态环境保护对适应和减缓气候变化同样有着积极的影响，所以难以严格区分气候变化与环境保护。因此，气候债券标准事实上并不仅限于气候金融范畴，而是对应绿色金融的范畴。此外，气候债券标准与绿色债券原则最大的不同点在于其设定了认证机制，发行人在债券发行前后都可以通过认证机构进行验证，并申请贴上"绿色债券"的标签。

（五）OECD 出口信贷与环保新协议

OECD 成员国于 2007 年签署了一项出口信贷与环保新协议。根据该协议，各成员国出口信贷机构在发放贷款时，应考虑更为严格的环境标准，应对申请贷款偿还期限为两年或者两年以上的、官方支持的出口信贷项目进行认真评估，以确定它们对环境的潜在影响以及是否符合国际机构的环保标准，特别是世界银行的各项环保标准。

二、支持的重点项目

绿色金融支持的项目主要包括环境保护、资源节约、清洁能源等。[①] 国际金融公司开展的一项关于"绿色金融定义和进展度量"的问卷调查显示，多数国家和市场对于绿色金融的项目投向有了一定的共识，核心投向包括可再生能源、可持续建筑、能效管理、垃圾处理等；也有部分国家将环境治理与污染防治（如污水和固废处理、空气污染治理、土壤修复）等纳入绿色金融范围。

在绿色债券方面，项目范围可参考国际资本市场协会提出的绿色债券原则、气候债券倡议组织的气候债券标准及中国金融学会绿色金融专业委员会的《绿色债券支持项目目录》。

绿色债券原则规定七大类产业属于绿色债券支持的领域，具体包括可再生能源、能效、污染防控，可持续的自然资源管理，陆地和海洋生物多样性保护，清洁交通，可持续水处理，气候变化适应，具有生态效益的产品、生产技术和流程。气候债券标准在绿色债券原则的基础上提出了更为

[①] 苏博，瞿亢. 绿色金融发展的国际经验及启示[J]. 国际金融，2016（5）.

具体的对气候债券的界定标准。《绿色债券支持项目目录》规定了六大类产业项目：节能、污染防治、资源节约与循环利用、清洁交通、清洁能源、生态保护和适应气候变化。

在绿色信贷方面，还没有国际通行的标准，中国、巴西和孟加拉国等基于本国情况进行了探索。2013年，中国银监会发布中国的绿色信贷指标体系，将12类项目确定为绿色信贷支持的项目，包括绿色农业，绿色林业，工业节能节水环保，自然保护、生态修复及灾害防治，资源循环利用，垃圾处理及污染防治，可再生能源及清洁能源，农村及城市水项目，建筑节能及绿色建筑，绿色交通运输，节能环保服务，以及采用国际惯例或国际标准的境外项目。

绿色金融的项目范围在发达国家和发展中国家间存在一些差别。在发达国家，由于已完成了工业化进程，工业化早期阶段经常出现的环境污染问题已经基本解决，因此在评价一项投资是否为"绿色"时，往往较少考虑污染防治，而是侧重于气候变化和碳排放方面。但在尚未完成工业化的发展中国家，大气、水和土壤治理的项目则一般会被纳入"绿色"范畴。在对于具体绿色项目的分类和界定方面，国际上对是否包括核电、小型水电、清洁煤炭利用等问题存在较多争议。

三、环境效益与经济效益：对立还是统一

（一）广义企业层面的探讨

早期的研究主要认为，环境保护方面的投入需要消耗经济成本，企业的环境效益与经济效益相背离。Wallich和McGowan（1970）研究发现，如果从股东经济利益最大化原则出发，企业承担过多的社会责任可能会影响企业经济利益，从而影响股东利益。Geczy（2003）对于美国共同基金的实证研究发现，环境及社会责任的投入将增加投资公司的选择成本，限制投资组合的多样化，因此无法实现所有投资组合中的最优方案，这与美国经济学家马科维茨的经典投资组合理论是一致的。

后来，更多的研究从理论和实证两个维度，证实了环境效益与经济效益能够互相促进。Branco（2006）指出，企业披露其在社会责任方面的良

好表现，可以提高企业声誉，增强消费者忠诚度，培养社会责任感较强的雇员，从而提高经济效益。Porter（1991，2000）从企业"环境资源观点"（Environment – As – A – Resource）角度出发，认为企业的环境效益将成为其新的、有竞争力的资源；污染是对资源的浪费，适当的环保设计能够在降低成本的同时促进创新与发展。他鼓励企业积极实行环境保护，将环境管理提高到企业战略的高度，形成竞争优势。Russo 等（2005）补充了"环境资源观点"，认为企业增强环境效益，对于环境资源的投资将带来额外收益。Lovis 等（1999）认为，技术创新及全面环境管理带来的经济效益优于其成本，从而能够实现经济效益和环境效益的统一，走一条"收益扩张型"（Extending Return）道路。Flammer（2013）对 1980—2009 年美国股票市场的研究，以及 Huang 等（2017）对 2002—2014 年中国股票市场的研究，均发现投资者对于企业环境效益表现的正向反应是显著的，突出的环境效益对于上市公司股价有正向激励。同时，Flammer（2013）发现企业的环境表现存在"保险效应"（Insurance Effect），企业以往在环境效益方面表现得越好，便积累了越多的环境保险，当出现负面环境信息时，其受到的经济影响越小。

Friede 等（2015）对 1970—2015 年共 2200 余篇相关文献的分析发现，89.3% 的实证结果显示企业经济效益与环境效益存在非负相关关系。其中，48.2% 结果为正相关，23% 为中性不相关，18.1% 为不确定相关，而仅有 10.7% 为负相关（见图 1 – 1）。同时，该研究对于欧美发达国家及新兴市场国家进行区分，指出欧美发达国家市场的文献中，42.7% 的研究结果为正相关，新兴市场国家中 65.4% 为正相关，说明在新兴市场国家中，环境效益的提升对于经济效益的改善效果更加明显。

（二）商业银行层面的探讨

具体到商业银行层面，同样存在不同的声音。

部分研究认为，参与环境保护与商业银行的经济效益相背离。一方面，在现行流程中增加环境保护要素将带来转换成本。采纳赤道原则或社会投资原则等绿色金融准则，意味着金融机构收益目标、风险计量、资产负债组合及盈利模式的重塑。不完全信息、投资者偏好或外部性的内部化，将导致不同类型金融工具需求的差异。改革现行的制度与流程往往需

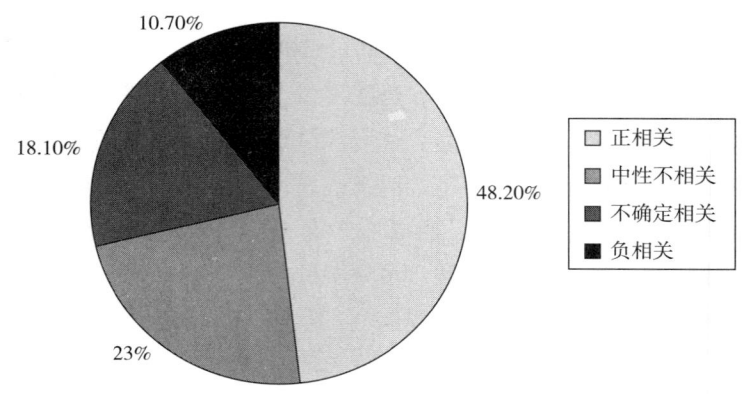

资料来源：Friede 等（2015）。

图1-1 经济效益与环境效益相关性的文献研究结果

要付出高额的转换成本。① 另一方面，绿色金融产品内含一定的不确定性。由于环境风险及细分市场的复杂性，绿色金融产品的收益、风险、期限结构究竟如何设计，目前尚未形成成熟的观点。绿色金融内含的不确定性增加了商业银行的顾虑。一些绿色金融产品，如碳金融产品，过于依赖多边政治协议，从而构成了绿色金融产品设计中的不稳定因素。2005年欧洲碳交易市场的碳价骤跌，其原因在于欧盟对各国碳排放数据判断失误，导致过多发放碳排放配额，供给远远大于需求。

另有研究认为，参与环境保护、提升环境效益对商业银行的经济效益会产生积极效果。Bolton（2013）对于美国商业银行环境与社会责任及经济效益的关系进行了研究，发现环境及企业责任在提升企业品牌效益的同时，可对商业银行风险管理、财务绩效进行正向推动。Poolthong（2009）对于泰国零售银行的研究指出，商业银行对于环境与社会责任的投入可同时增强客户及员工的信任感与依赖感（Trust and Affective Attitudes），提升客户的服务体验，并形成长期的品牌效应（Brand Effect）。

事实上，实践中越来越多商业银行对环境效益与经济效益的认识，已不再是简单的"对立还是统一"的判断，而是从可持续发展角度出发，将环境效益和经济效益摆在同样重要的位置，主要原因包括：第一，所投资

---

① 张雪兰，何德旭. 国外环境金融的困境与应对举措 [J]. 经济学动态，2010（11）.

客户不良的环境表现必然会导致其盈利能力降低，增大客户偿债风险；第二，投资于对环境有潜在风险的项目，在投资初期可能获得较高的收益，但在发生环境风险事件时，其代价往往是惨重的，甚至超出商业银行可承受的范围；第三，众多同环境保护存在关联的国家政策、社会事件、公众关注等已然或即将对商业银行业务造成重大影响；第四，商业银行可以借助内部的资源节约、环境保护等管理手段降低成本、提升盈利；第五，随着社会公众对于节能环保的重视，商业银行的股东乃至其他利益关联方对于环境效益提出了新的要求。①

第三节 国际绿色金融发展与演进

一、时间维度：从棕色经济到绿色经济，再到绿色金融

自工业革命以来，发达国家和新兴工业化国家的经济高速增长，居民生活水平得到较大提高，人口剧增和人类生产活动规模的扩大带来了严重的环境问题。森林以平均每年 4000 平方公里的速度消失，每年全球有 600 万公顷的土地变成沙漠；每年由于空气污染而过早死亡的人数超过 400 万人；温室效应导致全球气候变暖，温室气体激增，海平面每 10 年升高 6 厘米；假若地球温度上升 2℃，海洋平面上升可能淹没聚居着 2.8 亿人的大片陆地……

上述经济发展模式通常被认为是建立在对资源环境过度消耗基础上的、忽视生态保护的、不可持续的模式，也被称为棕色经济模式。在棕色经济模式下，经济增长以大量的资源消耗为代价，忽视对污染物非放的控制，使得资源日益紧张、环境污染严重、生态环境恶化，人类的生存环境面临着极大的挑战。

1962 年，美国生物学家和作家雷切尔·卡逊（Rachel Carson）撰写的

---

① 胡可征，岳鸿飞. 绿色金融在推动国内外环保合作中的比较优势与行为定位［J］. 现代经济信息，2017（33）.

科普寓言《寂静的春天》中描绘了DDT农药彻底破坏生态系统，并给一个原本美丽的小镇带来剧变，使春天不再有虫鸣鸟叫、蝴蝶翻飞的故事。该书被誉为全球50年以来最具影响的著作之一，给人类环境意识的启蒙点燃了一盏明灯。1972年罗马俱乐部发表了报告《增长的极限》，指出按照目前这种持续过快的人口和经济增长速度，世界经济和人类生活将达到它的增长极限，人类社会将不可避免地走向衰败。这是人类第一次从代际关系的视角思考经济发展与环境保护的关系，并开启了对人与自然环境和谐发展的经济模式的探索。生态环境持续恶化使得各国民众对环境保护的内在需求进一步强化，急需寻找新的经济增长模式。

1987年，世界环境与发展委员会在《我们共同的未来》这一报告中首次提出"可持续发展"，开启了人们对绿色发展之路的探索；1997年，相关国家公布了限制发达国家温室气体排放量以抑制气候变暖的《京都议定书》；2009年，联合国气候变化大会达成了不具法律约束力的《哥本哈根协议》，要求发达国家和发展中国家承担"共同但有区别的责任"。2015年12月，联合国召开巴黎气候变化大会，达成新的全球协议，世界各国对控制温室气体排放的态度实现了从"被动的强制减排"到"主动的贡献"的改变，成为2020年以后全球应对气候变化的行动依据，显示出国际上对环境问题的认识逐渐深化以及对绿色发展的追求。逐渐地，绿色经济代替棕色经济，成为实现全球可持续发展的重要路径。

绿色经济的概念最早于1989年由英国经济学家戴维·皮尔斯（David Pearce）提出。绿色经济包含两层含义：一是指自然环境和人类自身能够承受的、不因人类盲目追求经济增长而导致生态危机与社会分裂、不因自然资源耗竭而致使经济不可持续发展的经济发展模式；二是指生态保护和环境治理领域的相关产业获得规模化的发展，产生持续稳定的经济收益，并由此推动经济增长。

绿色经济等概念的出现，为绿色金融的诞生奠定了坚实的基础。在日益加大的资源环境压力，以及逐渐强化的可持续发展共识支撑下，随着绿色经济理念成为国际社会普遍接受的观念，绿色金融也受到广泛关注。

二、国别维度：国际先进实践经验

绿色金融业务于20世纪70年代在德国诞生，并逐渐在全球范围内兴起。这里着重介绍德国、美国和英国的实践经验。

(一) 德国

1974年，世界第一家环保银行在德国成立，德国成为最早开展绿色金融业务的国家之一。德国在绿色金融方面处于国际领先地位，主要有以下三个特点。

首先，政府部门积极参与绿色金融业务。政府层面给予绿色项目一定的贴息、利率及税收优惠，借助政府的影响力，有力推进绿色金融业务发展。第一，在贴息及利率支持方面，政府用贴息的方式来支持银行绿色信贷的发展，充分发挥了财政杠杆的作用，增强了银行和企业绿色发展的积极性。例如，对于环保节能绩效好的项目，可以给予持续10年、贷款利率不到1%的优惠信贷政策，利率差额由中央政府予以贴息补助；又如，德国政府鼓励商业银行为节能建筑提供贴息贷款，仅环境部便提供高达30%的贴息。第二，在税收优惠方面，1991年德国发布《强制输电法案》（2000年在此基础上出台了覆盖面更广的《可再生能源法》），对投资于风能的封闭式基金给予税收优惠，并对绿色基金的红利实行税负减免。

其次，环境认证及信息传导制度较为健全。环境保护部门对企业实行绿色环境认证制度，以此判定企业是否有资格获得相应的贴息补助，从而保障政府的补贴政策精准地用于环境保护领域。同时，德国绿色金融市场有着较为完善的信息沟通机制，形成了政府监管部门、环保部门、企业与商业银行之间高效透明的信息传导机制。各部门之间的信息传导机制有效避免了信息不对称带来的各类风险，提升了绿色金融的执行效率。

最后，绿色金融产品自由化。德国金融机构在绿色贷款方面的产品不会因为政府参与而受到制约，产品以公开、公正为原则，在大众了解全部信息的情况下，对产品进行招投标，而政府仅提供利息补贴和执行相关管理制度。

（二）美国

绿色金融领域的另一个先驱是美国。美国在政策制度、监管体系、信息保障、产品创新等方面的实践较为突出。

首先，美国建立了较为完善的法律、税收及财政制度。法律层面，美国是世界上第一个通过立法来约束绿色金融行为的国家，于1980年出台了《综合环境反应、赔偿和责任法》（CERCLA），又称《超级基金法》。该法规定银行必须对客户造成的环境污染负责，支付修复成本，并且这种贷方责任可以追溯，政府不仅约束银行，还对投资者和第三方评级机构设立了环境条款。税收政策方面，1978年美国出台《能源税收法》，规定凡购买太阳能和风能能源设备所付金额前2000美元的30%和金额后8000美元的20%，均可从当年须缴纳的所得税中抵扣。财政政策方面，美国设立专门的财政专项基金，鼓励中小企业履行环保义务。

其次，美国建立了较为完整的绿色金融监管体系。绿色金融监管的参与者包括美国国家环境保护局、财政部、联邦能源监管委员会（内设碳市场监视办公室）、美国商品期货交易委员会、美国证券交易委员会、碳市场效率委员会等机构，不同的机构在绿色金融监管中的分工各有不同、略有交叉，通过合作机制的建立来履行绿色金融监管职能。例如，根据2007年《美国气候安全法案》，美国成立了高层碳市场工作小组，其成员包括国家环境保护局局长、财政部部长、联邦能源监管委员会主席、美国商品期货交易委员会主席、美国证券交易委员会主席。该小组的任务是设计监管碳市场的细节问题，保障碳市场顺利运转，其中的关键任务之一是预防欺诈与操纵。

再次，美国搭建了完善的信息传输和保障体系，规避信息不对称所带来的各项问题，保障绿色金融的可持续发展。美国证券交易委员会规定，公开发行股票的公司要揭示其所有的有关环境负债的信息，除非公司可以证明这些环境负债对公司未来的投资者没有重要影响。

最后，美国推行了绿色金融产品及模式创新。绿色金融创新产品丰富是美国绿色金融发展的另一大特点，这与美国发达的金融市场密不可分。通过各种金融产品的创新，美国为绿色金融资金提供了丰富的投资渠道，推动绿色金融资金供给与需求相互促进。绿色金融创新产品包括绿色信贷、绿色保险、绿色债券等领域，涉及生产、贸易、消费等诸多环节。例如，绿色信贷方面，美国银行创新了支持节油技术发展的无抵押优惠贷款，纽约、夏威夷、康涅狄格等州成立了绿色银行，使用创新的商业模式，吸引民间资金投资绿色行业；零售业务方面，美国银行和美国环保署、运输部合作向小型运输类公司提供无担保、还款周期灵活的贷款，帮助这些企业购买节油设备，降低汽车尾气的排放，均实现了显著的环境效益和经济效益；绿色保险方面，1988年，美国成立了专业的环境保护保险公司，之后在强制保险方式、个性化保险设计、政府担保上不断创新。

（三）英国

英国发展绿色金融，在政策支持、产品创新等方面有着独到的经验。

首先，政策支持绿色金融发展。2000年，英国设定《气候变化规则》，对低碳节能技术的投资进行鼓励，并对一些高耗能、高污染的企业增收气候变化税，促进经济的绿色转型。2010年英国颁布了《能源税收法》，规定企业购买太阳能、风能能源设备，可抵扣所得税的20%～30%。同时，英国还出台了一系列配套性的贷款政策：由政府出面为环保企业担保，鼓励商业银行优先贷款，并在保证盈利的前提下适当降低贷款利率。在英国，环境风险评估合格的企业可从商业银行处获得高达7.5万英镑的贷款，并可向政府申请80%金额的担保。[①] 2012年，英国政府全资成立了全球首家政府出资、市场模式运营的绿色投资政策性银行——英国绿色投资银行（Green Investment Bank，GIB）。该银行独立运营，投资重点是具有商业价值的绿色基础设施项目，有效解决了英国绿色基础设施项目建设的市场失灵问题，引导大量私人投资投向绿色产业。在财政政策的支持下，GIB通过融资杠杆效应撬动了约3倍的市场资金，取得了明显的成果。

其次，创新绿色金融产品模式。英国的"绿色金融项目"成为金融业的主要服务项目，其中又以汽车保险、旅游保险、房屋抵押贷款等业务最具代表性。在汽车保险方面，英国的保险公司通过为购买环保型用车的买主给予相应的优惠（主要通过购买保险的折扣优惠），推广环保车。从2009年3月

---

① 李迎旭. 绿色信贷认定的国内外比较与经验借鉴 [J]. 对外经贸实务，2015 (7)：45 - 48.

开始,"绿色车险"业务项目正式投入,该项目主要针对混合动力车的保险优惠,折扣幅度达3%~15%。在旅游保险方面,如气候安全旅游保险公司推出的绿色保险业务,该保险在保持原有的保险费用不变的前提下,拨出一部分费用致力于环境保护事业。在房屋抵押贷款方面,英国的金融机构推出了以二氧化碳的排放配额为衡量标准发放贷款的方式。

三、展望:绿色金融的千载机遇

"忽如一夜春风来,千树万树梨花开。"近年来,全球范围内对于绿色金融的研究与实践如雨后春笋般涌现,绿色金融迎来了难得的发展机遇。

(一)业务持续增长,获得全球共识

一方面,绿色金融规模迅速增长。根据国际能源机构(IEA)、世界银行(World Bank)、经合组织(OECD)以及世界经济论坛(World Economic Forum)的研究报告,在未来十年内,全球主要绿色领域(如建筑、能源、基础设施、水以及污染治理等)的投资需求将达数十万亿美元。以中国为例,2015—2020年,中国绿色发展的相应投资需求预计约为每年2.9万亿元,其中新增的绿色金融需求大约为每年2万亿元。①

另一方面,具有绿色属性的金融产品占比很小。例如,贴标的绿色债券在全球债券市场中的占比低于1%,全球机构投资者持有资产中的绿色基础设施资产占比低于1%。绿色金融的市场潜力与发展空间巨大。

在2016年9月的G20峰会上,中国作为主办方首次将绿色金融纳入国际讨论的重点议题,将绿色金融推向了新的高度。当前世界经济虽然仍处于调整期,但全球绿色环保产业正处于蓬勃发展阶段,具有广阔的市场前景。在全球经济转型过程中,绿色环保产业很可能成为未来经济的增长点。世界绿色经济转型的核心问题聚焦在投融资方面,绿色金融的发展获得全球共识。

(二)助力环境与经济的可持续发展

绿色金融作为解决环境问题、促进可持续发展的重要抓手,承担着环

---

① 国务院发展研究中心"绿化中国金融体系"课题组. 发展中国绿色金融的逻辑与框架[J]. 金融论坛,2016(2).

境和经济两方面重建的重任。与此同时,危机后的全球经济也逐渐走上了以绿色经济为重要驱动力的增长路径,绿色金融日益受到国际组织、各国政府以及金融机构的重视。绿色金融不仅对于促进保护环境和可持续发展有着重要的意义,对于绿色产业、相关企业,以及金融机构和金融市场的增长和发展也都有着不容忽视的影响。实行绿色金融是实现金融系统、工商企业、社会大众"多赢"的必然选择。

绿色金融在环境与经济可持续发展中的作用主要有两个方面:其一是着眼于存量业务,充当"过滤器"。金融机构面对环境保护领域的项目,通过完善有力的环境信息识别机制,能够过滤掉"两高一资"项目,从而培育新兴的能源产业,引导社会资本向绿色产业方向流动和倾斜,促进传统的棕色产业向现代化的绿色产业进行转变。其二是着眼于增量业务,充当"孵化器"。在现代经济发展中,环境保护、资源节约、清洁能源技术是重要的发展方向,绿色金融重在开发这些产业的潜力,通过信贷、债券、风险投资基金等多种形式,不断培育绿色技术方面的自主创新能力,通过金融资源的支持,推动产业形成内在增长动力。

(三)金融机构拓展国际交往的重要桥梁

金融机构深入开展跨国金融服务已经成为新趋势,而其环境表现已成为进入国际金融市场的重要参考依据。部分金融机构过往在环境保护方面表现不佳,限制了其开拓海外市场。这也是一些跨国银行等金融机构采纳"赤道原则"的主要原因。

对致力于走国际化道路的金融机构而言,发展绿色金融将有利于其防范融资项目的国际合规风险,有利于持续改善与客户、当地政府、民众及媒体的关系,有利于促进国际业务的健康、可持续发展,进而树立负责任的金融机构形象,形成品牌效益。

值得一提的是,发展中国家通常对外开放程度不高,基础设施建设、产业发展水平、社会发展水平等比较低,在工业化和城市化发展过程中,不可避免地产生了高能耗、高污染、土地荒漠化等生态环境问题。绿色金融的参与模式既符合发展中国家对绿色发展模式的期待,也对提升金融机构环境保护实践和改善环境保护形象提供了有利契机,助推业务的持续高效开展。

第四节　绿色金融领域主要的国际组织或机构

绿色金融领域的主要参与方包括国际组织、金融机构、绿色评级与认证机构、绿色指数机构等。

一、国际组织

（一）联合国环境规划署金融行动机构（United Nations Environment Programme – Finance Initiative，UNEP FI）

1992年，里约地球峰会推出了《联合国环境规划署银行业关于环境和可持续发展的声明书》，明确要求银行业将环境保护置于金融决策的核心位置，并在其中发挥应有的作用，标志着联合国环境规划署银行业环境倡议（UNEP BI）的正式成立。随后，在联合国环境规划署支持下开展银行业倡议的对象从单一的银行类机构扩展到了更广泛的各类金融机构。2003年，相关机构环境倡议合并为 UNEP FI，相关声明也进行了修改与合并。UNEP FI 目前拥有来自全球50多个国家的200余家签署机构。

（二）联合国全球契约组织（UN Global Compact，UNGC）

1999年，时任联合国秘书长的安南在世界经济论坛上发起联合国全球契约组织。2000年，UNGC 在联合国总部纽约正式启动，其目的是通过与企业合作倡导企业公民意识，建立更加可持续、更多人参与的全球经济。UNGC 制定了有关人权、劳工、环境和反腐败领域的十条原则，参加 UNGC 的公司必须认可和履行这十条原则。至今，全球范围内已经有超过2000家企业成为 UNGC 的成员。2004年起，该组织开始关注金融投资中的环境、社会问题，并组织了来自9个国家的18个金融机构共同起草研究报告，指引金融机构在投资决策中如何考虑环境、社会与公司治理等因素。

（三）国际金融公司（International Finance Corporation，IFC）

IFC 成立于1956年，是世界银行集团旗下的政府间国际组织，旨在配合世界银行向成员国,特别是发展中国家的重点私人企业提供无须用途担保的贷款或投资,鼓励国际私人资本流向发展中国家。近年来,国际金融公司越来越注重可持续发展的投资方向,投资了大量具有财务稳健性、环境可持续性的绿色项目,为发展中国家的绿色转型提供了支持和帮助。

(四) 可持续银行网络 (Sustainable Banking Network,SBN)

SBN 成立于 2012 年,是在国际金融公司支持下、由新兴市场国家的金融业监管机构和银行业协会组成的创新机构,致力于按照国际良好规范推动发展中国家可持续金融的发展,成员包括中国、巴西、印度尼西亚等。该网络以分享知识和技术资源的形式,帮助新兴市场国家制定绿色信贷政策和激励措施,开发行业指南,提高银行的环境和社会标准执行水平。

(五) 环境责任经济联盟 (Coalition for Environmentally Responsible Economics,CERES)

1989 年,美国阿拉斯加原油泄漏事故爆发后,环境责任经济联盟成立,它是可持续性金融领域成立较早的非营利性机构。CERES 联合了众多环保团体和金融机构,推动可持续性金融在美国的发展。1997 年,CERES 与联合国环境规划署共同推出了全球报告倡议 (Global Reporting Initiative,GRI),推广标准化的企业可持续发展报告体系。GRI 得到了联合国的积极支持,知名企业也纷纷响应,至今已经有超过 700 家企业采用这一报告体系。2002 年,CERES 开始实施可持续治理项目 (Sustainable Governance Project),帮助企业和投资者认识气候变化及其他可持续发展问题引起的投资风险。

(六) 绿色气候基金 (Green Climate Fund,GCF)

GCF 是 2011 年在南非德班召开的《联合国气候变化框架公约》第 17 次缔约方会议的核心议题之一,其构想是发达国家在 2020 年以前每年拿出 1000 亿美元,帮助发展中国家应对气候变化。该基金管理着一个拥有多方资金来源的、规模较大的财政资源,通过各种金融工具、融资窗口等提供资金,并在气候变化适应和气候变化减缓行动之间实现资金的均衡分配。

(七) 中国环境与发展国际合作委员会 (China Council for International Cooperation on Environment and Development,CCICED)

中国环境与发展国际合作委员会简称国合会,于 1992 年由中国政府批准成立，是一个由中外环境发展领域高层人士与专家组成的、非营利性的国际咨询机构，主席由国务院领导同志担任。国合会的主要任务是交流、传播国际环境发展领域内的成功经验，对中国环境发展领域内的重大问题进行研究，支持促进中国实施可持续发展战略，建设资源节约型、环境友好型社会。

二、金融机构

（一）政府支持绿色银行的代表——德国复兴信贷银行（KfW）

德国复兴信贷银行是德国政府支持的国家政策性银行，运用资本市场和银行运作来实施政府对环境项目的金融补贴政策。德国复兴信贷银行在国际资本市场上进行融资，德国政府负责对其融资资金进行贴息并打包形成可持续金融产品。德国复兴信贷银行测算出盈利利率和优惠利率，将从资本市场融来的资金开发成长期、低息的金融产品销售给各商业银行，商业银行获取低息金融产品后根据微利的原则再适度调整利率，然后以优惠的利息和贷款期限为终端客户提供支持环保、节能和温室气体减排的可持续金融产品和服务。德国财政部委托德国复兴信贷银行管理绿色贷款贴息资金，通过其寻找优质绿色项目和企业。该行在绿色项目选择和融资上公开、透明，保证了绿色金融资金的高效使用。2014年，该行在全球发放的740亿欧元贷款中，用于环保与可再生能源领域的贷款高达360亿欧元，在德国绿色金融发展上发挥着基础性的作用。此外，早在2003年，德国复兴信贷银行就开始探索并参与了碳排放交易。德国复兴信贷银行在绿色金融方面有丰富的经验（见表1-2）。

表1-2 德国复兴信贷银行在绿色金融方面的经验

领域	具体介绍
项目的授信权	德国复兴信贷银行的所有权属于国家，且由政府委派的监事会负责对其业务进行监督，但能够不受政府干预，项目的授信权由董事会管理
融资成本	不依靠政府补贴开展业务。政府为德国复兴信贷银行在国际资本市场上的融资提供担保，融资成本较低

续表

领域	具体介绍
与商业银行的关系	德国复兴信贷银行与商业银行不是竞争关系而是合作关系，前者通过"批发"资金的方式通过商业银行进行"零售"，即德国复兴信贷银行的信贷资金并非直接发放给贷款人，而是通过商业银行转贷
贷款及发放依据	德国复兴信贷银行在发放贷款时，首先考虑方案与项目的经济性，按商业银行的风险控制模式发放贷款

（二）重视环境与社会风险管理体系建设——花旗银行（Citi Bank）

花旗银行在绿色金融领域的探索开始得较早，是全球最早的10家赤道银行之一。花旗银行在内部建立了严格的环境事务管理机制，包括环境政策和流程培训机制、环境与社会风险管理机制、外部公共和私人事务合作机制以及涉及环境保护的业务开发机制等。

2003年，花旗银行制定环境与社会风险管理（Environmental and Social Risk Management，ESRM）体系，并嵌入信贷系统，适用于全球范围的交易，对环境和社会风险评估形成一个严格的流程约束。该体系主要包括三个环节：第一，参考赤道原则的风险分类，将项目分为A、B、C三类。第二，全面审查，包括明确ESRM要求，聘请独立财务顾问，制订环境和社会行动计划。第三，资产组合经理对所有项目进行年度信用审查、内部设计尽职调查和合规性审查。通过严格的约束流程，把风险控制在萌芽状态。同时，即使项目暂时不能交易，被评估的项目也会存储在系统中，将来条件成熟可以考虑再次交易时，可以节约人力、物力、财力，降低将来的调查和评估成本。

2007年，花旗银行制订了耗资500亿美元、跨度为2007—2016年十年的可持续战略计划，并于2013年提前三年完成；又制订了2014—2023年的耗资1000亿美元的可持续计划，为减缓气候变暖项目、清洁能源项目、绿色交通项目、水污染治理项目及中低收入群体的绿色住房项目提供资金支持。

（三）亚洲首家赤道银行——日本瑞穗实业银行（Mizuho Bank）

2003年10月，瑞穗实业银行成为日本以及亚洲首家赤道银行，其根据世界银行的《环境、健康和安全指南》和IFC的《环境和社会可持续性绩效标准》制定出适用于该行的"行业环境影响筛选表",详尽编写了针对内部38个行业的行业指南细则和赤道原则实施手册,于2004年开始执行。

2006年3月,瑞穗实业银行设立了可持续发展室,并宣布接受当年修订的新版赤道原则。自2011年3月起,瑞穗实业银行使用独立开发的评价体系——瑞穗环保等级来评价客户的环境绩效,根据评价结果设定融资、发行的条件,以客户对环境的可持续保护作为评价的基本标准,项目实施后进行三年跟踪调查,从"风险"和"机会"两个方面展开评价。

瑞穗实业银行在绿色金融方面的实践主要有四个方面:第一,在项目筛选方面,帮助致力于推进绿色发展或减轻环境负荷的企业进行融资;第二,以日本瑞穗集团的智库为中心,提供绿色项目相关的商业咨询、研究调查等支持服务;第三,围绕绿色金融,进行新的银行产品开发;第四,重视信息网络,及时更新银行内部绿色金融制度。

三、其他组织或机构

绿色金融业务发展的一个特点在于需要量化市场主体的绿色表现,作为定价和评价的基础,但由于环境、资源等要素的公共品属性,传统的评级难以对涉及产业、企业、产品生产和消费活动的外部性进行评估,使得市场缺乏对主体绿色行为定价的合理依据。因此,绿色金融产品的开发和交易,需要包括绿色评级、绿色认定等在内的配套工具和制度提供有力支撑。这些配套工具和制度是绿色金融市场中的基础环节,对于推动绿色金融的发展起到了重要作用。

目前,与绿色金融相关的第三方机构主要包括以下几种:

(1)绿色评级与认证机构:以标普、穆迪、德勤等企业为代表,对企业及其发行的绿色产品进行第三方评级和认证;也包括政府作为主体提供的认证,例如香港品质保证局2018年推出"绿色金融认证计划",为绿色金融债务工具提供认证。

(2)绿色指数机构:以MSCI、中债指数为代表,编制及发布绿色指数，为投资者提供投资标的。

（3）环境咨询公司：如伊尔姆公司（ERM）、Trucost公司、优斯咨询公司（URS）等，开发定量评估环境成本与效益的工具。

（4）碳金融公司：主要业务涉及碳排放权及其衍生品的交易和投资、低碳项目开发的投融资等。

（5）数据服务商：以彭博（Bloomberg）、万得（Wind）为代表，收集、加工并对外提供绿色信息，促进全球环境信息披露。

第五节　国际绿色金融产品与服务介绍

绿色金融产品与服务目前尚没有统一的界定。狭义的绿色金融产品需经过专门的认证机构认证后增加"绿色"标签，如经过绿色债券原则认证的绿色债券等；而广义的绿色金融产品则指能够产生直接或间接的环境效益、减少不利的环境影响，或者旨在引导资金流向环境保护、资源节约、可持续发展及相关技术开发与装备制造的产业，以及能够激励企业注重绿色生产、引导消费者形成绿色消费理念，进而促进经济可持续发展的金融产品与服务。

绿色金融产品与服务涉及金融领域的方方面面，本节就常见的产品做一概述，具体包括绿色信贷、绿色债券、绿色保险、碳金融和绿色指数。

一、绿色信贷

绿色信贷是指利用信贷手段，对于环境保护、节能减排进行的一系列制度安排，其本质在于金融机构把环境和社会责任融入信贷管理的流程。金融机构支持绿色信贷通常有三种形式：第一，通过信贷工具，包括贷款品种、期限、利率和额度等，支持绿色金融项目；第二，在信贷业务流程中增加环境风险评价，对违反节能环保相关法律法规的项目和企业采取停贷、缓贷或提前收回贷款的措施；第三，通过信贷手段引导企业在生产经营中提高环境风险意识，减少环境问题的发生。

绿色信贷产品主要包括绿色住房抵押贷款、汽车贷款和绿色信用卡等零售金融业务，以及绿色项目贷款等企业金融业务（见表1-3）。

表1-3 绿色信贷产品和服务

信贷种类	银行	产品名称	产品属性
绿色住房抵押贷款	荷兰银行	绿色住房抵押贷款计划	由政府主导，为符合环保标准的贷款减息1%
	花旗银行	结构化节能抵押品	将省电灯节能指标纳入贷款申请人的信用评分体系
住房抵押贷款	英国联合金融服务社	生态家庭贷款	为所有房屋交易提供免费家用能源评估及二氧化碳抵消服务，仅2005年就成功抵消了5万吨二氧化碳
商业建筑贷款	美国新能源银行	优惠贷款	为绿色建筑项目提供贷款优惠
	美国富国银行	第一抵押贷款	为LEED认证的商业建筑项目提供第一抵押贷款和再次融资，开发商不必为绿色商业建筑支付初始的保险费
房屋净值贷款	花旗银行	便捷融资	为夏普电器公司签订联合营销协议，向购置民用太阳能技术的客户提供便捷的融资
	美国新能源银行	一站式太阳能融资	25年期，相当于太阳能面板的保质期
	美洲银行	贷款捐赠	根据环保房屋净值贷款申请人使用Visa卡消费的金额，按一定比例捐赠给环保组织
汽车贷款	加拿大温哥华城市银行（Van City）	清洁空气汽车贷款	向所有低排放的车型提供优惠利率
	澳大利亚MECU银行	"绿动"（GoGreen）汽车贷款	要求贷款人种树以吸收私家汽车排放的贷款
运输节能贷款	美洲银行	小企业管理快速贷款	通过快速审批流程，向火车公司提供无抵押兼优惠贷款，资助其投资节油技术，帮助其购买高效升级设备，可增加节油15%

续表

信贷种类	银行	产品名称	产品属性
绿色信用卡	荷兰合作银行（Rabobank）	气候信用卡	每年按信用卡购买能源密集型产品或服务的金额捐赠一定的比例给世界野生动物基金会
	英国巴克莱银行	巴克莱"呼吸卡"（Barclay Breathe Card）	为购买绿色产品和服务的用户提供优惠和较低的借款利率。信用卡利润的50%将用于资助全球减排项目
	美洲银行	—	现有的持卡人可将该信用卡的积分捐赠给投资于温室气体减排的组织，或用来兑换绿色商品
项目融资	爱尔兰银行	转废为能项目的融资	给予25年的贷款支持，需与卢迪政府签订废物处理合同，并承诺支持合同外的废物处理
生态存款	西太平洋银行	生态农业存款（Landcare Term Deposit）	澳大利亚首个环保类存款产品。每存储1美元，银行将提供相等的贷款来支持可持续农业活动

资料来源：根据联合国环境规划署金融行动机构的《绿色金融产品和服务》报告整理。

二、绿色债券

绿色债券是指为有环境效益的绿色项目提供融资的一种债务融资工具。绿色债券区别于其他债券的核心特征，是其募集资金集中于推动和实现环境效益。

自 2007 年欧洲投资银行（EIB）发行第一只"气候意识债券"（Climate Awareness Bond）以来，绿色债券的规模持续增长。2007—2012 年的 6 年间，全球绿色债券累计发行量约为 100 亿美元，2014 年迅速增长到 365.93 亿美元，2016 年达 810 亿美元，呈现蓬勃增长的态势。2017 年，全球有 37 个国家发行各类绿色债券，发行量为 1555 亿美元（见图 1-2）。[①] 中国、北美和欧洲是绿色债券的主要市场，中国已连续两年成为广

---

① 覃安柳，刘邦月. 从国际视角看中国绿色债券发展 [J]. 银行家，2018（3）.

义绿色债券的最大发行国,印度、巴西和南非等新兴市场国家的发行量也在持续增加。

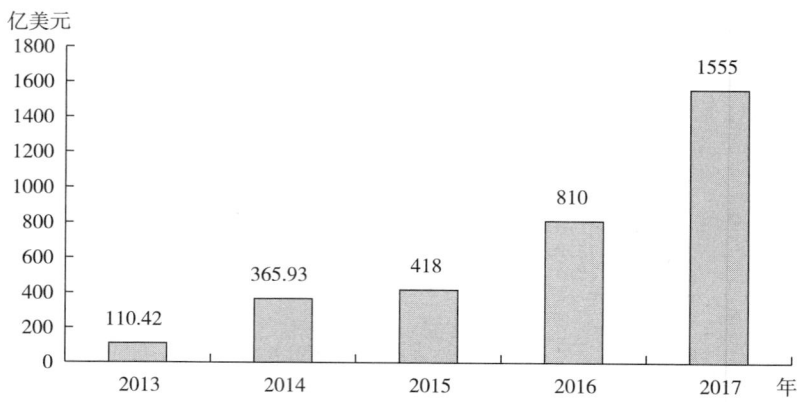

资料来源:覃安柳,刘邦月.从国际视角看中国绿色债券发展[J].银行家,2018(3).

图1-2 全球绿色债券发行量

近年来,参与绿色债券发行的主体逐渐丰富。首先,绿色债券的融资者日益多元化。早期国际多边组织(如世界银行、欧洲投资银行等)是绿色债券的主要发行者,2015年这些机构主导了超过全球40%的绿色债券发行;2015年以后,实体部门发行者开始逐渐增多。其次,绿色债券的项目投向日益完善。2017年,绿色债券的资金投向主要包括运输(占比超过60%)、能源(19%)、建筑与工业、水、废弃物与污染控制、农林等领域。

实践表明,绿色债券可为绿色项目和投资者提供多方面的益处:第一,为绿色项目提供传统信贷之外的、新的融资渠道;第二,绿色债券评级普遍较高,3A评级发行超过40%,受到投资者的青睐,通常获得超额认购,相比普通债券获取了一定的发行溢价;第三,为绿色项目提供更多长期投资,解决了绿色项目通常存在的期限较长、难以匹配资金期限的问题;第四,激励发行人将债权收益投向绿色项目,积极开拓新的绿色项目,形成持续的声誉效益。

三、绿色保险

绿色保险是绿色金融领域的重要组成部分,通常指与环境风险管理有关的各种保险安排，将保险作为一种保障经济可持续发展的金融工具，以应对与环境有关的一系列问题。① 绿色保险主要包括环境污染责任保险、汽车保险、建筑/房屋保险、碳保险等险种（见表1-4）。②

早在20世纪70~80年代，欧美国家就推出了环境污染责任保险等产品。环境污染责任保险以被保险人因污染水、土地或空气而依法应承担的赔偿责任作为保险对象。德国政府于1990年通过《环境责任法案》，强制10大类96小类行业（主要包括热电、采矿和石油等行业）参保。英国保险业协会规定，一旦污染发生，赔付内容不仅包括清理污染成本，还包括罚金、不动产价值损失、全部相关法律费用等。

表1-4 国际主要绿色保险产品与服务

产品或服务类别	地区	金融机构	具体方案
商业保险（环境污染责任保险）	欧洲	荷兰合作银行	以被保险人因污染水、土地或空气而依法应承担的赔偿责任作为保险对象
汽车保险	欧洲和北美	金融服务集团、英杰华集团	混合动力及节油型汽车享受10%的优惠，银行也可以选择对汽车的年排放量进行抵减（例如通过气候关爱公司，由合作金融服务集团进行20%的排放抵减）
汽车保险	欧洲	瑞士瑞信银行	回收保险。当汽车损坏且需要维修时，如果使用的是回收零部件，客户可以享受20%的汽车保险优惠
建筑/房屋保险	美国	加利福尼亚州的消防员基金保险公司	绿色建筑置换和更新险种。产品覆盖可持续建筑行业相关的、特殊类型的绿色风险
建筑/房屋保险	欧洲	英国环境运输协会	"气候中和"房屋保险单。第一种房屋保险产品，根据客户使用情况进行温室气体抵减

---

① 田辉. 中国绿色保险的现状、问题与未来发展 [J]. 发展研究，2014（5）.
② 翁智雄，葛察忠，段显明，等. 国内外绿色金融产品对比研究 [J]. 中国人口·资源与环境，2015（6）.

续表

产品或服务类别	地区	金融机构	具体方案
碳保险	欧洲	瑞士再保险公司	建立"减排交易的或有资本期货"。该保险产品为契约方承保,并交付欧盟补助的买方面临的风险,以确保碳交易在一定的成本范围内完成
	欧洲	美国国际集团、达信保险经纪公司	碳排放信贷担保及其他新的可再生能源相关的保险产品,重点是让私营公司参与抵减项目和排放交易

资料来源:根据联合国环境规划署金融行动机构的《绿色金融产品和服务》整理。

四、碳金融

(一)碳金融履约机制与制度框架

《京都议定书》规定了三种灵活履约机制,即国际排放交易、联合履约和清洁发展机制,为全球减排行动以及排放权一体化市场搭建起了制度框架。

国际排放交易(International Emission Trading,IET)主要为发达国家间的合作,通过将减排的温室气体量转化为一种商品量(碳当量)在各控排组织之间的交易要求,以最低的成本满足其减排义务要求。

联合履约(Joint Implementation,JI)主要为发达国家间的合作,允许从其他工业化国家的投资项目产生的减排量中获取减排信用,以共同减少温室气体的排放。

清洁发展机制(Clean Development Mechanism,CDM)主要为发达国家与发展中国家间的合作,发达国家缔约方为履行其部分温室气体减排义务,与发展中国家缔约方进行项目合作。

欧盟排放权交易机制(EU-ETS)的产生和发展实现了碳减排量大规模、标准化交易,从而为碳金融的进一步发展提供了基础。目前全球绿色金融市场上,碳金融及相关衍生产品的发展主要集中在欧洲市场。随着《巴黎气候协定》中近200个缔约国承诺承担减排义务,碳交易作为基础性的国际减排合作机制,受到欧洲以外市场越来越多的重视。世界范围内成立了美国芝加哥气候交易所(CCX)、澳大利亚新南威尔士州减排交易体系(NSW GGAS)、新西兰碳排放交易体系(NZ ETS)等交易市场。中国已在七个城市试点碳交易,并于2017年12月宣布启动全国统一碳市场建设。根据世界银行的预测数据,2020年全球碳交易市场总额将达到3.5万亿美元。

(二)碳金融产品和服务的分类

碳金融产品和服务可以大体上分为碳基金、碳资产托管及基于碳排放的金融衍生品三类。碳基金形成基础碳资产;碳资产托管为企业管理碳资产相应的收益和风险;碳价格指数、碳远期、碳期货、碳期权、碳互换等衍生产品为投资者提供分散投资、对冲风险的工具。

碳基金是碳金融最基础的形式。2008年以前,碳基金大多以在清洁发展机制下从发展中国家购买或直接投资于减排项目从而获得核证减排量(CER或ERU),并提供给客户用于完成减排指标,或直接在欧洲市场销售的方式获得利润(碳市场的一级市场业务)。近年来,碳基金的经营模式出现了一定的变化,逐渐向发达市场、二级市场转移。

核证减排量在碳排放二级市场上与排放权(EUA)一起,构成了碳交易的标的资产。碳交易为碳资产注入了市场价值,因而也催生了企业进行碳资产管理的需求。由于企业持有碳资产与排放结算之间在时间上是分离的,因此金融机构为企业提供碳资产托管、回购等服务,利用这个时间差实现碳资产的增值。

碳排放交易市场价格波动催生了控排企业以及其他相关投资者的风险控制需求。为此,部分国际投资银行开发了基于碳排放的金融衍生品,包括碳期货、碳期权、碳掉期等。这些衍生品通过场内市场(专业交易所的交易平台进行)与场外市场(由大投行撮合的双边直接交易)同时进行。

五、绿色指数

绿色指数产品主要指以绿色股票、绿色债券、碳排放价格等绿色金融产品作为标的物衍生出的一类金融投资工具,是提高绿色金融产品流动性、降低投资风险、扩大投资者群体的重要方式。目前国际市场上主要的绿色指数包括绿色股票指数、绿色债券指数，以及碳排放价格指数等。在绿色指数的基础上，欧美市场出现了诸多跟踪这些指数的 ETF 基金，用于向投资者提供风险分散、流动性较强的绿色金融投资工具。

目前国际市场上的主要绿色指数包括以下几种：

—— 标普全球清洁能源指数：包含全球 30 个主要清洁能源公司的股票，根据各公司碳足迹调整权重，然后加权平均计算得到指数。

—— 纳斯达克美国清洁指数：跟踪 50 余家美国清洁能源公司股票。

—— FTSE 日本绿色 35 指数：包含日本 35 家从事环保相关业务的上市公司股票。

—— 欧洲低碳 100 指数（Low Carbon 100 Euro Index）：由纽交所—泛欧证券交易所于 2008 年 10 月 13 日推出，从 300 家市值最大的欧洲公司中，综合考虑碳表现指标和公司环境信息的可得性、披露程度等因素，对行业中的各公司进行排名，挑选出分类行业中碳强度最低的 100 只公司股票组成。

—— 摩根大通推出第一个美国气候企业债指数（JENI – Carbon Beta 指数），该指数包含的债券与摩根大通的基础企业债指数 JULI（JP Morgan US Liquid Index）相同，但是会根据公司的碳排放排名进行加权，有利于遵循及实施气候友好政策的债务发行商。

参考文献

[1] 曼昆. 经济学原理（第六版）[M]. 北京：北京大学出版社，2014.

[2] 兴业研究. 绿色金融的涵义及相关概念辨析 [R]. 2016.

[3] 万志宏，张晴柔. 中外绿色债券发展与标准比较 [J]. 海外投资与出口信贷，2018（1）.

[4] 马骏，周月秋，殷红. 国际绿色金融发展与案例研究 [M]. 北京：中国金融出版社，2017.

[5] 朱寿庆，王烨. 绿色金融的国际实践和最新进展 [J]. 世界环境，2017（5）.

[6] GECZY, C STAMBAUGH, R F LEVIN D. Investing in Socially Responsible Mutual

Funds [J]. Ssrn Electronic Journal, 2003.

[7] BRANCO M C, RODRIGUES L L. Corporate Social Responsibility and Resource-Based Perspectives [J]. Journal of Business Ethics, 2006 (69): 111-132.

[8] PORTER M. Americas Green Strategy Scientific American, 1991, 264 (4): 168.

[9] PORTER M. Green and Competitive Harvard Business Review on Business and the Environment [M]. HBD Press, Boston, 2000.

[10] RUSSO M V, HARRISON N S. Organizational Design and Environmental Performance: Clues from the Electronics Industry [J]. Academy of Management Journal, 2005, 48: 582-593.

[11] AMORY B L, L H LOVINS, PAUL H. A Road Map for Natural Capitalism [J]. Harvard Business Review, July-August 2007: 172-183.

[12] FLAMMER C. Corporate social responsibility and shareholder reaction: The Environmental Awareness of Investors [J]. Academy of Management Journal, Vol. 56, No. 3, 758-781.

[13] HUANG, H F WU D, GAYA J. Chinese shareholdersreaction to the disclosure of environmental violations: A CSR perspective [J]. International Journal of Corporate Social Responsibility, 2017, 2: 12.

[14] FRIEDE G, BUSCH T, BASSEN A. ESG and financial performance: Aggregated evidence from more than 2000 empirical studies [J]. Journal of Sustainable Finance & Investment Journal of Sustainable Finance & Investment, 2015, Vol. 5, No. 4, 210-233.

[15] BOLTON B. Corporate social responsibility and bank performance [M]. Social Science Electronic Publishing, 2013.

[16] POOLTHONG Y, MANDHACHITARA R. Customer expectations of CSR, perceived service quality and brand effect in Thai retail bankingInternational Journal of Bank Marketing, 2009.

第二章 日新月盛的政策演变

党的十九大报告中，习近平总书记强调指出"生态文明建设功在当代、利在千秋"，为未来中国推进生态文明建设和绿色发展指明了路线图。报告在"要加快生态文明体制改革，建设美丽中国"的章节中专门提到"构建市场导向的绿色技术创新体系，发展绿色金融"。绿色金融作为撬动金融资源向生态环保产业流入的重要抓手，成为促进生态文明建设和绿色发展的"金钥匙"。至此，绿色金融被纳入国家战略和顶层设计。

中流击水，乘风破浪航程顺；百舸争流，再创辉煌占鳌头。目前，中国已全面构建了绿色金融的政策体系，成为全球首个由国家层面主导、较为全面的绿色金融框架。回顾过去，从20世纪80年代开始，从中央到地方，相关部门陆续出台了与绿色金融相关的政策，对推进绿色金融的快速发展发挥了至关重要的作用。本章将对这30多年来国内重点绿色金融政策的演变进行系统性回顾：首先，概述政策的演变阶段，总结政策演变特点，让读者有整体印象。其次，从纵向维度按照时间顺序对重点政策文件的演变历程进行全面梳理，并结合宏观政治和经济形势的变迁、生态环保形势的变化及法律法规的出台，简析绿色金融政策的产生背景，同时对部分绿色金融顶层设计政策进行解读。最后，按横向维度将政策的整个框架体系按照金融产品板块进行归纳，对其中以绿色金融为主题且具有重大意义的政策进行解读。

第一节 绿色金融政策演变特点

一、政策演变阶段

本章主要从中央人民政府门户网站、国家部委网站等公开渠道对政策文件进行收集，鉴于时间跨度长、文件数量多，政策文本按以下标准进行筛选：一是文件直接体现与绿色金融相关，譬如文件的主题即绿色金融，或者文件主题是生态环保或金融，同时文件内容明确提出绿色金融领域具有重大意义；二是发文机构为中共中央、国务院以及国家部委，发文层级越高，越能体现党中央对绿色金融的重视程度。

绿色金融框架体系已全面搭建，主要得益于中央将生态文明建设、绿色发展和绿色金融上升至国家战略、纳入顶层设计。尽管环保法律法规、财税政策、价格政策等通过激励约束机制增加了社会对绿色项目投融资及环境社会风险管理方面的需求，从而促进了绿色金融的发展，但是政策文件的主题和内容并未直接同绿色金融产生关联，因此不纳入本次梳理统计范畴。经筛选，本章将列出59份政策文件，全部以列表形式进行展现，包括文件名称、发文时间、发文机构以及文件内容中涉及绿色金融的政策要点。

我国绿色金融的政策发展历程，按时间维度，总体上可分为四个演变阶段：酝酿萌生阶段（1981—2005年）、起步发展阶段（2006—2010年）、突飞猛进阶段（2011—2015年）、全面深化阶段（2016年至今），每一个阶段都对应着国民经济和社会发展规划期，演变发展阶段如表2-1所示。

表2-1 中国绿色金融政策演变历程

演变阶段	对应国民经济和社会发展规划期	政策演变特征概括
酝酿萌生阶段（1981—2005年）	"十一五"之前	发布零星文件，较少涉及部门联合发文，未能形成绿色金融政策框架体系
起步发展阶段（2006—2010年）	"十一五"规划期	绿色信贷政策率先发布、密集出台，绿色证券和绿色保险政策接踵而至，由多元化金融产品构成的绿色金融政策体系初步建立；同时，部门联合发文逐步增多，政策效力不断加强
突飞猛进阶段（2011—2015年）	"十二五"规划期	不仅出台了首部以绿色信贷为专题的政策，而且党的十八大确立生态文明顶层设计后，建设绿色金融体系也首次被纳入顶层设计，绿色金融体系框架的搭建指日可待

续表

演变阶段	对应国民经济和社会发展规划期	政策演变特征概括
全面深化阶段（2016年至今）	"十三五"规划期	借力于国家战略和顶层设计的东风，绿色金融政策体系已全面完成构建工作，重要分支领域绿色债券方面的政策也呈现出百花齐放的局面，目前还在积极探索区域绿色金融发展。2016年至今虽然只有两年多的时间，但绿色金融的政策体系已进入全面深化阶段，推进力度之大前所未有

国内绿色金融政策不同时间阶段的特征有以下三点共性：（1）我国绿色金融政策是随着国民经济体制的改革、环境保护形势的变迁而逐步建立和完善的，尤其是顶层设计起到了关键性作用；（2）环保部门、金融部门以及其他部门的协同合作机制不断完善，致力于共同推进、齐抓共管；（3）我国绿色金融起步较国外落后，但在逐步探索渐进的过程中，政策驱动的决心和意志力较强。

二、政策演变特点

梳理政策演变历程，分析演变特点，对推进政策的有效执行、促进绿色金融发展有着重要意义。随着时代的变迁，政策文本数量逐渐增多，政策内容日臻丰富，政策体系日趋完善，政策目标更加契合绿色发展、生态文明建设的实际需求。政策演变有以下三个特点。

首先，政策内容不断完善。政策内容的完善主要体现在两个方面：一是政策文件的数量不断丰富。从图2-1可以看出，从2007年开始，政策文件数量显著增加，特别是党的十八大、十九大召开以后，政策密集出台。二是政策文件的内容规定更加细化，早期通常就绿色金融的某分支领域进行政策发文，较为零散；中期政策关注业务指引，提出指导性意见；后期政策兼备高度和深度，不仅着眼于绿色金融体系的全面构建，而且细化了要求和规定。

其次，政策形式不断丰富。政策发文的形式包括通知、决定、管理办法、行动计划、指导意见、总体方案等，从表2-2可以看出，政策发文数

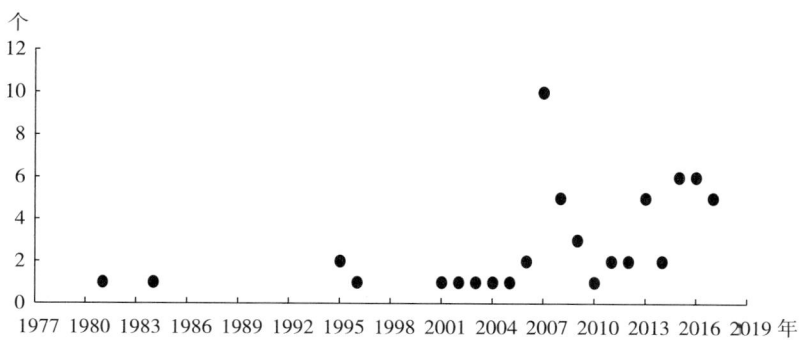

图2-1 中国绿色金融政策文本数量及趋势变化

量排名前两位的为通知和指导意见。在政策演变的不同阶段，政策文本形式也略有差异，早期以通知和决定为主，后期又增加了行动计划、总体方案等，政策文本形式不断丰富。

表2-2 中国绿色金融政策分类归纳　　单位：个

文件形式	通知	决定	管理办法	行动计划	指导意见	总体方案	制度	指引	公告、项目支持目录	其他
数量	23	4	4	3	12	2	1	3	2	3

最后，政策发文机构显著增加。政策发布的机构层级及联合发布文件的机构数量反映了政策的效力。政策发文机构包括中共中央办公厅、国务院、生态环境部、国家发改委、财政部、商务部，以及人民银行、原银监会、原保监会、证监会。① 近年来，随着环保的重要性日渐凸显、以市场化机制推进环保工作的呼声渐高以及机构改革的不断深入，各机构立足于自身工作职责和环保工作的融合，联合发文，特别是《关于构建绿色金融体系的指导意见》由七部委联合发布，成为绿色金融领域联合发文机构数量最多的政策文件。机构发文分布如图2-2所示。

---

① 由于机构名称变化，笔者将国家环境保护部、国家环保总局、环保部的政策文件均统计为由生态环境部颁布。银监会、保监会的政策统计由银保监会颁布。

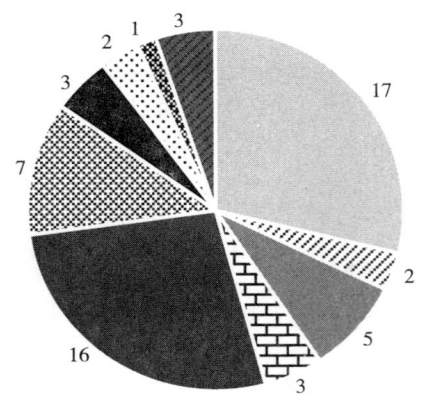

图 2-2 中国绿色金融政策机构发文数量分布

第二节 绿色金融政策演变进程

本节对绿色金融重点政策文件进行全面系统梳理。在每个演变阶段,首先将所有文件以列表形式进行展现,按照发文层级总体上分为两大层面:一是发文机构为中共中央办公厅、国务院;二是发文机构为国务院直属中央部委,包括国家环保总局、国家发改委等主管部门,人民银行等金融监管部门。其次,结合宏观政治和经济形势的变迁、生态环保形势的变化及法律法规的出台简析政策的产生背景,同时对部分绿色金融顶层设计政策进行解读。

一、酝酿萌生阶段(1981—2005年)

1981—2005年绿色金融相关的主要政策文件详见表2-3和表2-4。

表2-3 1981—2005年中共中央办公厅及国务院办公厅主要政策文件

发文时间	发文机构	政策文件名称	文件涉及绿色金融的要点	年度发文数量
1981年2月	国务院	《关于在国民经济调整时期加强环境保护工作的决定》	新建大中型项目应通过环评,否则不予贷款	1

续表

发文时间	发文机构	政策文件名称	文件涉及绿色金融的要点	年度发文数量
1984年5月	国务院	《关于环境保护工作的决定》	防治污染或综合利用"三废"项目，可按规定申请优惠贷款	1
1996年8月	国务院	《关于环境保护若干问题的决定》	（1）对不符合环保标准的项目，不予贷款；（2）在财政税收、金融信贷等多个方面，制定完善促进环境保护的经济政策和措施	1
2005年12月	国务院	《关于落实科学发展观加强环境保护的决定》	（1）对不符合国家产业政策和环保标准的企业，应停止信贷；（2）制定有利于环保的财政、税收、金融等政策	1

表2-4 1981—2005年国家部委主要政策文件

发文时间	发文机构	政策文件名称	文件涉及绿色金融的要点	年度发文数量
1995年2月	人民银行	《关于贯彻信贷政策与加强环境保护工作有关问题的通知》	将支持资源保护和污染防治作为贷款的考量因素之一	2
1995年2月	国家环保总局	《关于运用信贷政策促进环境保护工作的通知》	要求各级环保部门学习信贷政策，主动同金融部门沟通，对具有经济效益和还款能力的环保项目争取贷款支持	
2001年9月	国家环保总局	《关于做好上市公司环保情况核查工作的通知》	环保部门协助证监部门做好上市公司环保核查，要求上市公司对其业务及募股资金拟投项目是否符合环保标准进行说明，污染较严重的应提供省级环保部门确认文件	1
2002年4月	对外贸易经济合作部、财政部	《技术更新改造项目贷款贴息资金管理办法》	对企业技术更新改造项目给予适当贷款贴息，包括通过技改实现节能降耗、减少污染的项目	1

续表

发文时间	发文机构	政策文件名称	文件涉及绿色金融的要点	年度发文数量
2003年6月	国家环保总局	《关于对申请上市的企业和申请再融资的上市企业进行环境保护核查的通知》	要求各级环保部门对重污染行业申请上市的企业,以及申请再融资且募集资金投向重污染行业的上市企业进行环保核查	1
2004年4月	人民银行、国家发改委、银监会	《关于进一步加强产业政策和信贷政策协调配合 控制信贷风险有关问题的通知》	银行要调整信贷投向,针对国家发改委《当前部分行业制止低水平重复建设目录》禁止的环境污染严重、产能严重过剩等项目,应停止新增授信;已建成项目如已实施授信,应妥善收回	1

(一) 绿色金融政策开始萌芽

改革开放伊始,环境保护进入中国政府视野,1979年我国制定环保领域的首部法律《环境保护法(试行)》,"六五"期间国家环保计划也作为独立篇章被纳入国民经济和社会发展规划。法律法规是基础,配套政策是先导,但是当时基本上是单纯以关、停、并、转、检查等行政手段推进环境保护的。为贯彻执行环保法及环保计划,在国民经济调整期实现经济快速发展同环境保护并行并重,1981年2月国务院发布《关于在国民经济调整时期加强环境保护工作的决定》,首次明确提出以贷款约束环境污染行为,可谓绿色金融政策的萌芽。

(二) 金融与环保部门加强联动

自1989年起,国家开始实施经济体制改革,以提高经济效益、增加有效供给、合理调整产业结构,逐步建立起社会主义商品经济新秩序,特别是1995—2000年成为构建社会主义市场经济体制的关键阶段。将1995年作为绿色金融政策起步元年,主要是因为这一年人民银行和国家环保总局发布了两份标志性文件:一是人民银行发布《关于贯彻信贷政策与加强环境保护工作有关问题的通知》(银发〔1995〕24号),在银行信贷中首次增加对环境保护和污染防治等环境因素的考量;二是国家环保总局发布了《关于运用信贷政策促进环境保护工作的通知》。人民银行发布的通知引起了环保部门的高度重视,国家环保总局紧接着发布文件,首次明确提出信贷政策是促进环境保护工作的一项关键措施,并说明该项发文旨在"配合金融部门贯彻银发〔1995〕24号文件的规定,充分运用信贷政策做好环境保护工作"。自此,金融与环保部门加强了合作与联动,绿色金融逐渐步入社会经济发展的轨道。

(三)环保法规为绿色金融政策奠定基础

改革开放以来,中国经济取得了举世瞩目的成就,但是伴随而来的环境污染问题也逐渐凸显,如贵州都匀矿渣污染事件、云南省南盘江水污染事件、四川沱江特大水污染事件等,于是1995—2005年涉及环境保护、污染防治、资源节约的法律法规密集出台,这期间制定及修改的环保法律合计27部,涵盖大气污染防治、固体废物污染防治、水污染防治、清洁生产、野生动物保护等各领域,为绿色金融政策奠定了坚实的法律基础。

(四)顶层设计转变思路,为绿色金融政策提供保障

在顶层设计上,2003年党中央提出科学发展观,基本要求是全面协调可持续发展,包括统筹人与自然的和谐发展,实现经济发展和人口、资源、环境协调发展,这意味着环境保护被摆在更重要的地位。同时,政府的思路也逐步发生改变,开始思索以经济、金融等手段协同环保法律法规解决环境问题,2005年12月国务院发布《关于落实科学发展观 加强环境保护的决定》,其中两处涉及金融:一是推行有利于环境保护的金融政策;二是健全环境保护协调机制,对不符合国家环保标准的企业,应停止信贷。这些为后续政策的出台提供了有力的保障。

(五)政策着眼于环保和信贷管理的协同配合

法制是基础,配套政策是先导,综合运用多元化手段保护环境是中国环保事业快速发展的必然选择,上市公司环保核查、技改项目贷款贴息、共享企业环保信息、控制信贷风险等文件陆续发布。其中值得一提的是,在控制信贷风险方面,加强环保和信贷管理的协同配合、对授信加强环保要求成为必要手段,2004年人民银行、国家发改委和银监会三部委联合发

布《关于进一步加强产业政策和信贷政策协调配合 控制信贷风险有关问题的通知》，提出三部门要齐抓共管，推动银行调整信贷投向，针对国家发改委《当前部分行业制止低水平重复建设目录》中禁止的环境污染严重、产能严重过剩等项目，停止新增授信，这是金融和发改部门首次在环保领域加强联动，也是"十一五"之前绿色金融领域联合发文机构最多的文件，对后续涉及信贷结构调整的政策出台影响深远。

总体而言，20 世纪 80 年代至"十一五"之前，得益于环保法规密集出台奠定的基础，以及顶层设计思路转变提供的保障（通过经济、金融等手段协同环保法律法规解决环境问题），绿色金融进入政策的酝酿萌生阶段，但是未能形成框架体系。

二、起步发展阶段（2006—2010 年）

2006—2010 年绿色金融相关的主要政策文件详见表 2-5 和表 2-6。

表 2-5　2006—2010 年中共中央办公厅及国务院办公厅主要政策文件

发文时间	发文机构	政策文件名称	文件涉及绿色金融的要点	年度发文数量
2007 年 5 月	国务院	《关于印发节能减排综合性工作方案的通知》	（1）多渠道筹措节能减排资金；（2）引导金融机构加大对循环经济、环境保护及节能减排技改项目的信贷支持力度，优先为节能减排及循环经济项目提供直接融资服务；（3）严控高耗能、高污染行业的信贷投入	3
2007 年 6 月	国务院	《关于印发中国应对气候变化国家方案的通知》	完善产业、财税、信贷和投资政策，发挥价格杠杆的作用，形成有利于减缓温室气体排放的体制机制	
2007 年 11 月	国务院	《关于印发国家环境保护"十一五"规划的通知》	鼓励银行特别是政策性银行对有偿还能力的环境基础设施建设及治污项目给予贷款支持，探索建立环境污染责任保险和环境风险投资	

续表

发文时间	发文机构	政策文件名称	文件涉及绿色金融的要点	年度发文数量
2008年7月	国务院办公厅	《关于印发2008年节能减排工作安排的通知》	(1) 继续加大对节能减排技改项目的信贷支持;(2) 支持发行节能减排方面的企业债券,开展污水处理项目收益债券试点、环境污染责任保险试点等	1
2009年7月	国务院办公厅	《关于印发2009年节能减排工作安排的通知》	(1) 进一步扩大节能减排领域的企业债券发行规模,研究开展污水处理项目收益债券试点、环境污染责任保险试点;(2) 继续加大对节能减排重大项目的信贷支持力度;(3) 推动有条件的地区开展排污权有偿使用和交易试点	1

表2-6　2006—2010年国家部委主要政策文件

发文时间	发文机构	政策文件名称	文件涉及绿色金融的要点	年度发文数量
2006年6月	银监会	《关于继续深入贯彻落实国家宏观调控措施　切实加强信贷管理的通知》	针对钢铁、电解铝等六类产能过剩行业,以及水泥、煤炭等四类供需基本平衡但规模过大行业,银行应严格授信审批制度,有保有压,区别对待	2
2006年12月	人民银行、国家环保总局	《关于共享企业环保信息有关问题的通知》	要求将企业环保信息纳入征信系统,加强对环境违法行为的社会监督和制约	
2007年6月	银监会	《关于贯彻落实国家宏观调控政策　防范高耗能高污染行业贷款风险的通知》	严格信贷准入门槛,加强贷后管理	7

续表

发文时间	发文机构	政策文件名称	文件涉及绿色金融的要点	年度发文数量
2007年6月	人民银行	《关于改进和加强节能环保领域金融服务工作的指导意见》	(1)要求银行坚持区别对待、有保有压的信贷原则,探索建立辖区信贷政策与产业政策的协调机制;(2)加大对节能环保企业和项目的支持力度,加强金融产品及服务创新,完善征信系统等金融基础设施建设,改善节能环保领域的直接融资服务	7
2007年7月	国家环保总局、人民银行、银监会	《关于落实环保政策法规 防范信贷风险的意见》	要求以强化环境监管促进信贷安全,以严格信贷管理支持环境保护,加强对企业环境违法行为的经济制约和监督	
2007年8月	国家环保总局	《关于进一步规范重污染行业生产经营公司申请上市或再融资环境保护核查工作的通知》	从事火电、钢铁、水泥、电解铝行业及《关于对申请上市的企业和申请再融资的上市企业进行环境保护核查的规定》(环发〔2003〕101号)列明重污染行业的企业申请上市或再融资时,应进行环保核查	
2007年10月	财政部	《国家机关办公建筑和大型公共建筑节能专项资金管理暂行办法》	对采用合同能源管理形式对国家及地方机关办公建筑和大型公共建筑实施的节能改造项目,予以贷款贴息补助	
2007年11月	银监会	《节能减排授信工作指导意见》	要求银行从战略规划、内部控制、风险管理、业务发展着手,防范高耗能、高污染带来的各类风险,在制度建设和执行力建设等各方面做好与节能减排相关的授信工作	
2007年12月	国家环保总局、保监会	《关于环境污染责任保险工作的指导意见》	通过环境污染责任保险促使企业提升环境管理水平,维护污染受害者的合法权益	

第二章　日新月盛的政策演变

续表

发文时间	发文机构	政策文件名称	文件涉及绿色金融的要点	年度发文数量
2008年2月	国家环保总局	《关于加强上市公司环境保护监督管理工作的指导意见》	要求上市公司承担环保社会责任并改进环境表现，确立以资源节约和环境友好为导向的企业发展目标	4
2008年3月	环保部、人民银行	《关于规范向中国人民银行征信系统提供企业环境违法信息工作的通知》	促进环保与金融部门建立信息共享制度，使金融部门及时掌握企业及法人在环保方面的社会信用情况	
2008年10月	财政部	《再生节能建筑材料生产利用财政补助资金管理暂行办法》	对再生节能建筑材料企业扩大产能项目给予贷款贴息	
2008年1月	证监会	《关于重污染行业生产经营公司IPO申请申报文件的通知》	从事火电、钢铁、水泥、电解铝行业及跨省从事《关于对申请上市的企业和申请再融资的上市企业进行环境保护核查的规定》（环发〔2003〕101号）列明重污染行业的企业申请IPO时，应提供国家环保总局核查意见作为申请要件	
2009年6月	环保部、人民银行	《关于全面落实绿色信贷政策 进一步完善信息共享工作的通知》	进一步发挥行业信用体系的作用，增强绿色信贷政策的可操作性	2
2009年12月	人民银行、银监会、证监会、保监会	《关于进一步做好金融服务 支持重点产业调整振兴和抑制部分行业产能过剩的指导意见》	（1）禁止对严重产能过剩企业和项目盲目发放贷款；（2）进一步加大对节能减排和生态环保项目的金融支持力度，鼓励开发低碳金融创新产品	
2010年5月	人民银行、银监会	《关于进一步做好支持节能减排和淘汰落后产能金融服务工作的意见》	（1）加强信贷结构调整，有保有压；（2）要求对节能减排和淘汰落后产能项目融资情况进行摸底排查	1

(一）顶层设计首提生态文明建设

2006年我国步入"十一五"发展阶段，"十一五"规划方案提出了单位国内生产总值能耗降低20%左右、主要污染物排放总量减少10%的约束性指标。特别是2007年党的十七大首次将"生态文明建设"作为全面建设小康社会的新要求之一，提出"形成节约能源资源和保护生态环境的产业结构、增长模式、消费模式"。自"十一五"第二个年度（2007年）起，短短四年间我国合计制定及修订循环经济促进法、节约能源法等法律法规10部，为绿色金融的发展提供了新的法律基础和保障，节能减排、产业结构调整、控制信贷风险、搭建环保信息平台等方面的绿色金融政策也密集出台。

（二）节能减排日益得到重视，金融产业融合加快

2007年，第十届全国人大第五次会议上的《政府工作报告》提出"建设资源节约型和环境友好型社会"，即"两型"社会。基于节能减排指标压力大、2007年第一季度电力和钢铁等六大高耗能与高污染行业已增长20.6%的严峻形势，国务院于2007年5月发布了《节能减排综合性工作方案》，这是自1953年发布五年规划以来首次由国家层面发布专门的节能减排方案，其中涉及金融的内容包括三个方面：一是对纳入"十一五"规划的区域热电联产、余热余压利用等十大重点节能工程多渠道筹措资金，包括金融机构贷款；二是加强节能环保领域的金融服务，包括加大对循环经济、环境保护及节能减排技改项目的信贷支持力度，研究建立环境污染责任保险制度，以及将企业环境违法信息纳入人民银行企业征信系统等；三是控制高耗能、高污染行业过快增长，严把信贷闸门。之后，国务院逐年都会下发当年的节能减排工作安排，涉及金融的内容既包括对节能减排项目提供传统信贷支持，也包括通过企业债及项目收益债为污染防治项目提供融资服务，同时推进排污权交易试点以及环境责任保险试点工作。

（三）涉及绿色信贷的政策率先出台

我们将2006年作为我国绿色金融政策启动实施的起飞期，主要是基于绿色信贷政策率先出台。首先，我国进一步加大了防范信贷风险政策的颁布力度，"十一五"期间合计下发了三个文件：前两个文件是2006年6

月、2007年6月,银监会分别发布的《关于继续深入贯彻落实国家宏观调控措施 切实加强信贷管理的通知》和《关于贯彻落实国家宏观调控政策 防范高耗能高污染行业贷款风险的通知》,文件针对钢铁等六类产能过剩行业、水泥等四类规模过大行业,要求银行从严审批授信,采取有保有压的差异化措施,同时对国家发改委禁止的环境污染严重、不符合准入要求甚至违反环保标准的项目停止新增授信及发放贷款,如果已实施授信,应予以收回。第三个文件是2007年7月国家环保总局、人民银行、银监会联合发布的《关于落实环保政策法规 防范信贷风险的意见》,要求"以强化环境监管促进信贷安全,以严格信贷管理支持环境保护,加强对企业环境违法行为的经济制约和监督,改变'企业环境守法成本高、违法成本低'的状况"。

其次,为配合国务院《节能减排综合性工作方案》的实施,2007年11月,银监会专门颁布了重磅级文件——《节能减排授信工作指导意见》,这是金融监管部门首次单独以"节能减排"为标题发布文件。《节能减排授信工作指导意见》要求银行业金融机构将促进全社会节能减排作为本机构的重要使命和履行社会责任的具体体现,从战略规划、内部控制、风险管理、业务发展着手,防范高耗能、高污染带来的各类风险,加强制度建设和执行力建设,并在授信政策和授信管理方面提出了四个引导性的具体要求:一是提出加强环境社会风险管理的要求;二是提出"三个支持""三个不支持"和"一个创新"的要求,譬如在授信政策上,要求金融机构有重点地满足国家确定的节能重点工程、再生能源项目、水污染治理工程、二氧化硫治理等项目的信贷需求;三是提出"名单制管理""分类管理"的要求,譬如在授信管理上,金融机构可根据借款项目对环境的影响程度将其分为A、B、C三类,对项目授信进行分类管理,这参照了赤道原则中项目对环境影响的分类;四是提出能力建设方面的要求,即强化人员培训、引入专业人才。该指导意见搭建了绿色信贷的基本框架体系,涵盖内容丰富、覆盖面广泛,具有里程碑意义,对后续绿色金融政策的制定影响深远。

再次,在环保信息共享方面,"十一五"期间我国合计发布了三项政策,均由人民银行同环保部联合颁布,分别为2006年的《关于共享企业环保信息有关问题的通知》、2008年的《关于规范向中国人民银行征信系统提供企业环境违法信息工作的通知》以及2009年专门围绕绿色信贷的《关于全面落实绿色信贷政策 进一步完善信息共享工作的通知》，对企业环境信息纳入征信系统进一步提出要求，以发挥行业信用体系的作用，增强绿色信贷政策的可操作性。

最后，我国颁布了三项绿色金融领域的综合性政策，包括2007年人民银行颁布的《关于改进和加强节能环保领域金融服务工作的指导意见》，2009年人民银行、银监会和证监会颁布的《关于进一步做好金融服务 支持重点产业调整振兴和抑制部分行业产能过剩的指导意见》、2010年人民银行及银监会颁布的《关于进一步做好支持节能减排和淘汰落后产能金融服务工作的意见》，文件均以金融服务为主题，但是涉及的金融品种基本上为传统信贷，将信贷结构调整、环保信息共享等内容进行了综合性汇总。综上所述，这一阶段涉及绿色信贷的政策不仅率先发布，而且密集出台。

（四）绿色保险和绿色证券政策紧随其后

除传统信贷外，环保部门同金融部门的合作范围扩大至保险和证券领域。其中，在绿色保险领域，2007年6月国务院《关于印发节能减排综合性工作方案的通知》首次提出研究建立环境污染责任保险制度；2007年12月国家环保总局和保监会联合发布《关于环境污染责任保险工作的指导意见》，被视为开启了我国的绿色保险政策。在绿色证券领域，尽管2001年《关于做好上市公司环保情况核查工作的通知》成为绿色证券政策的萌芽，但是"十一五"期间的政策扩展了上市公司的审核流程，既有IPO阶段，也有增发再融资阶段，还有后续监督管理阶段，环保核查成为强制性要求，文件包括2007年的《关于进一步规范重污染行业生产经营公司申请上市或再融资环境保护核查工作的通知》、2008年的《关于重污染行业生产经营公司IPO申请申报文件的通知》和《关于加强上市公司环境保护监督管理工作的指导意见》，发文机构包括国家环保总局和证监会。

总体而言，"十一五"期间，绿色金融政策进入起步发展阶段，绿色信贷政策不仅率先发布，而且密集出台，绿色证券和绿色保险政策接踵而至，由多元化金融产品构成的绿色金融政策体系初步建立。同时，部门联合发文逐步增多，政策效力不断加强，为我国绿色金融发展奠定了坚实的基础。

三、突飞猛进阶段（2011—2015 年）

2011—2015 年绿色金融相关的主要政策文件详见表 2-7 和表 2-8。

表 2-7　2011—2015 年中共中央办公厅及国务院办公厅主要政策文件

发文时间	发文机构	政策文件名称	文件涉及绿色金融的要点	年度发文数量
2011 年 8 月	国务院	《关于印发"十二五"节能减排综合性工作方案的通知》	（1）抑制高耗能、高排放行业过快增长，严格贷款审批。（2）强化节能减排领域的金融支持，加大信贷投入，引导股权投资企业的投入；重点区域涉重金属企业应购买环境污染责任保险；建立银行绿色评级制度，绿色信贷成效与银行机构高管人员履职评价、机构准入、业务发展挂钩。（3）严格节能评估审查和环境影响评价制度，对未通过能评、环评审查的项目，不得发放贷款。（4）加快推行合同能源管理，落实财税和金融等扶持政策	2
2011 年 12 月	国务院	《关于印发国家环境保护"十二五"规划的通知》	（1）建立企业环境信用评价制度；建立银行绿色评级制度，绿色信贷成效与银行工作人员履职评价、机构准入、业务发展挂钩。（2）推进环境金融产品创新：探索排污权抵押融资，挂动财政投入与银行贷款、社会资金的组合；支持环保企业发债或改制上市，鼓励环保上市公司再融资；探索发展环保设备设施的租赁业务；鼓励建立环保产业基金	
2013 年 8 月	国务院	《关于加快发展节能环保产业的意见》	（1）大力发展绿色信贷，加大对节能环保项目的支持力度；（2）积极创新金融产品和服务，探索将特许经营权等纳入贷款抵（质）押担保物范围；（3）建立绿色银行评级制度；（4）支持节能环保企业发行企业债券和债务融资工具，开展非公开发行企业债券试点	2

续表

发文时间	发文机构	政策文件名称	文件涉及绿色金融的要点	年度发文数量
2013年9月	国务院	《大气污染防治行动计划》（简称"大气十条"）	（1）鼓励社会资本进入大气污染防治领域，引导金融机构加大信贷支持力度；探索排污权抵押融资；拓展节能环保设施租赁业务。（2）压缩过剩产能，制定财税、土地、金融等扶持政策。（3）强化节能环保指标约束，对未通过能评环评审查的不得新增授信。（4）完善绿色信贷和绿色证券政策。落实情况不合格的，将约谈省政府及相关部门负责人	2
2015年4月	国务院	《水污染防治行动计划》（简称"水十条"）	（1）推行绿色信贷，发挥政策性银行等金融机构在水环境保护中的作用，严格限制环境违法企业贷款；（2）构建守信激励与失信惩戒机制，2017年底分级建立企业环境信用评价体系；（3）鼓励涉重金属等高环境风险行业投保环境污染责任保险。未通过年度考核的，将约谈省政府及相关部门负责人	3
2015年4月	中共中央、国务院	《关于加快推进生态文明建设的意见》	（1）推广绿色信贷；（2）支持符合条件的项目通过资本市场融资；（3）探索排污权抵押等融资模式	
2015年9月	中共中央、国务院	《生态文明体制改革总体方案》	建立绿色金融体系：（1）推广绿色信贷；完善对节能低碳、生态环保项目的担保机制，加大风险补偿。（2）加强资本市场制度建设，研究设立绿色股票指数相关投资产品，发行绿色债券，鼓励绿色信贷资产证券化及设立绿色发展基金；建立上市公司环保信息强制披露机制。（3）在环境高风险领域建立环境污染强制责任保险制度。（4）建立绿色评级体系、公益性环境成本核算和影响评估体系	

表 2-8 2011—2015 年国家部委主要政策文件

发文时间	发文机构	政策文件名称	文件涉及绿色金融的要点	年度发文数量
2012 年 1 月	银监会	《关于印发绿色信贷指引的通知》	从六个层面加强指引：（1）绿色经济、低碳经济、循环经济重点领域加大支持力度，防范环境社会风险；（2）强化组织管理，建立机制和流程；（3）完善政策制度和能力建设，制定差异化授信政策及环境社会风险管理措施；（4）全流程强化环境社会风险管理；（5）完善内控管理和信息披露；（6）对金融机构绿色信贷执行情况开展监督检查	2
2012 年 6 月	银监会	《关于印发银行业金融机构绩效考评监管指引的通知》	考核考评设置社会责任类指标，用于评价金融机构提供金融服务、绿色信贷、支持节能减排和环境保护等情况	
2013 年 1 月	环保部、保监会	《关于开展环境污染强制责任保险试点工作的指导意见》	明确环境污染强制责任保险的试点企业范围，对保险条款、保险费率、理赔机制等作出业务指导	3
2013 年 8 月	银监会	《绿色信贷统计制度》	制定了绿色信贷的认定标准，银行业金融机构每半年应根据认定标准开展一次统计，统计内容包括涉及落后产能、环境、安全等重大风险企业贷款情况和绿色信贷情况	
2013 年 12 月	环保部、国家发改委、人民银行、银监会	《关于印发〈企业环境信用评价办法（试行）〉的通知》	推进企业环境信用评价建设，对环保诚信企业予以积极的信贷支持；对环保不良企业建立失信惩戒机制，对其审慎授信，在环境信用等级提升之前不予新增贷款，并视情况逐步压缩贷款	

续表

发文时间	发文机构	政策文件名称	文件涉及绿色金融的要点	年度发文数量
2014年4月	财政部	《关于印发〈国家级经济技术开发区 国家级边境经济合作区等基础设施项目贷款中央财政贴息资金管理办法〉的通知》	对国家级经济技术开发区、国家级边境经济合作区等开发区内污水、生活垃圾处理等生态环境保护项目予以贷款贴息支持	2
2014年6月	银监会办公厅	《关于印发〈绿色信贷实施情况关键评价指标〉的通知》	制定了绿色信贷实施情况关键评价指标,银行业金融机构每半年应开展一次绿色信贷实施情况自评价	
2015年1月	银监会、国家发改委	《关于印发能效信贷指引的通知》	从三个层面加强指引:(1)能效信贷服务领域及重点项目;(2)信贷方式与风险控制;(3)金融创新与激励约束	3
2015年12月	人民银行	《关于在银行间债券市场发行绿色金融债券有关事宜的公告》及《绿色债券支持项目目录》	介绍了绿色金融债的概念、准入要求、申请材料要件、发行流程等,并发布了绿色债券项目的认定标准《绿色债券支持项目目录》	
2015年12月	国家发改委办公厅	《绿色债券发行指引》	介绍了绿色债券项目的认定标准、审核要求和配套政策	

（一）环境经济政策地位升级

2011年,我国步入"十二五"规划期,尽管在污染防治、环境规划与管理上取得了长足进展,譬如按东西南北四大地理区块划分,区域单位地区生产总值化学需氧量、二氧化硫等污染物排放从2002年至2010年基本呈现不断下降的趋势,但是环境压力仍然巨大,环境突发事件的数量也不少,爆发了云南曲靖铬渣污染、广西龙江镉污染等重大事件,2013年1月更是有四次雾霾笼罩了全国30个省(自治区、直辖市),"雾霾"成为年度关键词,引发了公众对PM 2.5危害的高度关注。与此同时,政府对环境保护的重视程度进一步提升,首次将环境经济政策和环境保护法规进行合并，出台了专项规划，标志着我国将环境经济政策上升至与环保法律法规建设同等重要的地位。

(二)"十一五"期间的绿色金融政策得以升华

在党中央的高度重视下，"十一五"期间确立的绿色金融政策在"十二五"期间得以延续并进一步深化。国务院于2011年12月发布《关于印发国家环境保护"十二五"规划的通知》，其中涉及金融的政策扩大了绿色金融的内涵，既有传统的绿色信贷，譬如要求进一步加大对符合环保要求的企业的信贷支持力度、建立企业环境信用评价制度、将绿色信贷成效与银行工作人员履职评价等挂钩，也包括环境金融创新产品，要求探索排污权抵押融资、支持环保企业发债或改制上市、探索发展环保设备设施的租赁业务、鼓励建立环保产业基金等。

(三)绿色信贷政策体系全面建立

在顶层设计的指导下，2012年1月，《绿色信贷指引》应运而生，这是银监会继2007年《节能减排授信工作指导意见》之后的第二份重磅级政策文件，推动银行业金融机构以绿色信贷为抓手，加大对绿色经济、低碳经济、循环经济的支持力度，同时有效防范环境与社会风险，对金融机构践行绿色信贷提出了明确、具体的要求。这是我国银行业金融机构发展绿色信贷的纲领性文件，也标志着中国成为全球仅有的三个建立绿色信贷指标体系的国家之一。之后，银监会又趁热打铁地发布了《绿色信贷统计制度》和《绿色信贷实施情况关键评价指标》，我国首个绿色金融项目认定标准和考核考评标准诞生；同时，银监会与国家发改委联合发布了绿色信贷分支领域的业务指引——《能效信贷指引》，旨在促进产业结构调整和企业技术改造升级。至此，绿色信贷领域已全面形成了囊括业务指引、认定标准、统计制度、考核评价制度的政策体系。

(四)党的十八大确立生态文明和绿色发展顶层设计

2012年11月，党的十八大召开，进一步丰富了党的十七大提出的"生态文明建设"的内涵和重要地位，首次将生态文明建设纳入中国特色社会主义"五位一体"总体布局，提升至与政治、经济、社会、文化并列的高度，强调经济和环境的协调发展，力求从根本上克服经济发展与环保护的悖论，同时将生态文明建设放在突出地位，以达到"努力建设美丽中国，实现中华民族的永续发展"的目标。2013年11月，党的十八届三中全会通过《中共中央关于全面深化改革若干重大问题的决定》，对中国直至2020年多项重要领域和关键环节的改革提出了明确任务，其中涉及生态文明建设的改革任务包括对自然资源和产品价格进行市场化改革、对造成生态环境损害的责任者实行严格赔偿制度等，尽管对绿色金融未直接提出要求，但是这些改革有利于优化绿色金融发展的外部环境，从而提升金融机构发展绿色金融的内生增长动力。

（五）环境保护事业发生历史性变革

习近平总书记在国际及国内多个重要场合多次提出"绿水青山就是金山银山"的"两山"理论、"保护生态环境就是保护生产力，改善生态环境就是发展生产力"、"像保护眼睛一样保护生态环境，像对待生命一样对待生态环境"、"以系统工程思路抓生态建设"等新思想、新战略。习近平总书记出席气候变化巴黎大会时也提出，中国将把生态文明建设作为"十三五"规划的重要内容，落实创新、协调、绿色、开放、共享的发展理念，这充分彰显了党中央对环境保护的高度重视，也是对生态文明理念最生动的时代注脚。党和政府以此为理论基础部署开展一系列开创性、长远性工作，据中央财经领导小组办公室介绍，党的十八大以来中央全面深化改革领导小组召开了38次会议，其中20次讨论了和生态文明体制改革相关的议题，研究了48项重大改革。党的十八大以来的五年成为我国生态文明体制改革密度最高、推进最快、力度最大、成效最多的五年，说明我国的环境保护事业发生了历史性变革。

（六）顶层设计首提建设绿色金融体系

2015年，党的十八届五中全会通过"十三五"规划建议，在生态文明建设的基础上提出"绿色发展"的理念，将其列为我国经济和社会发展的五大核心理念之一。同年4月，中共中央和国务院发布《关于加快推进生态文明建设的意见》，将生态文明建设上升至国家战略，这是统率生态文明体制各领域改革的纲领性文件，也是顶层设计政策文件中首次提及绿色信贷概念，同时提出鼓励符合条件的项目通过资本市场融资、探索排污权抵押融资模式。同年9月，中共中央和国务院发布《生态文明体制改革总体方案》,明确了生态文明体制的"四梁八柱",设计了八项制度,构建了生态文明建设制度体系的核心。这是顶层设计政策文件中首次明确提及"建立绿色金融体系"战略,全方位涉及了绿色信贷、绿色股票、绿色债券、绿色基金等金融产品,进一步扩大了绿色金融的内涵和外延。

(七)绿色债券政策扬帆起航

这些顶层设计为绿色金融政策演变制定了层次更高、权威性更强的纲领,在纲领的指引下,绿色证券方面的政策蓄势待发,在《生态文明体制改革总体方案》发布后的短短三个月内,同时也是"十二五"规划的最后时期,人民银行出台了《关于在银行间债券市场发行绿色金融债券有关事宜的公告》《绿色债券支持项目目录》,国家发改委出台了《绿色债券发行指引》,成为我国关于绿色债券界定和业务指引的文件。作为绿色金融的直接融资工具,绿色债券扬帆起航。

(八)"水气十条"糅合金融政策重拳出击

值得一提的是,2013年和2015年,国务院分别发布了《大气污染防治行动计划》和《水污染防治行动计划》,分别简称"大气十条"和"水十条"。新一届政府围绕改善空气质量和水环境质量的核心,在短短两年内提出了两个环保行动计划纲领,明确指出未通过年度考核的要约谈省政府及相关部门负责人,特别是"水十条"将各项举措都落实到相关部委身上,力度不可谓不大。虽然这是环境保护领域的行动计划,但文件中也有涉及绿色金融的内容,都提及要发展绿色信贷、严格限制环境违法企业贷款等,充分表明政府的政策制定思路和工作部署已经将环保和经济金融紧密结合在一起。习近平总书记指出:"只有实行最严格的制度、最严密的法治,才能为生态文明建设提供可靠保障。"

总体而言,"十二五"期间,我国绿色金融政策的出台可以用"突飞猛进"来形容,不仅出台了首部以绿色信贷为专题的文件《绿色信贷指引》,而且党的十八大确立生态文明顶层设计后,建设绿色金融体系也首次被纳入顶层设计,绿色金融体系框架的搭建日臻成熟。

四、全面深化阶段（2016年至今）

2016年至今绿色金融相关的主要政策文件详见表2-9和表2-10。

表2-9 2016年至今中共中央办公厅及国务院办公厅主要政策文件

发文时间	发文机构	政策文件名称	文件涉及绿色金融的要点	年度发文数量
2016年5月	国务院	《土壤污染防治行动计划》（简称"土十条"）	积极发展绿色金融：（1）发挥政策性金融机构的引导作用，为重大土壤污染防治项目提供支持；（2）鼓励企业发行股票；（3）探索土壤污染综合防治先行区开展债券发行试点；（4）开展重点行业企业环境污染强制责任保险试点	3
2016年11月	国务院	《关于印发"十三五"生态环境保护规划的通知》	建立绿色金融体系：（1）建立绿色评级体系及公益性的环境成本核算和影响评估体系；（2）鼓励加大绿色信贷发放力度；（3）在环境高风险领域建立环境污染强制责任保险制度，研究设立绿色股票指数投资产品，鼓励发行绿色债券和绿色信贷资产证券化；（4）加大风险补偿力度，支持排污权、收费权抵押等担保贷款业务；（5）支持设立绿色发展基金	
2016年12月	国务院	《关于印发"十三五"节能减排综合工作方案的通知》	健全绿色金融体系：（1）加强绿色金融体系顶层设计。（2）推进绿色金融业务创新：推进绿色债券发展；研究设立绿色发展基金，鼓励社会资本设立节能环保产业投资基金；支持节能减排项目通过资本市场融资，鼓励绿色信贷资产、节能减排项目应收账款证券化。（3）健全市场化绿色信贷担保机制，对使用绿色信贷的项目单位，可申请财政贴息。（4）对银行机构实施绿色评级。（5）在环境高风险领域建立环境污染强制责任保险制度	

表 2-10　2016 年至今国家部委主要政策文件

发文时间	发文机构	政策文件名称	文件涉及绿色金融的要点	年度发文数量
2016 年 8 月	人民银行 国家发改委 财政部 环保部 银监会 证监会 保监会	《关于构建绿色金融体系的指导意见》	全面阐述了构建绿色金融体系的背景、目标、内涵、措施以及路径	1
2017 年 3 月	证监会	《关于支持绿色债券发展的指导意见》	介绍了绿色公司债的审批政策、重点支持发行主体的要求	
2017 年 3 月	中国银行间市场交易商协会	《非金融企业绿色债务融资工具业务指引》	介绍了绿色债务融资工具的概念、准入要求、申请材料要件、发行流程等	
2017 年 6 月	环保部、保监会	《环境污染强制责任保险管理办法（征求意见稿）》	规定了应当投保环境污染强制责任保险的主体范围及惩罚措施、保险责任范围及责任限额等	
2017 年 6 月	人民银行、国家发改委、财政部、环保部、银监会、证监会、保监会	分别发布五省（区）建设绿色金融改革创新试验区总体方案	试点地区包括浙江、广东、江西、贵州、新疆五省（区）八地。在制度、组织、市场、产品、服务、政策保障等六个方面积极探索实践区域发展绿色金融，以金融创新推动绿色产业发展为主线，以制度创新为重点，充分发挥市场在资源配置中的决定性作用	6
2017 年 8 月	环保部	《关于推进环境污染第三方治理的实施意见》	明确了排污单位污染治理和第三方治理责任，注重加强政策引导和支持，进行管理制度和模式创新等	
2017 年 10 月	人民银行、证监会	《绿色债券评估认证行为指引（暂行）》	对绿色债券评估认证机构的资质、业务承接、评估认证内容、评估认证意见等方面进行了规范	

(一) 确立绿色金融为推进绿色发展的有效路径

"十三五"时期是全面建设小康社会最后冲刺的五年,但"经济社会发展不平衡、不协调、不可持续的问题仍然突出,多阶段、多领域、多类型生态环境问题交织,生态环境与人民群众需求和期待差距较大,提高环境质量,加强生态环境综合治理,加快补齐生态环境短板,是当前核心任务",这是《"十三五"生态环境保护规划》对当前形势的客观研判,而改善生态环境是全面建成小康社会的突出短板。如上文所述,习近平总书记早在2015年就提出将生态文明建设作为"十三五"规划的重要内容,生态文明建设的认识高度、实践深度、推进力度前所未有。2017年党的十九大召开,习近平总书记强调指出"生态文明建设功在当代、利在千秋",为未来中国推进生态文明建设和绿色发展指明了路线图。党的十九大报告在"加快生态文明体制改革,建设美丽中国"的章节中专门指出"构建市场导向的绿色技术创新体系,发展绿色金融",将发展绿色金融作为推进绿色发展的有效路径之一。

(二) 全面完成绿色金融体系构建

推进生态文明、绿色发展建设,离不开经济金融手段,尤其是绿色金融担当着金融行业和环境产业之间的桥梁。为全面贯彻《中共中央、国务院关于加快推进生态文明建设的意见》和《生态文明体制改革总体方案》精神,党中央提出要建立健全绿色金融体系,以有效发挥资本市场优化资源配置、服务实体经济的功能,支持和促进生态文明建设,2016年9月由人民银行、国家发改委等七部委联合出台的《关于构建绿色金融体系的指导意见》应运而生,在绿色金融政策历程上书写下浓墨重彩的篇章。这份政策文件囊括了包括绿色信贷、绿色保险、绿色证券、绿色基金、环境权益交易金融在内的大部分金融品种,全面搭建了绿色金融政策的体系框架,其重大意义在于将绿色金融上升至国家战略,为绿色金融的发展作出了顶层设计,对推动供给侧结构性改革、促进转变经济发展方式、加速生态文明和绿色发展建设、助力美丽中国建设产生了长足、深远的影响。同时,该政策文件定于G20杭州峰会前夕出台,也彰显了我国引领全球绿色金融发展的决心和信心。本书关于绿色金融政策框架体系的章节将对该政策文件进行详细解读。

(三) 积极探索区域绿色金融发展

《关于构建绿色金融体系的指导意见》出台后，在这前所未有的政策红利下，人民银行、国家发改委等七部委又联合出台了浙江、广东、江西、贵州、新疆五省（区）试点的绿色金融改革创新试验区总体方案，在部分地区进行改革试验的基础上探索可复制推广的经验，以全面支持区域绿色金融发展。中国的绿色金融体系建设正有条不紊地推进。

(四) 绿色债券政策全面发力

继"十二五"期间最后一个月人民银行和国家发改委分别发布《关于在银行间债券市场发行绿色金融债券有关事宜的公告》《绿色债券支持项目目录》和《绿色债券发行指引》之后，"十三五"期间证监会、沪深两市交易所、中国银行间市场交易商协会又相继出台了绿色债券的指导意见和业务指引，并开展了绿色公司债的试点，绿色债券政策全面发力。在政策驱动下，我国迅速成为全球第一大绿色债券市场，2017年我国在境内外累计发行的绿色债券规模达2486亿元，占全球同期绿色债券发行规模的1/4。

总体而言，党的十九大将绿色金融确立为推进绿色发展的有效路径，借力于国家战略和顶层设计的东风，绿色金融政策体系已全面完成构建工作，重要分支领域绿色债券方面的政策也呈现出百花齐放的局面，目前正在积极探索区域绿色金融发展。2016年至今，短短两年时间内，绿色金融的政策体系已进入全面深化阶段，推进力度之大前所未有。

第三节 绿色金融政策体系归纳及重点文件解读

本节拟从横向维度对绿色金融政策体系进行归纳：首先，七部委2016年发布的《关于构建绿色金融体系的指导意见》为统领性文件，下文将进行详细解读；其次，根据金融产品的种类划分，对绿色信贷、绿色证券、绿色保险、其他金融产品、环境权益金融产品的政策进行归纳和解读；最后对支持区域发展绿色金融的政策进行解读。

一、绿色金融体系纲领性政策解读

2016年8月,人民银行、财政部等七个国家部委联合出台《关于构建绿色金融体系的指导意见》(以下简称指导意见),从9大层面、35个条目全面阐述了构建绿色金融体系的背景、目标、内涵、措施以及路径。这项政策在中国绿色金融发展进程中具有里程碑意义。

(一)指导意见的核心要素

一是对绿色金融概念及其体系给予明确界定,为政府、社会资本参与方提供多元化金融产品和工具,呈现百花齐放的服务体系,极大地丰富了绿色金融的内涵和外延。

二是从操作层面进行了体系框架的全方位搭建,包括八大领域:大力发展绿色信贷;推动证券市场支持绿色投资;设立绿色发展基金,通过PPP模式动员社会资本;发展绿色保险;完善环境权益交易市场,丰富融资工具;支持地方发展绿色金融;推动开展绿色金融国际合作;防范金融风险,强化组织落实。体系构建兼备深度和广度。

三是以多重激励机制促进绿色金融业务发展,这一方面体现在对绿色金融产品创新的支持举措上,譬如"对于绿色信贷支持的项目,可按规定申请财政贴息支持",以降低企业融资成本;另一方面体现在支持机制上,譬如"支持地方和市场机构通过专业化的担保和增信机制支持绿色债券的发行"等。

四是规范绿色金融市场,强化第三方评估机构的作用。一方面要求研究探索绿色债券第三方评估和评级标准;另一方面,在上市公司和发债企业的信息披露方面,应"培育第三方专业机构为上市公司和发债企业提供环境信息披露服务的能力,鼓励第三方专业机构参与采集、研究和发布企业环境信息与分析报告",体现了政府在环境领域对第三方专业机构的重视。

五是主导推进地方绿色金融发展,一方面设立国家和地方绿色发展基金,"鼓励有条件的地方政府和社会资本共同发起区域性的绿色发展基金,支持地方绿色产业发展";另一方面,将绿色金融纳入地方政府考核范畴,

"将推动绿色金融发展纳入年度工作责任目标",要求地方做好绿色金融发展规划、明确分工。相较而言,国际上绿色金融大多数是自下而上的行业自律行为,而我国的绿色金融发展由政府主导,尤其是将绿色金融同政府考核考评挂钩,体现了较强的政策驱动性。

六是推进环境权益交易,丰富金融工具。一方面,积极推动交易市场的建立,鉴于全国统一碳交易市场已搭建、交易机制日臻成熟,下一步将推动排污权、节能量(用能权)、水权等环境权益交易;另一方面,"发展基于碳排放权、排污权、节能量(用能权)等各类环境权益的融资工具,拓宽企业绿色融资渠道",特别是鉴于碳交易行业的发展步伐已领先于其他环境权益交易领域,指导意见专门用一个章节阐述应有序发展碳债券、碳基金等各类碳金融产品。

(二)指导意见的主要创新点

一是搭建了全球首个由国家层面主导、较为全面的绿色金融框架。

二是首次在部委文件定义绿色金融及其体系,在此之前关于绿色金融的政策发文多是以绿色金融的某个分支领域为主题,在文件中仅对该分支领域的概念给予官方定义,均未对绿色金融给予概念性解释。譬如,银监会《绿色信贷指引》界定了绿色信贷的概念,人民银行《关于在银行间债券市场发行绿色金融债券有关事宜的公告》界定了绿色金融债的概念,而指导意见在开篇就对绿色金融及其体系提出权威定义,使得绿色金融的概念更为清晰统一。

三是七个国家部委首次就绿色金融联合发文。在此之前,涉及绿色金融的联合发文多见于"环保部门+1"或"环保部门+2"的形式,譬如2007年国家环保总局、人民银行、银监会联合发布《关于落实环保政策法规 防范信贷风险的意见》,而七个部委的联合使得绿色信贷、绿色证券、绿色保险、环境权益交易金融等绿色金融领域的多元化产品均被纳入统一体系,可以发挥协同效应。

四是明确提出要推进地方绿色金融发展,从上至下的推动增强了政策执行效力。紧随其后,《关于促进厦门市银行业金融机构发展绿色金融的意见》于2016年11月发布实施,成为地方政府出台的第一份贯彻意见,不仅鼓励银行机构加强绿色金融创新,大力推进绿色信贷、绿色投资,还对金融机构在贷款增量奖励、贷款贴息、风险分担、挂钩财政存款奖励四个方面给予具体的激励扶持政策。

二、各金融产品政策解读

（一）绿色信贷政策

1. 制定全方位业务指引。

2012年银监会发布的《绿色信贷指引》是我国首部专门以绿色信贷为主题发布的政策文件，对绿色信贷的内涵进行了全面的界定，包括六个层面：一是对绿色经济、低碳经济、循环经济三大重点领域加大支持力度，并防范环境社会风险；二是强化组织管理，树立绿色信贷理念及发展战略，建立机制和流程；三是完善政策制度和能力建设，制定差异化、动态的授信政策及环境社会风险管理措施；四是加强流程管理，在贷前调查、贷中审查、贷后检查等各环节强化环境社会风险管理；五是完善内控管理和信息披露，绿色信贷应纳入内控合规、考核评价、信息披露范畴；六是强化监管检查，监管机构应对金融机构绿色信贷执行情况开展监督检查，评估结果作为监管评级、机构准入、业务准入、高管人员履职评价的重要依据。下文将对绿色信贷领域其他政策发文进行归纳，它们基本上都被囊括在《绿色信贷指引》的范畴，因此《绿色信贷指引》起到了引领和导向作用。

2. 执行差异化授信政策。

差异化授信政策旨在加强信贷政策与产业政策的协调配合，通过引导金融资源的配置推进信贷结构调整，从而促进产业结构优化升级。主要体现在三个方面：一是对危及生产安全、环境污染严重等禁止类项目停止新增授信，对已实施的授信采取妥善措施予以收回；二是对产能过剩、工艺技术落后等限制类项目，要求从严审批授信，采取有保有压的差异化措施；三是对节能减排、污染防治、生态资源环保等项目加强授信支持。专门围绕该主题的政策最早可追溯至1995年的标志性文件，即中国人民银行《关于贯彻信贷政策与加强环境保护工作有关问题的通知》和国家环境保护总局《关于运用信贷政策促进环境保护工作的通知》，在银行信贷中首次增加对环境保护和污染防治等环境因素的考量,譬如固定资产贷款发放的必要条件之一为落实防治污染及其他公害的设施与主体工程的同步设计、施工与投产,同时首次明确提出"信贷政策既是国民经济宏观调控的一项重要手段,也是促进环境保护工作的一项关键措施"。迄今为止,我国主要发布了九项政策文件,平均每三年一项。

3. 加强企业环保信息共享。

将环保部门统计的企业环保信息纳入人民银行征信系统,作为银行评估贷款风险的重要依据,加强对违法超标排放污染物、违反排污申报登记制度等环境违法行为的监督和制约,从而提高企业违法成本。2006—2009年,我国专门发布了三项关于共享企业环境信息的文件,强化了环保部门和金融部门的协同合作。

4. 实施考核评价制度。

以绿色信贷考评为主题的文件为2014年银监会办公厅印发的《绿色信贷实施情况关键评价指标》,促使绿色信贷激励机制迈上新台阶。该文件要求银行业金融机构对绿色信贷组织管理、政策制度及能力建设、流程管理等五大类定性指标及四大类定量指标开展自评价工作,并在《银行业金融机构绩效考评监管指引》中设置社会责任类指标。银监会还指导中国银行业协会制定绿色银行评价制度,引导金融机构积极开展绿色金融业务,做好环境风险管理。

5. 建立专项统计制度。

2013年银监会印发《绿色信贷统计制度》,组织银行业金融机构每半年开展四个方面的统计工作:一是节能环保项目及服务贷款增长情况;二是环境安全重大风险企业贷款增长情况;三是根据贷款五级分类的绿色信贷资产质量情况;四是节能环保项目的节能减排量情况,包括标准煤、二氧化碳减排当量、化学需氧量等7项环境指标。值得一提的是,节能环保项目及服务贷款统计表对绿色项目进行了详细归类,包括工业节能节水环保、资源循环利用、可再生能源和清洁能源等12大类,成为国内首个绿色金融项目认定标准。

6. 给予贷款贴息支持。

与绿色信贷相关的贷款贴息政策主要包括4项,支持的项目类别主要有技术更新改造项目、国家机关办公建筑和大型公共建筑采取合同能源管理形式的节能改造项目、再生节能建筑材料扩大产能项目、国家级经济技术开发区及国家级边境经济合作区基础设施涉及污水及垃圾处理、余热余压利用等。除开发区绿色项目外，其余项目的贴息期限规定如下：贷款期限不长于3年的，按实际贷款期限贴息；期限长于3年的，按3年贴息。

（二）绿色保险政策

所有政策文件中，以绿色保险为主题的仅有3项，全部为环境污染责任保险，均由环保部和保监会联合发布，时间分别为2007年、2013年和2017年，跨度较长。环境污染责任保险为绿色保险的重要险种，是以企业发生污染事故对第三者造成的损害依法应承担的赔偿责任为标的的保险，利用保险工具参与环境污染事故处理可促使企业增强环境风险管理能力。其他提及环境污染强制责任保险的文件有10项，包括《生态文明体制改革总体方案》、"水十条"、"土十条"等。总体而言，关于绿色保险的政策体系正在逐步完善。

（三）绿色证券政策

绿色证券方面的政策主要涉及股票和债券两个品种。

1. 对上市公司加强环保核查及监督管理。

该领域主要发布了4份政策文件，首次发文为2001年国家环保总局《关于做好上市公司环保情况核查工作的通知》。环保核查工作由国家和地方环保部门牵头，核查范围包括两类：一是针对上市公司近三年的环境污染事故以及环境违法行为，同时应核查项目是否环保达标；二是针对重污染行业申请IPO以及申请再融资且募集资金投向重污染行业的企业，核查污染排放是否达标、项目是否有利于改善环境质量。监督管理方面，对上市公司特别是重污染行业的上市企业应强化环保监管，督促其污染治理设施正常运行、污染物排放稳定达标，目的在于引导上市公司积极履行保护环境的社会责任。

2. 对上市公司加强环境信息披露。

涉及该领域的政策文件包括两份：一是2008年国家环境保护总局《关于加强上市公司环境保护监督管理工作的指导意见》，提出要探索建立上市公司环境信息披露机制，分为强制公开和自愿公开两种形式，譬如公司因环保原因被政府部门限期治理或停产搬迁的，相关信息应强制公开；二是2015年《生态文明体制改革总体方案》，其中的"建立绿色金融体系"部分指出要建立上市公司环保信息强制性披露机制。

3. 全力推动绿色债券发展。

《生态文明体制改革总体方案》首次明确要将绿色信贷、绿色股票指数、绿色债券、绿色信贷资产证券化作为绿色金融体系的重要组成部分。在该方案的指导下，2015年人民银行首次发布《关于在银行间债券市场发行绿色金融债券有关事宜的公告》与《绿色债券支持项目目录》，标志着中国绿色债券市场的开启，中国也成为全世界首个由政府层面发布绿色债券界定标准的国家。2015—2017年，人民银行、国家发改委、证监会、沪深交易所以及由人民银行主管的中国银行间市场交易商协会出台了7份关于绿色债券的文件，进一步释放了政策支持绿色债券发行的信号，显示了我国大力推动绿色债券发展的决心。文件全面涵盖绿色金融债、绿色债务融资工具、绿色企业债和绿色公司债等品种，对绿色债券的定义、支持项目标准、发行人的准入条件、申请发行的报送材料、第三方绿色评估认证、"绿色通道"优势、募集资金期及存续期管理、信息披露、绿色认证评估机构资质等方面作出了详尽指引，具备较强的实操性。其中，在支持项目类型方面，形成两大标准：人民银行标准（包括6大类31个小类别）和国家发改委标准（12大类），它们在分类方法上有一定差别，但是鉴于建立统一绿色债券标准是《关于构建绿色金融体系的指导意见》提出的要求，于是2017年人民银行和证监会联合发布《绿色债券评估认证行为指引（暂行）》，首次统一了对第三方评估认证机构的要求，人民银行研究局首席经济学家、中国金融学会绿色金融委员会主任马骏也表示，中央银行与国家发改委已达成共识，要在国家绿色产业目录基础上形成统一绿色债券目录，各方面在准备过程中，统一标准方面的政策正在不断完善。

本书对专门以上述各金融品种为主题的政策发文进行梳理，譬如《绿色信贷指引》《关于环境污染责任保险工作的指导意见》等，但涉及绿色金融的政策发文不在统计范畴，譬如《水污染防治行动计划》等。汇总表2-11后得出以下结论：

表 2-11 各类绿色金融产品政策分类归纳

类别	政策发文数量	最早发文时间
绿色信贷	22	1995 年
绿色证券	13	2001 年
绿色保险	3	2007 年

一是绿色信贷政策发文数量最多,其次为绿色证券,最后是绿色保险。这基本契合了中国金融市场以传统信贷等间接融资为主的现状,譬如人民银行《2017 年社会融资规模增量统计数据报告》表明 2017 年我国对实体经济发放人民币贷款占同期社会融资规模的 71.2%。

二是绿色信贷政策发文时间最早,其次是绿色证券,最后是绿色保险。绿色保险的推进现状也是如此,自 2007 年开始试行绿色保险制度至 2014 年,环保部公布的全国投保环境污染责任保险的企业不到 5000 家,2015 年全国保费规模仅 2.74 亿元。

三是绿色证券中绿色债券的发文时间较晚,但是发文频度最高。在政策的驱动下,中国绿色债券市场发展迅猛。据 Wind 资讯,截至 2016 年末,我国绿色债券合计 83 只,光是 2016 年就发行了 31 只,发行金额 443.3 亿元,中国迅速成为全球最大的绿色债券发行市场。

(四) 环境权益类金融产品政策

环境权益交易标的主要为碳排放权、排污权、水权、用能权、林权等权益,通过经济手段和市场机制对环境权益进行交易,以实现环境领域的资源优化配置,强化企业污染物减排的动机,最终便于政府进行环境管理和宏观调控。

环境权益同金融产品的结合形成了环境权益交易金融产品,其中碳金融的概念是减少温室气体排放、减缓和适应气候变化的金融解决方案,包括碳交易、涉碳投融资和碳中介服务。顾名思义,排污权金融的概念是减少化学需氧量、氨氮等排污量的金融解决方案,水权金融的概念是促进水资源合理配置和有效利用的金融解决方案。总结以上概念,信贷、证券、保险、基金是金融的基础类产品,环境权益交易金融产品则是绿色金融的专属产品。

针对环境权益交易,目前我国出台的政策全部是以交易机制和权益出让为主题的，譬如《全国碳排放权交易市场建设方案（发电行业）》《碳排放权交易管理暂行办法》《排污权出让收入管理暂行办法》等。国家发改委起草的《全国碳排放权交易管理条例（送审稿）》和国务院办公厅《关于进一步推进排污权有偿使用和交易试点工作的指导意见》中有涉及绿色金融的内容，提出创新有偿使用和投融资机制、积极探索排污权抵押融资，浙江、河北、湖南、山西等地也出台了地方性排污权抵押贷款管理办法，但是国家层面没有专门针对环境权益金融产品的发文。伴随着碳排放权质押贷款、碳基金、排污权质押贷款等首单创新业务接连落地，以及2017年12月全国统一碳市场的正式启动，国家层面的环境权益类金融产品的政策也在研究制定。

（五）其他金融产品政策

按照七部委《关于构建绿色金融体系的指导意见》，绿色金融体系中主要的金融产品还包括绿色发展基金，该指导意见针对绿色基金也撰写了专门章节，既包括中央和地方政府出资的引导性基金，也有鼓励社会资本设立的产业基金。鉴于该指导意见出台至今只有两年左右的时间，目前专门针对绿色发展基金的政策文件还在制定中，2017年10月环保部部长李干杰在记者招待会上就表示"正在研究制定国家绿色发展基金建设方案"。

三、支持区域绿色金融发展政策解读

2017年6月，李克强总理主持召开国务院常务会议，决定在浙江、江西、广东、贵州、新疆五省（区）建设绿色金融改革创新试验区，推动经济绿色转型升级。短短两周内，人民银行、国家发改委等七部委就联合出台了五省（区）试点的《绿色金融改革创新试验区的总体方案》，试点区域分别为浙江省湖州市、衢州市，江西省赣江新区，广东省广州市，贵州省贵安新区，新疆维吾尔自治区哈密市、昌吉回族自治州和克拉玛依市，多举措促进区域经济绿色转型。至此，构建绿色金融体系的政策从中央向地方铺开。

其深远意义体现在："一地一策"发挥绿色金融在区域生态文明建设、区域产业结构转型升级方面的推动作用，不仅对契合区域经济发展的绿色金融基础设施建设起到了推动作用，而且有利于地方政府出台鼓励绿色金融发展的财政、税收等配套扶持政策，有效提升当地金融机构和企业参与绿色金融体系建设的意愿。

从方案内涵的角度来看，改革创新方案的基本内涵和目的是统一的，即共同致力于培育绿色金融组织体系、创新绿色金融产品和服务体系、拓宽绿色产业融资渠道、健全环境权益交易市场、发展绿色信用保险、完善绿色金融服务产业转型升级发展机制、建立绿色金融支持中小城市和特色小城镇发展的体制机制、构建绿色金融风险防范化解机制等。围绕该内涵和目的，在制度、组织、市场、产品、服务、政策保障等六个方面积极探索实践，以金融创新推动绿色产业发展为主线，以制度创新为重点，充分发挥市场在资源配置中的决定性作用。

从区域特点的角度来看，在基本内涵统一的大框架下，这些区域的政策各有侧重、各具特色。五省（区）大体上分为三类：第一类是位于东部地区的浙江和广东，其共同特点是经济金融较为发达，产业优化升级、实现绿色发展的需求也十分迫切；第二类是贵州和江西，其共同特点在于资源禀赋较为丰富，生态优势明显，但是经济金融欠发达；第三类是新疆，其突出特点在于它是丝绸之路经济带的核心区域，生态文明建设潜力较大。围绕自身鲜明的特色，各试点区域因地制宜地提出差异化的政策内容，详见表2－12。

表2－12 绿色金融改革创新试验区政策特点

试点地区	政策特点
浙江省湖州市、衢州市	"生态＋金融"新模式
广东省广州市	粤港澳大湾区合作发展新平台
贵州省贵安新区	绿色大数据、大生态、大旅游
江西省赣江新区	秀美生态发展之路
新疆维吾尔自治区哈密市、昌吉回族自治州和克拉玛依市	绿色丝绸之路

广州市方案提出"支持港澳地区机构投资者按程序在试验区内开展合格境外有限合伙人（QFLP）业务，参与境内绿色私募股权投资基金和绿色创业投资基金投资"。浙江两市的方案提出"建立绿色金融支持中小城市和特色小城镇发展的体制机制"，一方面要通过绿色信贷、绿色债券、

PPP模式等支持中小城市环境综合治理、城市节能低碳环保基础设施等项目，另一方面要"推动中小城市'绿色支付工程'，支持衢州市加快推进'智慧支付'试点进程，促进中小城市和特色小城镇金融服务绿色化"。新疆三市（州）方案指出，"充分利用新疆企业发行上市优先审核政策，推动试验区企业按照自身特点在主板、中小板、创业板、新三板等多层次资本市场上市或挂牌，鼓励优势绿色企业利用资本市场融资开展并购重组，推动绿色化转型"。

参考文献

［1］李晓玉，蔡宇庭．政策工具视角下中国环境保护政策文本量化分析［J］．湖北农业科学，2017，56（12）：2－3．

［2］马俊，周月秋，殷虹．中国绿色金融发展与案例研究［M］．北京：中国金融出版社，2016：21－25．

［3］张承惠，谢孟哲．中国绿色金融经验、路径与国际借鉴（修订版）［M］．北京：中国发展出版社，2017：48－52．

［4］李妍辉．环境金融与环境治理［M］．北京：中国社会科学出版社，2015：135－139．

［5］郭镰．生态文明建设与深化绿色金融实践［M］．北京：中国金融出版社，2014：139－140．

［6］陈凯．绿色金融政策的变迁分析与对策建议［J］．中国特色社会主义研究，2017（5）：2－3．

［7］任甲未．中国绿色金融政策探讨［D］．北京：对外经济贸易大学，2011．

［8］兴业研究．绿色中国：顶层设计与总体部署［R］．2016．

［9］G20绿色金融研究小组．G20绿色金融综合报告［R］．2016．

［10］China's Green Credit' Policies Encourage Banks to End Financing for Repeat Polluters［J］．International Environment Reporter：Reference File，2009（17）．

实务篇

第三章 千帆竞发的绿色金融探索

近年来,绿色经济的兴起和国家节能减排事业的大力发展为绿色金融的发展提供了历史机遇,而低碳、循环、生态经济的发展也蕴含着巨大的金融服务需求,需要更多金融机构的介入,需要整个金融体系的支持。绿色经济决定绿色金融,绿色金融必将服务于绿色经济,并对绿色经济的发展起到推动作用。商业银行作为当前我国经济金融资源配置体系中最主要的枢纽性机构,大力发展绿色金融既是其责任所在,也是大势所趋,又是各家商业银行积极寻求新的业务领域、构建新的业务增长点的必然选择。

第一节 国内银行在绿色金融领域的探索历程

2012年党的十八大报告突出生态文明建设,将生态文明建设纳入建设中国特色社会主义"五位一体"的总体布局;2014年新《环境保护法》颁布,环境立法修法进程加快;2015年中央《关于加快推进生态文明建设的意见》将"绿色化"与新型工业化、城镇化、信息化、农业现代化并列;2015年中共中央政治局会议审议通过《生态文明体制改革总体方案》,为生态文明建设领域的体制改革作出顶层设计和部署;2015年党的十八届五中全会提出"绿色发展",与创新发展、协调发展、开放发展、共享发展一道,成为指导我国"十三五"时期发展甚至更为长远发展的科学发展理念和发展方式;2016年"两会"批准《国民经济和社会发展第十三个五年规划纲要(草案)》,增加了环境质量的考核指标,并首次将PM2.5(细颗粒物)写入指标,资源环境指标由8项增加到10项,而且全部是约束性指标。近年来,国家还出台了《水污染防治行动计划》("水十条")、

《大气污染防治行动计划》（"大气十条"）、《大气污染防治法》等众多环境领域的政策、法规、制度、规划等。2017年召开的党的十九大将生态文明建设上升到了千年大计的高度，强调加快生态文明体制改革、建设美丽中国，并提出推进绿色发展，建立健全绿色低碳循环发展的经济体系。大力发展绿色经济、绿色产品及服务业，可以形成新的经济增长引擎，创造更多就业机会，是生态文明建设的生动实践，是新时代下绿色发展、建设美丽中国的重要落脚点，也将成为绿色金融蓬勃发展的肥沃土壤。

作为银行业金融机构的监管部门，银监会对绿色金融、绿色信贷高度重视。早在2007年，银监会就发布了《节能减排授信工作指导意见》，要求银行业金融机构密切关注授信企业节能减排目标的完成情况和环保合规情况，加强对重点行业落后生产能力的分析，及时跟踪国家确定的节能重点工程、再生能源项目、二氧化硫治理、循环经济试点、水资源节约利用、资源综合利用、废弃物资源化利用、清洁生产、节能减排技术研发和产业化示范及推广、节能技术服务体系、环保产业等重点项目。2012年，银监会发布《绿色信贷指引》（银监发〔2012〕4号），这是中国首次明确规定绿色信贷的范畴，并明确提出"全面评估银行业金融机构的绿色信贷成效，按照相关法律法规将评估结果作为银行业金融机构监管评级、机构准入、业务准入、高管人员履职评价的重要依据"。2014年，银监会办公厅印发《绿色信贷实施情况关键评价指标》（银监办发〔2014〕186号），作为绿色银行评级的依据和基础。2015年，银监会办公厅发布《关于下发绿色信贷实施情况自评价两个模板的通知》，首次开展了全国主要21家银行的绿色信贷自评价。2015年12月，人民银行发布《关于在银行间债券市场发行绿色金融债券有关事宜的公告》，标志着我国绿色债券市场的正式启动。随后，国家发改委、上海证券交易所及中国银行间市场交易商协会陆续公布了绿色企业债、绿色公司债及非金融企业绿色债务融资工具的发行指引。2016年8月，人民银行、财政部、国家发改委、环境保护部、银监会、证监会、保监会七部委联合发布《关于构建绿色金融体系的指导意见》，进一步明确了绿色金融的范畴：绿色金融是指为支持环境改善、应对气候变化和资源节约高效利用的经济活动，即对环保、节能、清洁能源、绿色交通、绿色建筑等领域的项目投融资、项目运营、风险管理等所提供的金融服务。《关于构建绿色金融体系的指导意见》同时对推进绿色金融体系建设、加快推进绿色信贷、绿色投资、绿色基金、绿色保险等作出了工作部署与要求。这一系列的政策、法规、指引都为商业银行绿色金融的顺利开展明确了方向，起到了积极的鼓励、指导、督促作用，为中国"绿色金融元年"的到来铺平了道路。

从发展现状来看，中国的绿色金融体系建设已经"在路上"，但要建立起较为完善的绿色金融体系尚需要一个渐进的过程，不可能是一蹴而就的。银监会发布《绿色信贷指引》等一系列规章制度之后，国内银行业开展绿色信贷的积极性显著提高。但是，除了银行业绿色信贷之外，中国的绿色保险、绿色证券、绿色基金等尚处于探索起步阶段。因此，在现阶段，绿色信贷在很大程度上是中国绿色金融的主要内涵。

一、国内主要银行在绿色金融领域的探索现状

"十三五"时期，在利率市场化改革深入推进、同质化竞争模式难以维系的背景下，发展绿色金融是商业银行在经济转型中抓住发展机遇的迫切需要，是促进和实现自身可持续发展和实现自身资产结构转型、调整、升级的有效渠道，同样也是提升品牌价值和社会形象的重要方式。从中国银行业金融机构的组成来看，开发性金融机构、国有商业银行、全国性股份制银行、区域性银行以及部分农商银行都已经积极开展绿色信贷业务。下文基于上述不同的银行类型，介绍目前中国银行业金融机构开展绿色信贷业务的情况。

（一）开发性金融机构（以国家开发银行为例）

作为开发性金融机构的主要代表，国家开发银行从战略高度推进绿色金融工作，专门成立由总行行长任组长的绿色信贷工作组。早在2015年，国家开发银行就已印发《关于做好2015年绿色信贷相关工作的意见》，正式将绿色信贷发展战略纳入其"十三五"业务发展规划的范畴，进一步牢固树立全行低碳金融和绿色信贷的理念。围绕传统制造业绿色转型发展需要，国家开发银行在项目开发、尽职调查、授信审批、贷后管理等具体流程中，明确了绿色信贷的有关要求，将绿色元素嵌入绿色信贷的全过程。

在项目准入方面，国家开发银行高度关注项目建设方案中对污染防治、健康、移民等问题的解决，要求项目必须达到环保减排、安全生产、职业健康防护等方面适用的标准或要求，不支持存在重点环境和社会风险的项目。在项目审批方面，国家开发银行设置"环境行为"信用评级专项指标，将环境和社会风险管理纳入信用评级和授信评审流程；制定"重点行业客户的环境和社会风险清单"，进一步明确项目审查要求；完善节能环保项目环境测算体系，利用信息化手段保留真实的节能减排数据，为企业或项目开展绿色评级奠定基础。通过与社会第三方合作为企业开展绿色评级服务，进而为代发企业绿色债券做好基础工作。

（二）国有商业银行（以工商银行为例）

目前工商银行已经建立了较为完善的绿色信贷长效发展机制，并将其融入到企业愿景、发展战略、信贷文化、政策制度、管理流程、产品服务等各个环节。在信贷政策上，工商银行根据国家产业政策、环保标准和行业运行情况，已制定涵盖多个行业的绿色信贷政策，并按行业分类设置了不同的经济资本调节系数，鼓励和引导全行将信贷资源优先投向生态保护、清洁能源、节能环保、循环经济等绿色经济和能效节约领域。为了提升客户的可持续发展能力，不断满足客户的绿色金融需求，工商银行在提供传统信贷业务的同时，不断创新推出多元化的绿色金融服务，通过融资租赁、并购贷款、股权融资、财务顾问、银团贷款、碳金融等多种综合化金融服务方式，支持优质客户在技术改造、节能环保、循环经济等方面的业务需求，促进企业转型升级。2016年由工商银行承担的《环境因素对商业银行信用风险影响的压力测试研究》成果在英国伦敦"绿色金融的未来"国际会议上正式发布。这项研究不仅填补了国内银行业在环境风险量化和传导机制研究领域的空白，还对全球银行业开展绿色金融及环境风险量化研究具有引领作用。

（三）全国性股份制银行（以浦发银行为例）

浦发银行推出《绿创未来——绿色金融综合服务方案2.0》，形成了覆盖低碳产业链上下游的绿色信贷产品和服务体系。根据该方案，浦发银行绿色信贷产品和服务体系包含了五大板块、十大创新产品。五大板块包括能效融资（工业和建筑能效）、清洁能源融资、环保金融、碳金融和绿色装备供应链融资；十大特色产品包括国际金融公司（IFC）能效贷款、法国开发署（AFD）绿色中间信贷、亚洲开发银行（ADB）建筑节能贷款、合同能源管理未来收益权质押融资、合同能源管理保理融资、碳交易（CDM）财务顾问、国际碳（CDM）保理融资、排污权抵押融资、绿色股权融资和绿色固定收益融资。2016年浦发银行首批发行绿色金融债。

（四）区域性银行（以江苏银行为例）

江苏银行于2016年初在总行设立了绿色金融及PPP事业部（隶属于总行公司部的二级部门），负责牵头绿色金融领域的行业研究、产品研发、重点客户营销、建立批量获客渠道等；在分行设立绿色金融相关的专营团队，负责具体业务的申报、业务的批量化营销。江苏银行出台了《江苏银行绿色信贷营销指引》，明确了绿色信贷的相关行业授信政策、准入标准，区分出鼓励类、限制类的行业和业务范围。江苏银行初步形成了一套绿色金融产品体系：与IFC合作，为节能减排项目提供"能效贷款"，为合同能源管理公司提供"合同能源管理项目贷款"；为光伏发电项目提供"光伏贷"；与江苏省环保厅探索共同设立环保产业基金，推广排污权抵押金融产品；积极推进绿色资产证券化和绿色金融债的发行工作。2016年7月，江苏银行加入G20《金融机构能源效率声明》；2017年1月，江苏银行宣布采纳赤道原则，成为国内首家采纳赤道原则的城商行。采纳赤道原则之后，江苏银行加快推进产品创新，建立健全环境与社会风险管理体系，持续提升自身能力，将环境与社会风险管理模式融入全行经营管理体系。

（五）农商银行（以安吉农商银行为例）

安吉农商银行立足湖州作为国家级绿色金融改革创新试验区的优势，2016年设立绿色金融事业部，制定出台《绿色信贷行业准入标准》《绿色信贷工作指导意见》，优化绿色信贷评审制度，将绿色信贷的相关要求细化贯彻到客户准入、信用等级评定、贷款受理等全流程各个环节。将企业环保信息作为信贷营销调查、审批的重要内容，实行环保一票否决制。安吉农商银行推出绿色信贷系列产品，如根据排污企业需求推出的排污权抵押贷款品种、根据居民屋顶光伏项目需求推出的"光伏贷"产品。配合全县工业企业小锅炉清洁能源升级替代工作推出的"锅炉改造贷款"、根据

"美丽乡村"发展战略推出的"美丽乡村贷款"、与县旅委积极对接推出的农家乐提档升级产品"农乐通"贷款品种、作为两山农林合作社联合社唯一合作金融机构而推出的"两山农林贷"品种。2017年12月,安吉农商银行与兴业银行签署《绿色金融合作协议》。根据协议,兴业银行将在绿色金融技术输出、培训支持、学术研究、品牌提升等方面为安吉农商银行提供专业支持,双方还将在绿色产品研发、绿色信贷证券化、绿色项目银团贷款等领域开展更为广泛的合作。

二、兴业银行在绿色金融领域的探索历程

建设资源节约型、环境友好型社会,实现科学发展、可持续发展已成为中国经济转型的战略方向。生态文明建设成为千年大计,加快绿色发展、发展绿色金融已经写入党的十九大报告,是大势所趋。商业银行作为经济社会中发挥资源配置枢纽作用的单位,必须顺应趋势,发挥更大的作用。兴业银行作为中国首家赤道银行,多年来深入贯彻落实党和国家的重大战略决策,响应国家节能减排政策号召,顺应低碳经济、绿色经济发展潮流,把握绿色金融发展机遇,着力于金融创新,将发展绿色金融事业、履行社会责任与商业银行经营行为相融合,逐步形成"寓义于利"的绿色金融理念。从能效融资项目开始踏上"绿色"之路,到2008年采纳赤道原则,兴业银行不断借鉴国际先进经验并与国内实践相结合,实现绿色金融快速发展,走出了一条具有兴业特色的绿色金融之路,在国内银行业中脱颖而出,得到了各界的关注与好评。

兴业银行绿色金融自2006年节能减排融资产品(CHUEE)起步,共经历了三个发展阶段。第一阶段是单个产品创新推动阶段。2006年兴业银行与国际金融公司合作,在国内首家推出能效项目融资产品;2007年在国内首家推出涉及碳交易前台、中台、后台的碳金融服务,通过绿色金融产品创新与推动,开启了兴业银行绿色金融发展之路。第二阶段是绿色金融由点及面推动阶段。2008年兴业银行公开承诺采纳赤道原则并成为中国首家赤道银行,是兴业银行绿色金融发展历程上的里程碑,自此以后兴业银行绿色金融呈现全面、快速发展的局面。2009年,兴业银行在总行成立可

持续金融中心，后升格为一级部门即可持续金融部（后更名为环境金融部、绿色金融部）；不断推出具有国内首单意义的创新产品，比如低碳信用卡、排污权抵押授信、碳资产质押授信、合同能源管理融资、合同环境服务、特许经营权质押、水资源领域金融服务方案等，并整合形成了兴业银行绿色金融产品体系——"绿金融·全攻略"绿色金融专案。第三阶段是绿色金融专业经营及集团化发展阶段。2014年，兴业银行在全行推动绿色金融专业化经营体系建设；2015年，将绿色金融纳入集团核心规划业务之一，并在集团建立专项推动机制，将绿色金融上升到了集团高度。与之相适应，兴业银行将"绿金融·全攻略"升级为集团绿色金融产品与服务体系，积极推动绿色租赁、绿色信托、绿色基金业务发展，形成了依托集团综合经营优势、银行绿色信贷与集团多元化产品共同发展的良好局面。

（一）基本做法

多年来，兴业银行始终积极履行社会责任，不断创新绿色金融，把追求经济、社会和环境和谐统一纳入自身发展目标，致力于可持续发展的探索与实践。在实践过程中，兴业银行逐步树立绿色金融理念，贯彻绿色金融发展战略，并开始接触、学习、理解、借鉴赤道原则这一国际可持续金融领域的通用标准，最终果断决定采纳赤道原则，进而全面推动绿色金融事业蓬勃发展。

1. 高层重视、上下贯彻。

董事会及高管层对可持续发展的高度重视以及全行上下的坚持贯彻，是兴业银行绿色金融发展的根本动力。

一是树立并深化绿色金融理念。面对日益突出的环境问题，尤其是在应对全球气候变化的背景下，兴业银行董事会提出"贯彻落实科学发展观，深化对银行社会责任与自身可持续发展间关系的认识，积极探索以多种方式推动履行银行社会责任，构建人与自然、环境、社会和谐共处的良好局面"的绿色金融发展理念。在这一理念的指导下，兴业银行在实践中把履行社会责任融入银行对外提供产品与服务的过程，追求商业利益与社会环境效益的和谐发展，逐步形成"寓义于利"的绿色金融理念，并贯彻到经营管理的各个方面，致力于把兴业银行打造成为全流程、宽领域的专业金融服务商和全方位的绿色银行。

二是制定并落实绿色金融战略。兴业银行绿色金融自能效融资起步，董事长高建平当时明确指示要把绿色金融"做大、做强、做出品牌、做出影响"。为了贯彻这一决策，兴业银行制定环境与社会风险管理战略以及绿色金融五年发展规划，确立指导方针、确定目标及机制措施，并深化、落实到规章制度、组织架构、业务流程、产品创新等方面。在制定并贯彻落实环境与社会风险管理战略的过程中，兴业银行开始认识到，环境与社会风险管理既是国内各家银行普遍存在的薄弱环节，又是各家银行在经济社会可持续发展背景下面临的重大挑战。

三是果断决定采纳赤道原则。兴业银行 2003 年引入国际金融公司为战略投资者之后，开始广泛交流学习国际可持续金融理念。在此过程中，兴业银行开始接触并深入研究赤道原则。随着兴业银行环境与社会风险管理战略的贯彻实施，加之国际上萨哈林 2 号石油天然气项目的重大影响，兴业银行对赤道原则有了更深刻的理解，开始考虑采纳赤道原则，并进行了广泛的调研。在调研过程中，兴业银行内部也存在一定的担忧，主要来自各经营机构，包括分行长、支行长和客户经理，他们担心赤道原则不符合国情，影响业务发展。但是，以董事长高建平、时任行长李仁杰为代表的董事会、高管层坚持从企业战略管理及责任竞争力的高度判断，认为赤道原则不是项目准入机制，而是银行在整个项目生命周期对潜在环境与社会风险的主动管理与服务；既是国际趋势，也符合国内绿色金融发展要求，更有利于引导企业主动管理、防范潜在的环境与社会风险，必能得到公众与企业的认可。2007 年，高建平董事长会见世界银行时任行长佐力克，进一步坚定了采纳赤道原则的信心。2008 年 10 月 31 日，经董事会慎重决策并报银监会认可，兴业银行正式公开承诺采纳赤道原则，成为中国首家赤道银行。

四是调整组织架构与建设专业团队。在董事会及高管层的主导下，兴业银行逐步建立起适应绿色金融发展以及赤道原则实施的组织架构与专业团队体系。在高管层面，兴业银行成立了由董事长任组长的社会责任工作领导小组，加强全行组织协调，系统推动绿色金融。在总行层面，设立可持续金融部（后更名为环境金融部、绿色金融部），作为全行绿色金融专业管理部门，负责全行在绿色金融领域的业务推动、产品开发、技术支持、专业评审等各项工作。在分行层面，建立分行绿色金融部，作为区域绿色金融管理部门，负责组织推动辖内绿色金融。在分行绿色金融管理部门配置 2 名以上专业产品经理，经过总行培训、认证、备案后按专业序列予以聘任，形成全行近 200 人的绿色金融专业人才队伍。

五是建立并完善绿色金融激励约束机制。绿色金融部作为总行经营管理部门，负责统筹管理全行绿色金融领域相关业务的营销组织、市场研究、产品开发、市场拓展、资源配置等各项工作，并按经营管理单位考核，从绿色金融规模、业绩、创新、品牌等多个维度评价，并决定部门考评等次以及绩效。总行绿色金融部制定分行绿色金融考评指标，指标得分影响分行考评结果，进而影响分行财务资源配置。总行绿色金融部对分行绿色金融管理部门履职情况进行评价，评价结果影响相关人员考评等次及绩效。各分行根据实际情况，对绿色金融业务推动部门制定考评办法，年度考评结果影响相关人员的行员等级晋升与绩效分配。

2. 创新产品、建立模式。

兴业银行绿色金融是与国际金融公司合作起步，将国际经验融入产品创新，逐步形成的具有兴业特色的绿色金融服务模式。

一是在节能环保领域形成产品体系。兴业银行 2006 年推出节能减排融资项目（CHUEE 一期），随后又陆续推出 CHUEE 二期、CHUEE 三期，共计提供节能减排融资近 40 亿元。在此基础上，兴业银行逐步形成包括十项通用产品、七大特色产品、五类融资模式及七种解决方案的绿色金融产品服务体系。除了绿色固定资产贷款、绿色项目融资、绿色流动资金贷款、绿色买方信贷、绿色订单融资、绿色委托贷款、绿色金融租赁、绿色并购贷款、绿色债务融资工具、绿色股权融资等十项通用产品外，还包括合同能源管理融资、合同环境服务融资、碳资产质押融资、排污权抵押融资、节能减排融资等七大特色产品；提供节能减排设备制造商增产融资模式、公用事业服务商融资模式、特许经营项目融资模式、节能服务商融资模式、融资租赁公司融资模式等五类服务模式；提供碳交易、排污权交易、节能量交易、水资源利用和保护、产业链综合服务、行业整合、特定项目融资等七种综合解决方案。2016 年，兴业银行充分发挥集团综合经营优势，在绿色信贷的基础上，结合集团多元化产品，整合形成了门类齐全、品种丰富的集团绿色产品服务体系。绿色金融集团化产品围绕节能产业、资源循环利用产业、环保产业、水资源利用和保护、大气治理、固废处理、集中供热、绿色建筑等绿色经济的重点领域，为客户提供涵盖绿色融资、绿色租赁、绿色信托、绿色基金、绿色投资、绿色消费等的系列化、个性化绿色金融解决方案。

二是在排放权领域形成金融服务方案。碳金融方面，兴业银行早期面向国际碳交易市场清洁发展机制（CDM），陆续推出购/售碳代理、碳交易保函、碳资产质押授信等碳金融业务品种。随着国内碳交易试点的推进，逐步形成涵盖结算、融资、中介、资产管理的碳金融服务解决方案，打造国内领先的碳市场金融服务平台。兴业银行目前与7个国家级碳交易试点地区中的6个签署了全面合作协议，提供包括交易架构及制度设计、资金存管、清算在内的一揽子金融服务，推动国内碳交易市场的建设。在上海、广东、天津、湖北、深圳等重点区域，兴业银行成为碳交易市场的主要清算银行，完成了交易系统开户与结算对接，为碳交易市场的顺利运作打下了良好的基础。排污权金融方面，兴业银行是最早介入国内排污权交易市场的银行，积极协助排污权交易制度框架及系统设计，提供排污权综合金融服务。兴业银行目前与国内11个排污权交易试点省市中的9个签署了全面合作协议，提供排污权交易制度设计咨询、排污权交易及清算系统开发、排污权抵押授信、污染物减排项目融资等专业金融服务，积极推动国内排污权交易市场建设。

三是在个人消费领域延伸绿色金融。2010年兴业银行发行中国首张低碳主题信用卡，将绿色消费理念带入千家万户，实现节能环保理念从企业融资到个人消费领域的跨越。截至2017年末，中国低碳信用卡累计发卡近70万张，累计购买自愿碳减排量超过20万吨，支持了湖南东坪72兆瓦水电碳减排项目、桦南横岱山东风电碳减排项目、广东省下坪垃圾填埋气收集利用项目、贵州省阿珠27兆瓦水电碳减排项目、贵州省翁元20兆瓦水电碳减排项目、HFC消解项目、甘肃黄河柴家峡水电项目，相当于中和了36.5万人乘坐飞机飞行1000公里所产生的碳排放。

3. 借鉴经验、提升能力。

采纳赤道原则是兴业银行绿色金融发展道路上的里程碑。赤道原则为兴业银行带来一整套的环境与社会风险管理体系，不再局限于零散的环境信贷政策；将绿色金融从环境保护拓宽到社会风险；从被动、强制执行转变为自觉遵守；将绿色金融的视野从项目准入与退出，提升到对项目生命周期全过程的管理，强调银行与社会环境的共同可持续发展。为了吸收借鉴赤道原则的先进经验，兴业银行付出了不懈努力。

一是组织学习，统一理念。首先是全面交流学习。在采纳赤道原则前后，兴业银行董事会、高管成员带头组织赤道原则集中学习，并赴花旗、汇丰等主流赤道银行学习交流。其次是全行总动员。董事长亲自挂帅，召集各分行行长，全面宣贯、动员赤道原则实施。总行法律与合规部组织各分行、总行各部门开展赤道原则系列培训，统一认识，提升素质。最后是逐步统一理念。兴业银行在2009年初制定《兴业银行环境与社会风险管理政策》，从范围、表现、影响、防范等各方面统一全行对环境与社会风险的认识与理解。

二是明确内涵，突出重点。根据赤道原则基本内涵，兴业银行将环境与社会风险明确归纳为"借款人在环境、健康、安全管理方面的不完善或有问题的行为或事件，可能导致的兴业银行重大财务损失或声誉损失的风险"。借鉴赤道原则《绩效标准》，结合国内环境污染、生物多样性、土地征用与房屋拆迁、用工条件等突出问题，兴业银行将"劳动和工作条件""污染防治和控制""土地征用和非自愿迁移""生物多样性的保护和可持续自然资源的管理"等作为环境与社会风险管理的突出重点并制定详细的审查要求与规范。

三是完善工具，分类管理。兴业银行在《兴业银行环境与社会风险管理政策》的基础上，于2009年6月制定《兴业银行适用赤道原则的项目融资管理办法》，完善了环境与社会风险管理工具。首先是制定风险清单。借助赤道原则关于潜在的环境和社会风险提议的清单，兴业银行梳理并制定了主要的环境与社会风险清单，作为项目尽职调查及风险审查的重要参考依据。其次是实施分类管理。对适用赤道原则的项目融资按其预期的环境与社会影响程度进行评估，并根据影响的严重程度将项目分为A、B、C三类，制定不同管理要求与措施。再次是对A、B两类客户进行名单制管理，启动专家评审机制，并硬性要求其承担相应的环境与社会风险管理责任,如提供项目的环境与社会影响评估报告、建立环境与社会管理系统、制订行动计划、建立环境与社会问题磋商机制和投诉机制等。最后是制定行业指引,分行业(如水泥、钢铁、造纸)制定并执行标准化的环境和社会风险尽职调查清单。

四是全面实施,全面覆盖。首先是全面实施。赤道原则、环境与社会风险管理在兴业银行全行范围内实施。其次是制度约束。兴业银行根据赤道原则的要求制定并不断完善《兴业银行环境与社会风险管理政策》《兴业银行适用赤道原则的项目融资管理办法》《兴业银行适用赤道原则的项目融资分类指引》《兴业银行环境与社会风险专家评审规范》,适用赤道原则的示范合同文本、配套示范文本以及相关指导意见、实施意见、管理流程,适用赤道原则的项目融资业务环境与社会风险管理流程等一系列制度规范。最后是流程覆盖。在所有贷款项目贷前调查阶段,增加客户及其项目的环境与社会绩效全面调查与综合评价;在审查审批环节,增加独立的环境与社会风险审查流程,并采取环保一票否决制;在放款审核阶段,确保项目在环保标准、评估报告等方面符合放款条件;在贷后管理阶段,加强授信后环境与社会风险监测、动态追踪、反馈和分析,及时发现风险预警信号并进行处置。对于适用赤道原则的项目融资,还将增加项目分类管理、环境与社会风险尽职调查、环境与社会风险合规性承诺、编写行动计划等流程。

4. 自我提升,不断改善。

兴业银行秉承赤道原则倡导的可持续发展理念,不断关注并提升自我环境与社会表现,注重资源节约,关注弱势群体,实现自我的"华丽转身"。

一是加快电子银行发展。兴业银行逐步形成"在线兴业"网上银行、"热线兴业"电话银行、"无线兴业"手机银行三位一体的电子银行业务体系。

二是创新推动"银银平台"。"银银平台"是兴业银行针对城商银行、农商银行、农信社和村镇银行等同业合作伙伴推出的银行间业务综合合作系统,是兴业银行与广大中小银行建立的、超越竞争的、"共生共赢、共同发展"的合作模式。通过"银银平台",兴业银行带动广大三四线城市及农村地区的中小银行提升经营管理水平、丰富产品线、提高科技实力;

与中小银行实现网络机构、金融功能等方面的互补与共享,避免恶性竞争和重复建设,既节约了社会资源,也实现了优秀的金融服务产品从发达地区向欠发达地区的输送。

三是大力支持小微企业。兴业银行总行小企业部、分行小企业部、城市小企业中心构成小微企业专业化经营体系;加快"兴业芝麻开花——中小企业成长上市计划""兴业积分贷""兴业增级贷""兴业迅捷贷"等一系列小微企业创新产品的落地;将小企业风控关卡前移至营销端口,实现小企业业务营销与风险管理的全程融合。

四是加强环境足迹管理。兴业银行在全行积极推广低碳办公,倡导员工低碳生活,如推行新建网点的低碳环保装修、提高自助服务设备的服务功能和数量占比、建立并使用视频会议系统、减少差旅等带来的碳排放、倡导员工使用低碳信用卡、购买碳减排指标以抵消自身碳足迹等。

五是提升员工价值。其一是提升广大员工的荣誉感。作为国内首家赤道银行,兴业银行给全行员工带来了投身绿色金融事业的荣誉感,同时也吸引了一批立志于可持续发展事业的专业人才加入兴业银行的队伍。其二是提升员工的国际视野与专业素质。采纳赤道原则使全行员工对国际可持续金融有了更深刻的理解,有了更多的与境外赤道银行及国际机构交流学习的机会。其三是促进兴业银行"以人为本"的人力资源管理战略的建立与完善,更加全面地保障和完善员工权益,拓宽人才职业发展通道,实现员工与企业共成长。

(二) 取得的成效

采纳赤道原则,吸收国际先进经验,使兴业银行在绿色金融领域实现从量变到质变的飞跃,尤其是在市场理念、产品研发、技术规范、服务领域、组织保障、社会影响等各方面领先于业内,在国内绿色金融领域硕果累累、成效显著。

1. 品牌提升、声誉显著。

近年来,"赤道原则""绿色信贷""绿色金融"已经成为兴业银行的品牌与特色,是兴业银行最为靓丽的"名片"。采纳赤道原则、发展绿色金融带来的品牌宣传效果,不仅远远超过了传统的广告投入效应,同时也使兴业银行获得了良好的社会声誉。近年来,兴业银行连续多次获得英国

《金融时报》（FT）评选的年度可持续银行奖提名，并两次获得该奖；获得国家四部委颁发的"十一五"期间"全国减排先进集体"称号；获得中国银行业协会授予的"最佳绿色金融奖"；多次获得权威机构评选的"最佳企业公民""最佳绿色银行""最佳企业公众形象奖""最佳社会责任银行""低碳先锋企业""最佳社会责任机构奖""最佳绿色金融奖""卓越竞争力社会责任金融机构""中国绿公司百强"等众多奖项；在环保部、绿色流域公布的绿色信贷排名中高居首位。

2. 结构调整、合理优化。

兴业银行绿色金融致力于提高能效、新能源和可再生能源开发利用、碳减排、污水处理和水域治理、二氧化硫减排、固体废弃物循环利用等众多项目类型及能源、建筑、交通、工业等各个主流行业，业务结构逐步向低碳经济、循环经济、生态经济领域调整转型。一是绿色融资占比逐渐提升。截至2018年2月底，兴业银行已累计为14621家企业提供绿色金融融资14836亿元，绿色金融融资余额近7000亿元，占同口径融资余额的比重接近20%，并呈逐年上升的趋势。二是推动区域结构转型。在江苏、山东、浙江、湖北、河南、山西等重点区域，兴业银行提供的绿色信贷余额均超过百亿元。三是资产质量保持优良。兴业银行绿色信贷不良余额始终控制在较低水平，不良率远低于全行平均水平。

3. 渠道拓宽、引来商机。

经过多年发展，无论是从业务规模还是从业务占比来说，绿色金融都已是兴业银行各项业务中不可或缺的组成部分，成为兴业银行一个全新的业务领域，尤其是在一些重点领域，兴业银行已抢占行业领先地位，使其成为服务与盈利的新渠道。一是排放权金融领域。兴业银行凭借敏锐的市场意识、领先的专业能力，成为国内首屈一指的碳金融、排污权金融综合服务商，抢占了排放权金融领域的市场先机与竞争优势。随着国内碳交易及排污权交易试点工作的不断探索，以及全国性环境权益市场建设的不断推进，可以预见这一领域将给兴业银行带来广阔的商机。二是水资源利用和保护领域。兴业银行制定综合金融服务方案，在水资源领域提供的绿色融资余额超过2300亿元，已接近全行绿色金融融资余额的1/3。在未来还将加大支持力度，将其打造成为重点业务领域。兴业银行在各地水资源重点项目上均有介入，如为嘉兴市水环境综合治理项目提供高达 500 亿元的综合授信，为当地水环境治理提供了大量的绿色信贷服务。三是节能环保产业。兴业银行为节能环保产业打造量身定制的一系列专属金融产品，在国家大力支持节能环保产业的政策环境下，无疑将成为兴业银行绿色金融业务发展的新空间。例如，合同能源管理融资产品，仅以未来收益权作为质押担保方式，为广大节能服务企业提供信贷支持；合同环境服务与特许经营权质押融资产品，也是通过创新担保方式，降低企业融资门槛，为企业拓宽融资渠道，前景广阔。

4. 风险防范、效果显著。

赤道原则改变了兴业银行过去依赖环评建立的准入机制，通过环境与社会风险的审查、对项目进行分类管理、制订相应的行动计划、内嵌承诺性条款等措施，督促并协助企业主动防范、规避潜在的环境与社会风险。兴业银行自采纳赤道原则以来，截至 2017 年 12 月底，累计对 1016 笔项目开展适用性判断，其中 344 笔适用赤道原则，涉及 14390 亿元，未发生重大环境与社会风险事件，未产生 1 笔不良贷款。同时，采纳赤道原则促进了兴业银行在节能减排领域金融产品与服务的不断创新，并将潜在的环境与社会风险较为突出的领域（如"两高一剩"行业）作为节能减排融资的重点支持领域，积极支持企业技术改造与升级，促进企业节能减排，实现产业转型升级，从根源上防范、规避潜在的环境与社会风险隐患。

5. 环境改善、成效显著。

兴业银行按照赤道原则的要求，积极引进具有节能减排技术或工程管理从业经验的专业人员，对贷款业务逐笔进行环境与社会风险管理，对绿色贷款逐笔进行属性认定，逐笔开展可测量、可报告、可核查的环境效益测算。兴业银行专业的环境效益测算方法，得到了专业节能咨询公司的高度认可，并在行业内推广和使用。截至 2017 年 12 月底，兴业银行所支持的绿色金融项目可实现在我国境内每年节约标准煤 2912 万吨，年减排二氧化碳 8378.23 万吨，年减排化学需氧量（COD）385.43 万吨，年减排氨氮 13.39 万吨，年减排二氧化硫 78.91 万吨，年减排氮氧化物 5.78 万吨，年综合利用固体废弃物 4479.48 万吨，年节水 40842.37 万吨。绿色金融支持的项目可实现每年节约标准煤 2912 万吨，年减排二氧化碳 8378 万吨，年节水 4.09 亿吨，相当于关闭 192 座 100 兆瓦火力发电站、10 万辆出租车停驶 40 年。

（三）基本经验

1. 自上而下、坚决贯彻。

兴业银行董事会及高管成员在 2003 年以来的股权多元化实践过程中，首先接触、理解赤道原则与绿色金融，并自上而下传导延伸。董事长高建平、时任行长李仁杰、时任董事会秘书唐斌成为行内外积极宣传赤道原则、推动绿色金融发展的"铿锵三人组"。一是高层挂帅。面对一些分行在赤道原则实施过程中的困惑与担忧，董事长高建平亲自挂帅，约谈部分分行行长，将贯彻实施赤道原则上升到政治高度，要求分行在贯彻中进一步理解赤道原则。二是过渡期安排。为了避免采纳赤道原则在短期内对业务的影响，兴业银行安排一年时间作为赤道原则的过渡期，着重于制度、机制、流程、职责体系的建设，以及与客户的沟通和解释，在过渡期内鼓励分行对项目融资适用赤道原则进行管理，但不做强制要求。三是积极宣贯。多年来，每年的全行工作会，董事长、行长都安排一定篇幅着重强调绿色金融。董事长、行长以及其他高管成员积极参与赤道原则以及绿色金融论坛、研讨会等外部活动，配合外部媒体采访，主动宣传赤道原则和绿色金融。兴业银行在年报、董事会报告、半年报等重要报告中，都会安排独立章节全面介绍绿色金融；编制年度可持续发展报告，系统阐述与总结绿色金融。

2. 注重交流、内外结合。

兴业银行与国际金融公司、瑞穗实业银行、花旗银行、巴克莱银行、巴西伊塔乌联合银行、摩根大通、三井住友银行、南非标准银行、联合国环境规划署等国际知名银行及机构展开广泛交流，学习借鉴国际先进经验。例如，赴巴西一大贝贝亚银行考察交流，赴日本瑞穗实业银行考察交流，组团赴日本瑞穗实业银行接受为期五周的赤道原则培训，与国际金融公司就提升可持续金融产品创新能力、赤道银行项目融资合作等主题进行交流，分别与美国花旗银行、加拿大丰业银行和香港恒生银行进行赤道原则经验交流，组团与韩亚银行分享交流赤道原则采纳、执行、流程、案例等方面的经验和做法，安排专业人员参加各类国际培训、会议，等等。兴业银行通过广泛的交流学习，将国际先进经验融入绿色信贷实践。一是借鉴国际知名赤道银行的经验，从组织架构、政策制度体系、流程设计、能力建设、信息披露等方面着手，逐步建立完善环境与社会风险管理体系。二是在绿色金融领域产品创新方面，借鉴国际可持续金融的先进经验，不断丰富自身在绿色金融领域的产品序列，在国内节能减排融资市场高歌猛进，不仅贯彻了绿色金融理念，也为自身开拓新市场、培育新客户打开了广阔的空间，成为一片新的业务蓝海。

3. 抓住重点、有效突破。

兴业银行积极推动绿色金融发展，始终把提升自身专业能力作为重点，致力于实现"四个领先，一个全流程服务"，带动绿色金融的有效突破。一是创新能力领先。率先提出或采纳新的理念、率先进入新的市场或领域、率先推出新的产品和服务、率先实践新的业务模式，主动发起、参与或影响市场规则的制定。二是组织架构领先。构建总分行一体化协同推进体系，强化专营机构的经营管理职能，充实专业团队，建立跨板块的绿色金融业务推进管理架构。三是资产结构领先。提升绿色资产在企业金融资产中的占比，推动绿色信贷规模化快速发展。四是市场运营领先。构建丰富的产品线、健全的业务链条和多样化的融资模式，完善融资业务和排放权金融业务系列产品。五是宽领域的全流程服务。依托专营机构，聚集专业人才，创设新型产品与服务，聚焦专属领域，构建专业化的全流程服务。优化对外服务流程，提供一体化服务，提升专业服务能力和市场竞争能力；整合内部服务流程，提高对市场需求的快速响应能力和解决能力；覆盖节能减排的主流领域、典型项目，循序渐进，不断扩展和丰富。

4. 立足集团、多元发展。

作为国内绿色金融领域的先行者，兴业银行在绿色信贷、绿色债券、绿色基金、绿色租赁等领域经过多年探索实践，构建了较为完善的门类齐全、品种丰富的绿色金融服务体系，充分运用多元金融产品已成为兴业银行绿色金融服务的一大特色。目前兴业银行集团绿色金融融资余额中，通过信托、租赁等非银行信贷方式提供的融资占比已超过50%。

在绿色信托领域，兴业银行子公司兴业信托开展了积极探索。截至

2017年底，兴业信托的绿色信托业务规模达522.57亿元，已成为全国信托行业绿色信托业务的探索者和领跑者。作为兴业银行的重要成员，兴业信托成立了由公司领导任组长的绿色信托领导小组，充分发挥集团协同化优势，逐步建立"绿色信托"统计口径以及绿色属性认定流程。在传统债权类信托、绿色金融资产证券化、绿色环保创业投资基金、绿色投资产业基金、绿色环境PPP引导基金领域进行了积极实践。在绿色金融资产证券化领域，通过与兴业银行集团的联动，先后成功发行绿色金融信贷资产证券化产品、绿色金融租赁资产证券化产品，涉及电力、热力生产和供应业、生态保护和环境治理业、水处理、水利工程、新能源公交等多个环保热点领域，有力支持了资源节约型和环境友好型经济产业发展。在绿色创投基金领域，兴业信托以全资私募股权投资管理子公司——兴业国信资产管理有限公司为平台，发起设立"福建稳晟节能环保创业投资基金"，投资了多个新能源、新材料项目。2017年3月，兴业信托率先于信托业编制并印发《兴业国际信托有限公司2016—2020年"绿色信托"业务规划》，明确了到2020年要实现绿色信托业务存续资金规模达到2000亿元的目标，通过绿色金融信托服务，引导资金流向环境友好、资源节约以及倡导可持续发展的领域。

兴业金融租赁公司成立之初便提出"绿色租赁"的发展理念。围绕低碳、生态、循环经济三大领域，着力服务蓝天、绿水、净土三大绿色工程的兴业金融租赁公司，目前已形成绿色出行、清洁能源、节能减排、水环境治理、土壤治理、资源循环等六类绿色租赁产品序列。截至2017年底，兴业金融租赁公司绿色租赁业务累计投放超千亿元，资产余额超过520亿元，约占公司资产总额的40%，已成为兴业集团绿色金融板块的重要组成部分。

党的十九大之后，绿色产业基金发展迎来新机遇，发展绿色基金正当其时。兴业基金公司作为兴业银行在证券基金行业的重要布局，通过其子公司——兴业财富资产管理有限公司积极探索发展绿色金融业务，推动我国绿色环保产业快速发展。截至2017年底，共落地项目12个，融资金额为122.33亿元，融资余额为110.14亿元。

绿色按揭引领绿色消费。2016年，兴业银行推出零售绿色信贷产品

"绿色按揭贷",为公众搭建参与低碳环保事业的便捷渠道和方式,鼓励和引导绿色消费。作为绿色零售信贷板块的主要业务,"绿色按揭贷"主要面向交易符合绿色建筑标准房屋,且符合个人住房按揭贷款资格的客户。除了"绿色按揭贷",兴业银行还先后推出了面向零售客户的低碳主题信用卡、绿色理财等绿色金融产品和服务。

5. 激励反馈、持续推进。

为了全面支持绿色金融,兴业银行安排了一系列的配套激励措施。在业务授权安排上,对符合绿色金融属性的业务,适当放大分行审批权限。在业务资源上,兴业银行每年安排专项绿色信贷规模、专项风险资产,确保绿色信贷投放不受规模限制。在资金来源上,发行300亿元金融债、500亿元绿色金融债,所募集资金全部用于投放绿色信贷项目。在融资方式上,除了传统信贷,积极鼓励租赁、信托、投行、理财等多种方式在绿色信贷领域的创新运用。在财务资源上,每年安排专项资金,用于支持、奖励在绿色金融客户拓展、产品创新方面取得突出业绩的分支机构;安排专项资金,用于奖励各分行优秀的绿色金融产品经理;安排专项资金,用于支持、奖励各分行绿色金融专业经营团队建设;安排专项资金,用于全行绿色金融培训。在考核评价上,将绿色金融指标纳入分行综合考评办法,发挥考评的引导作用,推动绿色金融业务发展。

6. 团队建设、专业优势。

为了适应赤道原则实施及绿色金融发展,兴业银行不断构建专业团队,逐步形成专业优势。一是组建团队,搭建平台。兴业银行总行绿色金融部组建了项目融资、排放权金融、市场研究、技术服务、赤道原则审查五个专业团队,对内成为技术支持平台、产品创设平台、资产管理平台,对外成为营销组织平台、业务合作平台、交易服务平台,提供节能环保综合金融服务。二是综合培训,培养人才。每年举办3~5次全行绿色金融业务综合培训;建立"专才培训"制度,每年安排3期(每期4个月),安排分行绿色金融产品经理到总行绿色金融部跟班培训。三是制度激励,强化队伍。在全行建立产品经理专业技术序列,建立绿色金融产品经理资格考试以及备案制度,建立涵盖总分行的、近200人的专业产品经理队伍。

7. 信息披露、良性互动。

兴业银行根据赤道原则的要求，不断完善信息披露工作，加强利益相关者互动交流，形成了公开、透明、积极的市场形象。一是完善信息披露制度，提高信息披露质量。首先是实现环境与社会风险管理信息披露工作的归口管理。其次是实现多渠道、全方位的信息披露。通过银行年报、中报、季报、可持续发展报告、赤道原则年度报告、环境与社会业绩报告，全面披露包括环境与社会风险管理在内的重大经营管理信息，宣传兴业银行的社会责任理念与可持续金融创新实践。二是拓宽沟通反馈渠道，加强信息传导与反馈。开通兴业银行官方微博、赤道原则官方微博、绿色金融官方微博，搭建银行与社会公众间的新型信息沟通与反馈渠道。三是与非政府组织等利益相关方加强交流与对话。首先是对利益相关方的诉求高度重视，做到有问必答、有访必接。其次是开展主动交流与对话。与绿色流域、绿家园、绿色和平、阿拉善 SEE、银行监察组织（BankTrack）、地球之友美国分部（Friend of the Earth US）、银行信息中心（Bank Information Center）、日本地球之友、雨林行动网、全球环境论坛等国内外非政府组织主动开展交流对话。

第二节　商业银行发展绿色金融的五大支柱

2016年8月，中国人民银行、财政部、银监会等七部委联合印发的《关于构建绿色金融体系的指导意见》对绿色金融、绿色金融体系都作出了明确的定义，初步构建起我国绿色金融体系的整体框架。对于银行机构而言，绿色金融的主要内涵即为绿色信贷，目前全球只有中国、巴西和孟加拉国三个国家有正式的绿色信贷统计，同时中国的绿色信贷框架体系处于国际相对领先的位置。目前，中国已基本建立以《绿色信贷指引》为核心的绿色信贷制度框架。该指引把绿色信贷主要归纳为三个方面：一是银行发挥资源配置的功能，将信贷资金重点投放到低碳经济、循环经济、生态经济等领域，促进绿色产业、绿色经济的发展；二是银行加强环境和社会风险管理，建立起全面的环境和社会风险管理体系，在向客户提供金融融资等服务时，评价、识别企业和项目潜在的环境与社会风险；三是银行积极制定政策，提升自身环境和社会表现，从而实现可持续发展。绿色信贷三个方面的工作，按照职责分工，在商业银行一般是分布在不同的部门。如绿色金融业务主要由公司部等业务条线牵头负责，环境和社会风险管理一般是由银行的风险部或法规部牵头负责，而银行的自身绿色表现一般是需要总行办公室或是其他行政后勤部门牵头负责。目前，从业内情况来看，绿色信贷内涵的第二层面将环境和社会风险管理的要求纳入银行的整个信贷流程，在客户准入、贷前调查、授信审批、合同签订、贷款拨付和贷后管理等方面均细化落实，很多银行都在积极尝试，但离银保监会[①]的要求还有比较大的差距。绿色信贷的第一个层面绿色信贷业务目前正在成为各家银行的发力点。眼下，我们可以从绿色信贷内涵的第一个层面出发，探讨商业银行如何建立完善的绿色金融业务管理体系，更清晰地思考绿色金融业务可持续发展的基础。建立完善的绿色金融业务管理体系可以有效推动绿色金融业务的健康、快速发展。从绿色金融业务的发展现状来看，大部分银行的绿色金融业务还停留在简单统计阶段，职能一般分散在公司条线、风险条线等，尚处于初级状态。结合当前中国绿色金融发展现状以及兴业银行在绿色金融领域的探索与实践来看，一个相对完善的绿色金融业务管理体系至少需要五大支柱：一是建立绿色金融战略与规划，二是构建专业的组织架构，三是不断完善绿色金融激励约束机制，四是持续创新绿色金融产品和服务，五是不断加强绿色金融专业能力建设。

一、建立绿色金融战略与规划

根据银监会《绿色信贷实施情况关键评价指标》的要求，"银行机构董事会或理事会负责确定绿色信贷发展战略，审批高级管理层制定的绿色信贷目标和提交的绿色信贷报告，监督、评估本机构绿色信贷发展战略执行情况"。可见，监管机构充分认识到，银行的最高领导机构和高管在银行绿色金融顶层设计上有所作为是发展绿色金融非常重要的引擎。以十年

---

① 2018年3月，银监会与保监会合并为银保监会。涉及时点的，保留银监会、保监会的提法。

前率先开创绿色金融业务的兴业银行为例,在董事会的领导下,兴业银行确立了可持续发展战略,创造性地提出了"寓义于利"的社会责任实践观,即通过提供卓越的绿色金融产品和服务支持社会、经济、环境的可持续发展;同时,将发展绿色金融、履行社会责任与银行的可持续发展相融合,确立了可持续发展的公司治理与经营理念。发展绿色金融、打造绿色银行成为兴业银行的战略选择。在董事会的领导下,兴业银行耕耘绿色金融十年,目前已经累计为近 7000 个绿色金融客户提供绿色融资超过 1 万亿元,余额达到 4700 多亿元。

二、构建专业的组织架构

根据银监会关于绿色信贷自评价的指导方向,银行机构除了在董事会层面推动绿色信贷战略和规划的制定外,还可设立跨部门的绿色信贷委员会,协调相关工作。为了推动绿色金融业务的有序开展,建议除了建立跨部门的绿色信贷委员会之外,商业银行可以考虑在总行成立专门的绿色金融部门,牵头推动全行的绿色信贷业务工作。目前兴业银行、浦发银行、平安银行、北京银行、江苏银行等已经在总行成立绿色金融业务主管部门、事业部或专业团队,不断加强绿色金融业务产品创新、市场营销、服务方案制定和体制机制建设。从兴业银行的实践来看,在全国建立较为完善的总分行一体化绿色金融组织管理架构体系有助于发展绿色金融业务。在董事会层面,兴业银行成立了由董事长、行长、副行长以及董事会秘书组成的赤道原则工作领导小组,作为全行赤道原则以及绿色金融有关工作的决策、推动与协调机构;在总行层面,兴业银行成立了绿色金融部,作为全行绿色金融专业管理部门,负责全行绿色金融业务推动、产品开发、技术支持、赤道原则评审等,在部门内设置业务管理处、营销开发处、专业支持处;在分行层面,35 家分行设立了环境金融中心,作为区域绿色金融专业经营与管理部门。目前,兴业银行从事环境金融业务的专业员工已将近 200 人。

三、不断完善绿色金融激励约束机制

在七部委发布的《关于构建绿色金融体系的指导意见》中，对于大力发展绿色信贷提出了很多不断完善绿色信贷激励约束机制的措施，如通过再贷款、建立专业化担保机制、绿色信贷支持项目财政贴息支持、绿色信贷纳入宏观审慎评估框架等支持绿色信贷发展。可见，国家在绿色金融顶层设计上，已经充分认识到了激励约束机制对发展绿色金融的重要性。同样，银行若想在绿色金融业务上有所突破、有所作为，优化资源配套、加强激励约束机制建设也必不可少。商业银行可以考虑从考核评价、资源配置、差异化授权等方面建立绿色金融激励约束机制。在考核评价方面，商业银行可以在综合绩效考核评价指标体系中设立绿色信贷考核评价指标，定期对相关条线、分支机构开展考核评价工作，定期在银行内部公布绿色信贷考核评价指标和考核评价结果，并给予优秀分行、支行相应费用或绩效奖励；在资源配置方面，根据每年的市场情况，商业银行可以给予绿色信贷差异化的信贷规模、差异化的风险资产，以及差异化的经济资本配置政策等；在财务和人力资源方面，可以给予绿色信贷业务专项的绩效奖励、营销费用配置以及专门的人力资源编制等；在差异化授权方面，可以考虑给予绿色金融业务差异化授权安排或是提供绿色审批通道，优先审批。这样，商业银行的各地分行可以根据自己当地的情况，选择主流的绿色金融客户进行拓展。

四、持续创新绿色金融产品和服务

目前，各金融机构在绿色金融产品创新上非常活跃。对于商业银行而言，需要从企业金融客户和零售客户两个维度来开发、设计绿色金融产品。对于企业金融客户，商业银行可以通过传统信贷产品以及非信贷产品的综合运用来满足客户的绿色金融融资需求。商业银行根据节能环保企业的常规性金融需求，整合现有的传统信贷产品（如流贷、项目融资等）或非信贷产品（如发债、租赁、信托等），为节能环保企业提供融资服务。

近年来，表现最为突出的就是企业绿色债券市场的发展。2015 年 10 月，农业银行在伦敦证券交易所发行首单等值 10 亿美元绿色债券。2016 年初，兴业银行、浦发银行等在国内银行间市场首批发行绿色金融债券。中国已成为绿色债券发展最为迅猛的市场。同时，可根据节能环保特殊的客户群体和市场，有针对性地开发绿色金融产品，如为专门的节能服务商或环境服务商开发专项的合同能源管理融资和合同环境服务融资产品；针对碳市场和排污权等排放权交易市场，开发碳金融、排污权综合金融服务产品等，如兴业银行从 2007 年开始推出碳金融服务，面向国际碳交易市场开发清洁发展机制的购/售碳代理、碳交易保函、碳资产质押授信等碳金融业务品种，随着国内碳交易试点的推进，逐步形成涵盖结算、融资、中介、资产管理的碳金融服务解决方案。再如，农业银行在产品服务创新上，与传统信贷产品相结合，推出了节能减排顾问、合同能源管理、排污权质押贷款、碳交易预付账款融资等产品。对于个人客户，绿色金融引领个人绿色消费。商业银行可以针对个人开发绿色消费贷、绿色按揭贷、低碳信用卡、绿色理财等产品。2010 年兴业银行联合北京环境交易所在京推出国内首张低碳主题信用卡，2016 年兴业银行又面向个人投资者发行投资绿色环保项目和绿色债券的绿色理财产品，目前已经发行 200 多亿元。

五、不断加强绿色金融专业能力建设

银监会下发的《绿色信贷指引》明确要求银行业金融机构加强绿色信贷能力建设，建立健全绿色信贷标识和统计制度，完善相关信贷管理系统，加强绿色信贷培训，培养和引进相关专业人才。从实际情况来看，当前我国银行业人才结构中，熟悉绿色金融政策和产品设计运营的绿色金融专业人才、环境和社会风险评估人才还非常缺乏。这就要求银行业金融机构不断加强绿色金融专业人才队伍的建设，建立一支具备绿色金融专业素养的队伍，开展针对企业或项目的绿色金融服务、环境与社会风险审查、绿色金融认证等，为绿色金融业务的顺利开展提供重要的支持与保障。笔者认为，现阶段可以通过两种途径来尝试解决人才问题：一是借助外力。银行业金融机构可加强对外交流，加大与行业专家或第三方机构的合作力度，借助外力完成绿色金融业务开展所需要的战略规划、能力建设、环境评估等工作，不断提高绿色金融业务发展能力。二是引入外部人才，持续加强内部培训。银行在具有金融、法律、会计、经济等专业背景员工的基础上，引入环境、能效、化工、能源等专业背景人才加入绿色金融团队，同时加强对银行从业人员节能环保知识的培训，让银行从业人员尽快熟悉节能环保政策理论，具备初步的绿色领域相关知识储备。值得一提的是，目前已有高校看到我国绿色金融专业人才匮乏的现状，开始有所行动。例如，中国人民大学2016年开办了国内首个绿色金融方向的金融专业硕士课程，中央财经大学建立了绿色金融国际研究院等，这将为我国未来绿色金融的发展提供一定的人才储备。近年来，国家节能减排事业的发展以及绿色经济的兴起为绿色金融提供了历史机遇，而低碳、循环、生态经济的发展也蕴含着巨大的金融服务需求，需要更多金融机构的介入。根据国内有关估算，2015—2020年，中国绿色投资需求大概为每年2.9万亿元，而10%~15%需要政府财政资金支持，85%~90%需要市场化的绿色金融来支持。以PPP项目为例，据统计，全国已公布的总投资额超过2万亿元的共三批PPP示范项目中，环保类项目占比超过半数，仅第三批示范项目的环保类项目总投资额就达3645亿元，可见绿色金融市场前景极为广阔。相信包括商业银行在内的更多金融机构将顺应绿色经济发展趋势和潮流，抓住传统产业节能减排升级改造、战略性新兴产业兴起的机遇，建立绿色金融中长期发展战略，建立并不断完善环境和社会风险管理政策，提高自身的环境和社会服务水平，为"美丽中国"建设作出应有的贡献。

参考文献

[1] 曾刚，万志宏. 商业银行绿色金融实践 [M]. 北京：经济管理出版社，2016.

[2] 郭濂. 生态文明建设与深化绿色金融实践 [M]. 北京：中国金融出版社，2014.

[3] 李妍辉. 环境金融与环境治理 [M]. 北京：中国社会科学出版社，2015.

[4] 绿色金融工作小组. 构建中国绿色金融体系 [M]. 北京：中国金融出版社，2015.

［5］张承惠，谢孟哲．中国绿色金融：经验、路径与国际借鉴［M］．北京：中国发展出版社，2017.

［6］马骏，周月秋，殷红．国际绿色金融发展与案例研究［M］．北京：中国金融出版社，2017.

［7］杜莉，张鑫．绿色金融、社会责任与国有商业银行的行为选择［J］．吉林大学社会科学学报，2012（9）．

［8］陈振兴．绿色金融：我国商业银行业务新领域［D］．厦门：厦门大学，2008.

［9］杨华辉．绿色信托体系构建探索——以兴业信托的绿色信托实践为例［J］．福建金融，2017（1）．

［10］中国工商银行绿色金融课题组．商业银行构建绿色金融战略体系研究［J］．金融论坛，2017（1）．

［11］卢汉文，黄琼，李硕．开发性金融与绿色金融［J］．中国金融，2015（20）．

第四章 多元化的绿色金融工具

商业银行拥有庞大的金融服务产品体系,可为绿色产业提供多元化的融资、顾问、支付结算等综合服务:针对节能环保企业和绿色项目的资金融通、资产盘活增效、战略扩张整合、财务报表优化、财富管理等需求,可提供绿色信贷、绿色债券承销、绿色资产证券化、绿色产业基金、绿色并购融资、绿色理财、绿色投资、绿色财富管理等产品与服务;针对环境权益交易市场,可提供交易资金清算结算与存管、环境权益抵(质)押授信、交易财务顾问等服务;对于金融牌照丰富的商业银行而言,还可提供包括绿色租赁、绿色信托、绿色保险、绿色证券等在内的集团化综合金融服务。

第一节 绿色信贷介绍

2012年银监会印发的《绿色信贷指引》(银监发〔2012〕4号)是我国银行业金融机构开展绿色信贷的纲领性文件,对绿色信贷的内涵进行了界定,指出"银行业金融机构应当从战略高度推进绿色信贷,加大对绿色经济、低碳经济、循环经济的支持,防范环境和社会风险,提升自身的环境和社会表现,并以此优化信贷结构,提高服务水平,促进发展方式转变"。以此为基础,我国商业银行开展绿色信贷工作的主要内容包括:(1)从投融资服务角度讲,支持绿色产业和绿色项目;(2)从风险管理角度讲,防范环境和社会风险;(3)从社会责任角度讲,提升自身的环境和社会表现。本节主要介绍商业银行支持绿色产业和绿色项目的信贷产品。

一、公司金融

对公司客户而言,绿色信贷主要包括对绿色项目与服务、绿色产品制造、绿色贸易等的信贷支持,它与传统信贷的区别主要在于资金用途,具体投向范围以银监会《绿色信贷统计制度》划定的范围为准。

(一)绿色项目贷款

绿色项目贷款是指为某一特定绿色项目提供贷款,以项目未来产生的现金流作为还款来源。例如,某公司投资建设 18 万吨/日污水处理厂项目,总投资 5 亿元,某商业银行向该公司提供 3.5 亿元项目贷款,期限 10 年。

(二)绿色流动资金贷款

绿色流动资金贷款是指为企业提供短期贷款(一般为 1 年以内,最长不超过 3 年),用于其绿色项目经营周转、日常维护、采购原材料等。例如,某商业银行向某脱硫脱硝企业提供 3000 万元流动资金贷款,期限 1 年,用于其设备维护、采购药剂等资金周转。

(三)绿色贸易融资产品

绿色贸易融资是指为绿色用途相关的贸易活动提供融资或信用便利,包括打包贷款、押汇、保理、议付信用证、买方信贷、卖方信贷、福费廷等产品。以打包贷款为例,我国脱硫设备厂商 A 公司收到国外进口商 B 电力公司交来的合格信用证后,开始组织生产燃煤电厂脱硫装备,但需要短期资金支持,某商业银行为支持 A 公司按期履行合同、出运交货,向其提供贷款,专项用于采购原材料、组织生产信用证项下脱硫装备。

广义地讲,与绿色用途相关的表外贸易金融产品,如银行承兑汇票、信用证、保函等也属于绿色信贷范畴,但目前监管机构绿色信贷统计口径尚不包括此类业务。

二、个人金融

个人绿色消费是指以节约资源和保护环境为特征的消费行为,主要表现为崇尚勤俭节约,减少损失浪费,选择高效、环保的产品和服务,降低消费过程中的资源消耗和污染排放。用于支持个人绿色消费的信贷为个人绿色消费信贷,主要包括绿色按揭和绿色消费。

（一）绿色按揭

绿色按揭是指商业银行向个人客户提供按揭贷款,用于其购买绿色建筑、被动式建筑或装配式建筑内住房。例如,某楼盘获得住建部二星级标识,李某购买该楼盘内住房,某商业银行向李某发放 200 万元按揭贷款,期限 20 年。

兴业银行于 2016 年和 2017 年连续多次发文鼓励分行和客户办理"绿色按揭贷"业务,推出了"用户可享受更低的贷款利率,普通按揭贷款利率定价为基准利率的 1.1 倍,绿色按揭贷款利率定价则可以为基准利率的 1.07 倍"等政策。2016—2017 年,兴业银行以国家低碳生态城示范区——太湖新城为突破口,取得了 39 个在售绿色按揭楼盘中有 26 个与兴业银行开展了"绿色按揭贷"合作的好成绩,其中不乏万科、融创、绿城等知名开发商,受到各方好评。

（二）绿色消费

绿色消费是指商业银行向个人客户发放消费贷款,用于其购买新能源或清洁能源汽车,或获得国家绿色产品认证的绿色产品。例如,某商业银行向张某发放消费贷款 10 万元,用于其购买纯电动小型轿车。

三、特色产品介绍

我国商业银行在绿色信贷业务开展过程中,结合节能环保行业的特点,开发并推出了多种多样的特色绿色信贷产品,如基于担保方式创新的合同能源管理未来收益权质押贷款、碳资产质押贷款、排污权抵押贷款、节能环保特许经营权收益权质押融资、损失分担等,以及基于拓展资金来源的国际资金转贷款等产品。

（一）合同能源管理未来收益权质押融资

合同能源管理是过去几年在我国节能服务领域大面积推广的成功商业

模式,是指节能服务公司与用能单位以契约形式约定节能项目的节能目标,节能服务公司为实现节能目标向用能单位提供必要的服务,用能单位以节能效益支付节能服务公司的投入及其合理利润的节能服务机制。该商业模式的实质就是以减少的能源费用来支付节能项目的全部成本。

近年来,我国商业银行积极支持节能服务产业,不断探索产品创新。兴业银行、北京银行、浦发银行、光大银行、平安银行等相继推出了合同能源管理未来收益权质押融资、节能贷、合同能源管理保理融资、"光合动力"融资类金融服务等,主要支持节能服务公司以合同能源管理模式开展节能服务项目。

节能服务公司多为轻资产运营,缺乏有效抵(质)押担保物,依照传统的贷款申请要求难以获得融资。为解决担保问题,商业银行积极创新融资产品,将合同能源管理合同项下未来收益权作为有效担保物,向企业提供融资服务。合同能源管理未来收益权可纳入依法可出质的"应收账款"的范畴,通过中国人民银行征信中心的应收账款质押登记公示系统进行出质登记。

合同能源管理未来收益权质押贷款适用于节能服务公司向银行申请融资用于合同能源管理项目建设、运营,采用项目未来收益权质押或其他担保方式,以其分享的节能效益作为主要还款来源。兴业银行、北京银行、浦发银行等商业银行均推出了此产品。

例如,某节能服务公司(A公司)拥有冷却塔无电化改造技术,使工业冷却塔不需要电力即可实现冷却效果,节能量显著。某电力企业(B公司)的冷却塔配备1000千瓦的电机,按每年使用300天、0.7元/度电价计算,无电化改造后可以每年节电720万度,即节省504万元电费。A公司与B公司签署协议,为其进行无电化改造,节约的电费前5年双方各分享50%,5年后A公司不再分享受益。项目建设总投资800万元,拟向银行申请贷款500万元,但A公司缺乏有效担保物。某商业银行将A公司与B公司节能服务合同项下未来收益权做质押担保(应收账款质押,人民银行应收账款质押登记公示系统登记出质),要求A公司在该行开立专户作为接收用能单位B公司节能效益的唯一账户,在此基础上向A公司提供500万元项目贷款,期限5年。

（二）节能环保特许经营权收益权质押融资

自 2004 年建设部发布《市政公用事业特许经营管理办法》以来，我国污水处理、垃圾处理等行业逐步开放，特许经营模式日渐成熟。市政公用事业特许经营是指政府按照有关法律法规规定，通过市场竞争机制选择市政公用事业投资者或者经营者，明确其在一定期限和范围内经营某项市政公用事业产品或者提供某项服务的制度，适用于城市供水、供气、供热、公共交通、污水处理、垃圾处理等行业。2007 年，国家发改委办公厅会同环保总局办公厅发布《关于开展烟气脱硫特许经营试点工作的通知》，在火电行业尝试烟气脱硫特许经营模式，也取得了很好的成效。

节能环保特许经营权是对节能环保项目进行运营和维护，并获得相应收益的权利。节能环保项目的运营和维护属于经营者的义务，而其收益权则属于经营者的权利。因此，节能环保特许经营权质押实质上是收益权的质押，可纳入依法可出质的"应收账款"的范畴，通过中国人民银行征信中心的应收账款质押登记公示系统进行出质登记。

节能环保特许经营权收益权质押融资是指以项目特许经营权收益权质押为担保方式，向污水处理、垃圾处理、供热、供气等以特许经营模式开展的节能环保项目发放的贷款。商业银行推出此产品，将特许经营权收益权作为有效担保物，可有效解决节能环保企业担保不足的问题。

例如，某市拟以特许经营模式新建 1000 吨/日垃圾焚烧发电厂，总投资 4.5 亿元，A 公司中标，当地政府委托城建局与 A 公司签署"特许经营协议"，特许期 25 年，特许期内 A 公司负责投资、建设、运营该垃圾焚烧发电厂，城建局按期支付垃圾处理补贴。A 公司向某商业银行申请项目贷款，但缺乏足额有效担保物。该商业银行与 A 公司、城建局三方签署"特许经营权质押担保协议"，并将该项目特许经营权收益权在人民银行应收账款质押登记公示系统进行出质登记，在此基础上向 A 公司发放项目贷款 3 亿元，期限 10 年。

（三）环境权益贷款

环境权益包括碳排放权、排污权、水权、用能权、林权等权益。近年来我国商业银行围绕环境权益开发了碳资产质押、排污权抵押等特色绿色金融产品。后文有专门介绍，此处不再赘述。

(四) 损失分担

损失分担,顾名思义是指由第三方机构与商业银行按照一定比例共同分担贷款损失的风险安排机制。市场上比较典型的损失分担模式包括国际金融公司(IFC)的中国节能减排融资项目(CHUEE 项目)、上海市分布式光伏"阳光贷"项目。

1. 国际金融公司 CHUEE 项目。

国际金融公司是最早向中国绿色金融领域引入损失分担模式的机构。该模式主要是国内商业银行用自己的资金为合格项目和企业(符合损失分担协议)发放节能减排贷款,国际金融公司为节能环保相关贷款提供损失分担(贷款发生风险时,国际金融公司与商业银行一起承担一定比例的贷款损失),同时为合作的商业银行提供市场开发、产品设计以及风险控制等方面的技术援助。此模式支持的绿色金融项目主要是能源效率项目、可再生能源项目和纯减排项目,旨在提高能源效率和减少温室气体排放。在此模式的基础上,国际金融公司进一步向国内的商业银行提供气候变化融资与咨询服务,已经帮助中国八家银行开展绿色金融业务,包括兴业银行、浦发银行、北京银行、江苏银行、南京银行、上海银行、日照银行、中国农业银行。

以国内最早与国际金融公司合作绿色金融产品的兴业银行为例。兴业银行 2006 年与国际金融公司签署了"损失分担协议(一期)",在国内首家推出能效项目融资产品,随后双方又合作了二期和三期(三期是专门针对欠发达地区中小企业推出的节能减排融资产品)。根据合作协议,兴业银行参照国际金融公司认可的环保技术标准,按照自身的信贷审批流程,向符合条件的节能技改型企业和项目发放贷款;国际金融公司则负责认定项目的合格性,为贷款项目提供本金损失分担和技术援助。能效项目融资业务规模并不大,但它却是国内商业银行与国际组织开始绿色金融国际合作的一个非常有意义的起点,同时引领兴业银行找到了绿色金融这片蓝海。

2. 上海市分布式光伏"阳光贷"项目。

上海市分布式光伏"阳光贷"是上海市节能减排中心有限公司、上海市中小微企业政策性融资担保基金管理中心、贷款银行三方拟充分利用各方优势，合作操作分布式光伏项目，为企业提供的融资服务。该金融产品由上海市发改委牵头发起，与上海市财政局共同发文制定。

为鼓励商业银行支持分布式光伏发电项目，上海市节能减排中心有限公司搭建"阳光贷"项目管理和监测平台，对项目实施评估验收并出具评估报告，进行后期监管，担保基金对本合作项目进行担保，贷款银行为在上海市投资建设分布式光伏项目的中小企业发放贷款，若贷款发生违约，经过尽职追偿后，贷款银行和担保基金按照1:9的比例承担损失。

上海市"阳光贷"模式充分发挥合作各方专业优势，对分布式光伏项目进行了充分的专业评估和后期监管，并通过损失分担机制大大减少了商业银行的风险顾虑，财政担保基金的杠杆作用充分发挥，值得借鉴。

（五）国际资金转贷款

国际资金转贷模式也是国内银行开展绿色金融国际合作的主要模式之一。华夏银行、浦发银行、进出口银行、招商银行、民生银行等多家银行与法国开发署、世界银行、亚洲开发银行、德国复兴开发银行、欧洲投资银行等多个机构和组织合作，开展国际转贷款业务，主要投向节能技改、新能源与可再生能源利用、温室气体减排等领域。国际转贷款资金具有成本低、期限长等特征，虽然总体金额不大，但是在探索国际合作和打造绿色金融示范项目方面具有积极意义。

1. 法国开发署的中国能效与可再生能源项目。

该项目采用中间信贷模式，由法国开发署向中国财政部提供贷款再转由国内商业银行实施，项目附有60万欧元赠款的技术援助。项目一期、二期转贷金额分别为6000万欧元、1.2亿欧元。项目类型主要包括可再生能源项目和提高能效项目。参与银行包括华夏银行、招商银行、浦发银行等。

2. 世界银行的中国节能转贷项目。

该项目系世界银行/全球环境基金中国节能促进项目的组成部分，转贷金额3.5亿美元，同时全球环境基金为此项目提供1350万美元的赠款用于银行能力建设等。该项目是国家发改委和世界银行利用世界银行转贷资金与全球环境基金赠款，共同实施的节能领域融资政策创新和实践。世界银行是项目的国际执行机构，国家发改委是项目的国内执行机构，国家节能中心负责项目日常管理。项目主要针对国内重点用能行业的大中型企业提供节能技术改造项目贷款,自2009年以来,支持进出口银行、华夏银行、民生银行三家转贷银行为钢铁、电力、化工、建材、石化等多个行业实施了能耗设备节能改造、干熄焦、余热利用、煤炭减量替代等项目。项目利用世界银行转贷资金3.5亿美元,撬动节能项目总投资200亿元人民币,产生441万吨标准煤年节能能力,形成1077万吨二氧化碳年减排量;利用赠款资金1350万美元,支持重大节能政策研究和节能能力建设。

3. 世界银行京津冀大气污染防治融资创新项目。

2016年,华夏银行与世界银行合作开展京津冀大气污染防治融资创新项目。该项目总规模达100亿元人民币,由世界银行的4.6亿欧元及华夏银行的等量自有资金组成,以较低的利率水平支持京津冀及周边地区的能效、可再生能源和大气污染防控等领域重点项目。项目实施后,预计每年将减少标准煤消耗108万吨,减少碳排放246万吨。

(六)绿色主题信用卡

在倡导个人绿色行为方面,国内商业银行也进行了大量的产品创新。下文将介绍比较典型的绿色主题信用卡。

1. 兴业中国低碳银联人民币信用卡。

2010年,兴业银行推出了国内首张低碳主题信用卡,此卡片使用新型可降解绿色材料制作,减少了传统PVC卡片废弃后对于环境的危害。所有持卡人还将获赠《低碳生活指引》手册,从而了解日常生活中如何实现低碳减排。另外,该卡还有专属网站,为持卡人测算自身碳排放量以及购买碳减排量、实现个人碳中和提供便利,并有低碳俱乐部。为倡导绿色刷卡理念,兴业银行还设置了"低碳乐活"购碳基金:持卡人每刷卡消费1笔,即可捐赠1分钱至该基金账户。基金专门用于每年4月22日世界地球日集中购买碳减排量,使持卡人的每一笔刷卡消费都产生减排效应。

2. 光大绿色零碳信用卡。

这张卡有六大绿色环保功能:卡片采用可回收材质、碳足迹计算器、邀约购碳计划、碳信用档案、环保账单、高额出行意外险。持卡人购买碳额度,将获赠35000信用卡积分;购买的碳排量达到5吨时,将由北京环境交易所颁发认证证书。这张卡片增加了对绿色出行的关注,持卡人满足一定支付条件,即可获赠高达 100 万元的出行意外保险。

3. 农业银行金穗环保卡。

金穗环保卡是农业银行与中华环保联合会合作发行的国内首张宣传环保理念、面向全国推广的环保主题信用卡,选择可降解材质制作。持卡人可优先成为中华环保联合会在册个人会员,并获得中华环保联合会提供的相关会员凭证,优先参加各项公益活动,实现个人公益愿望。

第二节　绿色债券介绍

债券产品属于直接融资工具,与信贷产品相比,具有期限长、成本低等优势。商业银行可以承销银行间市场债券,或进行债券投资。2015 年 12 月,中国人民银行发布《关于在银行间债券市场发行绿色金融债券有关事宜的公告》(中国人民银行公告〔2015〕第 39 号),标志着我国正式启动绿色债券市场。随后,绿色债券迅猛发展,截至 2017 年底,我国境内和境外累计发行绿色债券 184 只,募集资金方向主要包括清洁能源、污染治理、清洁交通等领域,发行总量达到 4799 亿元,约占同期全球绿色债券发行规模的 27%,我国已跃升为全球最大的绿色债券市场。绿色债券已成为我国绿色金融体系的重要组成部分。

就国际市场而言,根据气候债券倡议组织(CBI)的统计数据,2017 年全球绿色债券发行规模达到 1555 亿美元(约 1.01 万亿元人民币),创年度发行规模的最高纪录,比 2016 年的 872 亿美元增长 78%。2017 年以来,由于 G20 和一些国际组织的推动,许多国家和地区开始研究或发布本地的绿色金融政策框架和路线图,许多国家启动了本国的绿色债券市场,首次发行了绿色债券。气候债券倡议组织的数据显示,2017 年,全球来自 37 个国家的 239 个发行人发行了绿色债券,其中 146 个是首次发行。

一、绿色债券定义、分类及特点

绿色债券是指募集资金用于支持绿色产业并按约定还本付息的有价

证券。

按照资金用途和追索方式不同,绿色债券可分为绿色用途债券(Green Use of Proceeds Bond)、绿色收益债券(Green Use of Revenue Bond)、绿色项目债券(Green Project Bond)以及绿色证券化债券(Green Securitized Bond),国际上普遍采用这种分类方法。我国习惯按照发行主体进行分类:一是由金融机构发行的绿色金融债,由人民银行负责监管审批;二是由非金融企业发行的绿色债券,主要包括由国家发改委审批的绿色企业债,由中国证监会、上海证券交易所、深圳证券交易所审核的绿色公司债,以及由中国银行间市场交易商协会(以下简称交易商协会)审核的非金融企业绿色债务融资工具。

绿色债券区别于普通债券的核心特征,是其募集资金投向于绿色产业或项目。除此之外,由于绿色项目周期较长、环境与社会效益较好,与普通债券相比,绿色债券还具有融资成本相对较低、存续周期较长等特点。对发行人而言,发行绿色债券,有助于解决其资金期限错配问题,提高其市场声誉,可以通过成为"绿色企业"来强化对污染投资的内在约束机制以规避环境风险,可以获得政府不断强化的对绿色产业的政策支持,同时还可以引入"责任投资者"等长期性投资机构,优化其投资者结构。

二、绿色债券标准

(一)国际标准

2013年,绿色债券在国际市场上迎来快速发展。目前国际市场上接受度较高的绿色债券标准主要包括国际资本市场协会(ICMA)与国际金融机构合作推出的绿色债券原则(Green Bond Principles,GBP),以及由气候债券倡议组织开发的气候债券标准(Climate Bonds Standard,CBS)。GBP于2014年初推出,最新于2017年修订;CBS于2011年底发布,于2015年11月进行了修改和订正,发布了气候债券标准2.0版本。两项标准交叉援引、互为补充,CBS对GBP在低碳领域的项目标准进行了细化,并补充了第三方认证等具体的实施指导方针。GBP和CBS均为国际市场自下而上、自发形成、自愿参与形成的标准,一起构成了国际绿色债券市场的坚实基础。

（二）国内标准

就国内市场而言，适用范围分为两大体系，其中绿色金融债、绿色公司债和非金融企业绿色债务融资工具适用由中国金融学会绿色金融专业委员会编制的《绿色债券支持项目目录》，绿色企业债适用国家发改委《绿色债券发行指引》中所明确的项目类型。国内外绿色债券标准简要对比见表 4-1。

表 4-1 国内外绿色债券标准对比

GBP	CBS	《绿色债券支持项目目录》	《绿色债券发行指引》
可再生能源	可再生能源与能源管理	清洁能源	新能源开发利用
能效项目（包括节能建筑）	工业能效项目	节能（包括煤炭清洁利用）	节能减排支改；能源清洁高效利用（包括煤、石油等的清洁利用）
	低碳建筑		
清洁交通	清洁交通	清洁交通（新能源车、燃油升级）	低碳发展试点示范项目（低碳城市、园区、工业、交通、建筑等基础设施建设）
	废弃物与污染物控制	污染防治	污染防治
废弃物处理			循环经济
可持续土地利用（包括农林）	农林与土地利用	资源节约与循环利用	生态农林业
水资源管理			水资源节约和非常规水资源开发利用
	信息技术和通信		
生物多样性保护		生态保护和适应气候变化	
适应气候变化	适应气候变化		
			低碳产业项目
			生态文明先行示范实验项目

三、绿色债券管理制度

（一）管理制度

国内市场上现有的绿色债券管理制度详见表4-2。

表4-2 我国绿色债券政策制度相关文件

时间	发文单位	文件名称	绿色债券品种
2015年12月	中国人民银行	《关于在银行间债券市场发行绿色金融债券有关事宜的公告》（中国人民银行公告〔2015〕第39号）	绿色金融债券
2015年12月	国家发改委	《绿色债券发行指引》（发改办财金〔2015〕3504号）	绿色企业债券
2016年3月	上海证券交易所	《关于开展绿色公司债券试点的通知》（上证发〔2016〕13号）	绿色公司债券
2016年4月	深圳证券交易所	《关于开展绿色公司债券业务试点的通知》（深证上〔2016〕206号）	绿色公司债券
2017年3月	中国银行间市场交易商协会	《非金融企业绿色债务融资工具业务指引》（中国银行间市场交易商协会公告〔2017〕10号）	绿色债务融资工具
2017年3月	证监会	《中国证监会关于支持绿色债券发展的指导意见》（中国证监会公告〔2017〕6号）	绿色公司债券

较之于国际市场主体自发形成、自愿参与，体现自下而上的市场导向的绿色金融体系，我国的绿色金融制度具有更多的官方政策指引，主要为政府部门推动开展，体现了自上而下的顶层设计。不同的导向，导致国际与国内标准在项目范围、资金管理要求、信息披露标准以及政策激励措施等方面存在一些差异。

（二）管理要求

相比普通债券，绿色债券主要在四个方面具有特殊性。

1. 募集资金用途。

绿色债券募集资金应按照专款专用的原则，投向符合绿色债券标准范围内的行业与项目。在发行申请环节，绿色债券募集说明书中的发行主体应就募集资金拟投资的绿色产业项目类别、项目认定依据或标准、环境效益目标、募集资金使用计划和管理制度等内容进行说明，并提供相关承诺文件。

2. 募集资金的跟踪管理。

人民银行的公告和上海证券交易所的通知在管理要求上的规定较为一致，均要求发行人开立专门账户或建立台账，对绿色债券募集资金的接收、存储、划转与本息偿付进行专户管理。

3. 信息披露。

除普通债券信息披露要求外，绿色债券发行人需定期（一般为季度、半年度）披露绿色债券募集资金使用情况、绿色产业项目进展情况和环境效益等内容。

4. 第三方评估认证。

我国鼓励发行人提交由独立的第三方机构所出具的评估意见或认证报告，就募集资金拟投资项目的绿色属性及环境效益进行评估。绿色第三方认证是信息披露的重要关口，是绿色债券真实性与可靠性的保证。2017年10月，为了加强绿色债券第三方认证规范，避免"洗绿"风险，人民银行与证监会联合公布了《绿色债券评估认证行为指引（暂行）》，这是我国乃至全球第一份针对绿色债券评估认证工作的规范性文件，对机构资质、业务承接、业务实施、报告出具、监督管理等方面作出了相应规定。

国内外绿色债券管理要求简要对比见表4-3。

表4-3 国内外绿色债券管理要求对比

标准体系	管理要求
资金管理	
GBP	以分账户对募集资金进行管理，或者以某种正式的内部流程确保针对绿色项目的信贷或投资资金流向可追溯
CBS	没有明确规定

续表

标准体系	管理要求
人民银行公告	开立专门账户或建立专项台账对绿色金融债券募集资金的到账、拨付及资金收回加强管理，保证资金专款专用，在债券存续期内全部用于绿色产业项目； 募集资金闲置期间可以投资于非金融企业发行的绿色债券以及具有良好信用等级和市场流动性的货币市场工具
《绿色债券发行指引》	没有明确规定
《绿色债券发行通知》	指定专项账户，用于绿色公司债券募集资金的接收、存储、划转与本息偿付
信息披露要求	
GBP	除公布募集资金的使用方向、闲置资金的短期投资用途，还应至少每年一次披露项目清单，提供项目基本信息、资金使用以及环境效益； 建议使用定性指标，并在可行的情况下，对预期的可持续性影响作出定量描述
CBS	没有明确规定，强调发行人自主信息披露
人民银行公告	按季度披露资金使用情况； 4月30日前披露上一年度资金使用情况和专项审计报告，上报中央银行
《绿色债券发行指引》	没有明确规定
《绿色债券发行通知》	除一般债券须披露的定期报告外，还应披露绿色公司债券募集资金使用情况、绿色产业项目进展情况和环境效益等内容
环境影响评估要求	
GBP	鼓励使用外部认证，包括出具"第二意见"、审计、第三方认证
CBS	与验证机构合作，进行认证程序监督
人民银行公告	鼓励发行人按年度向市场披露由独立的专业评估或认证机构出具的评估报告，对绿色金融债券支持绿色产业项目发展及其环境效益影响等实施持续跟踪评估
《绿色债券发行指引》	没有明确规定
《绿色债券发行通知》	鼓励发行人按年度向市场披露由独立的专业评估或认证机构出具的评估意见或认证报告，对绿色公司债券支持的绿色产业项目进展及其环境效益等实施持续跟踪评估

(三) 政策激励

政策激励的配合是我国绿色债券体系自上而下管理导向的一个重要体现。与国外标准体系由市场自发形成不同，我国绿色债券标准具有鲜明的顶层设计特征。政策目标是推动市场和管理体系发展的首要力量，因此也有基础实现政策间的协调配合，从而强化绿色债券市场优化资源配置的作用。由国际市场自发形成的 GBP 和 CBS 等自愿性绿色债券标准体系则不具备这样的条件。我国目前的绿色债券政策激励措施见表 4-4。

表 4-4 我国绿色债券政策激励措施

标准体系	审核要求与管理标准	配套扶持政策
人民银行公告	按照规定纳入中国人民银行相关货币政策操作的抵（质）押品范围	鼓励政府相关部门和地方政府出台优惠政策措施支持绿色金融债券发展；鼓励各类金融机构和证券投资基金及其他投资性计划、社会保障基金、企业年金、社会公益基金等机构投资者投资绿色金融债券
《绿色债券发行指引》	加快和简化审核程序，提高审核效率；放宽企业债券现行审核政策准入条件；支持利用债券资金优化债务结构；支持合理灵活设置债券期限、选择权及还本付息方式	鼓励地方政府通过多种方式支持绿色债券发行和绿色项目实施，扩大直接融资比重；鼓励探索碳排放权、排污权、用能权、用水权等收益权，以及知识产权、预期绿色收益质押等增信担保方式；推动绿色项目采取"债贷组合"增信方式；积极开展债券品种创新，包括项目收益债券、可续期或超长期债券等；支持股权投资企业、绿色投资基金发行绿色债券，扩大绿色投资基金资本规模；鼓励绿色项目采用专项建设基金和绿色债券相结合的融资方式
《关于开展绿色公司债券试点的通知》	设立申报受理及审核绿色通道，提高上市预审核或挂牌条件确认工作效率；对绿色公司债券进行统一标识，适时发布绿色公司债券指数、设立绿色公司债券板块，扩大上海证券交易所绿色公司债券市场的影响力	鼓励政府相关部门和地方政府出台优惠政策支持绿色公司债券发展；鼓励各类金融机构、证券投资基金及其他投资性产品、社会保障基金、企业年金、社会公益基金、企事业单位等投资

此外，2017年3月，证监会发布《关于支持绿色债券发展的指导意见》，在证监会层面明确提出绿色公司债券申报受理及审核实行"专人对接，专项审核"，适用"即报即审"的政策，有助于提高绿色公司债券发行效率。同月，交易商协会发布《非金融企业绿色债务融资工具业务指引》，明确了绿色债务融资工具可纳入绿色金融债券募集资金的投资范围，明确开辟绿色通道并鼓励建立绿色投资者联盟。

四、绿色债券具体产品介绍

（一）绿色金融债

绿色金融债是指金融机构法人依法发行的、募集资金用于支持绿色产业并按约定还本付息的有价证券，发行主体包括开发性银行、政策性银行、商业银行、企业集团财务公司及其他依法设立的金融机构等，发行场所为银行间市场，主管部门为人民银行。2016年1月，兴业银行、浦发银行在银行间市场注册发行我国境内首单绿色金融债。绿色金融债是目前我国绿色债券体量最大的品种，2017年发行量占60%。

（二）非金融企业绿色债券

以非金融企业为发行主体的绿色债券，包括非金融企业绿色债务融资工具、绿色企业债、绿色公司债等，其简要区别见表4-5。

表4-5 我国非金融企业绿色债券类型

		发行人	发行场所	承销商	发行期限	主管部门
非金融企业绿色债务融资工具	超短期融资券（SCP）	非金融企业	银行间市场	银行券商	9个月以下	交易商协会
	短期融资券（CP）	非金融企业	银行间市场	银行券商	1年以下	交易商协会
	中期票据（MTN）	非金融企业	银行间市场	银行券商	3～5年	交易商协会
	非公开定向债券（PPN）	非金融企业	银行间市场	银行券商	多为5年内	交易商协会
绿色企业债		具有法人资格的企业	银行间市场、交易所市场	券商	1年以上，多为3～10年	国家发改委
绿色公司债		公司制法人	交易所市场	券商	1年以上，多为3～10年	证监会

以上绿色债券品种在我国均已落地，如2016年4月，北汽在银行间市

场发行首只绿色企业债券；2016年5月，嘉化能源在交易所市场发行首只绿色公司债券；2016年4月，协合风电投资有限公司在银行间市场发行首只绿色中期票据。

（三）绿色资产证券化

资产证券化是指以基础资产未来所产生的现金流为偿付支持，通过结构化设计进行信用增级，在此基础上发行资产支持证券的过程。资产证券化以基础资产的现金流而非企业整体资信水平为基础进行融资，通过不同增信方式为企业提供快速、长期、稳定的资金支持，这是其与其他产品的主要区别。

我国资产证券化分为由银监会主管的信贷资产证券化、由证监会主管的券商专项资产证券化（ABS）和由交易商协会主管的资产支持票据（ABN）。

1. 绿色信贷资产证券化。

绿色信贷资产证券化是指银行将缺乏流动性但具有未来现金流量的绿色信贷资产通过结构性重组，转变为可以在金融市场上流通的证券以融通资金的过程。开展绿色信贷资产证券化有助于银行调整资产负债情况，增强盈利能力。自2012年银监会发布《绿色信贷指引》以来，我国商业银行绿色信贷业务迅猛发展，截至2017年底全国绿色信贷余额已经达到8万多亿元，大量的优质绿色信贷资产为开展绿色信贷资产证券化业务提供了坚实基础。

兴业银行是我国首家开展绿色信贷资产证券化业务的商业银行。2016年1月，总金额为26.457亿元的兴业银行绿色信贷资产证券化成功发行，并获得超2.5倍认购，这是国内首单绿色信贷资产支持证券。该单绿色信贷资产支持证券基础资产池来自29个借款人的42笔贷款，全部为绿色信贷，覆盖污染治理、节能改造、资源循环利用、环保设备制造、公共设施管理等节能环保领域。

2. 绿色ABS与绿色ABN。

两者均属于企业资产证券化，核心区别在于发行场所不同：ABS在交易所市场发行，ABN在银行间市场发行。企业资产证券化业务是指通过盘活企业缺乏流动性的资产，以其持有的资产或资产产生的现金流为基础，通过结构设计，发行受益凭证，实现企业融资并为其优化财务报表的业务，可帮助企业盘活存量债权、变现未来收益权、优化财务报表、改善当期现金流，具有诸多应用价值。其典型交易结构如图4－1所示。

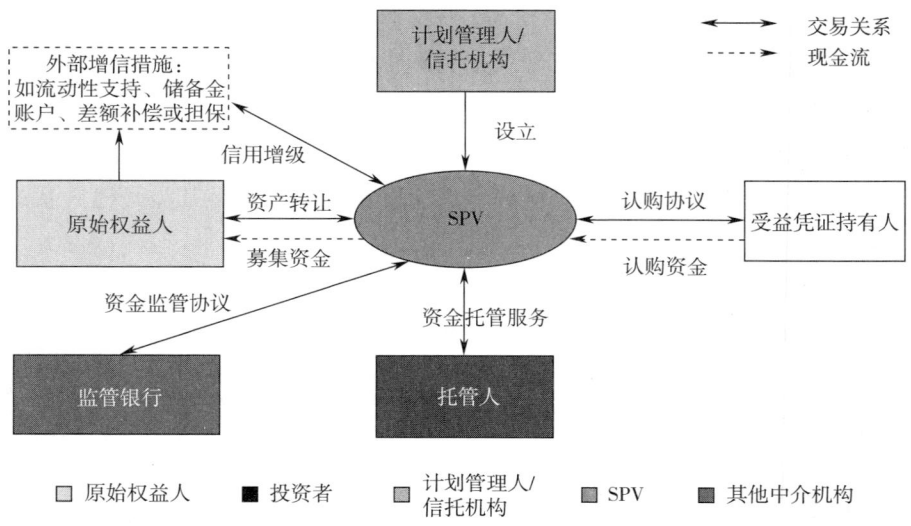

图4－1　绿色企业资产证券化典型交易结构

资产证券化以未来的现金流（包括存量债权与未来收益权）作为基础资产进行结构化融资，其结构特点非常适合污水处理、垃圾处理、轨道交通、新能源、燃气、集中供暖等有稳定现金流的绿色产业。

例如，2016年8月，我国首单绿色资产支持证券——"农银穗盈—金风科技（002202）风电收费收益权绿色资产支持证券"在上海证券交易所发行，发行规模共计12.75亿元，期限1～5年，基础资产为金风科技旗下5座优质风电场未来五年的风电收费收益权，本单绿色资产支持证券由挪威船级社（DNV GL）进行绿色认证，并由国际金融公司提供绿色绩效评估。2017年4月，北控水务（中国）投资有限公司以旗下多家污水处理厂未来收益权为基础资产，在银行间市场成功发行国内首单绿色ABN，发行金额21亿元，存续期7年，募集资金用于污水处理、河道治理等项目，商道融绿为此绿色ABN的基础资产和资金投向的绿色项目进行了"双认证"。

根据中国金融信息网绿色债券数据库的统计，2017年我国绿色资产证券化产品发行10只，规模146亿元，占当年我国绿色债券发行规模的5%

左右。

（四）境外发行绿色债券

近年来，我国企业积极拓展融资渠道，在境外多次开展了绿色金融债券发行尝试。2015年10月中国农业银行在英国发行首单中资银行绿色债券，此后中国工商银行、中国银行等多家中资机构在境外发行符合国际标准的绿色债券，有效推动和引领了全球绿色债券的发展。

2017年，中资发行人继续在国际绿色债券市场上发力。中国银行继2016年发行绿色高级债券和绿色资产担保债券后，2017年在境外发行了第三笔绿色债券。2017年10月，中国工商银行通过卢森堡分行发行首只"一带一路"绿色气候债券，在卢森堡证券交易所的"环保金融交易所"（LGX）专门板块挂牌上市。国家开发银行成功发行首笔中国准主权国际绿色债券，获得气候债券倡议组织的气候债券标识，该笔债券在香港联交所和中欧国际交易所上市。中国银行通过巴黎分行成功发行约15亿等值美元的气候债券，该笔债券不仅遵循GBP的最新标准，还获得了气候债券倡议组织的贴标认证，为气候债券倡议组织贴标认证的首笔三币种绿色债券。此外，中国长江三峡集团公司发行了中国实体企业首单绿色欧元债券，中广核集团公司首次发行欧元绿色债券。

第三节 绿色产业基金介绍

产业基金是资本性融资的重要产品形式之一，可有效解决客户项目资本金不足的问题，提高融资杠杆，也是企业并购扩张、整合重组需求的重点融资模式，在绿色产业领域有着广泛的运用前景。绿色产业基金是针对绿色产业或项目设立的专项投资基金，是我国绿色金融体系的重要组成部分。

一、绿色产业基金定义及分类

产业基金即产业投资基金，根据国家发展计划委员会2001年制定（但并未实施）的《产业投资基金管理暂行办法》，产业投资基金是指一种对未上市企业进行股权投资和提供经营管理服务的利益共享、风险共担的集合投资制度，即通过向多数投资者发行基金份额设立基金公司，由基金公司自任基金管理人或另行委托基金管理人管理基金资产，委托基金托管人托管基金资产，从事创业投资、企业重组投资和基础设施投资等实业投资。

根据产业基金的法律实体的不同，产业基金的组织形式可分为公司型、契约型和有限合伙型。根据产业基金设立目的的不同，可分为项目融资类产业基金和股权并购融资类产业基金。项目融资类产业基金一般是指向特定的项目提供资本性融资的业务；股权并购融资类产业基金一般是指向以受让现有股权、认购新增股权，或收购资产、承接债务等方式开展的并购项目提供资本性融资的业务。

目前，我国尚未对绿色产业基金进行官方定义。与普通产业基金相比，绿色产业基金要求主要投向节能环保、新能源与可再生能源、循环经济等绿色领域。商业银行可募集资金投资绿色产业基金份额，并可为产业基金提供财务顾问、资金监管等服务。

二、绿色产业基金典型交易结构

以有限合伙型产业基金为例，绿色产业基金典型交易结构见图 4-2。

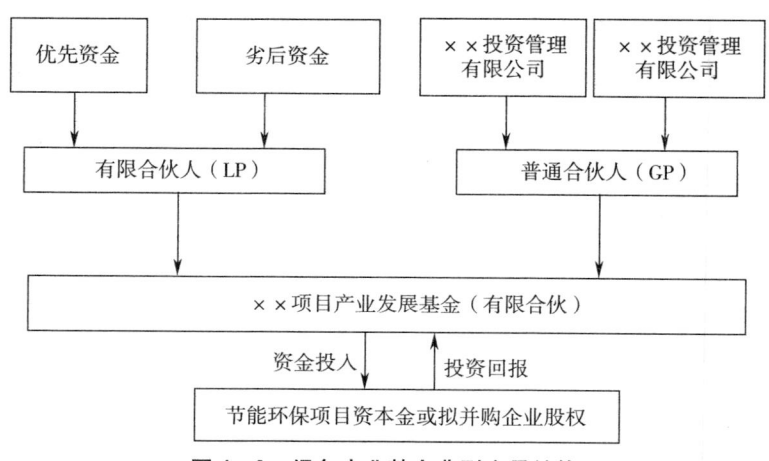

图 4-2　绿色产业基金典型交易结构

通常情况下，可以由商业银行提供优先级资金，基金发起人/融资人提供劣后资金，分层设计。

三、绿色产业基金具体模式介绍

（一）项目融资类产业基金（以 PPP 产业基金为例）

我国财政部 PPP 项目库中，绿色产业项目总投资占比高达 40% 以上，包括铁路、污水处理、水环境治理等项目，项目建设存在大量的资本金缺口。PPP 产业基金是一种典型的项目融资类产业基金，主要用于解决 PPP 项目资本金融资问题。

1. 运作模式。

目前我国 PPP 产业投资基金的主要运作模式有三种。

（1）政府主导。由省级政府层面出资成立引导基金，再以此吸引金融机构资金，合作成立产业基金母基金。各地市设立子基金，由母基金做优先级，地方财政做劣后级，杠杆比例大多为 1:4，子基金投向具体项目。这种模式地方财政做劣后，承担主要风险，对金融机构有隐性的担保，其在河南、山东、山西等地均有运用。

例如，2016 年，首创股份、兴业银行与山西省政府共同设立"山西省改善城市人居环境 PPP 引导基金"，投资方向为城市污水处理、垃圾处理、地下综合管廊和轨道交通等领域。省级母基金规模人民币 16 亿元，其中山西省财政出资 2 亿元，首创集团作为中间级出资 2 亿元，兴业银行作为优先级出资 12 亿元。在子基金层面，一只基金对应多个 PPP 项目，母基金根据子基金财政性资金出资规模，按 1:1 的比例进行配资，银行再按相应比例进行配资，子基金规模为 128 亿元。各市县级子基金经投资决策程序选择合适的 PPP 项目，与社会资本按 50:50 的比例投资该 PPP 项目 30% 的资本金，再由金融机构提供 70% 的项目贷款。按此投资结构计算，128 亿元市级子基金可带动的 PPP 项目总投资规模达 853 亿元。山西省改善城市人居环境 PPP 引导基金结构详见图 4-3。

（2）金融机构主导。金融机构联合地方国企发起成立有限合伙基金，一般由金融机构做优先级有限合伙人，地方国企或平台公司做劣后级有限

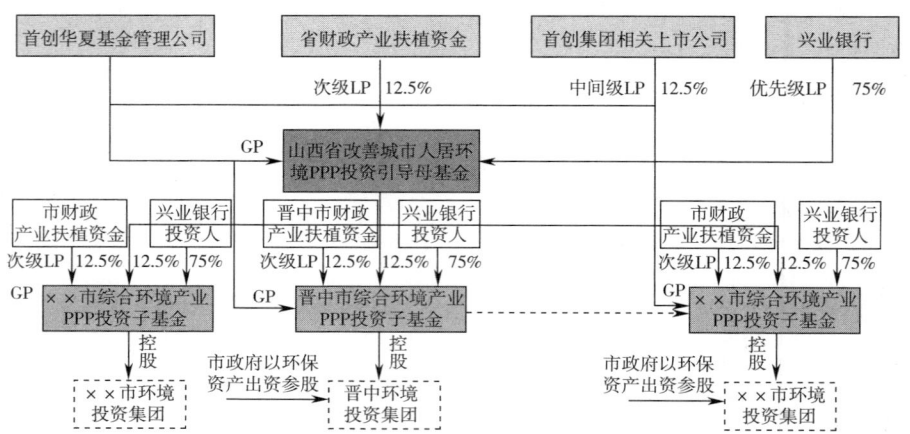

图4-3 山西省改善城市人居环境PPP引导基金结构

合伙人,金融机构指定的股权投资管理人做普通合伙人。这种模式下整个融资结构是以金融机构为主导的。

2015年2月兴业基金管理有限公司与厦门市轨道交通集团签署了厦门城市发展产业基金合作框架协议,基金总规模达100亿元,投资于厦门轨道交通工程等项目。该基金采用PPP模式,由兴业基金全资子公司兴业财富资产管理有限公司通过设立专项资管计划,与厦门市政府共同出资成立兴业厦门城市产业发展投资基金有限合伙企业。兴业财富和厦门轨道交通集团各出资70%和30%,分别担任优先级有限合伙人和劣后级有限合伙人,厦门轨道交通集团按协议定期支付收益给优先级有限合伙人,并负责在基金到期时对优先级有限合伙人持有的权益进行回购,厦门市政府提供财政贴息保障。

(3)实业资本主导。有建设运营能力的实业资本发起成立产业投资基金,该实业资本一般都具有建设运营的资质和能力,在与政府达成框架协议后,通过联合银行等金融机构成立有限合伙基金,金融机构与地方国企作为优先级有限合伙人,实业资本作为劣后级有限合作人并选择成立普通合伙人,对接PPP项目。

2. 还款来源。

对于经营性项目,主要由商品或者服务的使用者付费,如供水、燃气供应等项目。

对于准经营性项目,使用者付费不足以使社会资本获得合理回报的,政府会通过可行性缺口补助给予补贴收入，如污水处理、垃圾处理等项目。

对于公益性项目，主要通过政府付费实现还款，如排水管网、生态环境治理、海绵城市、园林绿化等项目。

3. 退出渠道。

（1）项目清算：在项目投资公司完成项目任务后，通过项目投资公司清算的方式，返还产业投资基金应当获取的股权收益，实现投资退出。

（2）股权回购或转让：在项目投资公司完成项目任务后，由项目开发运营公司进行股权回购，或将股权转让给开发运营公司或其他投资者。

（3）资产证券化：在项目运营成熟后，通过将项目公司合同债权、未来收益权（如污水、垃圾等收费权）作为基础资产实行资产证券化，获得投资收益，实现投资退出。

（二）并购基金

并购基金是指主要对企业进行财务性并购投资的股权投资基金，其投资手法是通过收购目标企业股权，获得对目标企业的控制权，然后对其进行一定的重组改造，持有一定时期后再出售。随着我国节能环保产业迅速壮大，产业整合加剧，并购重组行为日益增多，并购基金在绿色产业资本市场上的机会将明显增加，主要服务群体为大型节能环保龙头企业、环保细分行业中具有核心竞争力的客户。

并购基金典型运作结构见图4-4。

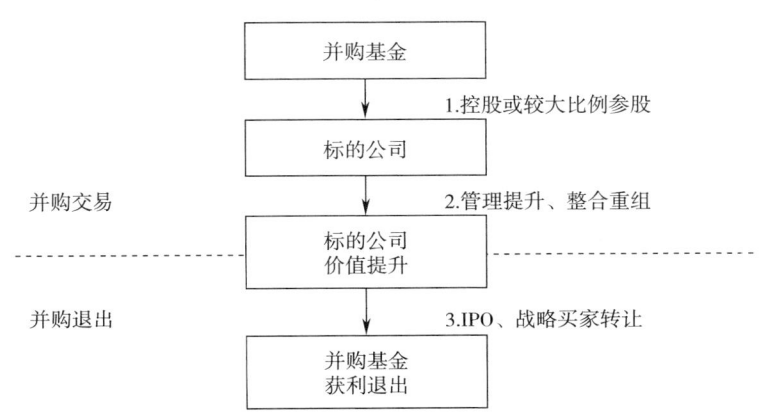

图4-4 典型绿色并购基金交易结构

并购基金退出渠道多样化，有 IPO、售出（Trade Sale）、兼并收购（M&A）、标的公司管理层回购等。

第四节　环境权益金融服务产品介绍

环境权益是指碳排放权、排污权、用能权、水权等与环境资源有关的权益。2016 年发布的《关于构建绿色金融体系的指导意见》明确提出要完善环境权益交易市场、丰富融资工具。环境权益交易作为低成本、市场化的节能减排手段，一方面能够发挥市场机制对环境容量资源和能源的优化配置作用，另一方面能够调动企业控制排放的积极性，是提高能效、节约资源、控制排放的市场化工具，也是调整产业结构、淘汰落后产能、引导绿色发展的重要抓手。

近年来，我国商业银行围绕环境权益开发了多种多样的金融产品，其中碳金融产品和排污权金融产品相对成熟，介绍如下。

一、碳金融产品及综合服务方案

（一）碳排放权交易简介

碳排放权主要来自碳配额（免费或拍卖获得）和核证自愿减排量（CER）。企业每年需要向气候变化主管部门清缴碳配额，配额不足时，需要通过交易市场购买其他企业富余出售的碳配额或购买 CER，以抵消自身的超额排放量，由此产生了碳排放权交易市场。

1. 国际市场。

国际主流碳市场是在《京都议定书》框架下形成的，规定了国际排放贸易（IET）、联合履约（JI）和清洁发展机制（CDM）三种碳交易机制，同时形成了相应的碳交易市场。按照交易主体承担减排义务的性质，分为强制碳市场和自愿碳市场；按照交易对象，可以分为配额交易市场和项目市场。

典型的国际碳排放权交易市场包括欧盟碳排放交易体系（EU ETS，强制)、美国芝加哥气候交易所（CCX，自愿）、澳大利亚新南威尔士等。其中，欧盟碳排放交易体系是全球范围内涉及排放规模最大、流动性最好、影响力最强的温室气体减排机制，自2005年开始运行至今，为世界各国提供了一个有效的排放交易运行范式，并积累了大量数据与经验。

2. 国内市场。

2011年以来，国家发改委在北京、天津、上海、重庆、广东、湖北、深圳7个省市开展了碳交易试点。从2013年开始交易到2017年，7个试点省市累计配额成交量超过了2亿吨二氧化碳当量，成交额超过了46亿元。

2017年12月，国家发改委印发《全国碳排放权交易市场建设方案（发电行业）》，标志着我国碳排放交易体系完成总体设计并正式启动，发电（含热电联产）成为首批纳入行业，试点市场将逐渐并入国家统一市场。交易主体纳入门槛为年度排放达到2.6万吨二氧化碳当量（综合能源消费量约1万吨标准煤）及以上，初步估计纳入的电力企业将超过1700家，覆盖30多亿吨碳排放总量，超过其他任何一个国家的碳市场总体规模。下一步，我国将逐步考虑将石化、化工、建材、钢铁、有色、造纸、航空将重点排放行业纳入交易体系，成熟一个纳入一个。

(二) 碳金融产品

碳金融是指围绕碳排放权及其交易，金融机构引入融资、保理、资产管理、基金、期货、债券、资产证券化等金融产品，并形成旨在减少温室气体排放的各种金融制度安排和金融交易活动，如碳排放权及其衍生品的交易和投资、低碳项目开发的投融资以及其他相关的金融中介活动。过去几年我国兴业银行、中国农业银行、浦发银行等商业银行已经推出了碳资产质押授信、碳交易财务顾问、碳交付保函、碳保理融资等产品。

1. 碳排放权质押融资。

碳排放权作为一种权益，在成熟的碳交易市场环境下，可通过二级市场出售或交易所回购变现，具备作为担保物的特征。基于此，商业银行开发碳排放权质押融资产品，盘活企业的碳资产，以企业拥有的碳配额现货或CER作为担保物质押在银行，向企业提供融资服务。该产品可有效解决企业担保物不足的困难。

值得注意的是，我国目前尚未形成市场化的碳排放权定价机制、回购机制以及明确的抵（质）押率参考范围，碳排放权作为合格抵（质）押物具有一定的法律瑕疵，所以此项业务并未在商业银行大面积落地。

例如，某企业投资建设水电项目，预计每年减排温室气体40万吨，每吨减排量市场价格人民币70元，10年内预期CER销售收益2.8亿元、净收益2.5亿元左右。该企业向某商业银行申请项目贷款用于建设该水电项目，该商业银行将企业拥有的CER预期收益（碳资产）作为担保物，通过人民银行应收账款质押登记公示系统办理质押手续，并要求企业将CER收入专户开立在该行，优先用于偿还银行贷款本息，在此基础上向申请人提供项目贷款1.5亿元，期限10年，有效解决了企业缺乏有效担保物的难题。

2. 碳交付保函。

在CER减排量交易过程中，CER的交付存在着诸多不确定因素，直接影响到碳买家支付预付款的意愿以及碳卖家CER的售价。商业银行作为第三方，应碳卖家请求，向碳买家出具书面保证函，保证碳卖家能够履行买卖双方签署的减排量购买协议，交付给碳买家足够的CER，以此打消交易隐患，促成合作。

3. 碳保理融资。

在CER减排量交易过程中，碳卖家因卖出碳资产而获得合法的应收账款，可将应收账款转卖商业银行，由商业银行负责应收账款催收等事宜，碳卖家获得即期融资，改善财务状况，确保减排项目顺利运营。

4. 其他产品。

过去几年，我国各碳交易试点地区开展了大量的碳金融产品创新尝试，见表4-6。

表4-6 我国碳交易试点地区碳金融创新产品

产品	碳市场	合作机构	时间	规模	影响
碳指数	上海	置信碳资产	2014年4月		
	北京	绿色金融协会	2014年6月		
碳债券	湖北	华电、民生银行	2014年11月		

第四章 多元化的绿色金融工具

续表

产品	碳市场	合作机构	时间	规模	影响
配额质押贷款	湖北	宜化集团、兴业银行	2014年9月	4000万元	首笔碳抵押贷款
		华电、民生银行	2014年11月	4亿元	最大单笔碳抵押贷款
碳基金	深圳	深圳嘉碳	2014年10月	5000万元	首只私募碳基金
	湖北	中国华能、诺安基金	2014年11月	3000万元	首个在证监会备案的市场交易基金产品
	上海	海通证券资管、海通新能源、上海宝碳	2015年1月	2亿元	
	湖北	招银国金	2015年4月	1.1亿元	
碳配额托管	深圳	嘉德瑞碳资产	2014年12月		首个碳配额托管机构
	湖北	嘉德瑞碳资产	2014年12月		第三方管理企业碳资产
绿色结构存款	深圳	兴业银行、惠科电子	2014年12月	约20万元	
碳市场集合资管计划	上海	海通证券、宝碳	2014年12月	2亿元	首个大型券商参与的碳市场投资基金
CER质押贷款		宝碳、上海银行	2014年12月	500万元	扩大可抵押碳资产范围
		浦发银行、置信碳资产	2015年5月		
配额回购融资	北京	中信证券、华远意通	2014年12月	1330万元	开创企业融资新渠道
	广东	壳牌、华能		200万吨	
碳配额抵押融资	湖北	湖北宜化、兴业银行	2014年9月	4000万元	首单碳排放权质押贷款
	深圳	深圳市富能新能源、广东南粤银行	2015年11月		
	北京	建设银行北京分行	2015年7月		
	广东	华电新能源、浦发银行	2014年12月	1000万元	
碳排放信托	上海	中建投信托、招银国金、卡本能源	2015年4月	5000万元	碳排放信托

续表

产品	碳市场	合作机构	时间	规模	影响
碳配额场外掉期	北京	中信证券、京能源创	2015年6月	50万元	首个碳衍生交易产品，交易方式重大创新
CER碳众筹项目	湖北	汉能碳资产管理	2015年7月	20万元	全国首个CER众筹项目
碳资产质押授信	北京	建设银行	2015年8月		四大行首次接受碳资产作为抵押品
借碳	上海	申能财务、外高桥三发电、外高桥二、吴泾二发电、临港燃机	2015年8月	20万吨	首笔借碳交易
		吴泾发电、中碳未来	2016年1月	200万吨	
		吴泾发电、国泰君安	2016年2月		
碳现货远期	湖北	湖北碳排放权交易中心	2016年4月		全国首个碳现货远期交易产品

（三）碳排放权交易市场综合服务方案

针对碳排放权交易中心，商业银行可依托长期以来对证券市场、期货市场以及国内大宗商品交易市场的金融服务经验，为碳排放权交易市场提供结算、清算、资金存管、交易及清算软件系统开发、全国代理开户等服务，保障交易后台安全运行。

针对碳交易参与主体，商业银行可提供减排项目融资、碳资产质押融资、碳交付保函、碳保理融资、碳资产管理、财务顾问、交易中介等一系列金融服务。

以兴业银行为例，早在2007年，该行就开始布局碳金融业务，独立开发碳资产评估工具，推出一系列碳金融产品，并于2011年落地国内首单碳资产质押授信业务。过去几年，兴业银行已与我国七个碳交易试点省市全部签署了战略合作协议，推动国内碳交易市场的建设。结合国际和国内碳市场的参与经验，该行为碳市场和交易主体提供了交易架构及制度设计、碳交易资金清算结算、碳市场履约、碳资产保值增值、碳资产质押融资、碳交易中介等一揽子金融服务方案，涵盖了项目建设和市场交易的前、中、后各个环节。兴业银行在上海、广东、天津、湖北、深圳等重点区域均作为主要清算银行，参与完成碳市场交易，完成交易系统开户与结算对接。2014年，兴业银行在深圳落地国内首笔碳金融结构性存款业务；2016年，兴业银行在上海落地国内首笔碳配额卖出回购业务；2017年，兴业银行在福建、重庆落地两笔碳配额质押授信业务，均为当地首单，为地方碳交易市场顺利运作打下良好的基础。此外，兴业银行还利用集团化多金融牌照优势，带动信托、基金、租赁、证券、保险等其他类型金融机构的协同参与，进一步丰富碳金融业务品种、完善碳金融服务体系。

二、排污权金融产品及综合金融服务方案

（一）排污权交易市场简介

排污权是指排污单位在排污许可证核定的范围内，向环境直接或间接排放污染物的权利，其实质为对环境容量资源的使用权。排污许可证是排污权的确认凭证和排污权交易的管理载体，企业进行排污权交易的相关信息应在排污许可证中载明。目前国内纳入交易体系的污染物主要为二氧化硫、氮氧化物、化学需氧量、氨氮等。排污权有偿使用和交易是指在"总量控制"前提下，政府将排污权有偿出让给排污企业，并允许排污权在二级市场上进行交易，以市场化手段优化资源配置，有利于推动企业自主创新和技术进步，提高污染减排的主动性和积极性，降低社会总体污染治理成本。

污染物减排是产业结构调整、经济发展方式转变的重要抓手，排污权有偿使用和交易制度有助于完善环境资源价格形成机制，有助于企业建立珍惜环境资源、减少污染物排放的内在约束机制和激励机制，是环境经济制度的重要内容。

1. 国际市场。

美国是实施排污权交易政策最早也最成功的国家。早在20世纪70年代，美国国家环保局（EPA）就开始将排污权交易政策用于大气污染源及河流污染源管理，并逐步建立起以气泡（bubble）、补偿（offset）、银行

(banking) 和容量节余 (netting) 为核心内容的一整套排污权交易体系，在实践中取得了经济和环境效益。1990 年，美国政府颁布《清洁空气法修正案》，推出二氧化硫 (SO_2) 排污权交易政策（"酸雨计划"），这是迄今为止世界各国尝试过的、最广泛的排污权交易实践，是一项真正以市场为导向的环境经济政策，实施范围涵盖了全美国。

"酸雨计划"的核心是基于市场的排污许可证交易，主要目标之一是到 2010 年，美国的 SO_2 年排放量比 1980 年的排放水平减少 1000 万吨。该计划明确规定，通过在电力行业实施 SO_2 排放总量控制和交易政策来实现这一目标。该计划取得了积极而显著的效果。环境效益方面，1978—1998 年，美国空气中一氧化碳（CO）浓度下降了 58%，SO_2 浓度下降了 53%；1990—2000 年，CO 排放量下降了 15%，SO_2 排放量下降了 25%。经济效益方面，根据美国国家环保局的测算，1970—1990 年执行和遵守《清洁空气法》的直接成本为 6890 亿美元，而直接收益高达 22 万亿美元。

在美国之后，澳大利亚、加拿大、德国等国家也相继进行了排污权交易政策的实践，将排污权交易视为重要的环境经济政策，例如澳大利亚墨累达令（Murray – Darling）流域委员会执行的流域盐化和排水战略、加拿大的酸雨和氯氟烃（CFC）控制计划、德国的"德国空气质量控制技术指南"（TA – Luft）等。

2. 国内市场。

我国于 2007 年开始逐步批复江苏、浙江等 11 个地区作为排污权交易试点，至今已 11 年，经过各试点地区多年努力，形成了特色各异的地方排污权交易体系。2014 年，国务院办公厅发布《关于进一步推进排污权有偿使用和交易试点工作的指导意见》（国办发〔2014〕38 号）。试点省份加快建立省级层面的排污权有偿使用体系，并且在机构建设、平台搭建、技术攻关以及政策创新方面开展了大量实践，基本上形成了运行有序的排污权交易市场。统计显示，截至 2017 年 8 月，国家批复的 11 个试点地区征得有偿使用费 73 亿元，交易额度大概为 62 亿元。

（二）排污权金融产品

本书主要介绍排污权抵押授信产品。对于有偿获得的排污权，或排污权交易中心有明确回购定价的排污权，排污单位可将其作为有效担保物抵押在银行,向银行申请融资,用于购买排污权或其他经营活动,盘活排污权资产。该产品可有效解决企业担保物不足的困难。兴业银行、嘉兴银行、中信银行等推出了排污权抵押融资产品。例如,2016年12月,兴业银行向泰兴市滨江港口开发有限公司发放了总额3800万元的排污权抵押贷款,有效解决了企业的资金需求,在探索如何化解企业在购买排污权过程中产生的成本压力的同时,也有效使用金融手段,引导资金要素在节能环保领域合理配置和集约使用。

但是,同碳排放权质押融资类似,我国目前尚未形成市场化的排污权定价机制、回购机制以及明确的抵(质)押率参考范围,排污权作为合格抵(质)押物具有法律瑕疵。

(三)排污权交易市场综合金融服务方案

排污权有偿使用和交易属于典型的环境经济制度,商业银行在我国推行排污权制度的过程中具有极其重要的作用。

针对排污权交易市场,与碳交易市场金融服务产品相似,商业银行可依托长期以来对证券市场、期货市场以及国内大宗商品交易市场的金融服务经验,提供结算、清算、资金存管、排污权交易系统开发等服务,保证排污权有偿使用和交易工作的顺利进行。

针对交易主体,商业银行可为排污企业提供排污权抵押融资(用于购买排污权或盘活排污权资产)、减排项目融资、交易顾问、交易中介等一系列金融服务。

针对排污权交易中心,商业银行可协助管理排污权有偿使用收益资金,提供保值、增值服务,并可为政府直接投资的节能环保项目提供融资支持。

以兴业银行为例,该行从2009年开始布局排污权金融业务,是国内最早介入排污权交易市场的商业银行。目前,该行已与国内11个排污权交易试点省市中的9个签署全面合作协议,提供排污权交易制度设计咨询、排污权交易及清算系统开发、排污权抵押授信、污染物减排项目融资等专业金融服务,积极推动国内排污权交易市场建设。截至目前,兴业银行已在浙江、江苏、陕西、福建等地落地了排污权抵押贷款业务,有效缓解了企业担保物不足的问题,促进了当地排污权市场的发展。

第五节　绿色金融集团化产品服务体系

目前我国金融机构混业经营趋势明显，不少大型金融集团逐渐集齐银行、证券、信托、租赁、保险、基金、期货等金融牌照，出现了以中信、光大、平安等为代表的金融控股公司模式，以及五大行、兴业等为代表的银行母公司模式。

利用多牌照优势，突破传统银行产品限制，商业银行可为节能环保企业提供包括融资租赁、信托、保险债权投资计划、股权融资、绿色理财等产品在内的集团化金融产品服务体系。过去几年，我国商业银行在绿色产业综合金融服务方面进行了积极探索，如中国建设银行的"环保益民"金融服务方案、浦发银行的"绿创未来—绿色金融综合服务方案"、兴业银行的"绿金融·全攻略"集团化产品体系等，其中兴业银行的"绿金融·全攻略"集团化产品体系为目前国内商业银行最完整的绿色金融产品服务体系。

一、中国建设银行"环保益民"金融服务方案

2009年，中国建设银行在全国范围内推行"民本通达"系列产品综合服务品牌，"环保益民"是该综合服务品牌的五大子品牌之一，其金融服务方案详见图4-5。

二、浦发银行"绿创未来"产品体系

2012年，浦发银行发布《绿创未来—绿色金融综合服务方案2.0》，该方案包含五大服务领域、十大创新产品。五大服务领域包括能效融资（工业和建筑能效）、清洁能源融资、环保金融、碳金融和绿色装备供应链融资，十大创新产品包括国际金融公司（IFC）能效贷款、法国开发署（AFD）绿色中间信贷、亚洲开发银行（ADB）建筑节能融资、合同能源管理未来收益

第四章 多元化的绿色金融工具

▶ 环保益民

建设银行在新的经济形势下为推动环境保护及相关产业的发展，根据环境建设不同层面客户群体的服务需求，分别针对环境建设融资、资金管理、生态建设、环境市场管理、公益投入等服务需求，设计了"绿色融资""绿色管家""绿色生活""绿色能效""绿色公益"五个子方案，通过金融服务创新，提升服务层次和服务质量，为环保客户提供覆盖面广、适用性强、核心价值高、扩展性好、独具特色、切实可行的金融服务产品，从而提升建设银行服务民生领域、支持环境建设的水平。

资料来源：中国建设银行官网。

图4-5　中国建设银行"环保益民"金融服务方案

权质押融资、合同能源管理保理融资、碳交易财务顾问、国际碳保理融资、排污权抵押融资、绿色股权融资和绿色固定收益融资（见图4-6）。

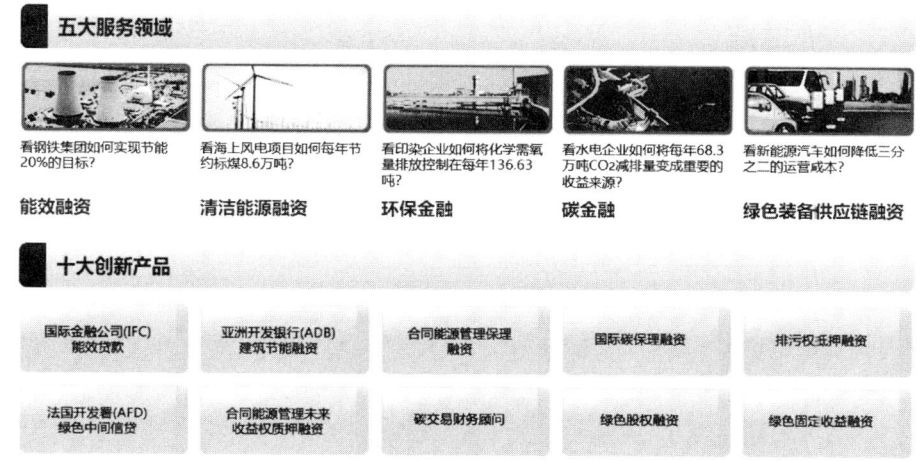

资料来源：浦发银行官网。

图4-6　浦发银行"绿创未来"产品体系

此外，浦发银行分别与世界银行集团旗下的国际金融公司、法国开发署、亚洲开发银行等国际机构合作开展绿色信贷业务，积极探索绿色融资创新渠道，为我国绿色金融产品体系的完善作出了积极贡献。

三、兴业银行绿色金融集团化产品体系

随着综合化、集团化经营提速，兴业银行已形成以银行为主体，涵盖信托、租赁、基金、消费金融、期货、资产管理、研究咨询、数字金融等的综合金融集团。2015年初，该行将绿色金融作为集团七大核心业务之一，在集团层面建立绿色金融专项推动机制，并于2016年正式发布涵盖绿色融资、绿色租赁、绿色信托、绿色基金、绿色投资、绿色消费等的"绿金融·全攻略"集团化产品体系（见图4-7），实现"单兵作战"向"集团联动"转变，这是目前国内商业银行最完整的绿色金融产品服务体系。

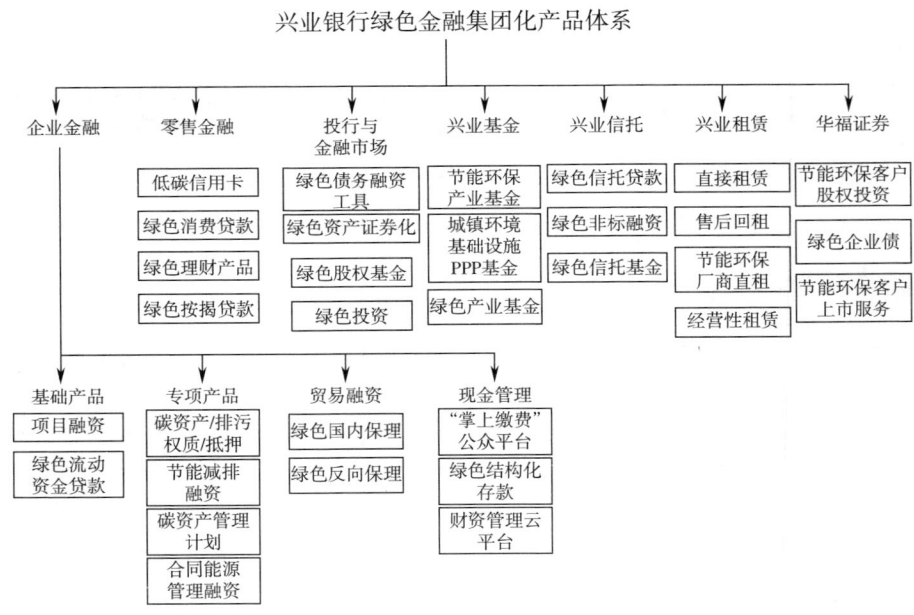

图4-7 兴业银行绿色金融集团化产品体系

对于公司客户，兴业银行主要提供绿色理财、绿色债务融资工具、绿色企业债、绿色公司债、绿色资产证券化、节能环保产业基金、市政环保PPP模式等产品以及投融资顾问服务，满足节能环保企业或项目的融资、

融智、融商等全方位需求。对于个人客户，则通过绿色理财、低碳信用卡、绿色消费贷等产品，为公众搭建参与低碳环保事业的便捷渠道，引导绿色消费和绿色投资。

四、重点集团化产品介绍

下文将简要介绍几种商业银行集团化金融体系下的重点绿色金融服务产品。

（一）绿色租赁

绿色租赁业务适用于企业采购或盘活绿色资产，如节能环保装备、市场污水管网等，可为企业提供灵活的中长期资金安排，调整企业债务期限结构。

1. 直接租赁。

租赁公司根据承租人要求，向供货人购买绿色资产，出租给承租人使用，承租人按期支付租金（见图4-8）。

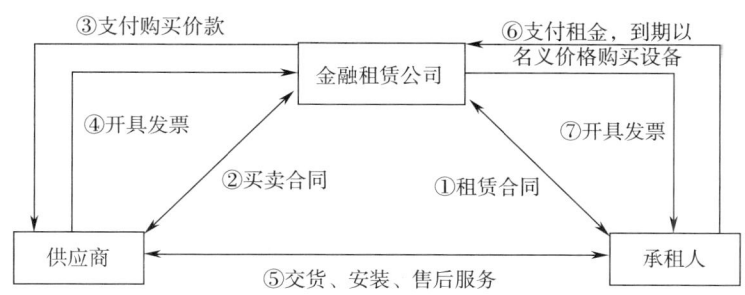

图4-8　直接租赁交易结构

2. 售后回租。

承租人将自有绿色资产出售给金融租赁公司，再将该资产从金融租赁公司租回使用，并按期向金融租赁公司支付租金（见图4-9）。售后回租是目前运用最广泛的融资租赁模式。

3. 节能环保厂商租赁。

节能环保设备制造厂商与金融租赁公司达成合作协议，利用租赁模式

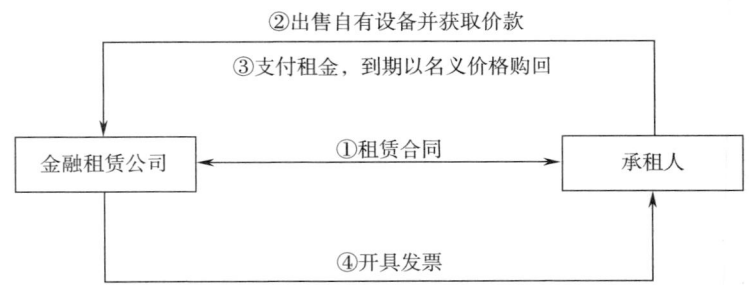

图 4-9 售后回租交易结构

为购买其产品的终端客户（承租人）提供融资服务，并将设备提供给承租人使用（见图 4-10）。

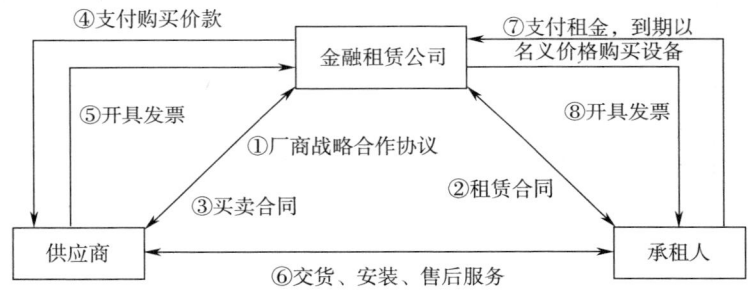

图 4-10 节能环保厂商租赁交易结构

以兴业金融租赁有限责任公司为例，该公司围绕低碳、生态、循环经济三大领域，积极响应国家大气、水、土壤污染防治"三大战役"，着力服务蓝天、绿水、净土三大绿色工程，目前已形成绿色出行、清洁能源、节能减排、水环境治理、土壤治理、资源循环等六类绿色租赁产品序列。截至 2017 年底，兴业金融租赁有限责任公司绿色租赁业务累计投放超千亿元，资产余额超 520 亿元，占公司资产总额的约 40%，已成为兴业银行集团绿色金融板块的重要组成部分。在当前绿色租赁被越来越多金融租赁机构认可并付诸实践的大环境下，2017 年 9 月，兴业金融租赁有限责任公司作为发起方之一，与上百家金融租赁和融资租赁公司共同成立了国内首个绿色租赁发展共同体，致力于搭建平台实现租赁资源共享和信息互换，推动租赁公司在绿色产业领域的合作与交流。

(二)绿色信托

1. 信托贷款。

信托公司设立单一或集合资金信托,并以信托资金向企业发放贷款,用于节能、清洁能源、生态环保、资源综合利用等各种绿色项目建设运营或经营周转。

2. 信托基金。

通过发行开放式资金信托计划,募集信托资金,以股权投资、贷款、融资租赁等方式运用于各类绿色项目。

信托作为一种灵活的金融工具,可与各类绿色金融工具相结合,在绿色金融与社会责任投资领域大有可为。兴业国际信托有限公司制定了《2016—2020年"绿色信托"业务规划》,统筹推进全行绿色信托业务开展。截至2017年底,兴业信托绿色信托业务规模达到522.57亿元。

(三)绿色保险

绿色保险主要是指与环境风险管理相关的保险安排,可提供市场化的环境风险转移机制,并可利用保险资金提供资金融通,是我国绿色金融体系的重要组成部分。

1. 保险债权投资计划。

近年来,我国保险行业迅猛发展,大量的保险资金需要寻求投资渠道。保险债权投资计划是指保险资产管理公司设立债权投资计划,向保险公司募集资金,投向国家和地方重点基础设施项目,如市政环保、轨道交通、清洁能源等领域,实质上是保险资金以债权形式投入基础设施或不动产项目的一种金融产品。保险资金具有体量大、期限长、低风险偏好等特征,适于为节能环保基础设施等民生保障工程提供融资。

例如,某铁路公司承建某段铁路工程,总投资100亿元,某保险公司通过保险债券投资计划向其提供融资20亿元,期限25年,由某银行出具保函,该笔融资较银行贷款基准利率低10%左右,有效解决了该铁路公司的低成本项目建设资金需求。

2. 环境污染责任保险。

环境污染责任保险是以企业事业单位因其污染环境导致损害应当承担的赔偿责任为标的的保险,如化工企业生产经营存在污染土壤、河流、地下水的风险,为分散经营风险,可向保险公司购买环境污染责任保险。我国从2007年开始在湖南、江苏等地启动环境污染责任保险工作试点,截至目前全国试点地区已扩大到30个左右,投保企业超过2.5万家(次),保险公司提供的风险保障金累计超过600亿元。其中,"无锡模式"最为成功,无锡市参保企业的环境风险管理能力明显增强,环境污染责任事故发生率大幅下降。

3. 其他绿色保险。

随着试点工作的深入开展,绿色保险的风险保障范围不断拓宽,产生了诸如森林保险、太阳辐射发电保险、风力发电指数保险等险种。例如,永城保险2014年初在国内首创推出风力发电指数保险,对因天气原因导致风速异常所引起的风电企业收入损失提供赔偿,获得市场的普遍欢迎。

(四) 绿色证券

绿色证券属于资本市场产品,包括绿色债券发行承销、绿色企业上市融资与再融资保荐承销、绿色指数等业务。其中,绿色债券在前文已有专篇介绍,不再赘述。

1. 上市融资与再融资。

资本市场融资是节能环保企业发展壮大的必经之路,对于符合条件的绿色企业,证券公司为其首次公开募股(IPO)或再融资提供保荐、承销等专业服务。例如,北京碧水源科技股份有限公司以其污水处理膜生物反应器技术(MBR)为核心竞争力,于2010年申请创业板IPO,由第一创业证券有限责任公司保荐并主承销,最终成功发行3700万股,预计募集资金5.66亿元,实际募资25.53亿元,成为2010年创业板募资金额最高的企业,超募资金3.5倍,备受资本市场关注,北京碧水源科技股份有限公司也因此迅猛发展,快速占领市场,成为膜处理行业龙头企业。

2. 绿色指数。

绿色指数包括绿色债券指数、绿色股票指数等类型。基于绿色指数设计的投资产品,可将市场上分散的投资基金集中起来,投资到致力于绿色发展的企业,充分发挥证券交易所的优化资源配置功能,缓解绿色企业融资难题。截至2017年底,中证指数有限公司的绿色指数体系已经形成了包括绿色股票、绿色债券、可持续发展指数(ESG)和碳效率等在内的4个大类,超过20多个跟绿色直接相关的指数。基于这些指数的公募基金产品有17只，资产规模目前在100亿元人民币左右，发展潜力巨大。例如，中央财经大学绿色金融国际研究院、卢森堡证券交易所、中证指数有限公司共同公布了沪深300绿色领先股票指数、兴业银行与中央结算公司联合编制了中债—兴业绿色债券指数等。

以中债—兴业绿色债券指数为例，该指数2017年1月推出，是首个由商业银行定制的绿色债券指数，其指数成分券选取与中债—中国绿色债券指数成分券选取采用相同参考标准（人民银行标准、国家发改委标准、GBP、CBI），并由兴业银行认定符合《兴业银行绿色金融业务属性认定标准》，依据公开发行的绿色金融债券、短期融资券、中期票据、公司债、企业债等编制，多角度反映绿色债券市场走势，提供多元化业绩比较基准和投资标的。截至2017年12月底，该指数成分券共95只。2017年6月，兴业银行发布"万利宝—绿色金融"绿色债券指数型理财产品，该产品以中债—兴业绿色债券指数作为投资基准和跟踪标的，是全国首只绿色债券指数型理财产品，同时也是首个使用中债绿色系列指数作为基准与标的的理财产品，该产品的本金部分投资于中债—兴业绿色债券指数，并参考中债—兴业绿色债券指数表现，动态设定业绩比较基准。

（五）绿色投资

绿色投资包括两方面的含义：一是机构投资者在投资决策中充分考虑环境因素，减少对污染和高碳资产的投资；二是增加对节能环保等绿色产业的投资。本书重点从对绿色产业的支持角度进行分析。

绿色投资是指银行、信托、证券、基金、期货、保险资产管理机构等机构投资者将自营资金或受托财产投资于各类绿色产业相关固定收益类产品、权益类产品、商品及金融衍生品类产品。根据资金来源不同，绿色投资分为自营资金绿色投资和绿色资产管理两大类。

1. 自营资金绿色投资。

自营资金绿色投资是指金融机构使用自营资金投资绿色产业的行为。例如，商业银行自营资金投资绿色债券或绿色资产管理产品，证券公司或其子公司自营资金投资节能环保企业的股票、股权或绿色债券等。

2. 绿色资产管理。

资产管理业务是指银行、信托、证券、基金、期货、保险资产管理机构等金融机构接受投资者委托,对受托的投资者财产进行投资和管理的金融服务。投向为绿色产业领域的,可以视作绿色资产管理产品。例如,商业银行发行理财产品、信托公司设立信托计划、券商设立基金产品、保险资产管理机构设立保险债权投资计划等,募集资金投向绿色债券、绿色非标准化债权类资产、绿色指数基金等。

第六节 绿色金融综合服务方案

本节对典型绿色行业的金融服务方案进行分析。

一、水资源利用与保护行业综合金融服务方案

水务行业属民生基础设施行业,政策保障力度强,现金流稳定,资产质量高,具有区域垄断特征;当前存在行业整合和"跑马圈地"并存形态,拥有大量资金需求;公益性强,保本微利,对融资成本比较敏感;拥有水费收费权、管网资产等资产。

(一)项目建设资金需求

水务企业"跑马圈地"需要大量项目建设资金,商业银行可通过项目贷款、非标投资、融资租赁等方式提供项目建设资金。同时,可以通过产业基金、永续债等产品,投贷结合,解决客户资本金需求。

(二)资产盘活增效需求

1. 水费收费权资产证券化。

水务企业拥有政府确认的自来水、污水等收费权,现金流稳定,可通过资产证券化产品,盘活未来收益权资产。一是在获得融资的同时不增加企业资产负债率;二是资产转让收入属于经营性收入,可增加企业经营性现金流入,优化财务报表;三是协助客户获得长期限融资,调整债务期限结构,且资金使用灵活。

2. 管网资产租赁。

部分水务企业拥有供水管网、污水管网等资产,可作为租赁标的物,通

过融资租赁方式获得融资，优点包括：一是融资期限较长，可用于补充流动资金、中长期项目建设资金，调整债务期限结构；二是资金使用灵活。

3. 其他资产盘活。

水务企业拥有排污权、特许经营权等存量资产，可使用商业银行排污权抵押产品、特许经营权质押产品等，盘活资产价值。

（三）战略整合扩张需求

目前，我国水务行业逐渐进入并购整合深水区，战略整合扩张需求旺盛。商业银行可采用并购贷款、并购基金、并购债等产品协助客户实现资产扩张目的；对于上市公司，可通过定增基金等产品予以积极支持。

（四）融资成本降低需求

由于水务企业保本微利的公益特性，此类客户对融资成本普遍比较敏感。对于高评级企业而言，可通过发行绿色债券方式获得低成本融资；对于水费收费权资产，商业银行可协助企业提高资产评级，通过资产证券化方式获得低成本融资；此外，还可积极利用商业银行低成本绿色金融债资金向客户提供融资，降低融资成本；对于拥有排污权、特许经营权的企业，还可通过商业银行抵（质）押创新产品降低客户抵（质）押成本。

（五）水费收费金融服务

在传统水费收取方式基础上，商业银行可通过创新收费模式，如通过微信、支付宝等移动互联网技术，提升收费体验，解决水务企业终端服务需求，增强客户黏度。

二、大气污染防治行业综合金融服务方案

从治理领域层面划分，大气污染治理行业主要可分为脱硫、脱硝、除尘和挥发性有机化合物（VOCs）防治四个领域。我国大气污染的主要来源包括工业排放和民用排放，工业排放的一半来自电力行业，另一半来自钢铁、水泥和有色等非电力行业；民用排放主要是集中供热行业和交通行业。

（一）项目建设资金需求

脱硫脱硝、集中供热项目建设期需要大量项目建设资金，商业银行可

通过项目贷款、非标投资、融资租赁等方式提供项目建设资金。同时，可以通过产业基金、永续债等产品，投贷结合，解决客户资本金需求。

（二）资产盘活增效需求

1. 供热收费权资产证券化。

供热企业拥有政府确认的供热收费权，现金流稳定，可通过未来收益权资产证券化产品，盘活未来收益权资产。一是获得融资的同时不增加资产负债率；二是资产转让收入属于经营性收入，可增加企业经营性现金流入，优化财务报表；三是协助客户获得长期限融资，调整债务期限结构，且资金使用灵活。

2. 管网资产租赁。

供热企业拥有供热管网资产，可作为租赁标的物，通过融资租赁方式获得融资，优点包括：一是融资期限较长，可用于补充流动资金、中长期项目建设资金，调整债务期限结构；二是资金使用灵活。

（三）战略整合扩张需求

目前，我国集中供热行业的大中城市布局基本完成，并购重组的需求日益增多，战略整合扩张需求旺盛。商业银行可采用并购贷款、并购基金、并购债等产品协助客户实现资产扩张目的；对于上市公司，可通过定增基金等产品予以积极支持。

（四）融资成本降低需求

由于供热企业保本微利的公益特性，此类客户对融资成本普遍比较敏感。对于高评级企业而言，可通过承销发行绿色债券方式获得低成本融资；对于供热收费权资产，商业银行可协助企业提高资产评级，通过资产证券化方式获得低成本融资；此外，还可积极利用商业银行低成本绿色金融债资金向客户提供融资，降低融资成本。

（五）供热收费金融服务

在传统供热收费方式基础上，商业银行可通过创新收费模式，如通过微信、支付宝等移动互联网技术，提升收费体验，解决供热企业终端服务需求，增强客户黏度。

第四章 多元化的绿色金融工具

三、绿色 PPP 项目金融服务方案

根据 2018 年 1 月发布的《全国 PPP 综合信息平台项目库第 9 期季报》，截至 2017 年 12 月底，全国 PPP 综合信息平台项目库共收录 PPP 项目 14424 个，总投资额 18.2 万亿元；其中，纳入管理库的项目共 7137 个，投资额 10.8 万亿元。管理库项目中，污染防治与绿色低碳领域绿色 PPP 项目共有 3979 个，投资额 4.1 万亿元，分别占管理库的 55.8%、38.0%。绿色 PPP 项目是我国 PPP 项目库的重要组成部分。

根据《财政部关于印发政府和社会资本合作模式操作指南（试行）的通知》（财金〔2014〕113 号），PPP 项目开展共经历项目识别、项目准备、项目采购、项目执行、项目移交等五个阶段（见图 4-11）。围绕绿色 PPP 项目开展不同阶段，商业银行可以提供具体的金融服务。

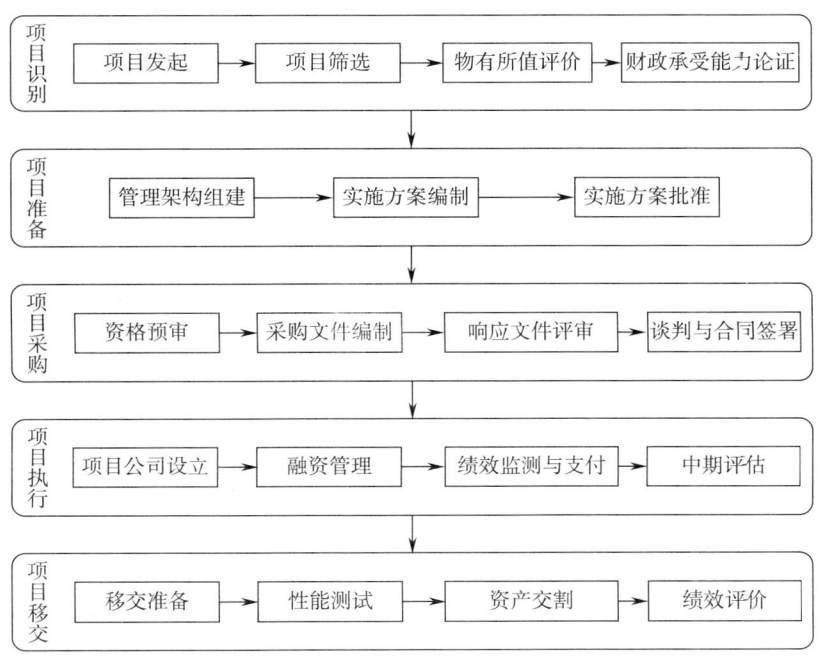

图 4-11 典型 PPP 项目流程

1. 项目识别阶段。

在项目识别阶段，商业银行可协助政府和社会资本筛选适合采用PPP模式的绿色项目，参与项目评估工作，提供金融服务顾问和信息中介服务，协助开展物有所值评价、财政承受能力论证等工作。

2. 项目准备阶段。

在项目准备阶段，商业银行可以凭借专业优势，向项目实施机构提供项目实施方案、交易结构、合同体系、收益分配及风险分担制度等财务顾问服务。

3. 项目采购阶段。

在项目采购阶段，商业银行可利用客户与金融专业优势，搭建合作平台，帮助地方政府与合适的社会资本对接。一方面，可提供财务顾问服务，协助政府选择和评估社会资本实力；另一方面，可协助社会资本选择优质项目，对项目进行财务估算、合规性评估，也可参与联合投标，还可为社会资本提供项目保证金资金监管、资信证明、贷款意向书等金融服务。

4. 项目执行阶段。

在项目执行阶段，针对PPP项目过渡性资本金融资需求，商业银行可提供产业基金、永续债等资本性融资服务；针对项目建设资金的问题，可提供项目贷款、银团贷款、长期限绿色债券、融资租赁等融资服务，并可引入信托、保险、理财等资金投资PPP项目建设；针对项目运营期经营周转资金需求，可提供流动资金贷款、短期绿色债券以及保理等供应链金融等服务；针对绿色PPP存量资产盘活需求，可通过ABS、ABN等模式满足；针对PPP项目公司的扩张并购需求，可提供并购融资、并购基金、并购顾问等服务；此外，商业银行还可为绿色PPP项目公司提供项目收入账户管理、资金托管、支付、结算、银企直联、代发工资以及财富管理等服务，保障PPP项目的顺利运行和项目公司的资产增值。

5. 项目移交阶段。

在项目移交阶段，商业银行可协助回购主体开展资产评估和资金交割等工作，提供并购融资综合服务，确保绿色PPP项目顺利移交，并可为财政部门提供项目后评价等咨询类服务。

参考文献

［1］最高人民法院关于发布第11批指导性案例的通知［EB/OL］.［2015-11-19］. 中华人民共和国最高人民法院官网.

［2］鲁政委，汤维祺. 中外绿色债券标准比较［EB/OL］.［2016-04-28］. 中国金融信息网.

［3］关于规范金融机构资产管理业务的指导意见（银发〔2018〕106号），2018年4月.

第五章 赤道原则的中国实践

第一节 赤道原则起源和影响

在我国银行业绿色金融诞生、发展与实践的过程中,赤道原则提供了重要的国际先进理念、工具和操作经验等。兴业银行于2008年正式公开承诺采纳赤道原则,成为全球第63家、中国首家赤道银行,并参照赤道原则为绿色金融提供的一整套理念、方法和工具,建立了兴业银行全面的环境和社会风险管理体系,成为国际先进理念在中国的最佳实践。

本章将介绍赤道原则的产生背景、发展情况以及未来趋势,挖掘赤道原则对银行业可持续发展的价值所在,分析国际先进赤道银行经验,阐述兴业银行采纳赤道原则过程与中国本土化实践,从环境与社会风险管理角度,囊括合规管理、声誉风险防御、差异化竞争,以及赤道原则项目操作流程等丰富内容,希望为同道者提供理论与经验支持。

一、赤道原则概述

(一)赤道原则的产生

1. 产生背景。

赤道原则的产生源于环境与社会风险问题的凸显。环境与社会风险是金融机构面临的重要风险之一,对其忽视或管理不当都可能引发金融机构的经济和声誉损失。

1998年,荷兰银行因对巴布亚新几内亚境内高污染的矿业项目融资而声誉受损。汇丰银行、瑞银集团、法国巴黎银行与花旗银行也曾由于涉入毁坏森林的印度尼西亚棕榈油种植项目而不得不面临环保组织的巨大压力。

2000 年,花旗银行支持美国 HUNT 石油公司和韩国 SK 公司投资 16 亿美元在秘鲁开发 CAMISEA 燃气工程,项目内容包括在山谷里勘探和建设四个钻井平台,两条输送到秘鲁海岸的天然气管道,以及在利马海岸附近建设两个天然气加工厂。该项目 75% 的天然气开采作业地点位于与世隔绝的土著人的领地内。在项目开始投产的 18 个月内,输气管道破裂了 4 次,至少有 3 次发生重大溢漏事故。2004 年 5 月,秘鲁卫生部流行病学办公厅的一个报告证实,22 个土著社区及众多的农业社区承受着项目带来的各种不利影响,包括鱼类的消失、山体滑坡及疾病传播等。

此外,花旗银行还曾经向美国加利福尼亚州水源林红木砍伐项目、厄瓜多尔管道项目、巴布亚新几内亚油田等涉及毁坏濒临消失的森林、破坏当地社区并加速全球变暖的投资项目提供资金支持。

花旗银行的投资行为间接带来的是生态环境的破坏,于是一个名为"国际雨林行动网络"的环保公益组织发起了一项"花旗住手"的抗议活动,号召花旗银行的客户把花旗银行信用卡剪成两半后寄给国际雨林行动网络以支持抗议活动。随后,更多的环保公益组织也开始强烈谴责花旗银行的行为。这些环保公益组织发起了全美学生的抵制行动,组织大学生禁用花旗银行的信用卡。在众多媒体的跟踪报道下,花旗银行意识到事情的严重性,开始审视信贷中的环境与社会责任。

此后,各金融机构逐渐意识到,自身有责任对项目融资中的环境和社会风险进行审慎性调查,这在客观上催生了旨在推动环境与社会风险管理的赤道原则。

2. 发展历程。

2002 年 10 月,荷兰银行和国际金融公司在伦敦召开商业银行会议,讨论项目融资中的环境和社会问题。会上,荷兰银行、巴克莱银行、西德意志州立银行和国际金融公司提供了以往项目中由于环境或社会问题而引发争议的案例,并由荷兰银行、巴克莱银行、西德意志州立银行和花旗银行负责起草解决上述问题的框架文件,以供银行参考。此后,与会各方举行了多次电话会议,决定在国际金融公司的政策,尤其是保障政策基础上制定针对项目融资中环境与社会风险的解决框架，即后来的赤道原则。

2003年1月，非政府组织发布了《关于金融机构和可持续性的科勒维科什俄宣言》，希望金融机构遵守可持续性、不伤害、负责任、问责度、透明度以及可持续发展等六项原则，该宣言对赤道原则的起草产生了重大的影响；2月，讨论了"格林威治原则"标准草案；5月，格林威治原则更名为赤道原则，因为赤道更能表达南北兼顾、国际通用的公平含义。

2003年6月4日，赤道原则Ⅰ在华盛顿正式发布，包括4家发起银行在内的7个国家的10家主要国际领先银行在华盛顿的国际金融公司总部正式宣布采纳并实行赤道原则，这些银行分别是荷兰银行、巴克莱银行、花旗银行、里昂信贷银行、瑞士信贷银行、德国裕宝银行、荷兰合作银行、苏格兰皇家银行、西德意志银行、澳大利亚西太平洋银行。

2006年，赤道原则金融机构对赤道原则进行了一次较大范围的修订。这次修订广泛征求了非政府组织、非赤道银行和出口信贷机构的意见，修订后的赤道原则Ⅱ于同年7月开始施行。

2011年开始，赤道原则Ⅱ进行再次修订，并对利益相关者（包括赤道原则金融机构、其他金融机构、客户、行业机构和协会、非政府组织、顾问、律师事务所和监管机构）和公众征询意见。2013年6月，赤道原则Ⅲ正式对外发布，并于2014年1月1日起全面实施。

现在，国际上主流的银行业金融机构都已经公开采纳赤道原则，不少新兴经济体的银行也纷纷宣布采纳赤道原则。截至2018年3月，全球五大洲37个国家的92家金融机构采纳赤道原则，覆盖发达国家与新兴市场国家的绝大部分项目融资。

（二）赤道原则宗旨和目标

赤道原则是参照国际金融公司的可持续发展政策与指南建立的一套自愿性金融行业标准，旨在判断、评估和管理项目融资中的环境和社会风险，倡导金融机构各自发展其内部环境和社会政策、程序和惯例的基准和框架，对项目融资中的环境和社会问题尽到审慎性核查义务。按照赤道原则的要求，只有在融资申请方能够证明项目在执行中会对环境和社会负责的前提下，金融机构才提供融资。

赤道原则在国际金融发展史上具有里程碑的意义，首次确立了项目融资的环境与社会最低行业标准,并将其成功经验应用于国际融资实践中,成为各国银行可持续金融运作的行动指南和量化指标。对金融机构而言,一方面,采纳赤道原则是出于企业社会责任和法律、经济考虑的一种自愿承担的内在约束;另一方面,通过聘请第三方专家进行独立审查、定期报告和对外信息披露等方式接受社会公众和投资者的监督是一种外在约束。

尽管赤道原则不是正式的国际公约或具有法律效应的文件,但是可以通过这种内外约束力来影响金融机构制度和流程,从资金端对企业进行制约,通过对环境与社会风险的确定、评估和管理等手段,最终制定并实行有效的避免、减缓或补偿措施。

(三)赤道原则主要内容

经过两次修订,赤道原则Ⅲ的内容包括序言、适用范围、方法[①]、原则陈述、免责声明,以及之后的附件。

1. 序言。

序言主要阐明赤道原则出台的动因、赤道原则的目的、接受赤道原则的意义以及接受赤道原则的金融机构一般承诺。赤道原则金融机构通过系统的方法来识别、确定、评估并管理大型基础设施和工业项目中的环境和社会风险,以促进环境和社会的可持续发展。

2. 适用范围。

适用范围规定赤道原则适用于全球各行各业。在支持一个新融资项目时,赤道原则适用于下述四种金融产品:

(1)项目资金总成本达到或超过1000万美元的项目融资咨询服务。

(2)项目资金总成本达到或超过1000万美元的项目融资。

(3)符合下述四项标准的与项目关联的公司贷款[②](包括出口融资中的买方信贷形式):

a)大部分贷款与客户(直接或间接)拥有实际经营控制权的单一项目有关。

---

① 方法部分内容不多,此处不展开论述,可参见本书附录。
② 与项目关联的公司贷款不包括出口融资中的卖方信贷形式(客户无实际经营控制权)。此外,与项目关联的公司贷款不包括未为基础项目提供资金的其他金融工具,如用于维持公司运营的资产融资、并购融资、对冲基金、租赁、信用证、一般企业性贷款和一般营运资金支出贷款。

b）贷款总额为至少 1 亿美元。

c）赤道原则金融机构的单个承诺（银团贷款或分销前）为至少 5000 万美元。

d）贷款期限为至少 2 年。

（4）过桥贷款，贷款期限少于两年，计划由符合上述相关标准的项目融资或一种与项目关联的公司贷款重新提供资金。

3. 原则陈述。

原则陈述是赤道原则的核心部分，列举了赤道原则金融机构在作出投资决定时需依据的十项基本原则。前六项内容适用于项目融资的贷前尽职调查阶段，第七项和第八项适用于贷中审查阶段，第九项则是对贷后监测进行了要求，最后一项对赤道原则金融机构的信息披露进行了要求。

第一条即项目审查和分类是所有原则的起点，是后续环境与社会风险尽职调查和审查工作的前提和基础，即根据国际金融公司的环境与社会筛选程序，将项目根据环境或社会风险程度分为高（A）、中（B）、低（C）三类。A 类项目对环境和社会有潜在重大不利并/或涉及多样的、不可逆的或前所未有的影响；B 类项目对环境和社会可能造成不利的程度有限和/或数量较少，而影响一般局限于特定场地，且大部分可逆并易于通过减缓措施加以解决；C 类项目对环境和社会影响轻微或无不利风险和/或影响。

第二条要求对 A 类项目和 B 类项目开展社会与环境评估，在报告中需列举该项目可能对环境、社会产生的负面影响和风险，并在评估过程中提出相关的可减少、减轻和补偿不利影响的风险减缓和管理措施。

第三条是有关适用环境和社会标准的规定。评估过程中，在环境和社会问题方面，应首先符合东道国相关的法律法规和许可。对于高收入的经济合作与发展组织等指定国家①的项目，可采用本国或当地法律作为替代标准；对于非指定国家的项目，依据国际金融公司《环境和社会可持续性绩效标准》和世界银行《环境、健康与安全指南》适用标准。适用标准代

---

① 指定国家是指那些被视为拥有健全的环境和社会治理、立法体系和机构功能来保护他们的居民和自然环境的国家。截至 2017 年 6 月，指定国家包括澳大利亚、奥地利、比利时、加拿大、智利、捷克共和国、丹麦、爱沙尼亚、芬兰、法国、德国、希腊、匈牙利、冰岛、爱尔兰、以色列、意大利、日本、韩国、拉脱维亚、卢森堡、荷兰、新西兰、挪威、波兰、葡萄牙、斯洛伐克共和国、斯洛文尼亚、西班牙、瑞典、瑞士、英国、美国。

表赤道原则金融机构所采用的最低标准，赤道原则金融机构可以根据独立判断适用额外要求。

第四条是对A类和B类项目，针对评估中发现的环境与社会问题，赤道原则金融机构要求客户开发或维持一套环境和社会管理体系。

第五条是公开征询意见和披露制度，对A类和B类项目持续进行利益相关者的参与行动，与受影响社区和其他利益相关者进行磋商。对于具有不利社会或环境风险和影响的项目，披露工作应在评估过程的早期阶段进行。

第六条规定了申述制度，对于A类和部分B类项目，赤道原则金融机构会要求客户设立一套收集并解决对项目环境与社会问题的关注和投诉机制，作为环境和社会管理体系的一部分。

第七条规定了A类和部分B类项目聘任独立的环境或社会专家对相关环境与社会评估文件进行审查的要求。

第八条规定了承诺性条款，将所有要求归于法律的约束，包括遵守东道国相关的环境和社会法律、制度和规定，遵守项目建设和运营过程中的社会环境管理行动方案，定期提交报告等。

第九条规定了独立监测和报告制度，即贷款期间由聘任的独立社会或环境专家核实项目监测信息。

第十条要求采纳赤道原则的金融机构执行定期公开报告制度。

4. 免责声明。

免责声明强调赤道原则仅是金融机构内部践行环境和社会责任的行业基准，而非强制性标准。各金融机构自愿参与，独立发展各自的环境和社会政策、程序和执行惯例，赤道原则不对任何法人、社区团体或个人设定权利或责任。

5. 附件。

赤道原则在正文之后还有四个附件，分别是一个执行要求附件和三个附录文件。执行要求附件包括气候变化：替代分析，温室气体排放的定量和报告；最低报告要求。三个附录文件分别是术语表、《在环境与社会风险评估文件中会涵盖的潜在环境与社会问题示例清单》、国际金融公司《环境和社会可持续性绩效标准》及世界银行《环境、健康与安全指南》。

其中，《在环境与社会风险评估文件中会涵盖的潜在环境与社会问题示例清单》也就是赤道原则所关注、审查和管理的环境与社会风险。《环境和社会可持续性绩效标准》主要有八项绩效标准，是实际工作中开展项目风险识别与评估的重要判断和分析工具，涵盖了前述环境与社会问题。《环境、健康与安全指南》涉及 63 个行业，是赤道原则的技术参考文件，内容为国际各个行业的实践经验总结。

赤道原则就是由十项基本原则要求、八项绩效标准和 63 个行业的环境、健康与安全指南等核心内容构成的一个完整的环境与社会风险管理体系。十项基本原则规定了赤道银行在项目融资过程中管理环境问题的行为准则；八项绩效标准帮助银行识别、分析项目融资中的环境和社会风险；最终通过《环境、健康与安全指南》中的技术和管理手段来控制或消除各行业在融资过程中的各类风险。

二、赤道原则对可持续发展的影响

（一）赤道原则对社会可持续发展的促进作用

1. 树立项目融资环境与社会管理的全球标准。

赤道原则第一次把项目融资中模糊的环境和社会管理标准明确化和具体化，确立了国际项目融资的环境与社会的最低行业标准，有利于平整"游戏场地"，也有利于形成良性循环，提升整个行业的道德水准。赤道原则的出现，使得接受赤道原则的金融机构不再以环境和社会风险的最低标准为基础进行业务竞争，并开始在环境和社会问题上开展广泛和深入的合作。目前，全球已有 92 家金融机构宣布采纳赤道原则，越来越多的金融机构意识到要成功融入国际项目融资市场，树立项目融资环境与社会管理的全球标准、加入赤道原则是有效路径之一。

2. 降低和缓释融资项目中的环境与社会风险。

赤道原则对融资项目有着较为严格的操作要求，赤道银行通过履行审慎性的审核调查义务，可以更有效地去评价、识别环境与社会风险，还可以帮助借款人去解决项目存在的问题，减轻或缓释项目的环境与社会风险。同时，严格的责任机制将帮助贷款企业和项目主体完善内部管理流程，提升管理环境和社会风险的能力，履行好环境和社会责任。因此，赤道原则的实施，有利于降低和缓释银行融资项目中的环境与社会风险。

3. 引导金融资源实现更有效的配置。

银行在配置与调控资源上具有独特作用，由于赤道原则在管理项目融资上适用了严格的评审标准与流程，采纳赤道原则后，银行可以依靠科学的筛选工具选择优质项目，这就决定了只有那些效益好、能耗低、环境和社会风险能够得到控制的项目或企业才能获得融资支持，限制了那些对环境和社会造成损害的项目或企业的发展，从而将金融资源引向那些有良好环境表现的企业或项目。

4. 带动其他业务领域的溢出效应。

尽管赤道原则目前仅限于特定金额的项目融资等金融活动，但这些原则也能够推动其他业务领域环境和社会管理实践的发展，从而提高整个银行业的环保表现。随着项目出资方开始在项目规划和设计的最初阶段实施这些标准，这种靠拢也将带来更大的环境和社会效益。

（二）赤道原则对银行可持续发展的借鉴与启发

1. 从战略高度重视银行社会责任与可持续发展。

一流银行的形成，离不开其独特的核心理念和优秀的企业文化，应倡导将可持续发展作为现代银行的核心理念与价值导向。一方面，将可持续发展纳入银行发展目标和企业文化，并将环境和社会管理因素融入业务流程和运行，以此来系统、综合地评价和管理可持续发展的风险和机会；另一方面，应提高银行道德建设层次，在银行内部树立正确的道德观，形成规范员工行为的道德标准，塑造良好的银行形象，增强"软竞争力"。

因此，通过采纳赤道原则，银行可以避免或减轻融资项目对生态系统和社区产生的不利影响，减少政府、公众，尤其是非政府组织可能提出的反对意见，树立银行勇于承担社会责任、积极促进社会和谐发展的健康形象，提升银行品牌、信誉和竞争力。

2. 熟悉国际规范，制定行动指南。

按照赤道原则的要求，采纳赤道原则的金融机构的主要职责是对融资项目进行审慎性核查，包括形式审查和实质审查。其中，实质审查主要是检查环境与社会风险评估报告和行动计划是否符合项目东道国的法律法规、有关的国际条约以及国际金融公司的政策与指南。因此，采纳赤道原则的金融机构还应学习和熟悉融资地区的社会与环境法律，以及国际条约等，结合实际情况来制定规则和操作办法。

3. 完善环境与社会风险管理体系，实现长远发展。

金融机构要做好环境控制、风险评估、信息交流以及监督管理等工作，就需要进行职责明晰、精简高效的机构设置。赤道原则作为先进的环境和社会风险管理工具，使得银行不仅可以依靠科学的筛选工具选择优质项目，还可以依靠先进的内部管理流程监督项目的实施，降低环境和社会风险，这就有利于提高银行的风险防范能力，实现可持续发展。同时，银行采纳赤道原则后，通过强化内部能力建设、培养自身的专家团队、建立行外专家资源库等方式培养与引进专业人才，对于银行提高自身调查能力和风险评估水平具有重要意义。

4. 在业务拓展中体现银行可持续发展。

通过实施赤道原则，银行可以充分认识和把握可持续发展领域中的金融创新商机，积极开发促进社会进步和环境保护的金融产品与服务。银行通过为可再生资源、能源效率、清洁能源、生物多样性保护等领域研发金融产品，提供创新的金融解决方案，将获得一个新兴的广阔市场。同时，优质项目所产生的良好社会影响将有利于树立银行项目融资品牌，提高银行项目融资的整体质量，从而能够形成良性循环，吸引更多优质客户向银行申请贷款。

5. 披露可持续发展报告，树立负责任的银行形象。

银行经营透明度影响着社会公众对其信任程度。主动披露可持续发展报告已成为国际一流银行的通行做法，通过披露可持续发展报告，银行与其利益相关者及公众进行良性沟通，阐释银行价值观与责任观，公布自身在经济、环境和社会等方面的业绩以及继续努力的方向，从而赢得公众的信赖与支持。接受赤道原则的银行，还应在报告中增设赤道原则相关内容。

三、赤道原则发展现状及其前景

（一）赤道原则发展现状

截至 2018 年 3 月，共有 37 个国家的 92 家金融机构宣布采纳赤道原则，覆盖发达国家与新兴市场国家绝大部分的项目融资（见图 5-1）。

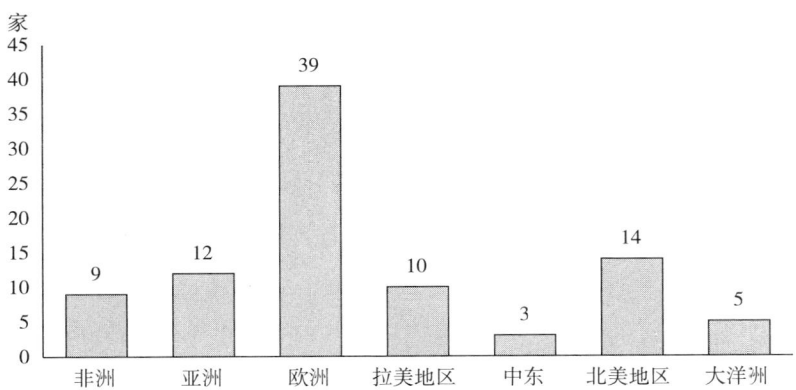

图 5-1　采纳赤道原则的金融机构分布

随着在国际项目融资市场中的广泛应用，赤道原则已经逐渐成为国际项目融资中的行业标准和国际惯例，成为国际金融机构主动遵守的行业准则。

（二）赤道原则发展过程中存在的问题与障碍

1. 公众接受度不高。

赤道原则在某些地方仍属于陌生概念，不仅不为客户所熟悉，银行从业人员对赤道原则也知之甚少。因此，无论是客户还是银行从业人员，对赤道原则不了解、误解，甚至抗拒现象普遍存在，这就使得银行在赤道原则项目融资过程中聘请第三方专家开展环境与社会风险评估、建立征询和投诉机制、执行行动计划时，在一定程度上增加了工作难度和客户沟通成本。

2. 内外标准存在差异。

赤道原则配套的国际金融公司《环境和社会可持续性绩效标准》及世界银行《环境、健康与安全指南》和一些国家，尤其是发展中国家的环境和社会责任相关法律法规存在差异，部分概念及行业标准与当地情况有所不同，尤其在土地征用和拆迁、土著居民、社区规划、劳动安全等问题上，缺乏系统性规范。标准的内外差异导致在开展项目环境和社会影响评估时难以找到明确的依据。

3. 专家评审机制缺乏。

赤道原则要求赤道银行建立外部环境与社会风险专家评审机制，但在很多国家，赤道原则属于新生事物，缺乏具备相应资质和项目经验的机构，这就要求金融机构花费时间、精力和成本去寻找合适的第三方专家，并与之协调、磨合。

4. 业务流程拉长。

采纳赤道原则的金融机构必须对适用赤道原则的融资项目开展分类、评估和管理，必然要对原有的信贷业务流程作出相应的改造和调整，这在一定程度上拉长了业务审查与审批流程，同时也对贷款和存续期管理提出了更高的要求。

（三）赤道原则发展的未来趋势

回顾赤道原则演进和修订的过程，尽管充满诸多方面的争论和考虑，但不可否认的是，赤道原则是金融机构在全球化和可持续发展过程中最有效且最有力的回应。赤道原则如能与当地国家法律法规相结合，可能会得到更加广泛的延伸与互补。

目前实施的赤道原则Ⅲ正在不断吸纳新生力量，采纳赤道原则的机构数量快速增长。赤道原则将会如何影响和促进金融机构的结构调整，进而推动经济社会的可持续发展？赤道原则在应用中，将如何实现国际行业准则与东道国，尤其是新兴市场国家规则的结合？如何在实现赤道原则本地化的同时，促进国际准则的持续发展？赤道原则作为一股不断革新的力量，一切皆有可能。

第二节　赤道原则的国际实践

一、赤道原则在主要发达国家的实践

（一）美国花旗银行——完善的管理体系

花旗银行是2003年赤道原则的发起者之一，其执行赤道原则的过程可

以较为充分地体现赤道原则制定本意。花旗银行经验中最核心的部分是建立环境与社会风险管理体系，并围绕该体系制定政策、开展融资活动。

2003年，花旗银行开始建立环境与社会风险管理体系，目的是从信贷风险与声誉风险角度来把控环境与社会风险。作为最早引入综合的环境与社会风险管理政策的银行之一，其政策不断完善以应对新生的环境与社会风险和持续发展的产品与服务，该环境与社会风险管理体系通用于花旗银行的全球交易，成为花旗银行实施赤道原则的重要保障和抓手。

在操作上，花旗银行将环境与社会风险管理原则嵌入其信贷系统，在信用风险政策和程序中全面纳入环境与社会风险管理政策，对环保和社会风险评估制定了严格的流程，并设立了一系列标准来评估客户可能对社区、劳工、生物多样性、空气及水质等环境和社会问题产生的影响。

在机构设置上，花旗银行设立了环保和社会风险政策审查委员会，该委员会由不同业务部门的高层经理组成。同时，花旗银行还设立了环境和社会风险管理部门，包括多名技术专家和法律顾问，主要负责在全球环境和社会风险方面作为银行及其交易人员、高级管理人员的技术资源和法律顾问。

在融资程序上，花旗银行对1000万美元以上的项目融资实施四道审查审批程序。

1. 对环境风险作出初步评估。

如果项目属于赤道原则重点审查的高社会或环境风险类，则将该项目提交给花旗环保和社会风险政策审查委员会审查，一方面是初步评估其潜在的环境和社会风险，另一方面是初步判断该项目的环境和社会风险属于哪类级别。

2. 对项目风险进行分类。

如果初步的环境风险评估获得通过，客户经理将提交一份详细的信贷分析报告，内容包括项目背景以及项目环境和社会风险的详细分析、评估与分类。根据环境风险的大小，将项目分成A、B、C三类，由环保和社会风险政策审查委员会负责审订，这和赤道原则A、B、C的分类方式是一致的。

3. 风险评估决策阶段。

由高级信贷风险官员负责审查上述环境和社会风险评估结果以及可行性解决方案，然后由其提交一份是否提供项目融资的建议书给花旗银行更高级别的管理者。如果建议获得高级别管理者的认可，则可以提供项目融资。

4. 按照赤道原则要求全面审查项目。

项目融资发放后，信贷资产管理团队则通过一套授信管理体系，监管项目并确保项目融资使用全程合规。

（二）英国巴克莱银行——实用的内部政策

巴克莱银行是赤道原则的发起行之一。和花旗银行类似，其在管理体系和组织结构方面具有非常先进的经验和做法，尤其是其实用的内部政策，具体体现在以下几个方面。

1. 管理团队的重要地位。

巴克莱银行很早就组建了专门的环境与社会风险管理团队，隶属于信贷审批部，并直接向信贷总监报告。因此，巴克莱银行是将环境和社会风险控制归入主流风险控制之中，将环境和社会风险评估作为尽职调查风险评估中必不可少的一部分。

2. 前期特别的团队运作模式。

在建设环境和社会风险管理团队伊始，由于行内多为金融方面的专家，缺乏环境、社会专家，巴克莱银行从外部咨询公司借调了众多专家在行内工作。这些专家带来了最新的专业知识，帮助银行建立起标准体系，通过设定标准来诠释环境数字背后的信息，增强语言通俗性，并作为信贷制度的重要审核指标。在这些专家离开之后，银行内部人员就能根据这些制度进行审核。

3. 信贷政策的实用性。

在巴克莱银行内部，信贷人员需要从程序性和政策性两个方面对环境和社会风险进行尽职管理。这些程序和政策涉及农业、制造业、矿业和金属等行业领域，在每个行业下还有不同生产领域的详细活动，比如天然气使用项目，包括油气开发、生产、运输、零售等多种不同业务活动。对此，巴克莱银行制定了一系列程序和政策，内容包括各行业概述、关键风险点描述、环境和社会风险及关键因素、法律法规及最佳实践等，这些制度都在前期同行外专家的合作中转化成行内信贷准则，便于信贷人员查阅和使用。

4. 注重专业能力培养。

巴克莱银行重视对一线员工的培训，确保环境与社会风险管理能够贯穿整个业务流程。在建设内部学习机制方面，巴克莱银行在行内管理系统上专门发布了相关程序和政策，并制作专门的学习网站，提供环境和社会风险形势分析、法律法规等各方面信息。

可以说，巴克莱银行的做法相当成功，其以完善的政策体系、科学化的管理流程支撑起整个银行的环境和社会风险控制系统。

（三）日本瑞穗银行——有序的引入与结合

如果说花旗银行和巴克莱银行的经验主要是从环境和社会风险管理体系和制度等方法层面给人启发，那么日本瑞穗银行的实践就是完全意义上的赤道原则实践，因为日本的银行在绿色金融方面并不是走在世界的最前列，和欧美银行相比更是存在较大差距。比如，汇丰银行、荷兰银行等欧美银行在2000年前后就开始对环境问题给予关注，而瑞穗银行在采纳赤道原则之前关于环境方面的政策和指南并不具体也不成体系，采纳赤道原则实际上是瑞穗银行推动自身可持续发展的一个重要契机。瑞穗银行的实践更多地体现出"如何将赤道原则转化为自身成长动力"这一命题。

2003年10月，瑞穗银行正式承诺采纳赤道原则，成为亚洲第一家采纳赤道原则的银行。此后，瑞穗银行花费了整整一年时间，在2004年10月完成38个行业的赤道原则实施手册，开始实施赤道原则。2006年3月，瑞穗银行设立了可持续发展室，作为专门负责实施赤道原则与开展内部培训的机构，这在日本银行业可以视为一项创举。2006年11月，瑞穗银行当选为新任赤道原则金融机构干事行，主要负责官方网页运营、回答各方咨询，以及为新采纳银行或意向采纳银行提供经验支持。可以说，瑞穗银行的赤道银行成长轨迹代表了大多数优秀赤道银行的实践之路。

1. 环境与社会风险管理组织架构。

瑞穗银行负责推动和实施赤道原则的可持续发展室设置在全球产品事业板块下的全球结构融资部，是产品前台管理流程中的一个重要评审环节，审查赤道原则项目融资的环境与社会风险。瑞穗银行将赤道原则合规性审查纳入产品前端的尽职调查环节，强调环境与社会风险要与财务、法律、市场、技术等调查同步甚至提前开展，从而尽早识别、缓解项目的环境与社会风险,全面了解项目,提高评审效率。对于存在严重风险的项目,奉行环境先行原则。

2. 瑞穗银行实施赤道原则流程。

在每次开展项目融资活动之初,业务人员都需先填写一张申请表,对项目进行初步的评估,然后将该申请表提交到可持续发展室。可持续发展室会按照赤道原则 A、B、C 三个层次的项目分类标准对项目进行分类,然后出具一份赤道原则筛选报告。此后,可持续发展室会将筛选报告和环境评审报告书一起提交给贷款审查部门,由其对项目的各项指标,包括环境方面的指标,作出一个综合的判断,从而决定是否对该项目提供融资。瑞穗银行赤道原则执行流程详见图 5-2。

初期阶段
· 初审及分类
· 聘请第三方专家对所有A类及部分B类项目进行环境与社会尽职调查
· 项目实地考察(视不同项目酌情考虑)
项目组成
· 基于赤道原则要求事项,完成对所有A类及部分B类项目的第三方环境与社会风险评估报告
· 将赤道原则相关问题反映在项目融资建议书中
· 制订行动计划并确定项目融资合同承诺性条款约束事项的内容
银团贷款
· 与各参与方分享第三方环境与社会风险评估报告
· 如对环境与社会潜在风险存在疑虑,为参与方安排答疑内容
· 银行与项目方就行动计划范围与承诺性条款约束事项进行谈判
贷后监测与报告
· 定期监测行动计划的执行情况
· 借款方提交年度报告,反映该项目遵守所在国法律法规及行动计划的情况

图 5-2 瑞穗银行赤道原则执行流程

3. 赤道原则本土化实践。

瑞穗银行主要在内部制度建立、专业能力建设、对外沟通机制等几个方面开展工作，实现赤道原则的本土化。

（1）将赤道原则所采用的国际金融公司的八项绩效标准翻译成日文。

（2）从《环境、健康与安全指南》中选取自身在项目融资领域应用较多的行业，将其行业指南翻译成日文，并与环境领域的专家共同起草制定关于这些行业具体应用赤道原则的实施细则。

（3）建立内部操作流程，并制作针对行内相关部门（如信贷部门、业务部门等）的赤道原则实施手册，及时更新赤道原则修订、流程变化、标准更新等信息。

（4）开展行内培训，向具体实施赤道原则的业务部门员工介绍赤道原则，并为相关负责人建立邮件信息系统，以方便其就赤道原则问题进行沟通。

（5）通过网络对外发布囊括赤道原则实施成果的瑞穗银行企业社会责任报告。

（6）开展与利益相关方（包括环保公益组织）的对话。

4. 采纳赤道原则对项目融资业绩表现的影响。

瑞穗银行的公开信息显示，实施赤道原则不仅没有限制其业务发展，它反而凭借环境与社会风险管理能力的提升而增强了竞争优势，获得了更多的商业机会和效益。2012年，瑞穗银行担任牵头行的项目融资规模排名全球第4位，较2003年采纳赤道原则之初上升了14位。可以说，采纳赤道原则、实现向可持续发展路径转型为瑞穗银行业绩提升作出了不可忽视的贡献。

二、赤道原则在主要发展中国家的实践

（一）巴西伊乌塔联合银行——边试边行与良好的意识培养

巴西是拉美地区最大的经济体，和中国同属于新兴市场国家，有着强烈的发展动力和需求，所面临的发展与环保之间的挑战也尤为严峻；同时，巴西的银行在采纳赤道原则方面的意识和实践领先于中国，早在2004

年就有两家银行宣布采纳赤道原则。目前,巴西国内已有五家赤道银行,无论从国家宏观背景还是从银行实践经验考虑,巴西赤道银行实践对中国的银行都具有较强的借鉴意义。

伊乌塔联合银行是巴西国内最大的商业银行之一,2004年8月成为第一个采用赤道原则的拉美金融机构,也是第一个采用赤道原则的新兴市场国家金融机构。2008年,伊乌塔联合银行当选赤道原则执行委员会主席。自采纳赤道原则以来,伊乌塔联合银行积极执行赤道原则,以其为项目融资中环境与社会风险识别、评估和管理的操作依据和判断标准。

1. 边试边行,融入赤道原则理念。

在伊乌塔联合银行看来,实行赤道原则中的环境和社会风险管理,不一定意味着万事俱备才可以启动,这样的话十年可能一个项目都做不完。赤道原则是要确保银行把环境和社会风险纳入经营活动的决策流程,同时保证银行在项目建设中有发言的余地。在筛选项目的时候,不用要求项目尽善尽美、没有任何环境与社会风险存在,而是要准确找到风险点,套用适当的标准,提出改善计划,从而帮助客户更好地管理环境与社会风险。

在赤道原则实践中,环境和社会因素逐渐成为该行信贷审核和决策框架的重要组成部分,并贯穿于整个银行体系和业务流程。在进行项目融资时,有多个部门参与,将宏观经济和管理内容融入产品设计。项目融资需经过行内环境与社会专家团队进行评估,符合赤道原则的项目按照风险分类,所有高风险项目和经专家团队选定的中等风险项目,需要聘请独立的第三方顾问进行环境与社会风险评审,而其他中低风险项目则由行内专家团队进行评审。

2. 注重培养环境与社会风险意识。

伊乌塔联合银行十分注重环境与社会风险意识的培养,将环境与社会因素看作与业务运行关系极大的问题之一,充分意识到环境与社会风险可能给自身带来经济损失和声誉损失。一方面,环境与社会因素可以影响自身及其利益相关方短期、中期和长期的价值创造;另一方面,自身经营活动可能导致的环境与社会事件及风险可以看作潜在的损失风险。伊乌塔联合银行认为,环境与社会问题会影响自身经营活动,也会影响客户收益,而重大的环境与社会问题可能导致贷款逾期甚至违约,尤其是在环境与社会问题十分敏感的区域，如采矿和大型水力发电项目，环境与社会风险对其项目融资行为产生的潜在影响将更为显著，因此需要开展全面的环境与社会调查，同时采取相应的缓释措施。

3. 赤道原则执行效果。

针对执行赤道原则后是否会影响银行竞争力、市场份额是否会出现缩小，以及加入成本到底有多大等问题，巴西国内也曾有过争论；同时，也有人认为巴西数十年来环境保护的法律非常多，在这种情况下加入赤道原则是没有必要的。对此，伊乌塔联合银行的实践轨迹证明，通过与国际赤道银行的交流学习，相互之间收获了更多的对话和合作机会，并在银行目标和行为方式方面加深了理解，改变了长期以来的传统做法，提升了自身信誉，从一家好银行变成一个"银行公民"，促进自身不断进步。同时，由于赤道银行的身份提高了银行的社会声誉和认可度，银行的市场份额不降反升，而那些提高的少量成本对于银行防范项目环境与社会风险而言是完全值得的。

（二）南非标准银行——做好风险评估与监测

南非标准银行（以下简称标准银行）是最大的非洲银行，专注于新兴市场，在2009年宣布采纳赤道原则，2015年被选为赤道原则协会主席。标准银行始终致力于为自身业务发展和利益相关者缓解潜在的环境和社会风险，这样一方面，业务实践获得改进和提升；另一方面，其贷款资产组合也获得改善。客户会因该行环境与社会风险的管理能力和信誉前来寻求业务合作。

标准银行通过采纳赤道原则，在向客户提供贷款或提供咨询服务时，采取行动进行评估并积极避免和减轻负面的环境与社会影响。同时，标准银行作为南非银行业协会的成员，遵守环境和社会风险管理的行为准则，相关准则明确金融机构有义务保护、促进和实现社会、经济、环境的发展，内容涵盖了银行运营、采购、融资业务、产品和服务等，并为有效管理风险制定了基准。此外，标准银行还采纳或参与了多个标准、倡议或组织，学习国际先进做法，促进可持续发展，包括国际金融公司《环境和社会可持续性绩效标准》、世界银行《环境、健康与安全指南》、联合国责任投资原则、南非绿色建筑委员会、联合国环境规划署可持续金融倡议等。

1. 持续加强和扩充其环境与社会评估体系。

这包括扩大环境与社会风险和金融团队，这个团队负责确保所有的环境、社会和相关风险被正确识别、评估和管理，并确保发现和抓住绿色金融、碳金融市场的机会。

标准银行环境与社会业务板块主要是投资银行业务和公司金融业务。2017年，该行将环境与社会评估体系扩展到投资银行业务、公司金融业务、零售业务和财富管理业务等方面。该行风险管理制度设计将环境与社会风险作为信用、管理和评审过程的重要组成部分，不断更新并更加广泛的环境与社会评估体系可以促使该行更好地评估、减缓、记录和监控国际业务风险；确保环境与社会风险和机遇在业务全程被适当地筛选、管理、监控；通过定位于环保、绿色、低碳和有利于气候与社会的投资机会和领域，可以扩大自身商业板块。

2. 环境与社会风险评估内容。

标准银行在进行环境与社会风险评估时，首先会对环境与社会风险进行初步检查确认，并根据初审结果、具体产品种类和领域进行对应的后续审查。所有投资银行业务需要经过这一过程，信贷审查委员会负责确保环境与社会风险通过环境与社会电子筛选工具被正确识别。环境与社会筛选包括对客户风险和业务风险的筛选过程，客户风险评估是识别客户的环境与社会风险管理能力，而业务风险评估是看交易领域和特性以及项目的环境与社会影响，该影响将进一步被分为A、B、C三类。

标准银行执行环境与社会风险评估过程的目的是为了确保尽职调查的深入程度与业务可能产生的潜在环境与社会风险相匹配。环境与社会风险评估的深度与广度因每个项目而不同，并且该过程会得到环境与社会风险和金融团队的一对一指导。例如，对于普通的公司贷款项目，在没有明确用途的情况下，将进行广泛的尽职调查，因为客户各种可能的经营活动都会给标准银行带来潜在的风险暴露。与此对应的是有具体用途的项目融资，前者的尽职调查将基于客户自身风险，更详尽的赤道原则尽职调查将对贷款1000万美元以上的项目融资进行，此时尽职调查将更加深入，涵盖项目风险和客户风险，确保所有重大的潜在环境与社会风险都被准确识别、评估和管理。

3. 存续期监测。

在为所有 A 类和部分 B 类项目提供融资后,标准银行将持续进行监测,确保客户遵守贷款协议中的环境与社会承诺。某些情况下,还会聘请第三方专家每半年或一年监测项目整改计划的实施和进展程度。第三方专家团队会对项目进行实地访问,以确保妥善管理环境和社会风险,监测频率和持续时间取决于项目融资类型和评估的风险水平。如果客户未完成相关整改计划,标准银行将协助客户达到必要的标准。如果客户在规定时间内没有任何进展,标准银行会采取多种应对措施,包括重新对贷款进行评估。环境与社会风险管理和交易流程的融合详见图 5-3。

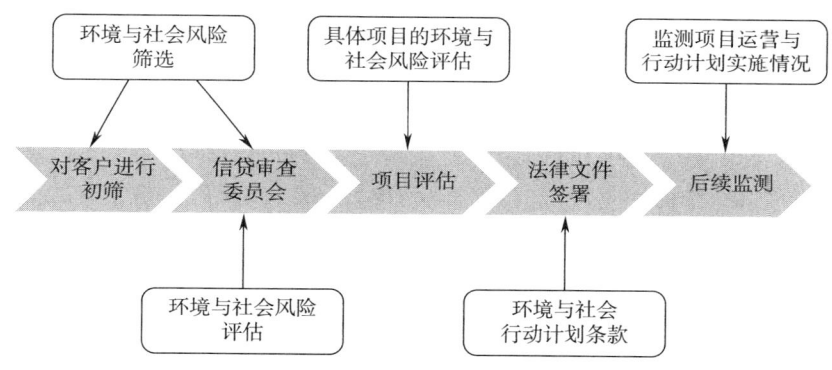

图 5-3 环境与社会风险管理和交易流程的融合

(三)尼日利亚万通银行——落实赤道原则基本要求

尼日利亚万通银行在当地排名前三位,2016 年底总资产约 98 亿美元,基本对标中国中等城市商业银行规模,可以作为中国城市商业银行参照对象。万通银行在 2009 年宣布采纳赤道原则,开始搭建环境与社会风险管理框架。该行的环境和社会风险管理思路是以政策、地方立法和指导相结合为基础,根据赤道原则以及国际金融公司标准,审查所有项目融资潜在的环境与社会风险。

万通银行有一个专门的环境和社会风险管理团队。为审查赤道原则项目,该行有多名具备必要技能和经验的员工,实施环境和社会管理系统流程及赤道原则评审,员工专业包括环境管理、毒理学和环境科学等。环境和社会风险管理团队负责人直接向风险管理部门领导汇报,团队工作还包括意识培养、技能培训和员工发展等；从环境角度为战略发展部门和法律合规部门提供专业支持；协助战略发展部门应对环境相关的负面声誉风险，并进行环境相关的企业风险管理。

为更好地管理项目融资的环境与社会风险，该行在尼日利亚首家开发出可持续金融工具包，该工具包可以帮助银行筛选项目，确定潜在的环境与社会影响。同时，该行为服务有潜在环境与社会风险的项目融资的一线员工提供赤道原则风险管理参与机会、常规培训和行内新闻。

万通银行多数项目为大型石油及天然气、农业、采矿和电力项目等。对赤道原则项目开展尽职调查管理，流程包括在项目评估中增加环境与社会风险评估，要求客户对改善措施作出承诺，评估客户能力，以及持续管理和跟踪环境与社会风险。万通银行的评估程序包括五个不同阶段。

1. 环境与社会风险审查。

客户经理在面对项目融资时，采用该行可持续金融工具包与环境社会风险管理系统中的除外项目清单对项目进行初步筛选，不在除外项目清单中的项目将接受环境与社会风险审查。万通银行要求所有项目均提供独立第三方专家准备的环境与社会风险影响评估报告。同时，还应提供相关批复和许可以证明项目符合法律法规要求。

2. 评估环境与社会风险。

在尽职调查和独立评估报告的基础上，万通银行将环境与社会风险问题依照严重程度进行分类；同时，制订整改行动计划并开始实行，以减轻识别出的环境与社会风险问题。万通银行的环境和社会风险管理团队以及项目融资团队对这一评估过程进行监督。

3. 决策与相关材料签署。

根据审查结果和环境与社会风险严重程度，遵守环保法律法规等特定要求和承诺、贷款条件、肯定性和否定性条款都写进相关文件。肯定性条款包括执行约定的环境与社会风险管理行动计划，否定性条款包括禁止进行除外清单中的活动。

4. 存续期监测。

这一阶段是通过监测项目方是否按照环境与社会整改行动计划和时间点持续执行，从而更好地管理后续贷款发放和还款行为。如果债务人拒绝

执行已签署的环境与社会整改行动,银行将采取以下措施:

(1) 环境与社会风险管理团队或客户经理会在超过执行时点 30 天内发送提醒通知书。

(2) 在超过执行时点 30 天后,环境与社会风险管理团队或客户经理将再次发送提醒通知书,要求项目方对超过执行时点问题进行解释。

(3) 环境与社会风险管理团队有义务在第二次提醒且未获得反馈结果时,向首席风险官或行政管理层提交报告。

(4) 经环境与社会风险管理团队汇报,行政管理层会确认该项目在未执行行动计划期间没有带来环境与社会问题改善。

(5) 在与项目方处理这一具体事项时,如果所有补救程序都已用尽,该行会执行合同文件中的相关条款。

5. 定期披露执行情况报告。

根据赤道原则要求,该行定期披露赤道原则执行情况报告。

三、赤道原则在域外实践的典型案例

(一) 花旗银行不断改进与社区交流

花旗银行是支持达科他地下输油管道的 17 家银团成员之一,该地下输油管道从美国北达科他州到伊利诺伊州。沿途居民、环保人士及社会公众十分关注项目建设及潜在的环境和社会风险。

花旗银行充分意识到项目可能产生的影响,在接到项目的初始,就利用环境与社会风险管理体系和赤道原则对项目的环境和社会风险,尤其是对当地居民的影响开展详细审查。由于潜在的环境和社会高风险,该项目被归为 A 类项目。

花旗银行通过审阅项目的环境评估报告,并与其他参与银行引入独立第三方专家对项目许可和审批手续进行核查,确保项目的合法合规性,将调查结果按照赤道原则要求编制总结性报告。

在调查过程中,花旗银行了解到当地土著居民对项目可能造成的饮用水源污染十分担忧,经过协调,项目发起方将在河流下至少深挖 29 米从而减少相应的风险和影响,这也是工业项目遇到水源问题时的最佳实践办法。这种解决方案满足花旗银行执行的环境与社会风险管理政策及赤道原则要求。

随着土著居民和当地社区对项目的反对日益增加,花旗银行意识到需要与当地部落和人文、投资关切者以及环境公益组织进行直接接触和沟通,以便更好地了解和解决其关心的问题。沟通过程对花旗银行有很大的帮助,同时花旗银行将了解到的信息向项目方反馈,并积极协调项目方改进和解决问题。花旗银行还牵头引入独立第三方确认美国法律法规关于与当地居民沟通和咨询的规定,审查项目方关于社区沟通、文化遗产评估和保全的内部制度与流程。通过审查,帮助项目方完善其相关制度和流程,进一步贴近国际最佳实践操作。

通过完成一个个项目,可以不断增加专业素养和操作经验。在这个项目中,花旗银行意识到目前美国使用的与当地居民沟通的方式方法和国际标准有差距;同时,其在调查中评估社区沟通过程和结果的制度不够完善。由此,花旗银行计划与该项目中的土著居民和利益相关方定期开展对话交流。同时,花旗银行与专长于社区交流的第三方咨询机构开展合作,改善并加强这部分内部制度和流程。

(二)瑞穗银行保护环境并促进可持续发展

瑞穗银行支持的印度尼西亚东固液化天然气项目是建设并运营供应量达到760万吨/年液化天然气的工厂,当地天然气已探明储量为4000多亿立方米。该项目由英国石油公司主导,日本作为世界上最大的液化天然气进口国,对该项目表现出极大兴趣,并积极跟进。为项目提供贷款的国际银团还包括日本国际合作银行和亚洲开发银行。项目分期进行,于2006年、2007年、2016年分别进行了三轮融资。

作为赤道银行,瑞穗银行对该项目融资进行了环境与社会风险评估。在维持和保护自然环境方面,在项目工厂和气田实施的污染控制措施必须符合当地的法律法规,达到赤道原则项目的环保水平。受该项目影响的对象中,海岸沿线的红树林是保护重点之一,因为红树林不仅是沿海生物食物链的重要组成环节,还为当地近海水域创造了一个非常适合发展渔业的环境,保护红树林不仅对保护生物多样性非常重要,而且对依靠渔业作为收入来源的当地社区十分重要。

对此，项目运营商英国石油公司制订了生物多样性行动计划，采取谨慎措施以保护自然环境。例如，输气管道线路在连接海上气田与陆地上的液化天然气工厂时采用沿边线施工的方法，尽量减少对周围环境的影响。同时，地下隧道从近海油田和路上工厂两端相对开挖，输气管道从近海油田入地，从工厂建筑工地抽出，避免在红树林中开挖地面铺设管道，从而更好地保护红树林。

在改善当地社会经济水平方面，由于项目所在区域存在不同民族和语言的村庄，项目建设将导致整个村庄127户居民的搬迁。此时，如何确保当地社区不同村庄之间的和谐与分享项目建设的好处就是需要应对的重要问题。评估发现，根据当地的价值观，本地区的收获应由本地区附近的所有村庄共享。因此，项目方不仅需要补偿因项目建设而搬迁的村庄，而且应该支持周边其他村庄。改进方案包括按照国际金融公司标准提供搬迁补偿，对搬迁居民提供适当的房屋建筑和基本生活所需，这样居民的生活水平已高于从前的水平。此外，还制定了综合性的社会改善方案，在农业和渔业加工等领域提供技术指导，在卫生、教育、基础设施等多个领域也提供了支持，以扩大就业并促进当地社会经济可持续发展。

（三）巴西伊乌塔联合银行运用绩效标准管理风险

巴西伊乌塔联合银行为一个大型水电站项目提供项目融资，经前期评审，该项目属于最高风险分类。针对项目潜在的环境与社会风险，巴西伊乌塔联合银行运用《环境和社会可持续性绩效标准》有针对性地进行改善。

1. 环境和社会风险、影响的评估和管理。

该项目随着建设的推进，对环境与社会存在较大风险，巴西伊乌塔联合银行决定每半年对该项目的环境与社会影响进行评估。这种持续性的动态识别机制和缓解措施可以减缓不利影响，避免影响扩散。

2. 劳工和工作条件。

该项目存在不同国家的参与方，各国法律法规存在差异性，面临一定的政治风险，包括参与方员工抗议和罢工。为了避免和减少类似行动导致项目建设延缓、影响项目进度要求，相关方提出采取更高的灵活性和效率，可能的建议包括由客户设立与员工集体协商的机制、评估低于平均水平的工作时间可行性等，在必要时开展谈判。同时，由于项目分包给众多单位，有必要对各种不同企业加强管理，并建立激励和补贴机制，确保企业员工的职业健康和安全。

3. 资源效率和污染防治。

由于当地法律法规对环境的标准和要求与赤道原则要求存在差距，通常直接采用《环境、健康与安全指南》相应行业推荐的切实可行的技术和国际最佳实践做法，这是服务国际项目融资最有效的办法。

4. 社区健康、安全和保障。

巴西伊乌塔联合银行要求项目公司运营和建设减少对周围社区的影响，保障社区居民的安全。例如，在疟疾流行区，水利水电工程可能有助于传播疾病的蚊子的繁殖，在这些地方应该尽量避免发展大型水利水电工程，确保当地的卫生健康水平。此外，大型水电项目还应确保当地居民的水使用权和水质不受影响，可以采取的行动包括开展相关研究分析、邀请社区居民参与水质水量监测活动等。

5. 土地征用和非自愿迁移。

巴西伊乌塔联合银行希望尽量避免非自愿移民，寻求通过谈判达成一个满意的协议。当非自愿移民不可避免时，就需要对必要的信息做适当的披露，与受影响人士充分交流，寻找一个公平的补偿结果。最终，对受影响的多个家庭进行搬迁安置，搬迁工作以和平方式进行，在新居所及时提供能源和饮用水源，改善居民的生活质量。值得注意的是，在某些情况下，搬迁可能不是一次性的，尤其是农村劳动力对环境变化更为敏感，除了适当的赔偿损失，还可能需要提供新的生产技术和培训课程，使他们习得新的生产技术，提高生产活动效率，改善收入和生活条件。

6. 生物多样性保护和可持续自然资源的管理。

在项目建设和运营过程中，应采取措施保护生物多样性、维护自然资源和生态系统的可持续发展。例如，在水电项目中，采用先进的隧道钻孔技术和降低炸药数量，减少对当地动植物群体的干扰。大坝建设则有可能影响鱼类迁徙，对其自然栖息地造成隔离，这就需要进行长期的监测行动。同时，在建设过程中应注意防止引入新的入侵性物种，还可以通过设立人工繁育中心，避免珍稀物种灭绝。

7. 原住居民。

当地传统的土著民族通常属于弱势群体,这就要求项目方尊重他们的文化和特点,在追求自由、事先和知情同意的基础上,建立持续性的沟通渠道,避免不必要的侵占土地和自然资源,引发不稳定动荡,还可以引入基本的卫生健康基础设施,造福当地社区。贝贝亚银行在应对原住居民问题时,采取保守的态度,如在支持大型输电项目时,要求客户采取措施减少对土著居民土地的直接影响,即使是选择最长路径。

8. 文化遗产。

为保护文化遗产,某些时候必须聘请当地的考古学家和社会学家。例如,可能导致印加古迹受到影响的水电项目,有必要在商业价值研究之外,提供当地专家对于文化遗产价值的调查和保护研究。

第三节　兴业银行实施赤道原则经验分享

一、兴业银行采纳赤道原则的动因分析

(一) 吸纳国际先进经验

2003 年,在国际金融公司的主导下,全球领先金融机构根据世界银行和国际金融公司的政策和指南建立并采纳赤道原则,第一次将项目融资中设计的环境和社会因素予以数量化、明确化和具体化,确立了国际项目融资中环境和社会考量因素的基准,在国际项目融资领域形成了一套共同的框架和语言。

同年,兴业银行引入国际金融公司作为境外战略投资者之一。自此,兴业银行董事会、高管及各级业务管理部门与国际金融公司在可持续发展领域的交流与合作日益频繁,充分吸收其在环境和社会可持续发展方面的良好做法和成功经验,包括金融机构在开展业务时应当同时关注自身的环境和社会责任、审慎核查项目融资中的环境与社会风险、将环境与社会管理因素融入公司运营和业务流程等理念。同时,兴业银行也开始研究赤道

原则、《可持续性框架》、《环境和社会可持续性绩效标准》、《环境、健康与安全指南》等一系列文件。

彼时，正是一些国际金融机构因忽视环境与社会风险而不断遭受项目融资流产的艰难时期，也是发达国家"环境贷款""生态贷款""可持续贷款"等理念和实践的兴起和快速发展时期。

数年间，兴业银行面向国际，在吸收先进理念的同时，加强同国际领先赤道银行，包括美国花旗银行、渣打银行、摩根大通银行、日本瑞穗银行、三井住友银行等优秀同业的交流研讨，学习其环境与社会风险管理的先进经验。

（二）提前布局市场蓝海

20世纪初，越来越多的国际商业银行开始认识到忽视环境与社会责任将会极大地增加其经营风险、法律风险和声誉风险。在国内，社会责任和环保公益活动日益兴起，可持续发展观深入贯彻，银监会《节能减排授信工作指导意见》专条借鉴赤道原则，环保部翻译并将赤道原则本地化，节能减排与环境保护已成为社会共识。

兴业银行由于吸收国际先进理念和经验，在国内银行业中起步较早。2006年5月，兴业银行与国际金融公司合作，创造性地引入贷款本金损失分担机制，推出国内首个能效项目融资产品，正式开展绿色金融业务。次年3月，兴业银行首笔能效项目融资在济南落地；6月，兴业银行凭借在节能减排领域富有开拓性的实践，在英国《金融时报》和国际金融公司联合举办的2007年度"可持续银行奖"评选活动中，获得"新兴市场可持续银行奖"及"可持续交易奖"两项提名，并荣获"可持续交易奖"亚军，成为目前我国唯一获此殊荣的金融机构。

通过不断的探索与尝试，兴业银行敏锐意识到节能减排与环境保护领域本身蕴藏着丰富的商业机会。同时，随着监管加强与可持续发展理念的深化，客户对于环境与社会风险的管理也将面临外部压力与内部需求。2007年10月，针对新兴的国际碳市场，兴业银行首家推出碳金融综合服务。此后，多笔"首单""首创"业务纷纷落地。

兴业银行在节能减排、环境保护以及碳金融等领域持续深入创新、积极开拓，不再把发放绿色信贷、遵循赤道原则看成是业务发展的义务和束缚，而是作为创造差异化优势、挖掘商业机会的有力工具，以绿色金融为自身竞争优势与业务亮点，率先走上绿色金融发展之路。

（三）践行自身发展战略

以引入国际金融公司作为境外战略投资者并与其开展能效融资项目为起点，兴业银行积极与政府、金融机构、企业乃至社区、环保公益组织开展深入交流与互动，逐渐接触并理解了可持续发展理念的深刻内涵，并逐步将这种理念引入公司治理层面，确立了"寓义于利"的社会责任实现方式。

2007年，兴业银行在澳大利亚墨尔本同联合国环境规划署签署《金融机构关于环境和可持续发展的声明》，成为全球可持续金融行动倡议的3家中国成员之一。

2008年，兴业银行董事会明确把"贯彻落实科学发展观，深化对银行社会责任与自身可持续发展间关系的认识，积极探索以多种方式推动银行践行社会责任，构建人与自然、环境、社会和谐共处的良好关系"这一可持续金融理念提升到公司治理理念的高度，并以之规范全行的各项经营管理行为。

随着可持续金融理念不断深化，兴业银行对于采纳赤道原则也逐步在行内形成共识：赤道原则强调从履行社会责任到提高银行效益的一系列"利""义"连接，提供了一条银行业与环境、社会和谐共处的可持续发展战略实现路径。采纳赤道原则将有力提升全行上下可持续金融专业服务能力、环境与社会风险管理能力，更是对自身可持续金融体系的进一步整合与完善，对于提升企业社会责任实践的广度和深度具有十分重要的意义。

2008年6月，兴业银行股东大会全票通过关于采纳赤道原则的议案。同年10月31日，兴业银行正式公开宣布采纳赤道原则，由此成为全球第63家、中国首家赤道银行。

可以说，兴业银行采纳赤道原则是由内自外贯彻落实可持续发展观、完善公司治理、履行自身社会责任的必然，是大势所趋，是职责所在，也是银行自身价值提升的内在要求。

二、兴业银行赤道原则体系建设

（一）组织构架

在总行层面，兴业银行成立由董事长、行长、副行长等高管组成的赤道原则工作领导小组，加强对可持续金融的组织协调和推动。

总行法律合规部门负责制定和维护赤道原则管理办法，开展赤道原则相关的信息收集与披露等报告管理，并根据情况组织相关理念培训。

绿色金融部具体负责赤道原则项目评审，建设和管理专家库资源，对分行在运用赤道原则过程中存在的疑难问题提供专业支持，并组织开展相关业务培训等工作。

在分行层面，兴业银行设立绿色金融职能部门，配备专门的绿色金融产品经理，牵头管理分行赤道原则项目的环境与社会风险相关报送流程及项目信息，对经营机构提交的报批材料出具初审意见，对于存在疑难、重大问题的项目，及时报送总行。

经营机构在分行环境金融职能部门的指导下开展赤道原则项目的日常维护与客户沟通工作，组织并提交送审材料及其他信息材料，执行赤道原则项目存续期管理与信息维护等工作。

全行相关部门在各自职责范围内执行并落实赤道原则各项工作，协作配合，形成总、分、支密切协作的赤道原则项目评审工作体系，确保赤道原则各项工作有效开展。

（二）规章制度

兴业银行自2008年采纳赤道原则以来，按照赤道原则的要求，制定并逐步完善环境与社会风险管理制度体系，陆续出台了针对赤道原则项目融资业务的一系列制度以及操作工具，包括顶层制度、管理办法、评审规范、操作规定以及若干示范文本等，由此建立了一个完备的管理制度体系。主要规范性文件包括：

《兴业银行环境与社会风险管理政策》；

《兴业银行适用赤道原则的项目融资管理办法》；

《兴业银行环境与社会风险专家评审规范》；

《兴业银行适用赤道原则的项目融资分类指引》;

《兴业银行关于采纳赤道原则的若干实施意见》;

《兴业银行适用赤道原则的项目融资配套示范文本》;

《兴业银行关于规范适用赤道原则的项目融资业务操作若干问题的通知》;

《兴业银行关于启用〈项目融资借款合同〉(适用于单笔项下赤道原则项目融资的示范文本)及〈项目融资承诺函〉(适用于额度项下赤道原则项目融资的示范文本)的通知》;

《兴业银行关于进一步加强赤道原则工作的通知》;

《兴业银行关于进一步加强全行社会责任工作的通知》;

《兴业银行关于践行赤道原则、加快绿色金融发展的意见》;

《兴业银行赤道原则项目管理办法》(2013年12月修订);

《兴业银行赤道原则实施指导意见》(2014年第1号)。

其中,《兴业银行赤道原则项目管理办法》是在赤道原则Ⅲ公布后、正式实施前,及时梳理与调整内部制度文件并制定发布的。随后,针对赤道原则Ⅲ实施中涉及的主要问题,兴业银行对赤道原则协会陆续发布更新的指导性文件进行了总结归纳,编制《兴业银行赤道原则实施指导意见》,推动赤道原则Ⅲ执行工作有序开展。

(三)评审流程

兴业银行在原有信用业务审查审批流程基础上,按照赤道原则的要求,增加环境与社会风险审查流程,以环境与社会风险审查意见作为项目审批的重要依据。在流程设计中,兴业银行进行了具有弹性的流程安排,设计不同的环境与社会风险审查路径,由客户根据自己的实际情况选择最优方式。

(四)线上系统

兴业银行在业务系统中开发建立赤道原则项目评审系统模块,将环境与社会风险审查流程电子化,适用赤道原则的项目融资分类、评估和管理实现全程线上工作,提升内部专业化水平和赤道原则项目评审与执行效率,最大限度地降低因赤道原则拉长业务审查与审批流程对银行业务产生的影响。

（五）专业团队

从 2007 年至今，兴业银行以赤道原则为主题开展了近百场知识普及与宣传培训活动，并逐步形成长效的培训机制。编制赤道原则及可持续金融行内专刊，发表理论研究文章，并编写指导性读物，以多种方式开展理念和文化宣传贯彻，不断提升内部理念认识与操作能力。建立行内外环境与社会风险管理专家库，加强专业化管理与资质管理，为赤道原则执行提供专业技术支持。总行绿色金融部专门引进具有法律、环境科学、环境工程、环境经济等背景的专业人才。在执行阶段，总行给予各分行直接辅导支持，从上至下灌输赤道原则可持续金融理念，普及赤道原则知识及其成功经验。

（六）信息披露

从 2009 年即采纳赤道原则次年开始，兴业银行每年推出可持续发展报告，向全社会报告兴业银行在践行社会责任和推进可持续发展方面所做的努力，并在报告中开辟专章汇报年度赤道原则的落实执行情况。按照赤道原则要求，在赤道原则官方网站上进行披露宣传。在兴业银行官方网页设置"可持续金融"专栏，主动披露自身可持续金融动态。

三、兴业银行赤道原则执行成效

（一）深化可持续发展战略与社会责任理念

兴业银行董事会和决策层把可持续发展纳入银行发展战略，制定了可持续金融中长期的发展战略，从环境与社会风险管理、绿色金融市场占有率、绿色金融产品和服务创新、绿色金融资产管理、绿色金融品牌建设等多方面、多角度制定战略规划，指引兴业银行绿色金融发展方向。在可持续发展战略和"寓义于利"社会责任观的指引下，兴业银行将可持续发展的理念逐步传导，并落实到规章制度、组织架构、业务流程、产品创新等方面，在经营活动中兼顾生态环境保护和社会公众利益，履行社会责任，推动自身在经营理念层面的三个转变：一是成为公司治理的共识，确立可持续发展的公司治理理念；二是由被动接受约束转变为主动寻求商业机会，持续创新绿色金融产品与服务，大力发展绿色金融；三是由单一绿色金融产品的开发推广转变为商业模式和业务流程的全面再造。

(二) 促进绿色金融业务迅猛发展

兴业银行作为中国首家赤道银行,借助赤道原则提供的一整套理念、方法和工具,成为绿色金融领域的实践先行者。通过赤道原则这一全球性金融行业准则,有效地增强企业关注项目自身所可能涉及的环境和社会风险的意识,并帮助企业评估和管理风险,改进管理能力,降低和节省运营成本,拓展国际发展空间,提升品牌价值,增强企业竞争力,使得兴业银行在获得经济效益的同时获得环境和社会效益,达到商业模式可持续和履行社会责任的有机统一。

兴业银行以可持续金融理念为指导,将金融支持节能环保事业作为重点业务方向,将绿色金融作为推动金融可持续发展、践行社会责任的重要举措。兴业银行先后出台《节能减排业务管理办法》《节能减排项目准入细则》《环境领域节能减排项目属性认定标准》以及多项节能环保领域的业务营销指引等一系列规章制度,明确了支持的项目类型、准入标准,既指明了业务发展方向,又为绿色金融业务蓬勃发展提供了保障。

同时,兴业银行在赤道原则专业人员队伍的基础上,逐步形成了一支涵盖总行、分行的绿色金融专业团队。2009 年,总行成立可持续金融中心,后升格为总行一级部门——绿色金融部。在分行设置绿色金融专业部门,并配置绿色金融专职产品经理,形成全行上下近 200 人的绿色金融专业团队。2013 年开始,兴业银行积极推动各区域绿色金融业务部建设,进一步提升区域绿色金融专业经营与服务能力。

(三) 提升环境与社会风险管理能力

1. 完善环境与社会风险管理制度体系。

兴业银行根据赤道原则的要求制定并不断完善《环境与社会风险管理政策》《适用赤道原则的项目融资管理办法》《适用赤道原则的项目融资分类指引》《环境与社会风险专家评审规范》,适用赤道原则的示范合同文本、配套示范文本以及相关指导意见、实施意见、管理流程,适用赤道原则的项目融资业务环境与社会风险管理流程等一系列制度规范。

2. 借鉴环境和社会风险管理工具。

赤道原则提供了一套先进的环境和社会风险管理工具,把模糊的环境和社会风险评估标准明确化、具体化，便于操作。兴业银行借鉴吸收这套工具体系，对于环境与社会风险的认识不再简单依赖环评报告，不仅避免风险被忽视或被放大，更使得兴业银行可以依靠科学的筛选工具选择优质项目，还可以依靠先进的内部管理流程监督项目的实施，降低环境和社会风险，有利于进一步提高风险防范能力，促进自身稳健发展。

3. 改进环境与社会风险管理流程。

在赤道原则的实践过程中，兴业银行不断改造环境与社会风险管理流程。在贷前调查阶段，要求对客户及其项目的环境与社会绩效进行全面调查与综合评价。授信业务准入采取环保一票否决制，对未通过环评审批或环保设施验收的项目，不新增任何形式的授信支持。在放款审核阶段，对申请放款项目进行审核，确保项目在环保标准、评估报告等方面符合放款条件。加强授信后环境与社会风险监测、动态追踪、反馈和分析，及时发现风险预警信号并进行处置。在贷后管理阶段，对已介入的存量项目贷后检查发现环保不达标、污染物排放超标的，要求采取措施逐步压缩直至全部收回贷款。对于适用赤道原则的项目融资，除严格履行上述环境与社会风险管理流程外，还将根据赤道原则要求增加项目分类管理、环境与社会风险尽职调查、环境与社会风险合规性承诺、编写行动计划等流程。

（四）持续进行专业输出

兴业银行在履行自身社会责任的同时，经过持之以恒的"布道"，国内同行队伍不断壮大。2015年，国泰世华银行采纳赤道原则不久便专程访问兴业银行，吸取赤道原则落地经验，赤道原则也因此成为海峡两岸金融业对话交流的"新平台"。

同时，兴业银行积极开展同业输出，将多年积累的经验、理念、专业技术、标准与同业机构分享，助力中国绿色金融体系建设。除与国有商业银行和全国性股份制银行进行专业交流，兴业银行还积极推动与地方银行的专业输出合作，陆续向甘肃银行、九江银行、苏州银行、湖州银行、杭州银行、安吉农商银行、南昌银行等介绍自身的绿色金融与赤道原则执行经验。

2017年11月，兴业银行与九江银行签订国内首个绿色金融同业合作协议。根据协议，兴业银行将提供包含赤道原则在内的智力输出、管理输出服务，参与九江银行绿色金融业务规划，提供研究、培训等专业支持，推动双方在可持续发展方面的深度合作和业务创新，实现绿色金融共赢发展。

同年12月，兴业银行与安吉农商银行签署《绿色金融合作协议》，同业绿色金融专业技术和经验输出机构覆盖范围从城商银行进一步拓展至农商银行。浙江安吉是习近平总书记"两山"理论——"绿水青山就是金山银山"的发源地，浙江也是全国首批绿色金融改革创业试验区之一。两家银行此次"牵手"，不只是为农村金融机构绿色化发展提供绿色动力，还将为全国首批绿色金融改革创新试验区建设提供同业合作样板，引导和吸引更多金融机构共同推进我国绿色金融体系建设，变绿水青山为金山银山。

（五）打造绿色金融品牌

兴业银行在赤道原则及绿色金融领域的不懈努力，得到了国际社会和国内各界朋友的关注和认可，逐步形成了具有兴业特色的绿色金融品牌。兴业银行于2007年、2009年两次获得英国《金融时报》和国际金融公司联合评选的"年度可持续银行"奖项，这也是目前国内获奖的银行；2012年，兴业银行在环保部环境与经济政策研究中心公布的《中国绿色信贷年度报告2012》中排名居首；近些年多次荣获国内主流财经媒体评选的"最佳企业公民""最佳绿色银行""低碳先锋企业"等荣誉，特别是被人社部、国家发改委、环保部、财政部联合授予"十一五"时期"全国减排先进集体"称号，成为全国唯一一家获此殊荣的商业银行。

同时，兴业银行积极"走出去"，与监管机构、国际同业、环保公益组织及社会各界保持紧密的互动与交流，为推进绿色金融商业模式国际化、实现绿色金融经验和标准的国际输出积累经验，并以多种方式参与赤道原则等国际可持续标准的修订，结合自身在业务操作和环境与社会管理中的实践经验以及中国国情，向赤道原则协会提出有益建议，彰显中国银行业的专业自信，维护新兴市场国家的话语权，向国际社会传递中国声音、中国智慧。

(六)积累赤道原则项目执行经验

2008年10月31日,兴业银行正式公开宣布采纳赤道原则。次年12月,中国银行业首笔适用赤道原则项目"福建华电永安发电2×300MW扩建项目"在福建三明落地,标志着中资银行实现从规范内部环境与社会风险管理体系到落地具体项目实践的转变。

2011年12月,兴业银行协助客户完成首笔自愿适用赤道原则项目"靖边西蓝天然气综合利用项目"在陕西西安落地,标志着银行与企业在可持续发展价值观上的趋同,也标志着我国企业从被动遵守赤道原则向主动寻求以赤道原则管理风险的转变。

截至2017年底,兴业银行累计对1016笔项目融资开展赤道原则适用性判断,其中344笔适用赤道原则,涉及项目总投资14390亿元。经过多年实践和数据累积,兴业银行通过实施赤道原则,以其为一个良好的过滤机制,筛选出优质的项目和客户,同时改进自身商业模式,调整资产结构,实现了业务可持续发展。

四、兴业银行践行赤道原则的典型案例

(一)融资需求较大的传统行业——采矿行业

1. 借款用途。

南方某省某矿业股份有限公司拟在居民村附近新建总投资12.9亿元的地下铁矿采选工程,向兴业银行申请项目贷款6.4亿元,用于扩大采选矿生产能力,在其现有采选能力的基础上,新建500万吨/年的地下采选工程。

2. 还款来源。

还款来源主要是项目投产后产品销售所产生的收益和现金流,根据该项目设计,预计在7年后达产,达产后可实现年新增生产原矿500万吨、铁精矿200万吨,该项目建设和生产经营期为45年,本次申请的项目融资以申请人拥有的铁矿采矿权做抵押担保,该采矿权评估价值20亿元。

3. 项目进展情况。

项目已获得国土、规划、水利、林业、环保等部门的批复,正处在国

家发改委审批阶段，预计3个月内有望获得批复，该项目已完成方案设计、地质详勘、土地征用、资源整合等各项前期准备工作。

4. 适用性认定。

项目借款用途、借款主体和还款来源等均符合项目融资的特征，总投资达到12.9亿元，超出1000万美元，符合适用赤道原则的项目融资的要求，属于适用赤道原则的项目融资。

5. 环境与社会敏感性分析。

前期审查发现，项目具有以下环境、社会、其他重大问题影响。

（1）环境影响：①采矿诱发地面裂缝、地面塌陷、泥石流、造成地表水漏失、水位下降、污染水质、产生水土流失、破坏植被和动物栖息地。②采矿所产生的矿石、煤矸石等的不适当处理，会造成河道、道路堵塞。若矿区周围存在历史文化遗迹、自然保护区或风景名胜区，都将受到矿产开采的一定影响甚至破坏，而这些影响或破坏通常无法得到恢复。

（2）社会影响：在职业健康和卫生安全方面，采矿作业风险较高，包括爆破安全、矿井通风、坑道照明、安全用电、井下防火、防尘、防毒、防岩爆、瓦斯爆炸、地压支护等重要方面，容易发生矿井塌方、冒顶、片帮、火灾、盲炮危害、粉尘危害、机械伤害及触电等事故损伤。

（3）其他重大问题影响：根据项目的可行性研究报告、环境影响报告书，水利、林业、安监等评估报告及相关批复等材料，本项目除上述行业固有风险外，还涉及以下几个重大的问题：①社区健康与安全问题。当地雨量丰沛，废石场容易产生泥石流；发生洪水或施工、生产、管理不慎时，尾矿可能发生溃坝；爆破材料在运输、使用中可能发生意外爆炸。②土地征用和非自愿迁移问题。废石场存在风险，其下游正对的5户居民需要另选一块空地进行搬迁。③生物多样性保护和可持续管理。项目所在地存在多种国家和地方保护植物物种，包括国家二级重点保护野生植物桫椤、金毛狗、樟树和闽楠，省一级保护植物桫椤和省三级保护植物闽楠、沉水樟和青钩栲。

综上所述，该项目除直接排放污染物外，其建设及运营还涉及多种环境与社会风险，包括附近村庄搬迁安置、土地沉陷、生态影响等问题。鉴于本项目规模较大且多种环境影响不可逆，属于适用赤道原则的 A 类项目。

6. 环境与社会风险尽职调查。

完成项目的前期审查后，兴业银行启动了授信前的环境与社会风险尽职调查程序，聘请具有相应资质的第三方环境与社会专家进行现场调查。以安全生产风险为例，第三方专家发现矿场工人缺乏安全教育，也没有办理采矿作业许可证；门卫对进入库区的车辆未进行出入登记检查；装卸现场不设置警戒线，炸药运输车辆未张贴危险品标识。同时，资料审阅和信息检索发现，申请人在获得国家发改委批复前已经开始施工活动，且曾因为试运行 3 个月内未及时申请环保验收而遭到环保部环评报告缓批的惩罚。

7. 赤道原则行动计划。

根据尽职调查结果，针对每项风险点提出整改行动计划，主要包括：

（1）建立健全企业环境与社会风险管理体系和制度；

（2）落实项目环评及相关批复提出的各项环保措施；

（3）完善社区与利益相关方投诉受理、处置及反馈管理制度；

（4）开展职业病危害防治的教育培训，提升员工自我保护意识和能力；

（5）健全企业《职业危害预防制度》，完善《危险爆炸物品管理制度》，规范爆炸品管理；

（6）在相关方管理程序中，增加对承包商劳动用工合法合规性的要求等。

8. 环境与社会风险审查。

根据环境与社会风险尽职调查报告、行动计划及相关材料，兴业银行在环境与社会风险审查结论中提出：

（1）申请人必须在获得国家发改委核准、补齐项目相关评估手续和主管部门的审查手续后，才能签订贷款合同。

（2）作为放款和贷后管理的要求，申请人必须将行动计划作为贷款合同附件进行签署；落实各项竣工验收手续；逐步建立健全企业的环境与社会风险管理体系；实施行动计划的各项要求，包括完善相关方投诉受理、处置及反馈管理制度，开展防治职业病危害的培训，提高员工自我保护的意识和能力，健全企业《职业危害预防制度》，完善现有《危险爆炸物品管理制度》，规范爆炸品管理，在相关方管理程序中增加承包商劳动用工合法性评估机制等一系列要求。

9. 小结。

本项目融资金额较大，潜在的环境与社会风险较多，通过适用赤道原则，聘请第三方专家梳理风险点、制订相应的行动计划，可以提升企业的环境与社会风险管理能力，有助于项目建设和运营合法合规，降低贷款风险，提高项目评审和融资效率，同时为企业赢得良好的社会声誉。

（二）达到一定金额的清洁能源项目——风电行业

1. 借款用途。

东部某省新能源公司拟在山丘地带新建风电场，建设内容包括22台2.2MW风力发电机组及一座10KV升压站。该项目作为当地能源与环境协调发展的重要民生工程，不仅节省能源消耗、改善生态环境，而且可以满足当地电力需求，是促进可持续发展的重要举措之一。

2. 还款来源。

项目总投资4.4亿元，拟向兴业银行申请贷款3.5亿元，贷款期限15年，以项目建成后产生的收益和现金流还款，能够保证正常还款。建设期内采用信用免担保方式贷款，项目建成后以上网电费收费权质押担保。

3. 项目进展情况。

项目建成之后每年上网电量约112千兆瓦时，每年可节约3.65万吨标准煤。目前，风电场已完成21台机组的安装，其对应的电网建设也已完成，其中20台已经上网发电。

4. 适用性认定。

项目借款用途、借款主体和还款来源等均符合项目融资的特征，总投资达到4.4亿元，超出1000万美元，符合适用赤道原则的项目融资的要求，属于适用赤道原则的项目融资。

5. 环境与社会敏感性分析。

前期审查发现，项目主要的环境与社会风险包括建设期间林地占用、轻微的水土流失问题，以及运营期间的噪声、电磁辐射问题。该项目问题相对较少，基本局限于山顶地带，通过适当的技术和管理手段，可以减缓或消除风险，属于适用赤道原则的 B 类项目。

6. 环境与社会风险尽职调查。

完成项目的前期审查后，兴业银行启动了授信前的环境与社会风险尽职调查程序，聘请具有相应资质的第三方环境与社会专家进行现场调查。项目方除应落实环境影响评价报告书及其批复文件中提出的生态环境保护、污染防治以及环境风险管理措施，确保项目建设与运营依法合规外，还应在环境与社会管理体系、社区参与制度和体系、培训和生产安全等方面进行一定改进。

7. 赤道原则行动计划。

根据尽职调查发现的问题，依据赤道原则和国家法律法规的要求制订有针对性的整改行动计划，主要包括：

（1）在行政许可方面，及时办理水土保持、环保、安全生产竣工验收。

（2）节约用水，维护饮用水井，确保项目用水对当地村民饮水不造成影响。

（3）对于承包商用工制度进行约束，完善施工安全管理。

（4）建立相应的事故应急预警体系和管理体系网络，并组织员工参与培训、演习。

8. 环境与社会风险审查。

根据环境与社会风险尽职调查报告、行动计划及相关材料，兴业银行在环境与社会风险审查结论中提出：

（1）落实环保、水土保持批复及行动计划等文件提出的生态保护与污染防治措施，减少土地和林地占用，做好施工后的生态功能及植被恢复，采取措施避免水土流失；按照工艺要求处理施工废水和生活污水，施工土石方及时回填，建筑垃圾及时清运。

（2）项目方作为项目公司和主要的生态环保、安监突发性事件责任主体，应配备相应的人力落实相关应急预案，并定期对相关人员进行培训及演练。针对项目建设和运营整个生命周期中可能涉及的潜在风险项，建立完备的应急准备和响应系统。

（3）作为提升管理水平的措施，建议项目方执行比较完善、全面的环境、健康、安全和社会影响管理体系,实现计划、执行、检查、处理式的可持续提高。

9. 小结。

赤道原则旨在对各行各业具体项目的环境与社会风险进行管理,不因项目的绿色属性而排除适用。风力发电等节能环保项目,当达到一定金额时,也可能适用赤道原则。本项目通过聘请第三方专家梳理风险点、制订相应的行动计划,全面提升企业的环境与社会风险管理能力。在符合法律法规的同时,额外满足赤道原则要求,不但受到公众舆论好评,还使后续二期工程融资获益。

(三) 实现产业链重点企业风险管理——动力锂电池行业

1. 动力锂电池生产企业。

(1) 借款用途。东部省份某新能源企业拟建设年产 147 亿 Wh 新能源锂离子动力项目,该项目生产的锂电池主要用于新能源汽车。项目方的生产能力、工艺水平、研发团队均处于国内领先水平,是动力锂电池产业链核心企业。

(2) 还款来源。本期项目总投资 36 亿元,拟向兴业银行申请贷款 15 亿元,贷款期限 5 年,以项目建成后产生的收益和现金流还款,追加项目机器设备抵押。

(3) 适用性认定。项目借款用途、借款主体和还款来源等均符合项目融资的特征,总投资达到 36 亿元,超出 1000 万美元,符合适用赤道原则的项目融资的要求,属于适用赤道原则的项目融资。

(4) 环境与社会敏感性分析。前期审查发现,该项目产生的不良影响包括建设和运营期间的污水排放、大气污染物排放和噪声等,对环境和社会可能造成的不利影响有限,大部分可逆并可采取减缓措施,属于适用赤道原则的 B 类项目。

(5) 赤道原则行动计划。完成项目的前期审查后,兴业银行启动了授信前的环境与社会风险尽职调查程序,聘请具有相应资质的第三方环境与社会专家进行现场调查,并依据赤道原则和国家法律法规的要求制订有针对性的整改行动计划,主要包括:①参照同行业环境和社会管理良好实践及国际金融公司绩效标准,完善公司环境和社会管理体系。②完善公司应急准备和体系，制定与周边社区、当地政府等利益相关方的事故应急响应联动机制，制订并实施适宜的利益相关者参与计划。③持续改进劳工和工作条件。

（6）环境与社会风险审查。根据环境与社会风险尽职调查报告、行动计划及相关材料，兴业银行要求借款人将行动计划作为借款合同附件签署，并落实执行；落实环境影响评价报告书及其批复文件中提出的废气、废水、噪声、固废污染防治以及环境风险管理措施，办理相关竣工验收手续，确保项目建设、运营依法合规。

2. 产业链相关企业。

（1）借款用途。东部省份某新材料企业拟建设锂离子电池用功能性隔膜新材料项目，隔膜是锂电池最重要的材料之一，该项目生产的功能涂层隔膜是在隔膜的基础上做进一步优化加工。未来随着隔膜市场需求的快速增长，功能涂层隔膜的市场需求量也会增长。该项目位于当地政府主推的"千亿新能源产业园"核心区域，下游企业是以前述新能源企业为主的锂电池制造商。

（2）还款来源。本期项目总投资3亿元，拟向兴业银行申请项目贷款1.7亿元，期限5年，以项目建成后产生的收益和现金流还款，担保方式为土地使用权及后续在建工程、生产设备提供抵押担保，追加母公司连带责任保证。

（3）适用性认定。项目借款用途、借款主体和还款来源等均符合项目融资的特征，总投资3亿元，超出1000万美元，符合适用赤道原则的项目融资的要求，属于适用赤道原则的项目融资。

（4）环境与社会敏感性分析。前期审查发现，该项目产生的不良影响包括建设和运营期间的污水排放、大气污染物排放和噪声等，对环境和社会可能造成的不利影响有限，大部分可逆并可采取减缓措施，属于适用赤道原则的B类项目。

（5）赤道原则行动计划。完成项目的前期审查后，兴业银行启动了授信前的环境与社会风险尽职调查程序，聘请具有相应资质的第三方环境与社会专家进行现场调查，并依据赤道原则和国家法律法规的要求制订有针对性的整改行动计划，主要包括：①建立健全环境、社会及职业健康和安全综合管理系统；②制订利益相关者参与计划，促进承包商和主要供应商落实环境与社会管理要求；③对工作场所进行职业病危害因素检测，定期组织相关员工职业健康检查。

（6）环境与社会风险审查。根据环境与社会风险尽职调查报告、行动计划及相关材料，兴业银行要求借款人将行动计划作为借款合同附件签署，并落实执行；落实环境影响评价报告书及其批复文件中提出的污染防治及环境风险管理措施，办理相关竣工验收手续，确保项目建设、运营依法合规。

（7）小结。当地政府力推的"千亿新能源产业园"是以主营动力锂电池的新能源企业为核心，吸引其上下游企业进驻，拉动地区经济发展的战略部署。通过对产业链核心企业及其上下游企业适用赤道原则这一国际通行的项目融资环境与社会风险管理框架，可以评估并改善其既有风险管理体系和制度，使客户的抗风险能力沿产业链更进一步，具备更高的安全性，降低风险，在实现自身竞争优势的同时，促进当地社会、经济、环境可持续发展。

（四）帮助客户规避政策风险——造纸行业

1. 借款用途。

中部地区某纸业有限公司拟在工业园区建设 15 万吨/年石膏板面纸生产线和 15 万吨/年石膏板底纸生产线，以及辅助工程及公用、环保设施项目。该项目以旧瓦楞箱板纸、国内废纸和旧报纸为原料，是全省造纸产业大型项目，也是当地政府重点招商引资项目。项目建成后，将实现同行业全国领先。

2. 还款来源。

项目总投资 3.8 亿元，拟向兴业银行申请贷款 2 亿元，以项目建成后产生的收益和现金流还款。据测算，项目正常达产年份销售收入可达 4.5 亿元，能够保证正常还款。贷款以土地使用权质押担保，并在项目建成后追加设备、厂房抵押担保。

3. 项目进展情况。

项目将采用严格措施节约用水和控制污染，从国外引进高端设备和先进技术，配合当地基础设施建设，以提高企业的核心竞争力和可持续发展能力，具有良好的经济效益和环境、社会效益。

4. 适用性认定。

项目借款用途、借款主体和还款来源等均符合项目融资的特征，总投资达到3.8亿元，超出1000万美元，符合适用赤道原则的项目融资的要求，属于适用赤道原则的项目融资。

5. 环境与社会敏感性分析。

前期审查发现，造纸项目通常会产生大量的污染物排放，但是可以通过技术管理手段进行污染物处理，该项目的环境和社会风险主要体现在职业安全健康、污染物控制以及对周边社区的影响，问题相对较少，基本局限于工厂及工业园区范围之内，通过适当的技术和管理手段，可以减缓或消除风险，属于适用赤道原则的B类项目。

6. 环境与社会风险尽职调查。

完成项目的前期审查后，兴业银行启动了授信前的环境与社会风险尽职调查程序，聘请具有相应资质的第三方环境与社会专家进行现场调查。在相关行政手续方面，申请人在职业病评价、取水许可、放射性仪器使用许可等方面存在问题。在对《环境和社会可持续性绩效标准》的符合性方面，申请人在环境与社会管理体系、社区参与制度和体系、培训和生产安全等方面存在一定瑕疵。在各类问题中，一个较为严重的隐患是事故池容量问题：申请人未按照环评报告和环评批复的要求修建6000立方米的事故应急池，而是拟通过预酸化池和二沉池提供相应的应急处置功能。以项目正常运行情况测算，预酸化池的富余容量约为3000立方米，无法满足事故池6000立方米的要求，存在3000立方米的缺口。

7. 赤道原则行动计划。

根据尽职调查发现的问题，依据赤道原则和国家法律法规的要求制订有针对性的整改行动计划，主要包括：

（1）在行政许可方面，补齐职业病控制效果评价，完善放射源设备影响评价，办理取水许可。

（2）在事故池容量方面，论证项目替代方案的可行性，通过环保部门竣工验收。

（3）对承包商用工制度进行约束，完善施工安全管理。

（4）完善员工福利制度等。

8. 环境与社会风险审查。

根据环境与社会风险尽职调查报告、行动计划及相关材料，兴业银行在环境与社会风险审查结论中提出：

（1）作为放款和贷后管理的要求，申请人必须将行动计划作为贷款合同附件进行签署；实施行动计划的各项要求，落实各项竣工验收手续，并逐步建立健全企业的环境与社会风险管理体系等。

（2）从法规要求和项目运营的实际情况来看，未按照标准建设事故应急池不仅存在被环保部门处罚的风险，特殊情况下还有可能造成重大的环境污染事故。同时，如果在项目建成后进行补充建设，将耗费更大的时间和成本，因此要求申请人按照标准建设事故应急池。

9. 小结。

适用赤道原则这一国际通行的项目融资环境与社会风险管理框架，可以使项目融资具有更多的确定性和安全性，为客户降低风险成本，助力客户规避风险。通过深入沟通交流，最终企业承诺按照相关标准容量建设事故应急池。在项目落地不久，国家环保部针对造纸行业开展环保专项检查，当地未按照相关标准建设事故应急池的造纸企业均受到处罚，部分违规造纸企业被责令停产整顿，而该项目由于环保手续完备，环保设施达标，其生产经营活动丝毫未受影响。

第四节　赤道原则在国内的发展情况

一、赤道原则对绿色信贷的推动

（一）理念融通

从2003年赤道原则诞生到2006年赤道原则修订，再到2013年6月起正式实施赤道原则Ⅲ，与时俱进的赤道原则已经成为可持续金融领域最重要的原则之一，更是国际金融机构践行企业社会责任的具体行动体现。

对监管机构而言,赤道原则提供了先进的环境与社会风险管理的可持续发展理念,有助于推动银行业从战略高度重视绿色信贷,加大对绿色经济的支持力度,充分发挥银行业金融机构在引导社会资金流向、配置资源方面的作用,防范环境与社会风险,提高自身的环境和社会表现。例如,银监会《节能减排授信工作指导意见》提出银行业金融机构要将促进全社会节能减排作为重要使命和履行社会责任的具体体现,强化全体员工的节能减排意识,全面掌握节能减排政策法规和标准,大力增强授信工作的科学性和预见性;还提出银行业金融机构项目授信分类管理指导原则,银行业可根据借款项目对环境的影响程度将其分为 A 类、B 类和 C 类,并对不同类别的项目提出相应的风险评估和风险控制要求。项目信贷分类制度与作为国际赤道原则十项原则之一的项目社会与环境评估原则的思想如出一辙。

对于银行而言,通过采纳赤道原则,建立起银行全面的社会与环境管理政策和企业文化,通过系统的方法来识别、确定、评估、管理信贷项目的环境和社会风险,并协助客户在项目全程履行环境与社会风险管理义务,以促进环境和社会的可持续发展,正是落实银监会绿色信贷的相关要求,同时履行银行社会责任,提高社会声誉,促进自身可持续发展。借鉴赤道原则的可持续发展理念,银行可以避免或减轻融资项目对员工、周边环境、社区、生态、弱势群体以及文化遗产等环境与社会因素的不利影响,减少政府、公众、环保公益组织可能提出的反对意见,树立银行勇于承担社会责任、积极促进社会和谐发展的健康形象,并增强银行的声誉,赢得利益相关者的支持,还有可能提升银行的评级,从而全面提升银行品牌、信誉和竞争力。

(二)工具借鉴

目前,可持续金融的理念在银行业已经被广泛接受,发展绿色信贷也已经成为银行业的共识。可持续金融不仅仅是理念的引入,还涉及系统、完整的操作方法和工具。

对于监管机构而言,可以参照赤道原则提供的有效方法和工具,对银行业提出明确的绿色信贷战略、组织、执行、方法等具体要求,指导银行业贯彻执行绿色信贷政策,推动绿色信贷促进中国经济绿色转型。2012

年,银监会发布《绿色信贷指引》,对银行业金融机构有效开展绿色信贷、大力促进节能减排和环境保护提出了明确要求,要求银行业金融机构配合国家节能减排战略的实施,关注项目以及自身的环境与社会问题,加强绿色信贷的组织管理,完善绿色信贷政策制度及能力建设,在授信流程中强化环境和社会风险管理,完善内控管理与信息披露。此指引与国际赤道原则的主旨思想十分吻合,参考借鉴了赤道原则的方法和工具。由此可见,我国信贷监管机构对赤道原则也做了深入研究,并将原则和思想逐渐应用到以推进中国绿色信贷促进中国经济绿色转型上。

对于银行而言,赤道原则是可持续金融领域最重要的参考原则,为银行在发展绿色信贷、进行社会和环境风险管理等方面提供有效的方法和工具,使银行在金融经营活动中,将绿色信贷的环境保护和可持续发展基本内涵充分体现,在信贷决策中把环境、社会因素相关的潜在回报、风险和成本融合进日常业务中。例如,赤道原则Ⅲ将适用范围从原来的项目融资和项目融资顾问活动,扩大到项目融资、项目融资顾问活动、与项目关联的公司贷款和过桥贷款等金融产品服务。银行从依据行业、领域或名单制管理执行准入和退出行为,进展为运用赤道原则所提供的方法、原则与操作指南等工具对信贷项目进行全面的、有针对性的、持续且主动的环境与社会风险管理行为。

二、我国银行采纳赤道原则情况

截至 2018 年 3 月,中国大陆及台湾地区共有 5 家银行宣布采纳赤道原则,分别是兴业银行(2008 年)、台湾国泰世华银行(2015 年)、台湾玉山银行(2015 年)、江苏银行(2017 年)、台北富邦银行(2017 年)。其中,后三家银行仍处于第一年宽限期,未进行赤道原则年度信息披露。下文将简要介绍台湾国泰世华银行和江苏银行采纳赤道原则的情况。

(一)国泰世华银行

国泰世华银行 2015 年宣布采纳赤道原则,成为台湾地区首家赤道银行。该行在履行企业社会责任和进行可持续发展的过程中,希望通过采纳赤道原则,以银行的金融核心职能为切入点,管理并降低环境与社会风险,把握环境与社会风险中的机会,同时积极优化内部授信管理机制,提升银行产品和服务,最终实现自身与社会共同发展。

1. 设立相关科室。

为更好地落实赤道原则规范,国泰世华银行在国际审查部下成立永续金融科(见图5-4),其职责主要包括:制定符合赤道原则项目融资的管理办法、流程及相关操作要点;对适用赤道原则的项目进行环境与社会风险审查,并给予建议及咨询;提供内部相关训练、沟通、追踪及信息披露等;监控适用赤道原则项目的贷后环境及社会风险管理等,并负责相关信息管理与分析等。

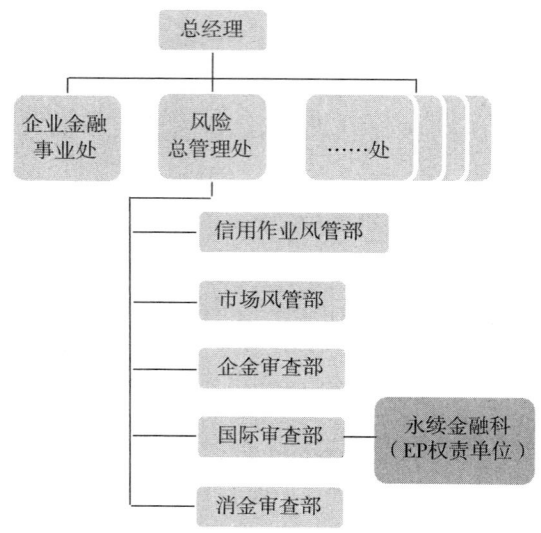

图5-4 国泰世华银行环境与社会风险管理架构

2. 完善规章制度与组织架构。

为落实赤道原则环境与社会风险管理策略,国泰世华银行建立健全赤道原则项目融资制度构架,主要内容包括赤道原则实践政策、管理办法、征授信与复审流程、风险评估信息系统等(见图5-5)。该行将符合赤道原则项目融资的环境与社会风险分类、评估、审查、合约签署及贷后管理等流程进行系统化安排,并与原有系统流程进行对接,进一步强化赤道原则项目的环境与社会风险管理。

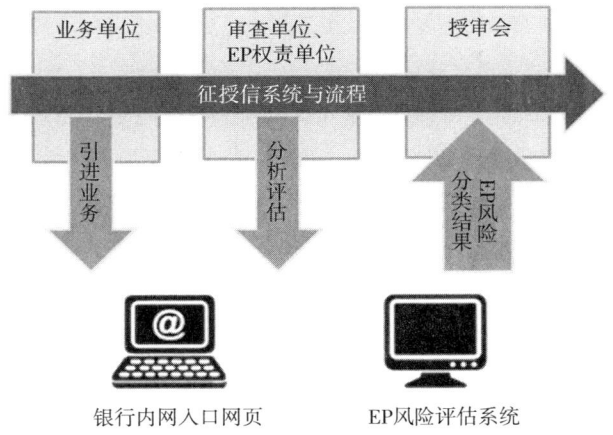

图 5-5　国泰世华银行环境与社会风险管理流程

3. 加强内部培训教育。

为强化总行、分行、支行相关人员对赤道原则规范的理解与掌握能力，国泰世华银行持续开展赤道原则相关教育培训，除介绍赤道原则精神、内涵与主要内容外，还针对赤道原则管理办法、征授信与复审流程、风险评估信息系统操作方式等开展培训。

4. 赤道原则项目执行流程。

当客户提出项目融资需求后，将由永续金融科根据金额及其他相关信息判断赤道原则适用性。若判断为适用，则请客户提供独立第三方环境与社会风险评估文件，将环境与社会风险纳入尽职调查内容，由永续金融科进行环境与社会风险分析，同时通过赤道原则风险评估系统决定案件分级，并拟定环境与社会风险审查意见报告，提交授信审查单位进行决策。

授信审查单位审批后，由永续金融科提供赤道原则承诺性条款，与客户签署相关合同。经营机构与永续金融科每年持续性监控，确保客户依照承诺进行管理。

2016 年，国泰世华银行参与银团贷款，联贷新台币 25 亿元，支持建设 2 部离岸风电机组项目，这是台湾地区首笔赤道原则项目融资。国泰世华银行表示，遵守国际赤道原则的企业必须付出额外的成本，但也只有优质企业才愿意额外用更高的标准去营运，国泰世华银行将继续支持这种企业。

（二）江苏银行

自 2013 年开始，江苏银行与国际金融公司开展合作，在能效融资、水务、固废处理、碳交易等领域进行交流培训，并由国际金融公司提供采纳赤道原则的相关资讯。2016 年，江苏银行在总行增设绿色金融与 PPP 事业部，牵头负责环境与社会风险管理及赤道原则相关工作，其他职责还包括负责全行绿色金融与 PPP 业务的推广，直接经营绿色金融与 PPP 项目，负责分行绿色信贷业务数据的统计分析工作，并按月报送绿色信贷项目储备情况，做好跟踪营销工作。同时，江苏银行在分行设立绿色金融直营团队，负责分行权限项目经营，打造专业化的绿色金融经营队伍。

江苏银行于 2017 年宣布采纳赤道原则，成为中国大陆第二家赤道原则金融机构，也是第一家采纳赤道原则的城商银行。作为江苏最大的法人银行，江苏银行采纳赤道原则，是江苏银行对全社会的庄严承诺，更是其作为一家上市银行的自觉担当。

江苏银行不断提升管理理念，提高实际操作水平，制定了赤道原则项目管理办法，积极展开赤道原则培训，组建专业化服务队伍，在全行稳步推行赤道原则，已逐步建立起符合赤道原则要求的环境与社会风险管理制度体系。同时，江苏银行协助客户做好项目环境与社会风险管理，按期向赤道原则协会提交赤道原则实施情况报告，并将相关情况披露在江苏银行官方网站上，接受公众监督。

2017 年 8 月，江苏银行首个适用赤道原则项目授牌仪式在江苏盐城举行，这也是全国城商银行体系的首个赤道原则项目。此次适用赤道原则项目贷款金额 2 亿元，用于建设滨海生活垃圾燃烧发电项目。江苏银行专门聘请第三方专业机构对项目进行了严格的环境和社会风险评估，以赤道原则指导客户，找出项目中潜在的环境风险，有针对性地制定行动方案，引导企业防范潜在风险。

（三）展望

继兴业银行、江苏银行之后，湖州银行也开始了申请采纳赤道原则之路，并根据赤道原则的相关要求，在顶层设计和完善制度流程体系方面开展工作。江苏银行与湖州银行等城商银行作为地方法人银行，采纳赤道原则支持绿色金融发展有其独特的优势，因为城商银行扎根于区域市场，对当地的经济、环境条件非常了解，可以基于地方特色，将金融与生态有机地结合起来。

随着企业社会责任意识不断加强，将会有越来越多的银行积极借鉴赤道原则进行环境与社会风险管理，在推动绿色发展、建设美丽中国的过程中，增强自身可持续发展的能力。

对兴业银行来说，随着"一带一路"倡议的深入推进，兴业银行将持续推动绿色金融商业模式的国际化，实现绿色金融经验和标准的国际输出，探索世界绿色发展的"中国方案"。兴业银行将以"一带一路"建设为契机，借鉴赤道原则建立起适用于"一带一路"、符合国际规范的绿色金融标准，并借助兴业银行"银银平台"等同业渠道和途径实现相关标准、技术和经验的输出和推广复制，共建"绿色丝路"，努力为实现全球可持续发展贡献中国智慧。

参考文献

[1] 赤道原则官方网站. http：//www. equator – principles. com/.

[2] 世界银行《环境、健康与安全指南》通用版本和特定行业版本. http：//www. ifc. org/wps/wcm/connect/topics_ ext_ content/ifc_ external_ corporate_ site/sustainability – at – ifc/policies – standards/ehs – guidelines/.

[3] 国际金融公司《环境和社会可持续性绩效标准》及《指导说明》. http：//www. ifc. org/wps/wcm/connect/Topics_ Ext_ Content/IFC_ External_ Corporate_ Site/Sustainability – At – IFC/Policies – Standards/Performance – Standards/.

[4] Citigroup. 2016 Global Citizenship Report [R]. 2017.

[5] Mizuho and the Equator Principles. https：//www. mizuho – fg. com/csr/business/investment/equator/principles/index. html/.

[6] Itaú Unibanco. Consolidated Annual Report 2016 [R]. 2017.

[7] Standard Bank Group. Social, Economic and Environment Report 2016 [R]. 2017.

[8] Access Bank. 2016 Sustainability Report [R]. 2017.

[9] 银行管理环境社会风险的实践、机遇挑战 [N]. 人民网，2012 – 05 – 17. http：//finance. people. com. cn/bank/GB/202475/239571/243551/index. html/.

［10］兴业银行.2016年可持续发展报告［R］.2017.

［11］国泰世华银行赤道原则执行机制.https：//www.cathaybk.com.tw/cathaybk/about/about/principle/#first－tab－02/.

［12］江苏银行.2016年度社会责任报告［R］.2017.

［13］潘晔.江苏银行在国内城商行中率先采纳赤道原则［N］.新华网，2017－01－21.http：//www.xinhuanet.com/fortune/2017－01/21/c_ 1120358286.htm/.

［14］王柯瑾，张荣旺.湖州银行申请采纳赤道原则［N］.中国经营网，2018－02－10.http：//www.cb.com.cn/finance/2018_ 0210/1224626.html/.

［15］马骏，周月秋，殷红.国际绿色金融发展与案例研究［M］.北京：中国金融出版社，2017.

［16］冯守尊，陈胜，汪云霞.赤道原则：银行业可持续发展的最佳实践［M］.上海：上海交通大学出版社，2011.

［17］兴业银行《赤道原则与银行可持续发展》课题组.从绿到金：基于赤道原则的银行可持续发展实证研究［M］.北京：中国环境出版社，2018.

第六章 源头活水

——绿色金融重点领域分析

加快生态文明体制改革，推动人与自然和谐发展，是党的十九大对美丽中国的期许与承诺。当前，我国正处于经济结构调整和发展方式转变的关键时期，为优化能源消费结果、促进节能减排、推动绿色金融重点行业发展提供了前所未有的政策土壤与市场机会。

鉴于此，有必要对绿色金融各重点领域（水、大气、固废、新能源、可再生能源及清洁能源）的行业现状、发展趋势以及市场机会进行较为深入的分析，并基于商业银行角度提出相应的行业思路与规划。

第一节 水资源行业分析

水是生命之源，水资源行业事关国计民生，是国家基础性的自然资源和战略性的经济资源，在未来国家经济社会发展中将长期占据重要的地位。

我国水资源丰富，但分布极不均衡且水质污染情况较为严重，水资源问题十分突出，能否合理利用与有效保护水资源已成为制约经济社会发展的重要因素。水利水务行业是对水力资源的开发和防止水灾的工程，以及由原水、供水、节水、排水、污水处理及水资源回收利用等构成的产业链，是对水资源合理利用及有效保护的具体体现，且具有弱经济周期特征，政策保障力度大，资产质量好，近年来受到资本市场的高度关注，是较为优质的绿色金融资产。

一、行业运行情况

从所在行业及分析对象来看,水利水务行业可细分为水利、供水、污水处理及再生利用、黑臭水体治理、海绵城市等五大重点细分市场,本章将重点分析以上细分领域。

(一)行业发展现状

1. 水利。

"十三五"时期是加快完善水利基础设施网络、全面深化水利改革、破解新老水问题、加快推进水利现代化进程的关键时期。根据水利部的统计,"十三五"期间全国水利建设规划投资初步估算规模为2.43万亿元,其中2016年全国水利建设投资规模达到6781亿元,较上年增加16.5%;2017年1~8月,全国落实水利建设资金规模6931亿元,继续保持在较高水平。

172项重大水利工程方面,2016年,172项重大水利工程在建项目106项。2017年初《政府工作报告》提出力争年内新开工15项重大水利工程、在建投资规模超过9000亿元、年度重大水利工程建设中央水利投资计划完成90%以上的目标,截至12月末,已开工重大水利工程16项,在建投资规模已突破9000亿元。

水利行业产业链包括水利工程设计、施工和养护。上游主要是建筑材料供应商、水电材料和水电设备供应商、输水管道供应商,下游主要是政府部门、城投公司和其他投资商。上游行业主要负责水利工程项目原材料供应,价格波动影响水利工程成本和毛利率,下游产业政策和投资规模变化将直接影响水利工程行业市场规模。近几年水利工程需求旺盛,行业保持高速增长。行业内主要龙头企业包括葛洲坝、三峡水利、安徽水利、钱江水利等。

2. 供水。

根据住建部发布的《2016年城乡建设统计公报》,2016年我国供水总量580.7亿立方米,其中生产运营用水160.7亿立方米、公共服务用水81.6亿立方米、居民家庭用水220.5亿立方米,供水管道长度75.7万公里。用水人口 4.70 亿人，人均日生活用水量 176.9 升，用水普及率 98.42%。2016 年，城市节约用水 57.6 亿立方米，节水措施总投资 29.5 亿元。

供水行业是我国传统市政行业之一，需求弹性小，发展较为成熟。其投资收益率相对不高，优势在于现金流稳定，具有区域性和规模经济特征。在商业模式上，主要通过征收水费实现收益；市场化改革下，水费将逐步上调。供水行业集中度较低，前 10 家最大企业占有的市场份额仅 16%，主要市场主体包括北控水务、首创股份、威立雅水务、中国水务投资、中法水务、中环保水务、重庆水务、深圳水务等。

3. 污水处理及再生利用。

根据住建部的公报，截至 2016 年末，全国城市共有污水处理厂 2039 座，比上年增加 95 座；污水厂日处理能力 14910 万立方米，比上年增长 6.2%；排水管道长度 57.7 万公里，比上年增长 6.9%。城市年污水处理总量 448.8 亿立方米，城市污水处理率 93.44%，比上年增加 1.54 个百分点，其中污水处理厂集中处理率 89.80%，比上年增加 1.83 个百分点。城市再生水日生产能力 2762 万立方米，再生水利用量 45.3 亿立方米。全国县城共有污水处理厂 1513 座，比上年减少 86 座；污水厂日处理能力 3036 万立方米，比上年增长 1.2%；排水管道长度 17.2 万公里，比上年增长 2.4%。县城全年污水处理总量 81 亿立方米，污水处理率 87.38%，比上年增加 2.16 个百分点，其中污水处理厂集中处理率 85.8%，比上年增加 2.34 个百分点。

与此同时，污水处理设施建设仍然存在着区域分布不均衡、配套管网建设滞后、建制镇设施明显不足、老旧管网漏损严重、设施提标改造需求迫切、部分污泥处置存在二次污染隐患、污水再生利用率不高、重建设轻运营等突出问题，城镇污水处理的成效与群众对水环境改善的期待还存在差距。

目前，我国污水处理行业基本上形成了以特许经营为核心的市场准入制度。根据财政部等四部委 2017 年 7 月发布的《关于政府参与的污水、垃圾处理项目全面实施 PPP 模式的通知》，新增污水处理项目将强制使用 PPP 模式。未来发展方向是城市污水处理市场的提标改造和农村生活污水增量市场。在经营方式上主要采用"低水价+财政补贴"的模式，污水处理价格上升速度滞后于用水价格，主要市场主体包括北控水务、首创股份、碧水源、中法水务、桑德国际、中环保水务、中国水务、粤海水务、威立雅等。

4. 黑臭水体治理。

按照《水污染防治行动计划》的要求，2017年直辖市、省会城市和计划单列市建成区基本消除黑臭水体，2020年地级及以上城市建成区黑臭水体均控制在10%以内，2030年全国城市建成区黑臭水体总体得到消除。根据住建部和环保部联合印发的《关于2017年第二季度全国城市黑臭水体整治情况的通报》，截至2017年6月底，全国地级及以上城市2100个黑臭水体中，完成整治工程的有927个，占44.1%；开工整治的有843个，占40.1%；正在开展项目前期工作的有252个，占12.0%；正在制定整治方案的有76个，占3.6%；尚未制定整治方案的有2个，占0.1%。截至2017年6月底，重点城市（直辖市、省会城市、计划单列市）681个黑臭水体中，完成整治工程的有348个，占51.1%；开工整治的有330个，占48.5%；正在开展项目前期工作的有3个，占0.4%。杭州、成都、昆明、西宁4个城市的黑臭水体整治已全部完工。沈阳、大连、长春、哈尔滨、合肥、福州、南昌、郑州、海口、银川10个城市的黑臭水体整治工程完工率低于40.0%。

由于近年来黑臭水体治理时间紧、任务重，很多地方沿用截污、清淤、换水等治标不治本的老办法，但黑臭水体问题的本质是污水直排和环境基础设施不完善的问题，是一项长远工程，需要长期的资金投入。黑臭水体治理项目将主要通过PPP模式开展，对收益要求不高的大型水利企业参与度较高，如中铁、中建、葛洲坝、中电建等。还款来源方面，主要依靠政府付费。

5. 海绵城市。

海绵城市是新一代城市雨洪管理概念，是指城市在适应环境变化和应对雨水带来的自然灾害等方面具有良好的"弹性"，也可称为"水弹性城市"，即下雨时吸水、蓄水、渗水、净水，需要时将蓄存的水"释放"并加以利用。

为了切实有效地推进海绵城市的建设，2015年和2016年，财政部、住建部和水利部选择迁安、白城、镇江、嘉兴、池州、厦门、萍乡、济南、鹤壁、武汉、常德、南宁、重庆、遂宁、贵安新区和西咸新区等16个城区作为第一批试点城市；福州、珠海、宁波、大连、玉溪、深圳、上海、庆阳、西宁、固原、三亚、青岛、天津、北京等14个城市入选第二批试点城市，共计30个国家试点城区，计划三年试点期内建成海绵城市区域面积922平方公里。目前，第一批试点城市已经全部公布了海绵城市建设项目实施规划，共设置各类项目3159个，总投资865亿元，每平方公里平均投资约为2亿元；第二批14个试点城市的建设工作也在有序开展。截至2017年4月底，海绵城市建设试点项目已建设面积420平方公里，完成投资约544亿元，其中中央财政累计拨付奖惩资金233亿元，地方财政投入资金239亿元，社会资本投入约182亿元，占33%。目前，兴业银行在济南、武汉、常德、嘉兴等海绵城市建设中有不同程度的参与。

除海绵城市试点城市以外，很多非试点城市也开始了海绵城市的建设，进一步推动了海绵城市的发展，目前已经有370个城市（含试点城市）提出海绵城市建设专项规划，涉及建设面积约10200平方公里。例如，湛江将投资约46亿元建设22.82平方公里的试点区域，聊城计划投资约11.7亿元建设约40平方公里试点区域，铜陵计划投资6.96亿元建设海绵城市建设项目22个等。

商业模式方面，目前国内海绵城市基本通过PPP模式开展。其中，含海绵体的生态公园、生态停车场等可以提供门票收入或者运营收入的自主经营项目回报机制为使用者付费，最终由消费用户直接付费购买公共产品和服务获得收益；污水处理厂、雨水收储利用、湿地再造等准经营项目，一般通过"运营收入＋政府补贴"实现盈亏平衡，最终由消费者和政府共同购买；而生态环境治理、市政道路、排水管网等公共产品和服务由政府直接付费购买。由于海绵城市建设项目的公益性，回报机制主要是政府付费和可行性缺口补助。截至2017年10月底，进入财政部PPP项目库的海绵城市合计85例，其中政府付费46例，可行性缺口补助36例，使用者付费仅3例；从项目规模来看，政府付费、可行性缺口补助和使用者付费项目的投资额分别为776.12亿元、643.35亿元和33.20亿元。

在中央政策的支持下,加之借助 PPP 模式解决资金问题,海绵城市的行业标准、建设模式逐渐明晰,并由试点城市加速向全国推广。从长期来看,海绵城市相关产业具有巨大的市场容量,未来将有越来越多的企业和城市参与到海绵城市建设中。

(二)行业发展趋势

从近年来水利水务行业重点政策(见表 6-1)梳理结果来看,水利基础设施建设受到空前关注,水务行业市场化、规模化趋势明显,黑臭水体与海绵城市投资窗口期明显。"十三五"时期是加快完善水利基础设施网络、全面深化水利改革、破解新老水问题、加快推进水利现代化进程的关键时期。在此期间,出于改善民生和应对经济下行的考虑,我国将借助 PPP 模式,不断加快大中型水利工程、城市治黑除涝工程的投建进度,确保完成各项规划;水务行业将进一步向民间开放,市场化改革加速,规模化、集团化将成为水务企业的发展方向。

表 6-1 近年来我国水利水务行业重大政策
(按细分行业政策发布时间排列)

细分市场	发布时间	发文机构	文件名称	文件要点
水利	2014 年 5 月	国务院	172 项重大水利工程	规划建设 172 项重大水利工程
水利	2016 年 8 月	国家发改委	《"十三五"重点流域水环境综合治理建设规划》	明确了重要河流、重要湖库、重大调水工程沿线、近岸海域、城市黑臭水体等五大重点治理方向
水利	2016 年 12 月	中共中央办公厅、国务院办公厅	《关于全面推行河长制的意见》	要求 2018 年底前全面建立省、市、县、乡四级河长体系
水利	2016 年 12 月	国家发改委、水利部、住建部	《水利改革发展"十三五"规划》	提出了"十三五"水利改革发展的总体思路、发展目标、主要任务、总体布局和政策措施,并规划了"十三五"水利项目清单

续表

细分市场	发布时间	发文机构	文件名称	文件要点
水利	2016年12月	水利部	《"十三五"全国水利扶贫专项规划》	以14个集中连片特困地区和片区外国家扶贫开发工作重点县为主要对象,着力加强农村饮水安全巩固提升工程、农田水利工程、防洪减灾工程、水资源开发利用工程、水土保持和生态建设、农村水电工程、基层行业能力、涉水管理能力等八大任务建设
水利	2017年7月	环保部、国家发改委、水利部	《长江经济带生态环境保护规划》	坚持生态优先、绿色发展的基本原则,以改善生态环境质量为核心,加强协调联动,强化水资源、水生态、水环境三位一体推进;坚持上中下游、重点地区、重大工程项目、重大制度体系创新同步落实,突出"和谐长江、健康长江、清洁长江、优美长江、安全长江"共建共享的理念
供水	2015年10月	国务院	《中共中央国务院关于推进价格机制改革的若干意见》	到2017年,竞争性领域和环节价格基本放开,政府定价范围主要限定在重要公用事业、公益性服务、网络型自然垄断环节。到2C20年,市场决定价格机制基本完善,科学、规范、透明的价格监管制度和反垄断执法体系基本建立,价格调控机制基本健全

续表

细分市场	发布时间	发文机构	文件名称	文件要点
供水	2016年9月	住建部等五部委	《关于进一步鼓励和引导民间资本进入城市供水、燃气、供热、污水和垃圾处理行业的意见》	鼓励民间资本通过直接投资、PPP、产业基金等方式进入市政供水、燃气、供热、污水和垃圾处理等行业，并鼓励大型企业通过资产兼并、并购重组等方式打造专业化、规模化集团，提高产业集中度
供水	2016年11月	住建部	《关于进一步加强城镇供水管理工作的通知》	要求加强城镇供水管网漏损控制、加强二次供水设施建设与改造，深化PPP模式应用，鼓励大型企业专业化、规模化发展，提高产业集中度
污水	2015年1月	国家发改委、财政部、住建部	《关于制定和调整污水处理收费标准等有关问题的通知》	2016年底前，设市城市污水处理收费标准原则上每吨应调整至居民不低于0.95元，非居民不低于1.4元；县城、重点建制镇原则上每吨应调整至居民不低于0.85元，非居民不低于1.2元
污水	2016年11月	国务院	《"十三五"生态环境保护规划》	到2020年，全国城市和县城污水处理率分别达到95%和85%左右，地级及以上城市建成区基本实现污水全收集、全处理，地级及以上城市污泥无害化处理处置率达到90%，敏感区域城镇污水处理设施应于2017年底前全面达到一级A排放标准，缺水城市再生水利用率达到20%以上

续表

细分市场	发布时间	发文机构	文件名称	文件要点
污水	2016年12月	国家发改委、住建部	《"十三五"全国城镇污水处理及再生利用设施建设规划》	"十三五"期间,将新增污水管网12.59万公里,新增污水处理设施规模5022万立方米/日,提标改造污水处理设施规模4220万立方米/日,新增污泥处理处置规模6.01万吨/日,新增再生水利用设施规模1505万立方米/日,共投资约5644亿元
污水	2017年3月	环保部、财政部	《全国农村环境综合整治"十三五"规划》	生活污水处理设施建设,包括污水收集管网、集中式污水处理设施或人工湿地、氧化塘等分散式处理设施。经过整治的村庄,生活垃圾定点存放清运率达到100%,生活垃圾无害化处理率≥70%,生活污水处理率≥60%
污水	2017年7月	财政部、住建部、农业部、环保部	《关于政府参与的污水、垃圾处理项目全面实施PPP模式的通知》	要求政府参与的新建污水、垃圾处理项目全面实施PPP模式
黑臭水体治理	2015年6月	财政部、环保部	《水污染防治专项资金管理办法》	将"城市黑臭水体整治"列入了专项资金重点支持的范围
黑臭水体治理	2015年8月	住建部、环保部	《城市黑臭水体整治工作指南》	要求2017年底前直辖市、省会城市、计划单列市建成区基本消除黑臭水体,2020年底前地级及以上城市建成区黑臭水体均控制在10%以内,2030年城市建成区黑臭水体总体得到消除

续表

细分市场	发布时间	发文机构	文件名称	文件要点
黑臭水体治理	2017年3月	住建部	《关于加强生态修复城市修补工作的指导意见》	全面落实海绵城市建设理念，系统开展江河、湖泊、湿地等水体生态修复；加强对城市水系自然形态的保护；综合整治城市黑臭水体
海绵城市	2014年12月	财政部、住建部、水利部	《关于开展中央财政支持海绵城市建设试点工作的通知》	对海绵城市建设试点给予专项资金补助，一定三年，直辖市每年6亿元，省会城市每年5亿元，其他城市每年4亿元
海绵城市	2015年10月	国务院办公厅	《关于推进海绵城市建设的指导意见》	要求将70%的降雨就地消纳和利用，到2020年，城市建成区20%以上的面积达到目标要求；到2030年，城市建成区80%以上的面积达到目标要求

1. 大中型水利项目仍是市场热点，关注农村水利设施建设机会。

当前，水利设施薄弱仍然是我国基础设施的明显短板，洪涝灾害、干旱缺水、水污染严重以及农田水利建设滞后等问题突出。人多水少、水资源时空分布不均、水污染严重、地下水过度抽采、管网建设不足等情况都要求在供调水、节水、治水等方面进行长期投入。随着《关于全面推行河长制的意见》《水利改革发展"十三五"规划》《"十三五"重点流域水环境综合治理建设规划》等政策规划的出台，大型水利工程迎来新一轮的投资高潮。

此外，农村地区水资源调控能力不足，骨干蓄水工程少，农田水利基础设施薄弱，农村饮水安全尚需巩固提升。《"十三五"全国水利扶贫专项规划》以《中国农村扶贫开发纲要（2011—2020年）》明确的14个集中连片特困地区和片区外国家扶贫开发重点县为重点扶贫区域，着力解决制约脱贫攻坚的水利瓶颈问题，力争到 2020 年水利基础设施公共服务能力达到或接近全国平均水平。可见，"十三五"时期我国将加大贫困地区水利投资规模，以政府投入为主，积极引导社会资金参与。

水利行业受政府规划和政策主导，对经济周期波动不敏感，是金融机构经济下行期重要的资产配置方向。国务院 172 项重大水利工程、《水利改革发展"十三五"规划》中的大中型水利项目仍是市场追捧的热点，《"十三五"全国水利扶贫专项规划》中涉及的重点扶贫区域也将成为水利建设项目的重要投资方向。

2. 城市供水管网漏损率改善空间较大，供水行业市场开放度逐步提高。

我国城市供水管网平均漏损率高达 20%，远超发达国家 8% 的水平，不仅造成水资源的浪费，还增加了供水成本，压缩了企业利润。"十三五"期间我国供水行业主要投资重点为城市供水设施改造升级，包括供水管网堵漏维护改造、水质提标改造、二次供水设施等，以及农村供水基础设施建设。商业模式方面，未来地方政府将加快退出水务平台，转而通过市场采购或特许经营等方式获得相关产品和服务，水务行业市场竞争机制将进一步完善。水务行业的公共属性决定了其产品和服务价格受政府严格管控，水务市场竞争机制的完善将为水务产品和服务的定价提供重要参考，未来水价联动调整机制有望进一步完善。产业集中度方面，整个水务行业并购整合趋势明显，水务集团向专业化、规模化方向发展。水费收缴方面，随着移动支付在各个领域的深入使用，水费收缴也成为金融机构和互联网机构的主要战场，预计"十三五"期间主要大中城市将实现水费收缴的移动终端全面覆盖。

3. 污水行业并购整合加剧，提标改造和农村污水设施建设是重要方向。

"十三五"期间，我国污水处理设施建设将由"规模增长"向"提质增效"转变，由"重水轻泥"向"泥水并重"转变，由"污水处理"向"再生利用"转变。工程建设方面，预计未来投资重点将集中在城市污水处理设施的提标改造、污泥处理和再生利用设施建设，以及农村污水处理设施建设领域。商业模式方面，污水处理行业特许经营模式已经较为成熟，新增项目将强制采用 PPP 模式，行业市场化程度将持续提升。产业集中度方面，一些大型水务企业在地区性市场饱和的情况下，通过横向跨区域并购快速提升运营规模，拓宽收入来源；此外，也有一部分企业通过上下游纵向并购促进产业链延伸，向综合性服务提供商转型，在传统业务市场日趋饱和、治污需求日益多元的背景下，"跑马圈地"式并购已无法适应行业发展需要，打造完整产业链、实现行业整合将成为未来水务行业并购交易的重要方向。

4. "十三五"期间黑臭水体治理项目将集中投建。

黑臭水体治理是当前城市建设规划的重点内容之一，住建部将黑臭水体与排水除涝协同推进，简称"治黑除涝"。目前，全国城市黑臭水体认定总数 2100 个，其中已完成 927 个，正在治理的有 843 个，正在制定方案的有 328 个（分省份分布情况见图 6-1），未启动的有 2 个。因此，预计主要投资工作将在 2017—2020 年完成，投资窗口期明确，还款来源主要依赖地方财政。

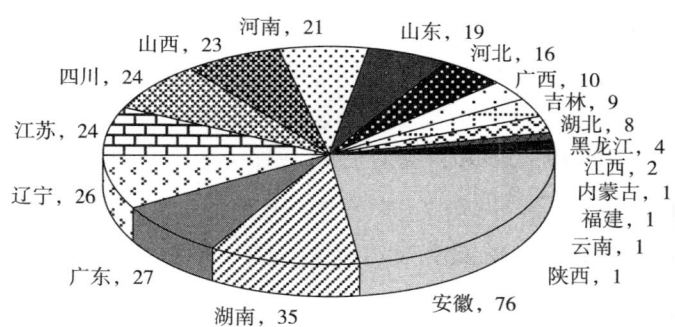

数据来源：全国城市黑臭水体整治监管平台，兴业研究。

图 6-1　分省份方案制定黑臭水体数量分布

5. PPP 模式将成为海绵城市项目的主流商业模式。

海绵城市是我国加强城市基础设施建设的重要工作内容之一，主要建设期在 2030 年以前，有大量的资金需求，中央财政每年 12 亿~18 亿元的专项资金补助尚存在较大缺口，PPP 模式将成为海绵城市建设项目的主要模式，还款来源主要依赖地方财政。

(三) 市场机会

1. "十三五"规划中的大中型水库、重大水利项目投资等市场机遇。

水利基础设施建设是党的十九大倡导的生态文明理念与习近平总书记"两山"理论的重要抓手之一。"两山"理论就是要做好发展与保护的协调，做好水源地保护，开发备用水源与应急水源。生态发展要顾及工业生产用水与城镇居民用水安全，水利基础设施建设是最直接、最有效的保障方式。

"十三五"水利发展规划、国务院重大水利工程规划中布局的大中型水利项目和"十三五"全国水利扶贫专项规划涉及项目，是我国今后一段时期水利基础设施建设的重中之重，事关国计民生，资金需求旺盛，银行等金融机构应积极参与。根据水利部的测算，预计"十三五"期间水利总投资约 2.43 万亿元，172 项重大水利工程预计总投资 1.7 万亿元，截至 2017 年末已开工建设 122 项，投资超过 9000 亿元，剩余投资空间约 8000 亿元。

2. 供水企业提标、堵漏等业务机会。

项目建设方面，供水行业主要业务机会在于提标改造、配套管网建设及堵漏维护、二次供水等市场，合同节水管理也是可以考虑的投资方向。同时，农村供水普及率偏低，政策对农村供水设施建设支持力度较大，也是供水行业的重要投资方向之一。此外，当前水务市场并购频繁，银行等金融机构可积极支持供水企业并购重组、运营维护等资金需求。预计"十三五"期间我国将新增供水能力 270 亿立方米，建设市场规模 800 亿元以上，供水领域年运营市场规模将超过 1600 亿元。

同时，水费代收和移动支付作为一种便民措施，在"十三五"期间必将完成主要城市的覆盖，银行等金融机构可积极开发相应产品，锁定水费沉淀。

3. 污水管网、提标改造、污泥处理以及产业整合等金融合作机会。

城市污水处理市场的主要投资机会在于污水处理设施提标改造、污泥处理和再生水利用设施建设领域，而农村污水处理率偏低，根据《全国农村环境综合整治"十三五"规划》，到 2020 年农村污水处理率将提高到 60% 以上，污水处理设施建设需求较大。同样，污水处理市场并购仍处于高峰期，金融机构可积极协助企业开展项目并购和资产重组。

根据《"十三五"全国城镇污水处理及再生利用设施建设规划》，全国城镇污水处理及再生利用设施建设共投资约 5644 亿元。其中，各类设施建设投资 5600 亿元，监管能力建设投资 44 亿元。设施建设投资中，新建配套污水管网投资 2134 亿元，老旧污水管网改造投资 494 亿元，雨污合流管网改造投资 501 亿元，新增污水处理设施投资 1506 亿元，提标改造污水处理设施投资 432 亿元，新增或改造污泥无害化处理处置设施投资 294 亿元，新增再生水生产设施投资 158 亿元，初期雨水治理设施投资 81 亿元。

4. 尚未完成的 1100 多个黑臭水体治理项目存在大量资金需求。

随着生态文明建设与美丽乡村建设的同步开展，城镇与乡镇污水与黑臭水体治理受到前所未有的重视，黑臭水体治理重心正在逐步下沉。截至目前，仅城市黑臭水体方面，全国 295 个地级及以上城市中确认的 2100 个黑臭水体中，尚未开始整治的数量就达 330 个，合计治理长度约 570 公里；预计 2020 年以前黑臭水体治理市场规模将超过 4000 亿元，2030 年消除全部城市建成区的黑臭水体所需投资将超过 7000 亿元。商业银行等金融机构参与黑臭水体治理的市场投资空间很大。

5. 海绵城市项目万亿元级投资带来的业务机会。

按照住建部估计的海绵城市建设每平方公里投资 1 亿～1.5 亿元测算，到 2020 年，总投资规模将达到 1.21 万亿～1.81 万亿元；到 2030 年，总投资规模将达 6.49 万亿～9.74 万亿元。截至 2017 年 10 月末，财政部 PPP 项目库中明确标注的海绵城市 PPP 项目已达 85 个，总投资额合计 1452.67 亿元，项目合作期限大部分在 15 年以上。海绵城市建设有大量的资金需求，商业银行可通过 PPP 服务模式介入。

二、水资源行业的总体思路与规划——基于商业银行视角

水是生命之源、生产之要、生态之基，水利水务事关国计民生。水利水务行业具有政策保障足、弱经济周期、资产质量高等特征。围绕水利水务不同细分市场，商业银行宜采用不同的商业模式分类营销推动：

（1）水库修复治理等水源地建设类项目与引水工程项目、供水行业扩大产能与提标升级类项目、污水处理行业扩大产能与提标升级及不适用PPP模式的项目，可基于对项目现金流判断按照市场方式运作。

（2）水库防洪加固与农田灌溉、新建污水处理项目、黑臭水体治理、海绵城市等依赖政府财政支出的项目，应重点通过PPP模式运作。

第二节　大气治理行业分析

近年来雾霾事件大范围频繁爆发已成常态，以PM 2.5和PM 10为特征污染物的污染事件引起全国人民的空前关注。大气污染表现在天上，根子在地上，加大排放企业的治理力度将是大气治理的必由之路。另外，环保监管高压常态化，以及污染物排放标准的提高，也将促使企业主动寻求环保设施改造升级。因此，大气治理依然是绿色金融业务推动的重点行业之一。

一、行业运行情况

我国大气污染的主要来源包括工业排放和民用排放，工业排放的一半来自电力行业，另一半来自钢铁、水泥和有色等非电力行业；民用排放主要来自集中供热行业。从大气治理层面划分，大气污染治理行业主要可分为脱硫、脱硝、除尘和挥发性有机化合物防治四个领域。

（一）行业发展现状

数据显示，在全国39.6亿吨煤炭消费总量中，非电工业领域耗煤量达18.2亿吨。钢铁、建材消耗了我国20%以上的煤炭消费量，贡献了我国工业烟尘一半以上的排放量、近40%的PM 2.5污染物，火电厂、钢铁冶炼企业、水泥制造企业分别是三大重污染行业污染物排放的首要来源。以2015年为例，三个子行业共排放二氧化硫664.9万吨、氮氧化物777.6万吨、烟（粉）尘321.2万吨，分别占重点调查工业企业排放总量的47.5%、71.5%和29.0%，但目前钢铁、建材这两个行业二氧化硫（SO_2）

及氮氧化物（NOx）削减率相比火电差距较大。

1. 脱硫、脱硝、除尘市场。

（1）火电厂脱硫、脱硝市场已经趋于稳定。在电价补贴政策的支持下，火电脱硫、脱硝在"十一五"和"十二五"期间取得巨大进展。截至2016年底，全国投运火电厂烟气脱硫机组容量约8.8亿千瓦，占全国火电机组容量的83.8%；已投运火电厂烟气脱硝机组容量约9.1亿千瓦，占全国火电机组容量的86.7%[1]。

（2）非电行业脱硫、脱硝市场正迎来机会。《全国生态保护"十三五"规划纲要》将工业污染源全面达标排放作为25项国家生态环境保护重大工程之一，并提出明确目标，包括限期改造50万蒸吨燃煤锅炉、工业园区污水处理设施。全国地级及以上城市建成区基本淘汰10蒸吨以下燃煤锅炉，完成燃煤锅炉脱硫脱硝除尘改造、钢铁行业烧结机脱硫改造、水泥行业脱硝改造。对钢铁、水泥、平板玻璃、造纸、印染、氮肥、制糖等行业中不能稳定达标的企业逐一进行改造。

2016年12月，环保部发布《关于实施工业污染源全面达标排放计划的通知》，要求到2017年底，完成钢铁、火电、水泥、煤炭、造纸、印染、污水处理厂、垃圾焚烧厂8个行业超标问题整治任务。目前，上述8个行业达标计划实施取得明显成效，到2020年底各类工业污染源将持续保持达标排放。

①钢铁行业：特别排放限值率先加严，烟气治理投资空间大。钢铁行业大气污染物特别排放限值率先加严。2017年6月环保部发布《钢铁烧结、球团工业大气污染物排放标准》修改单（征求意见稿），将烧结机和球团焙烧设备的颗粒物特别排放限值由 $40mg/m^3$ 调整为 $20mg/m^3$、二氧化硫由 $180mg/m^3$ 调整为 $50mg/m^3$、氮氧化物由 $300mg/m^3$ 调整为 $100mg/m^3$。

钢铁行业二氧化硫、氮氧化物主要由烧结、球团烟气产生，烧结机及球团设备环保设施安装率有待提升。脱硫方面，截至2015年底，全国烧结脱硫设施安装率62.5%，球团设备脱硫设施安装率31.11%；脱硝方面，钢铁企业普遍未采取脱硝措施。

---

[1] 中国经济信息网. 中国行业发展报告（年度篇）之生态环保 [R]. 2017.

根据《钢铁烧结、球团工业污染物排放标准》修改单（征求意见稿）进行测算，180平方米烧结机对应的脱硫、脱硝、除尘治理设施投资为8200万~1亿元，目前全国现有烧结机约900台，烧结机面积约11.6万平方米。在钢铁行业排放标准从严的背景下，大部分烧结机存在脱硫设施改造以及脱硝设施新建需求。据此测算，现有11.6万平方米烧结机烟气治理需要534亿~650亿元。

②水泥行业：烟气治理需求集中在脱硝改造。从污染物排放情况看，水泥工业烟气治理需求集中在脱硝改造。水泥工业是继电力、机动车之后的第三大氮氧化物排放源，而二氧化硫排放量不高，非金属矿物制品业烟（粉）尘去除率已接近99%，因此水泥制造企业烟气治理集中在氮氧化物减排。

水泥工业减排效率不及预期，仍存在较大的改造需求。2012年国务院发布的《节能减排"十二五"规划》要求水泥行业2015年氮氧化物排放量控制在150万吨。然而，《2015年环境统计年报》的数据显示，水泥制造企业氮氧化物排放量为170.6万吨，整个非金属矿物制品业氮氧化物去除率仅25%，存在较大的脱硝改造需求。

2. 超低排放市场。

超低排放技术是针对燃煤烟气中氮氧化物（NOx）、二氧化硫（SO_2）、烟尘（PM）排放提出的"50355"要求，即在基准氧含量6%的条件下，污染物排放浓度 NOx $< 50mg/m^3$、$SO_2 < 35mg/m^3$、PM $< 5mg/m^3$。目前燃煤机组烟尘排放量限额为$30mg/m^3$，燃气机组为 $5 \sim 10\ mg/m^3$；燃煤机组二氧化硫排放限额为 $200 \sim 400mg/m^3$，燃气机组为 $35 \sim 100mg/m^3$；燃煤机组氮氧化物排放限额为 $100 \sim 200mg/m^3$，燃气机组为 $50 \sim 200mg/m^3$。

"十三五"期间燃煤机组超低排放加速推进，预计2018—2020年整体增速将放缓。根据环保部的信息，燃煤机组超低排放改造量依次为2015年1.6亿千瓦、2016年2.8亿千瓦、2017年1.3亿千瓦以上，截至2017年10月我国已完成5.7亿千瓦燃煤火电机组超低排放改造；另外，根据改造项目合同单价9万~15万元/兆瓦估算，2018—2020年我国燃煤电厂超低排放市场空间为329亿~549亿元。

2018年1月16日《关于京津冀大气污染传输通道城市执行大气污染

物特别排放限值的公告》标志着"2+26"城市执行大气特别排放限值正式落地，范围从火电、钢铁延展至非电全行业，环保监管从2017年的无差别限产（全部限产）正式进入2018年的有差别限产（不达标者限产）阶段，工业企业加装超净排放设施成为复产盈利的必备条件。

3. 挥发性有机物污染防治市场。

挥发性有机物（Volatile Organic Compounds，VOCs）通常指大气中的有机污染物，是形成臭氧和PM2.5细颗粒物污染的重要前体物，其排放量、危害程度均不低于二氧化硫和氮氧化物。中国VOCs排放量仍呈增长趋势，数据显示，中国VOCs绝对排放量超过了2000万吨/年，主要来源包括工业污染源和生活污染源。

工业源主要包括石油炼制与石油化工、煤炭加工与转化等含VOCs原料的生产行业，油类（燃油、溶剂等）储存、运输和销售过程，涂料、油墨、胶粘剂、农药等以VOCs为原料的生产行业，涂装、印刷、粘合、工业清洗等含VOCs产品的使用过程。相关数据显示，仅石化行业VOCs排放量就达到300万吨/年。生活源包括建筑装饰装修、餐饮服务和服装干洗等。

《"十三五"挥发性有机物污染防治工作方案》明确提出，到2020年，建立健全VOCs污染防治管理体系，实施重点地区、重点行业VOCs污染减排，排放总量下降10%以上。此外，多地政府也出台了针对本地区及不同行业的VOCs减排工作方案，并且已经有21个省（自治区、直辖市）开始对VOCs征收排污费。

随着VOCs治理相关政策法规、标准的颁布实施，以及"十三五"期间将要进行的省以下环保机构监测监察执法部门垂直管理改革，加之工业污染源不断加强监管，预计VOCs治理市场将迎来爆发式增长。

从已经发布VOCs治理、整治方案的城市情况来看，各城市发布的VOCs治理重点企业数量在100~1000家，以平均300家计算，每家企业的治理费用按平均300万元计（实际上大型企业的治理费用达到几千万元至上亿元，小型企业的治理费用在100万元左右），每个城市的平均治理费用在9亿元左右。以全国200个城市和地区计算，则近3年的VOCs治理市场将达到1800亿元，平均每年600亿元。

据相关机构不完全统计，2015年，我国从事VOCs治理相关的企业不低于800家①。2016年,挂牌新三板的VOCs相关企业约19家,截至2017年9月已增长到33家,并出现了营业收入超过5亿元的企业。

(二)行业发展趋势

由于排放标准逐步趋严和成本上升等原因,工业废气处理单位费用持续上升,从2001年的0.69元/千立方米上升到2015年的2.72元/千立方米,推动了工业废气设施运行费用的持续上升。

火电行业烟气治理增速放缓,非电行业烟气治理市场将加速释放,多种污染综合控制的协同治理成为需求,脱硫脱硝除尘一体化将成为趋势。同时,火电领域的大气治理龙头企业在非电行业的治理中仍然具备较强竞争力,可关注这种"跨界"治理较为成功的企业。

1. 大气治理行业迎来发展机遇的现实基础。

2013—2015年,下游周期行业的整体盈利状况持续下滑,甚至出现过某些行业全行业亏损的状况。但进入2016年后,在中央供给侧改革和环保督察的大背景下,钢铁、金属冶炼、水泥、煤炭等周期性行业的盈利状况大幅改善,从各大公司的中报情况来看,2017年是钢铁、煤炭、金属冶炼等行业最近10年来盈利状况最好的年份,这也为下游行业的大气治理升级改造提供了现实的经济基础。

出于税收和就业的考虑,地方政府之前对于工业企业排污现象的监管和处罚并不到位,同时有别于燃煤电厂,非电行业民营企业占比高,在环保设施投入和维护方面的主动性相对不高,但区别于过去主要针对企业的监管和处罚,中央环保督察将环保纳入地方政府政绩考核,因此经过2017年新一轮全国性的中央环保督察以后,数万家企业被责令整改和关停,这表明了环保部和地方政府对于违法排污的零容忍态度。为了提升环境质量,同时倒逼产业升级,此次非电行业大气治理的广度和深度有望持续超预期。

2. 近年来大气治理行业相关政策(见表6-2)。

根据《"十三五"节能减排综合工作方案》的目标,到2020年,全国二氧化硫、氮氧化物排放总量分别控制在1580万吨、1574万吨以内,预计较2015年将分别下降15%和15%。

---

① 李瑞玲. 我国VOCs治理的发展现状与问题[R]. 2017.

表6-2 大气治理行业相关政策

时间	出台部门	要点
2013年9月	国务院	发布《大气污染防治行动计划》,确定了大气污染防治十条措施
2015年8月	全国人大常委会	修订的《大气污染防治法》以环境质量改善为主线,明确提出防治大气污染应当以改善大气环境质量为目标,提出了面向效果的环境治理,将VOCs纳入监测范围,从法律层面为VOCs监测提供了有力保障
2016年12月	环保部	发布《关于实施工业污染源全面达标排放计划的通知》,要求到2017年底,完成钢铁、火电、水泥、煤炭、造纸、印染、污水处理厂、垃圾焚烧厂8个行业超标问题整治任务
2017年3月	环保部等	发布《京津冀及周边地区2017年大气污染防治工作方案》,规定2017年9月底前,"2+26"城市行政区域内所有钢铁、燃煤锅炉排放的二氧化硫、氮氧化物和颗粒物大气污染物执行特别排放限值。每个城市完成5万~10万户煤改气、煤改电工程
2017年5月	环保部	发布《关于京津冀及周边地区执行大气污染物特别排放限值的公告(征求意见稿)》,首次提出对钢铁、建材、火电、锅炉、焦化、石化和油品储运销等多个行业的无组织排放控制措施要求,同时大幅提高钢铁行业大气污染物特别排放限值要求,并新增平板玻璃、陶瓷、砖瓦工业的特别排放限值
2017年8月	环保部等	发布《京津冀及周边地区2017—2018年秋冬季大气污染综合治理攻坚行动量化问责规定》,规定了"2+26"城市有关党政领导干部在大气污染综合治理工作中失职失责行为的问责工作

续表

时间	出台部门	要点
2017年9月	环保部、国家发改委、财政部等六部委	联合发布《"十三五"挥发性有机物污染防治工作方案》，全面加强挥发性有机物（VOCs）污染防治工作，到2020年，建立健全以改善环境空气质量为核心的VOCs污染防治管理体系，实施重点地区、重点行业VOCs污染减排，排放总量下降10%以上

3. 超低排放。

2014年9月，国家发改委等颁布《煤电节能减排升级与改造行动计划（2014—2020年）》，超低排放市场正式启动。2015年12月，环保部等三部委联合颁布《全面实施燃煤电厂超低排放和节能改造工作方案》，将超低排放的期限提前、范围扩大，要求东部地区提前至2017年完成超低排放改造；同时，提出将对东部地区的要求扩展至全国有条件地区，要求中部地区力争在2018年以前基本完成，西部地区在2020年以前完成。超低排放政策梳理详见表6-3。

表6-3 超低排放政策梳理

时间	出台部门	要点
2014年3月	国家发改委、能源局、环保部	共同印发《能源行业加强大气污染防治工作方案》，提出在试验示范基础上推广燃煤大气污染物超低排放技术
2014年6月	国家能源局	印发《关于下达2014年煤电机组环保改造示范项目的通知》，明确2014年煤电机组环保改造示范项目名单，要求13个环保改造示范项目原则上在2014年底前完成改造
2014年9月	国家发改委、环保部、国家能源局	联合印发了《煤电节能减排升级与改造行动计划（2014—2020年）》，明确了新建煤电机组的节能目标：全国新建燃煤发电机组平均供电煤耗低于300克/千瓦时；东部地区新建燃煤发电机组大气污染物排放浓度基本达到燃气轮机组排放限值，中部地区新建机组原则上接近或达到燃气轮机组排放限值，鼓励西部地区新建机组接近或达到燃气轮机组排放限值。同时，明确了新建煤电机组的减排目标：东部地区新建燃煤发电机组大气污染物排放浓度基本达到燃气轮机组排放限值，中部地区新建机组原则上接近或达到燃气轮机组排放限值，鼓励西部地区新建机组接近或达到燃气轮机组排放限值

续表

时间	出台部门	要点
2015年12月	国家发改委、环保部、国家能源局	联合印发《全面实施燃煤电厂超低排放和节能改造工作方案》，指出到2020年，全国所有具备改造条件的燃煤电厂力争实现超低排放（在基准氧含量6%条件下，烟尘、二氧化硫、氮氧化物排放浓度分别不高于10毫克/立方米、35毫克/立方米、50毫克/立方米）。全国有条件的新建燃煤发电机组达到超低排放水平。加快现役燃煤发电机组超低排放改造步伐，将东部地区原计划2020年以前完成的超低排放改造任务提前至2017年以前总体完成；将对东部地区的要求逐步扩展至全国有条件地区，其中，中部地区力争在2018年以前基本完成，西部地区在2020年以前完成。全国新建燃煤发电项目原则上要采用60万千瓦及以上超超临界机组，平均供电煤耗低于300克标准煤/千瓦时。到2020年，现役燃煤发电机组改造后平均供电煤耗低于310克标准煤/千瓦时
2015年12月	国家发改委、环保部、国家能源局	联合印发《关于实行燃煤电厂超低排放电价支持政策有关问题的通知》，对2016年1月1日以前已经并网运行的现役机组实行超低排放支持电价1分/千瓦时（含税），对2016年1月1日以后并网运行的新建机组实行超低排放支持电价0.5分/千瓦时（含税），上述规定自2016年1月1日起执行
2016年6月	国家能源局、环保部	出台《关于印发2016年各省（区、市）煤电超低排放和节能改造目标任务的通知》，要求2016年完成2.5亿千瓦超低排放改造
2018年1月	环保部	印发《关于京津冀大气污染传输通道城市执行大气污染物特别排放限值的公告》，要求京津冀大气污染传输通道城市（"2+26"城市）执行大气污染物特别排放限值

数据来源：根据国家发改委、国家能源局、环保部、西南证券网站相关内容整理。

《关于京津冀大气污染传输通道城市执行大气污染物特别排放限值的公告》，对"2+26"城市提出了现行最严的污染物排放标准，奠定了2018年大气治理的基调和方向。

4. 非电市场。

2017年6月环保部发布《钢铁烧结、球团工业大气污染物排放标准》等20项国家污染物排放标准修改单，钢铁烧结、球团工业大气污染物特别排放标准提高，新增平板玻璃、陶瓷、砖瓦工业大气污染物特别排放限值，未来非电行业大气污染物排放标准仍有提升、扩围空间，从而带动大气治理企业营业收入增速提升。

目前钢铁脱硫安装率近70%，但由于成本、监管等方面因素，真正达标的烧结机并不多，市场空间主要体现于改造领域。水泥行业虽然90%的水泥生产线安装了脱硝设施，但由于监管不力、技术尚待完善，达标率很低，新增市场主要来自改造市场。

5. 集中供热行业。

我国城市供热行业2002年以来取得快速发展，供热覆盖面积复合年均增长率达到11.9%，供热总量复合年平均增长率达到5.1%。从供热需求的类型来看，工业部门占比较高，但居民采暖的需求增速较高，占比不断提高。我国城市供热方式将长期处于以热电联产燃煤锅炉集中供热为主、多种供暖方式并存的局面。

（三）市场机会

1. 大气治理产业链情况。

从中长期角度看，防治结合将是解决大气污染的根本思路。随着大气污染防治力度加大，大气治理将进入细化阶段，未来清洁低碳、超低排放等技术的应用将进一步获得政策支持，掌握相关核心技术的企业有望迎来发展良机。据招商证券研究测算，大气污染治理将在"十三五"时期带来8500亿元市场空间，并将打开环境监测、电力超低排放、非电领域排放改造、汽车尾气治理四大领域的市场空间。

大气治理行业产业链上游主要包括减排设备及监测设备供应商、原料供应商和催化剂生产商，下游包括除尘、脱硫和脱硝工程的设计、安装、施工，设备运营以及监测等其他服务（见图6-2）。

（1）大气治理上游行业。在大气治理持续推进过程中，大气治理环保装备迎来难得的发展良机。前瞻产业研究院发布的《中国大气污染治理行业市场前瞻与投资分析报告》显示，2017年中国大气污染防治设备产量为

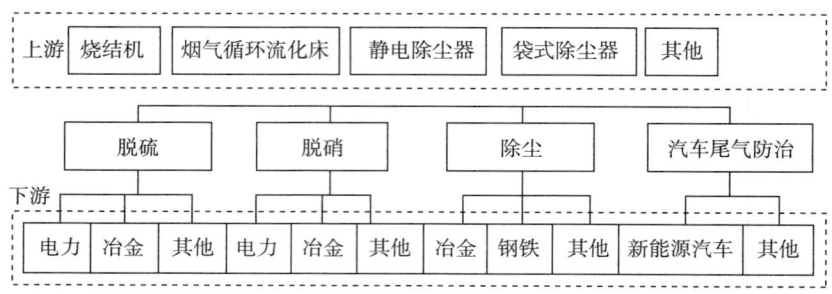

图 6-2 大气治理产业链

37.6 万台，未来五年年均复合增长率约为 9.50%，2021 年产量将达到 64.4 万台。

脱硫、脱硝、除尘技术已经比较成熟且设备供应商较多，设备供应商不具备议价能力；脱硫剂属于大宗工业原材料，市场化程度较高，原材料供应商也不具备议价能力。日益增加的二氧化硫排放量以及更加严格的政策和监管手段催生了大量的脱硫设备技改、重建需求以及新增的脱硝需求，脱硫市场的投资机会主要在于设备的提标改造。

催化剂则是脱硝市场的主要投资机会，脱硝改造工程利润并不高。脱硝催化剂技术含量较高，对脱硝效果影响大，催化剂每 1~2 年需要更换一次，需求比较稳定，使得脱硝催化剂供应商有较高的议价能力。从行业角度看，电力行业市场因为提标改造的要求不会快速萎缩，而其他非电行业的市场肯定会扩大。

（2）大气治理下游行业。工程服务行业、大气治理行业产业正在经历"设备制造—工程建设 EPC—投资运营—并购—综合服务"的产业演变过程，脱硫、脱硝公司也由单一的脱硫、脱硝服务商向脱硫、脱硝、除尘、除汞综合服务商进化。商业银行可以重点关注国企、上市民营公司以及拥有核心技术的民营企业。

污染源监测方面，随着工业污染源在线监测、空气重金属监测等在线监测市场逐步启动，对监测设备前期投入及后期运维服务的需求加大，带来市场的迅速扩容。据 E20 研究院统计，2014 年污染源烟气监测市场空间达到约 45 亿元，未来每年保持 10%~20% 的增长。

（3）商业模式。我国大气治理行业经历了一系列模式的演变，主要包括以下几种模式：EPC（工程总承包）、BOT（特许经营）、EPC＋C（工程总承包＋托管运营）、DBO（设计—建设—运营）。

BOT模式明显优于EPC模式，在特许经营期限内，脱硫服务商拥有相关脱硫、脱硝资产的所有权。BOT模式最大的优势在于其具有融资功能，可以解决融资难题，同时BOT模式具有可持续发展、盈利稳定等特点，但存在被治理企业能否及时付款的风险，需通过完善的特许经营协议进行规范。实际上，BOT模式、托管运营模式、DBO模式都属于合同环境服务模式的范畴。

2. 非电市场。

现阶段，大气治理行业的发展已经相对成熟，传统的电厂脱硫、脱硝业务开始萎缩，市场机会主要集中在提标改造市场、运维服务市场和非电力领域市场。

非电行业的市场空间将超过5000亿元。细分市场来看，非电行业大气治理市场空间排序为工业锅炉、钢铁、水泥，工业锅炉改造市场在2000亿元级别。

非电行业相对于电力行业而言，具有以下几个特点：

（1）非电行业在烟气工况和污染源方面比电力行业复杂，多数电厂使用的是单一煤炭，而水泥、玻璃、陶瓷、窑炉的原料燃料中存在一些重金属。

（2）非电行业如水泥、玻璃、陶瓷等行业的资金和技术都与电厂有较大差距，电厂有齐全的专业环保机构，非电行业很少设有专门的环保部门或专人来负责环保工作。从国家政策来看，对非电行业的关注和支持力度有待提高，电力行业脱硫、脱硝能争取到补贴电价政策，而水泥和陶瓷等非电行业难以享受到补贴政策。

（3）从国内技术发展来讲，由于非电行业环保技术力量较弱，由专业环保公司进行第三方运营是一个较好的解决办法。电力行业有补贴政策，而且经营稳定，如发电量和燃煤量等指标都非常稳定。但是，对于非电行业而言，受企业经营状况影响，很难保障环保公司的运营效果。

目前非电行业大气治理的主要参与者可以分为三类：一是大型企业集团下设的环保国企，主要包括大唐环境、远达环保、华电环保、国电龙源、山大能源、西安热工研究院、武汉都市环保等；二是已经上市的民企，主要包括龙净环保、菲达环保、永清环保、科林环保、清新环境等；三是未上市民企，主要包括宣化冶金环保、无锡东方环境、山东三融环保、上海立谊环保等。

3. 超低排放市场。

火电厂排放标准的历次提升、超低排放改造的提速扩围均推动大气治理企业营业收入增速提升。从目前的改造趋势和政策施压力度来看，2018—2020年改造量约为2.43亿千瓦，预计2018—2020年仍将新增煤电机组1.23亿千瓦，需配套建设环保设施，相比前两年的治理速度，电力行业的超低排放改造及新建项目仍然存在机会。

"2+26"城市执行大气特别排放限值的正式落地，首次对非电大气治理全面覆盖，非电领域的超净改造将在2018年加速启动。

4. 第三方治理模式。

专业化的污染治理是未来发展方向，尤其是超低排放成为行业整体的发展目标后，对治理技术、设备、运行管理的专业性要求都会显著提高。

治理模式上，部分政府付费类大气治理PPP项目已经开始实施。对于大气治理的市场化项目，第三方治理商业模式有望迎来黄金发展期。随着大气治理力度的加大、监管趋严，区域环境治理、环境咨询、环境服务等将会成为产业发展的热点，采用第三方治理服务将是今后的发展趋势。

然而，第三方治理也存在一些问题和挑战。第三方责任不明晰，实际操作中缺乏责任界定，同时第三方治污现行门槛较低，暂无过多资质要求，服务企业规模、技术差异较大，不仅直接影响治理效果，还可能引起恶性竞争；另外，目前第三方治理的领域比较有限，主要集中于在线监测系统和电镀、漂染等专业园区集中治理领域。前者是因为政策有要求，后者则是园区政府行为。其他行业企业个体采取专业化、市场化运营的非常少。

对于第三方治理模式较为成熟的行业，可以挖掘业务机会，但由于第三方治理公司的普遍特征是轻资产但同时拥有核心技术，因此在业务营销过程中要注意风险的把控，并关注抵押担保情况。

5."煤改气"业务机会。

根据我国《能源发展"十三五"规划》及《天然气发展"十三五"规划》等指引,到2020年天然气消费量占一次能源消费的比例将从2016年的6%提升至8%~10%。即用气量由2016年的2065亿立方米上涨至2020年的3600亿立方米,气化人口由2015年的3.3亿人提高到4.7亿人。全国天然气消费量同比增速需达到15%。2017年上半年,伴随着经济复苏和"煤改气"政策推动,我国天然气消费量增速为15.2%。

随着"煤改气"项目的持续推进,天然气行业新建和改造项目将会存在机会,商业银行可以关注管道气及LNG设施建设的业务机会,以及珠三角、长三角LNG热电联产电厂的建设项目。

6.集中供热。

我国集中供热覆盖率仍处于较低水平,目前仅在北方各省的主要城镇建有集中供热系统,南方城镇和我国广大的农村地区则基本没有集中供暖设施,仅能依靠天然气炉、空调、电炉和蜂窝煤等独立供热方式取暖。

随着城市和工业园区的经济发展,热力需求不断增长,集中供热将保持稳步发展。

二、大气治理行业的总体思路与规划——基于商业银行视角

展望"十三五",火电超低排放改造、"煤改气"、非电重点行业的脱硫、脱硝、除尘及VOCs治理及第三方专业化治理等方面存在较大业务机会。具体到行业而言,电力行业单体规模较大,规模效应显著;非电领域单体规模较小,规模效应将显著弱于电力行业。同时,非电领域包含各种工业过程烟气治理,污染物成分及比例不一样,烟气治理更需要个性化的设计以及参数调试,技术要求较高;另外,对于电力行业的超净排放项目,由于此类项目的商业模式较为成熟,通常实施主体较强,可以重点关注电力集团下属专业公司承揽的集团内部大气治理项目。

因此,建议商业银行等金融机构着眼于电力行业的超净排放行业及非电行业中实施主体及被治理企业的主体均较强、技术成熟的细分行业。

第三节 固废处理及资源循环利用行业分析

伴随着我国城镇化进程的加快和经济的日益发展,固体废物(以下简称固废)总量稳步增长,"垃圾围城"现象日益加剧,实现固废的减量化、资源化、无害化处理是当前的刚性需求。未来几年,我国固废处理及资源循环利用行业投资增速将高于环保行业整体投资。

固废处理及资源循环利用行业由于具有准公益性质,行业发展与国家政策支持密切相关。现有行业政策逐步完善,市场化的推进行业方向明确,处理需求逐步加大。鉴于该行业以往市场化程度不高,行业集中度低,现有行业整体情况呈现出"大行业,小公司"的特点,随着各项行业政策的出台和落实,以及垃圾处理领域 PPP 模式的全面实施,市场化进程将加速打破地方藩篱,既有产能规模大、资本实力雄厚、跨区域经营能力强的企业未来可实现"强者恒强",属于绿色金融领域的另一大优质资产。

一、行业运行情况

固废处理及资源循环利用行业主要包括工业固废、生活垃圾、危险废物处理、再生资源四个子行业。我国固废处理主要有三种方式:综合利用、处置和储存,其中以综合利用和处置为主。综合利用是指从工业固废中提取或转化生成可利用资源、能源或原材料,处置则是使用填埋、焚烧等手段处理固废,储存是将固废暂时储存或堆存在专门的设施或场所。

从行业的全产业链格局来看,固废处理及资源循环利用行业可分为上游、中游、下游三部分。上游主要是固废处理设备制造,中游包括固废处理工程和处理设施运营,下游包括废弃物资源回收循环利用等。其中,固废处理设备类企业主要从事固废处理设备的生产与销售;固废处理工程类企业主要为固废运营企业或下游企业提供设备安装和技术支持服务;固废运营类企业则专门从事固废处理业务,如各种填埋厂、垃圾发电企业等。

目前,活跃在固废处理领域的企业可分为三类:第一类是政府主导型的环保企业，第二类是专业投资运营公司，第三类是工程投资运营公司。其中，第一类企业获政府青睐的可能性最大，第二类企业享有更灵活的机制、市场化运作程度最高，而第三类企业则处于相对劣势，影响力有限。

（一）行业发展现状

1. 工业固废以综合利用为主，但处理能力不足。

工业固废主要指一般工业固体废物，包括尾矿、粉煤灰、煤矸石、冶炼废渣、炉渣和脱硫石膏等。根据环保部发布的《2017年全国大中城市固体废物污染环境防治年报》，2016年我国214个大中城市一般固体废物产生量达14.8亿吨，综合利用量8.6亿吨，处置量3.8亿吨，储存量5.5亿吨，倾倒丢弃量11.7万吨。一般工业固体废物综合利用量占利用处置总量的48.0%，处置和储存分别占21.2%和30.7%，综合利用仍然是处理一般工业固体废物的主要途径，部分城市对历史堆存的固体废物进行了有效的利用和处置。一般工业固体废物利用、处置等情况见图6-3。2016年城市生活垃圾产生量排名前十的城市见表6-4。

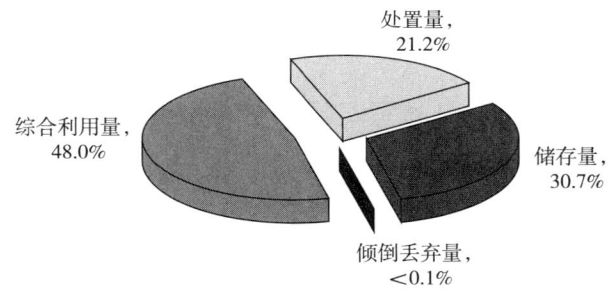

数据来源：《2017年全国大中城市固体废物污染环境防治年报》。

图6-3 一般工业固体废物利用、处置等情况

表6-4 2016年城市生活垃圾产生量排名前十的城市

序号	城市名称	城市生活垃圾产生量（万吨）
1	上海市	879.9
2	北京市	872.6
3	重庆市	692.9
4	广东省广州市	688.4

续表

序号	城市名称	城市生活垃圾产生量（万吨）
5	广东省深圳市	572.3
6	四川省成都市	535.0
7	浙江省杭州市	365.5
8	湖北省武汉市	356.5
9	陕西省西安市	346.8
10	广东省佛山市	341.3
合计		5651.2

数据来源：《2017年全国大中城市固体废物污染环境防治年报》。

2. 生活垃圾领域以填埋与焚烧处理方式为主。

根据环保部发布的《2017年全国大中城市固体废物污染环境防治年报》，2016年，我国214个大中城市生活垃圾产生量18850.5万吨，处置量18684.4万吨，处置率达99.1%。其中，上海年生活垃圾产生量最大，达879.9万吨，其次是北京、重庆、广州和深圳，产量分别为872.6万吨、692.9万吨、688.4万吨和572.3万吨，产生量排名前十的垃圾量占总量的30%。

目前我国城市生活垃圾主要以无害化处理为主，主要处理方式包括卫生填埋和垃圾焚烧。2016年全年大中城市的无害化处理率高达99%左右，有数十个城市的垃圾无害化处理率甚至达到100%的水平。在无害化处理中，垃圾焚烧处理方式的使用率也逐年提升，从2010年的18%左右提升至2016年的35%左右，垃圾焚烧量也从2973万吨提升至7547万吨左右，预计2017年全年我国城市生活垃圾焚烧率在40%左右，焚烧处理量在9468万吨左右，较2016年有明显上升。

（1）垃圾焚烧。

市场集中度不断提高。经过"十二五"期间产能的快速增长，垃圾焚烧产能于2016年达到28万吨/日。近年来，垃圾焚烧发电行业集中度不断提升。国家发改委、住建部发布《"十三五"全国城镇生活垃圾无害化处理设施建设规划》，提出到2020年底，直辖市、计划单列市和省会城市（建成区）生活垃圾无害化处理率达到100%；直辖市、计划单列市和省会城市垃圾得到有效分类，城市生活垃圾回收利用率达到35%以上。截至

2016年底，前十大垃圾焚烧企业的市场占有率已经接近80%。大部分产能集中在专业运营商手里，其余部分分布在地方环保公司和当地政府手里。随着市场进一步呈现集约化趋势，专业运营商的竞争优势越发凸显，地方产能将大概率地被行业龙头企业整合，行业集中度将继续提高，生活垃圾焚烧发电行业景气度将持续。

区域发展不均衡。目前在我国，垃圾焚烧的技术在区域分布上体现出很强的地域性：在东南沿海以及经济发达地区，大众对垃圾焚烧技术接受程度较高，则生活垃圾焚烧占比较高；反之，在中部地区则占比较低。中东部地区的垃圾焚烧整体情况领先，首先得益于经济较为发达，地方政府有较强的经济实力承担远超填埋、堆肥的建设和运行成本；其次，中东部城市的市场开放度高，政府契约意识强，地方保护相对弱，参与企业可充分竞争，从而吸引了资本和企业的涌入；最后，则是在该区域城市土地资源更为紧缺，公众对环保设施要求较高，对比填埋、堆肥的种种缺陷，主管部门最终更倾向于占地更少、污染更低、标准更高的焚烧技术。

同样，这种差异化也体现在垃圾处理补贴标准的区别上。政策的差异性一方面与垃圾发电项目所在的地域有关，东部发达地区补贴标准普遍较高，中西部地区偏低，如上海地区生活垃圾焚烧发电厂垃圾处理补贴标准超过200元/吨，而成都仅为70元/吨；另一方面与项目采用的焚烧锅炉技术有关，采用炉排炉的项目补贴标准一般为65~100元/吨，采用循环流化床的介于15~60元/吨。据测算，垃圾焚烧发电每吨产能的总成本为90~120元，若垃圾处理费为50~80元，每吨垃圾焚烧可发电250~280千瓦时，则上网电费收入为162.5~182元，总收入212.5~262元，其毛利率超过100%。

垃圾焚烧的盈利模式来自处理收费与发电收入。垃圾焚烧行业盈利模式清晰，其主要收入来自垃圾处理费和上网电费，成本主要为建设摊销和运营费用。对焚烧发电行业来说，处理费税率和补贴电价是影响收益的两个重要因素。2015年财政部和国家税务总局印发《资源综合利用产品和劳务增值税优惠目录》（财税〔2015〕78号），对前端处理费收入形成了一定影响，但是由于处理费占焚烧发电总收入的比重不到30%，17%×30%×30%约为1.5%，因此对收入影响不大。后端补贴电价方面，对比其他各种方式发电补贴定价，0.65元/千瓦时的电价比较合理。垃圾焚烧发电技术入选国家发改委2014年《国家重点推广的低碳技术名录》，同时作为我国目前大力推行的生活垃圾无害化、资源化的主要技术之一，补贴电价将保持稳定，从而保障垃圾焚烧项目发电收益。

（2）垃圾填埋。

随着2016年底《"十三五"全国城镇生活垃圾无害化处理设施建设规划》的发布，生活垃圾填埋功能将逐步转向。在土地资源日益稀缺的现状下，原生垃圾"零填埋"将逐步成为发展趋势。未来，垃圾填埋场将会从以前的普通生活垃圾填埋向处置生活垃圾焚烧填埋物转型，包括生活垃圾焚烧处理后的水、气、渣，如稳定化飞灰和炉渣，低浓度的填埋气体、硫化氢气体，以及低浓度渗滤液残余液等。通过角色定位的变化，在完成填埋场转型的同时继续推动垃圾焚烧产能的扩大。

我国的垃圾填埋行业以政府投资运营为主，仅有少量特许经营项目。领先企业一是技术含量较高，能够提供渗滤液处理工程一体化服务；二是注重资源回收利用，如填埋气发电等；三是以投资公司为平台，通过并购等手段快速切入和占据填埋市场。目前，垃圾收运系统的投入远远落后于处理系统，生活垃圾企业往往将更多的资金投入到焚烧和填埋等后端环节，但作为垃圾处理的前端环节，垃圾收运的完善和优化对垃圾综合管理系统的高效运行起着至关重要的作用。我国垃圾收运市场尚处于起步阶段，市场不规范、主体相对弱小、地方垄断强等诸多问题需要突破。

根据《中国统计年鉴（2016）》，城市生活垃圾无害化处理设施共有940座，其中生活垃圾卫生填埋场有657座，日均无害化处理能力为35.01万吨/日。相较2015年，卫生填埋场数量增加17座，日均无害化处理能力增加0.6万吨/日，尽管填埋处理总量有所增加，但卫生填埋占无害化总量的比例继续保持逐年降低的趋势，填埋占比从2015年的64%下降至60%。预计"十三五"期间填埋能力将保持稳定下降态势，未来几年中西部仍会有少量填埋场开工建设扩大填埋能力，但是部分已有垃圾填埋场随着接收能力临近限值逐步关闭，同时土地资源稀有的城市开始研究关闭填埋场并在原址建设垃圾焚烧厂方案，这些都为垃圾焚烧行业的发展进一步释放了市场空间。

(3) 餐厨垃圾。

我国餐厨废物处理设备建造起步较晚,"十二五"期间才开始大规模的试点建设作业。据不完全统计,截至"十二五"期末,全国已投运、在建、筹建（已立项）的餐厨废物处理项目（50吨/日以上）有118座,总计处理能力约2.15万吨/日,比"十二五"规划目标（餐厨废物处理设备242座,力求到达3万吨/日的处理能力）有一定距离。从投资估算看,"十三五"规划拟投资餐厨垃圾专项工程136亿元,较"十二五"规划金额增加24.77%,是"十三五"规划投资估算中仅有的两个增项之一,可见餐厨垃圾治理目前尚存短板,亟待弥补。"十三五"规划提到力争到2020年底形成4万吨/日的处理能力,30%的城镇餐厨垃圾经分类收运后实现无害化处理和资源化利用。餐厨垃圾的有效治理依赖于垃圾收运体系和垃圾分类工作的进一步完善,因此餐厨垃圾资源化利用与无害化处理的投资也将带动生活垃圾收运体系和垃圾分类领域前景向好。

目前我国餐厨行业竞争格局较为分散,单个企业处置规模相对较小。根据最新的统计数据,排名前七的餐厨垃圾处理企业处理能力平均为7150吨/日,共占据约51%的市场份额,排名第一的普拉克市场占比也仅为10.8%。普拉克是瑞典洛克比水务公司的下属子公司,也是唯一一家外资企业。普拉克于1993年进入中国市场,最早主要从事污水处理业务,2008年6月重庆餐厨垃圾处理一期项目厌氧系统为其接受的第一单餐厨垃圾处理项目,现已成为我国餐厨垃圾市场份额最大的企业。目前,北控、光大、首创等大型国企及上市企业也通过收购、并购等手段强势介入餐厨垃圾处理市场,抢占地盘,瓜分市场蛋糕,成为环保领域又一热门细分领域。

3. 危险废物处理领域。

危险废物主要包括工业危险废物和医疗废物。根据环保部发布的《2017年全国大中城市固体废物污染环境防治年报》,2016年214个大中城市工业危险废物产生量3344.6万吨,综合利用量1587.3万吨,处置量1535.4万吨,储存量380.6万吨。工业危险废物综合利用量占利用处置总量的45.3%,处置、储存分别占43.8%和10.9%（见图6-4）,有效利用和处置是处理工业危险废物的主要途径,部分城市对历史堆存的危险废物进行了有效利用和处置；214个大中城市医疗废物产生量72.1万吨，处置量72.0万吨，大部分城市的医疗废物处置率都达到了100%。医疗废物产生量排在前三位的省分别是广东、江苏、浙江（见图6-5）。

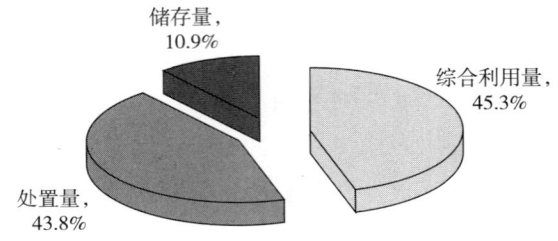

数据来源：《2017年全国大中城市固体废物污染环境防治年报》。

图6-4　工业危险废物利用、处置等情况

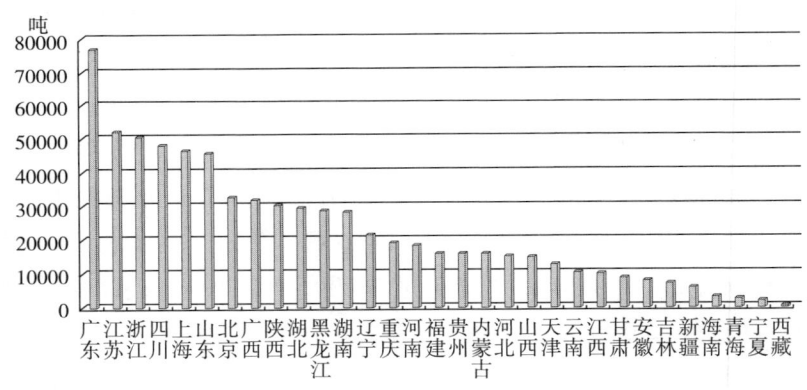

数据来源：《2017年全国大中城市固体废物污染环境防治年报》。

图6-5　2016年各省（自治区、直辖市）医疗废物产生情况

从行业整体看，危险废物处理行业商业模式较清晰，收益可观。从危险废物收集处置企业的角度出发，资源化和无害化的处置方式分别采取市场化价格和政府指导价格两种收费方式。对于资源含量较高的危险废物，处置企业向排污企业购买后，通过资源化处理方法提炼出相应的产品，以市场化定价方式出售并获得收入；对于资源含量较低的危险废物，处置企业通过向排污企业收取无害化处置费获得收入，处置费一般由地方物价局、卫生局、环保局等政府部门以指导价格方式确定，企业可在指导价格基础上实行一定幅度的调整。

综合来看，各地物价部门对于危险废物处置定价依据不同，价格最高和最低的省份差距甚至在10倍以上，而在危险废物处置过程中，实际价格和政府部门定价又有着相当大的浮动空间。总体上，无害化处理的行业平均净利润大约在1000元/吨，而资源化为500~700元/吨。从调研情况来看，危险废物企业无害化处置业务的毛利率通常接近60%，而资源化利用业务的毛利率也可以达到40%~50%，横向对比其他环保细分领域，危险废物处置收益可观，市场期待较高。

4. 再生资源领域。

再生资源指在社会生产和生活消费过程中产生的，已经失去原有全部或部分使用价值，经过回收、加工处理，能够使其重新获得使用价值的各种废弃物。从产业链上下游来说，主要包括回收与利用两个部分。其中，回收部分主要包括废旧物资物流上的收集运输集散等，利用部分包括回收之后再制造再循环的加工生产以及深加工阶段。

再生资源行业的产业价值链构成决定了其具有对宏观经济运行敏感度高、受大宗商品走势影响波动明显的特点。随着近两年国内经济增速放缓、金属原材料价格下滑以及税费等相关政策的影响，行业的整体盈利能力有所下降，具体行业呈现如下特点。

（1）龙头企业竞争力逐步增强。近年来，互联网介入再生资源回收领域，装备技术升级改造加快，新《环境保护法》颁布实施，对再生资源回收行业的要求不断提高，中小型企业原有的渠道优势逐渐削弱，经营成本压力越来越大，为行业提供了大量并购机会。在兼并重组浪潮中，葛洲坝、格力电器、格林美等行业龙头企业的主营业务范围逐渐丰富，经营范围拓展到了废弃电器电子产品、废塑料、废钢铁、报废汽车、废电池等品种的回收利用，处理方式由分拣、初加工向深加工方向延伸。在开拓国内市场的同时，格林美、启迪桑德等上市公司将目光投向海外，越来越关注国际知识产权的保护，重视专利技术的研发和标准的制定，进一步增强企业的核心竞争力，如启迪桑德拥有国内规模最大的企业设计研发团队；格林美已经拥有300余项专利，并参与制定了100多项国家和行业标准。

（2）以"两网"协同为代表的回收制度改革稳步推进。国民经济"十三五"规划纲要中明确，健全再生资源回收利用网络，加强生活垃圾分类回收与再生资源回收的衔接。商务部积极配合住房和城乡建设部推动生活垃圾清运网络和再生资源回收网络"两网"衔接工作，支持部分省市开展"两网"衔接试点工作，探索上游分类、中游运输、下游处理的系统工程，完善垃圾回收处理设施，减少垃圾二次分类，在提高再生资源回收利用效率的同时，达到建立生活垃圾减量化、资源化、无害化处理体系的目的。例如，北京市大胆改革，将再生资源回收职能由北京市商务委划归北京市市政市容委，由北京环卫集团整合全市再生资源回收网络，进一步提高回收效率；上海市在长宁区试点垃圾房改造，将垃圾分类点与再生资源回收站同步建设；广州则制定低值回收物的补贴政策，促进"两网"协同发展。

（3）回收行业创新步伐加快。随着互联网、物联网、大数据、云计算等现代信息技术与传统回收行业的结合，回收行业创新步伐加快。一是代表性强、示范推广性好的回收模式应运而生，如厦门废品大叔搭建微信、APP、PC端等再生资源回收交易平台，服务于企业和居民端客户，提高了再生资源回收交易的便捷性；深圳淘绿自主研发互联网回收服务平台，推动了传统回收方式向"线上交易服务+线下分拣"的"互联网+回收"方式的转变，极大地提高了废旧手机的回收效率。二是高效自动化分拣加工技术及设施被回收行业普遍应用。例如，上海燕龙基引进废玻璃自动分拣设备，大幅提高了分拣效率，实现了废玻璃的分拣精细化；江苏华宏自主研发的自动化废金属破碎分选系统提高了加工分选效率，提升了熔炼炉的使用效率，达到了节约能源和生产成本的目的。

（4）生产者责任延伸制度向多品种拓展。生产者责任延伸制度的核心是通过引导产品生产者承担产品废弃后的回收和资源化利用责任，激励生产者推行产品源头控制、绿色生产，从而在产品全生命周期中最大限度地提升资源利用效率。我国自从建立由电器电子产品生产者缴纳的处理基金以来，共有5批109家处理企业年处理"四机一脑"的能力达到1.5亿台，回收拆解总量接近3亿台，年均处理量增速达到58%。为进一步推行生产者责任延伸制度，2016年，国务院办公厅印发《生产者责任延伸制度推行方案》，明确生产者承担其产品全生命周期的资源环境责任，支持电器电子产品、汽车产品、铅酸蓄电池、饮料纸基复合包装等四类产品骨干生产企业通过开展产品生态设计、使用再生原料、保障废弃产品规范回收利用和安全处置、加强信息公开等方式积极推进生产者责任延伸制度。相关管理部门要不断完善配套政策法规体系，逐步形成责任明确、规范有序、监管有力的激励约束机制，推动生产企业切实落实资源环境责任，提高产品的综合竞争力和资源环境效益。

（5）包装废弃物回收日益成为热点。随着人民生活水平不断提高和网络购物迅速发展，各种包装使用量呈井喷式增长，我国每年包装废弃物产生量约为4000万吨。2016年，《推进快递业绿色包装工作实施方案》《关于加快我国包装产业转型发展的指导意见》等政策陆续出台，明确指出要在绿色化、减量化、可循环等方面取得明显效果，推动我国包装产业供给侧改革，加大研发投入，提升关键技术，提高产业的信息化、自动化和智能化水平，建立和形成绿色生产体系，提高标准管理水平和国际对标率，解决制约包装产业发展的瓶颈。企业层面也陆续开展了实质性的行动，菜鸟绿色联盟公益基金作为我国首个物流环保基金，专注于解决日趋严重的物流污染现状，推动快递包装创新改良，减少快递包装的浪费和污染。

随着经济步入新常态，需求增速放缓，预计"十三五"期间我国再生资源回收总量将稳中有升，再生资源价格将有所提高；同时，再生资源企业间的兼并重组将进一步加快，对于化解行业整体产能过剩将起到积极的促进作用；另外，再生资源回收利用企业将充分发挥互联网的创新驱动作用，向信息化、自动化、智能化方向发展，最终实现上下游企业间的智能化物流。随着国际产能合作的开展，大型企业集团在全球布局的步伐持续加快。

（二）行业发展趋势

近年来，伴随城镇化进程和经济发展，垃圾围城现象日益加剧，实现固废的减量化、资源化、无害化处理是当前的刚性需求。2016年底，国家发改委与住建部联合发布了《"十三五"全国城镇生活垃圾无害化处理设施建设规划》，统筹推进"十三五"全国城镇生活垃圾无害化处理设施建设工作。文件中的投资估算显示，"十三五"期间全国城镇生活垃圾无害化处理设施建设总投资约2518.4亿元。其中，无害化处理设施建设投资

1699.3 亿元，收运转运体系建设投资 257.8 亿元，餐厨垃圾专项工程投资 183.5 亿元，存量整治工程投资 241.4 亿元，垃圾分类示范工程投资 94.1 亿元，监管体系建设投资 42.3 亿元。

1. 工业固废示范基地项目存在机会。

工业固废行业相关政策见表 6-5。

表 6-5 工业固废行业相关政策

时间	部门	文件	主要内容
2014 年 12 月	国家发改委、环保部等 10 个部门	《煤矸石综合利用管理办法（2014 年修订版）》（2014 年第 18 号令）	新建煤矿及选煤厂禁止建设永久性煤矸石堆场，确需建设临时堆场（库）的，原则上占地规模按不超过 3 年储矸量设计，且应有后续综合利用方案
2016 年 9 月	工信部	《关于公布工业资源综合利用示范基地名单（第一批）的通告》（工信部节函〔2016〕365 号）	要求实施循环发展引领计划，推进城市低值废弃物集中处置，开展资源循环利用示范基地和生态工业园区建设
2016 年 11 月	国务院	《"十三五"生态环境保护规划》（国发〔2016〕65 号）	建设一批循环经济领域国家新型工业化产业示范基地和循环经济示范市县。到 2020 年，全国工业固体废物综合利用率提高到 73%

目前工业固废领域以综合利用为主，回收和综合利用率仍然偏低，特别是中西部地区，受地域资源和经济发展水平限制，大宗工业固废如尾矿、煤矸石、粉煤灰等的综合利用规模较小，该行业还没有形成产业，企业关注度不高，需要通过政策扶持、市场推动来加快发展。因此，作为领头羊的循环经济领域国家新型工业化产业示范基地和循环经济示范市县，以及产业固体废物综合利用和资源再生利用示范工程存在一定发展空间。

2. 生活垃圾仍将以垃圾焚烧为主要处理方式。

生活垃圾行业相关政策见表 6-6。

表6-6 生活垃圾行业相关政策

时间	部门	文件	主要内容
2016年4月	国家机关事务管理局、中共中央直属机关事务管理局	《关于在中央和国家机关推进餐厨垃圾就地资源化处理的通知》（国管节能〔2016〕183号）	实现餐厨垃圾资源化利用，国家机关事务管理局、中共中央直属机关事务管理局已落实项目补助资金，通过公开招标确定了13家餐厨垃圾处理设备入围企业
2016年10月	住建部等四部委	《关于进一步加强城市生活垃圾焚烧处理工作的意见》（建城〔2016〕227号）	到2017年底，建立符合我国国情的生活垃圾清洁焚烧标准和评价体系。到2020年底，全国设市城市垃圾焚烧处理能力占总处理能力的50%以上，全部达到清洁焚烧标准
2016年11月	国务院	《"十三五"生态环境保护规划》（国发〔2016〕65号）	加快县城垃圾处理设施建设，实现城镇垃圾处理设施全覆盖。到2020年，垃圾焚烧处理率达到40%
2016年12月	国家发改委、住建部	《"十三五"全国城镇生活垃圾无害化处理设施建设规划》（发改环资〔2016〕2851号）	"十三五"期间，全国规划新增生活垃圾无害化处理能力50.97万吨/日、新增收运能力44.22万吨/日，预计实施存量治理项目803个。到"十三五"末，力争新增餐厨垃圾处理能力3.44万吨/日
2017年7月	财政部、住建部、农业部、环保部	《关于政府参与的污水、垃圾处理项目全面实施PPP模式的通知》（财建〔2017〕455号）	政府参与的新建污水、垃圾处理项目全面实施PPP模式；有序推进存量项目转型为PPP模式；尽快在该领域内形成以社会资本为主，统一、规范、高效的PPP市场，推动相关环境公共产品和服务供给结构明显优化

生活垃圾焚烧处于细分领域的相对前端，根据国家规划，该产业仍存在20万吨的需求缺口。在国家政策引导和地方政府的大力支持下，焚烧处理能力在"十三五"期间仍会持续增长，但增速放缓；新增焚烧能力继续集中在东部沿海地区且项目平均规模大，并逐步向中西部及二三线城市转移，但项目平均规模有所下降。随着2017年《关于政府参与的污水、垃圾处理项目全面实施PPP模式的通知》的发布，垃圾处理项目的商业模式已从传统BOT模式全面转向PPP模式，并转战综合环境服务。垃圾焚烧将继续作为当前最符合国情的无害化处理方式得到大力支持。

3. 危废处理将迎来较大发展机遇。

危废处理行业相关政策见表6-7。

表6-7 危废处理行业相关政策

时间	部门	文件	主要内容
2016年12月	环保部	《危险废物鉴别工作指南（试行）（征求意见稿）》（环办土壤函〔2016〕2297号）	对危险废物鉴定的适用对象、鉴别单位的必备条件、鉴别程序及管理要求予以明确
2016年12月	环保部	《水泥窑协同处置固体废物污染防治技术政策》（公告2016年第72号）	技术政策发布之后新建、改建或扩建处置危险废物的水泥企业，应选择单线设计熟料生产规模4000吨/日及以上水泥窑；新建、改建或扩建处其他固体废物的水泥企业，应选择单线设计熟料生产规模3000吨/日及以上水泥窑
2016年11月	国务院	《"十三五"生态环境保护规划》（国发〔2016〕65号）	提出实施重点生态环保科技专项，开展重点行业危险废物污染特性与环境效应、危险废物溯源及快速识别、全过程风险防控、信息化管理技术等领域研究，建立危险废物利用处置无害化管理标准和技术体系

危废处置行业由于其广阔的市场空间以及高盈利性，逐步成为景气度最高的细分领域，而近年来爆出的危废事件更加推高了该行业的被关注度，随着政策法规利好的不断释放，该行业在"十三五"期间将迎来爆发式增长。危废处置技术按顺序主要分为预处理和最终处置两个阶段，具体包括化学处理、生物处理、固化/稳定化处理、安全填埋法处理和焚烧法处理，都将是未来重要的技术路线。

从整个危废行业发展趋势来看，虽然未来企业整合的机会将会不断涌现，外来并购者众多，但是由于危废治理的紧迫性和极大危害性，对并购者自身综合能力与资质的要求也较高，资质种类规模、技术运营经验、产业网络布局以及资金品牌效应等都成为重要的考量因素。因此，较早进入行业、具有显著先发优势的企业地位稳固，将在并购大潮中继续快速壮大。

4. 再生资源回收体系不断完善。

再生资源回收行业相关政策见表6-8。

表6-8　再生资源回收行业相关政策

时间	部门	文件	主要内容
2015年1月	商务部等	《再生资源回收体系建设中长期规划（2015—2020）》（商流通发〔2015〕21号）	明确到2020年，在全国建成一批网点布局合理、管理规范、回收方式多元、重点品种回收率较高的回收体系示范城市，大中城市再生资源主要品种平均回收率达到75%以上，实现85%以上回收人员纳入规范化管理、85%以上社区及乡村实现回收功能的覆盖、85%以上的再生资源进行规范化的交易和集中处理
2016年5月	商务部等	《关于推进再生资源回收行业转型升级的意见》（商流通函〔2016〕206号）	（1）树立行业发展的新理念； （2）推广"互联网+回收"的新模式； （3）探索"两网"协同发展的新机制； （4）探索提高组织化的新途径，继续鼓励连锁化经营，着力推动平台化发展，提升集聚化水平； （5）探索逆向物流建设的新方式； （6）鼓励应用分拣加工新技术

续表

时间	部门	文件	主要内容
2016年12月	工信部等	《关于加快推进再生资源产业发展的指导意见》（工信部联节〔2016〕440号）	基本建成管理制度健全、技术装备先进、产业贡献突出、抵御风险能力强、健康有序发展的再生资源产业体系，再生资源回收利用量达到3.5亿吨
2016年12月	国务院	《生产者责任延伸制度推行方案》（国办发〔2016〕99号）	将对电器电子、汽车、铅酸蓄电池和包装物等四类产品实施生产者责任延伸制度。到2020年，重点品种的废弃产品规范回收与循环利用率平均达到40%

再生资源领域涵盖范围较广，同时受宏观经济波动和大宗原材料价格影响明显，各子类别发展呈现分化状态。近年来，政策环境持续优化，汽车拆解以及电子废弃物处置行业存在一定的业务机会。

（三）市场机会

1. PPP模式在固废行业的全面实施。

2017年《关于政府参与的污水、垃圾处理项目全面实施PPP模式的通知》发布，明确指出政府参与的新建污水、垃圾处理项目全面实施PPP模式；有序推进存量项目转型为PPP模式；尽快在该领域内形成以社会资本为主，统一、规范、高效的PPP市场，推动相关环境公共产品和服务供给结构明显优化。

随着中国经济增长由高速变为中高速，地方财政收入增速放缓，政府对固废处理行业的投资能力减弱，PPP成为固废处理行业发展的必经之路，尤其是在地方政府财力有限、无法负荷较大规模环保工程建设支出的区域。实际上，我国已有固废行业PPP模式的大量项目案例，如垃圾焚烧发电领域常用的BOT商业运作模式即为典型的PPP模式，通过引入社会资本有效缓解地方政府的资本支出压力。以BOT模式为主的垃圾焚烧项目已历经十余年的发展，因此在固废领域采用PPP模式有很多经验可供借鉴。

2. 信息技术助力固废行业发展。

信息技术在固废行业的应用将更加广泛。以再生资源回收行业为例，再生资源回收向信息化、自动化、智能化方向发展，利用互联网、大数据开展信息采集、数据分析、流向监控，逐步整合物流资源，梳理回收渠道，优化回收网点布局，实现上下游企业间的智能化物流，完善再生资源回收体系。再生资源交易市场由线下向线上、线下结合转型升级，减少了回收环节，降低了回收成本，提升了企业竞争力。

3. 产业转型升级为固废行业带来发展机遇。

通过资源节约利用和固体废弃物的科学处理来改善生态环境。浙江"十三五"期间将建设美丽乡村"升级版"，目前浙江省全省已经建成58个美丽乡村示范县，全省农村共添置垃圾箱126万个，配备清运车7万多辆、保洁员6万多名。浙江美丽乡村"升级版"为乡镇的固废处理带来了发展机遇。

4. 通过调整产业结构来转变经济发展方式。

大宗工业固废综合利用是当前实现工业转型升级的重要举措，也是节能环保战略性新兴产业的重要组成部分。例如，山西作为国家重要的能源原材料生产基地，生产过程中产生了大量的煤矸石、粉煤灰、冶炼渣等固体废弃物，全省每年产生的工业固废超过1.7亿吨，综合利用率仅为46%，造成了严重的环境污染、生态破坏和资源浪费，制约了山西的可持续发展。因此，可以通过不断提高工业固废综合利用水平和资源化利用水平，实现从传统行业向环保行业的转型升级。

5. 创建卫生城市，为垃圾收集、清运、处置带来商机。

在创建卫生城市过程中，国家发改委、住建部等部门要求各级地方政府通过统一规划及安排，科学有序地开展城乡环境卫生一体化服务，建设内容包括区域环卫项目投资建设，城市生活垃圾经营性清扫、收集、运输、处理和建设公共厕所等，地方政府必然加大垃圾收集、清运、处置的投资，这为固废收集、处置带来了发展机会。

6. 重视食品安全，加速餐厨垃圾行业发展。

当前，由地沟油、"垃圾猪"等餐厨废弃物引发的各类食品安全问题备受社会关注，成为影响人民群众生命健康的一大难题。推动餐厨废弃物资源化利用和无害化处理作为发展循环经济、建设资源节约型和环境友好型社会、保障食品安全、提高城市生态文明水平的重要内容，有利于从源头上斩断地沟油回流餐桌和餐厨废弃物直接饲养畜禽等非法利益链，变废为宝、化害为利，实现社会效益、环境效益和经济效益的统一。

二、固废处理行业的总体思路与规划——基于商业银行视角

固废处理行业由于具有准公益性质，行业发展与国家政策支持密切相关。伴随城镇化进程和经济发展，垃圾围城现象日益加剧，实现固废的减量化、资源化、无害化处理是当前的刚性需求。未来几年，我国固废处理行业投资增速将高于环保行业整体投资增速。现阶段商业银行等金融机构应重点聚焦于特大城市、超大城市的生活垃圾处理、餐厨垃圾处理等项目。

另外，随着现有行业政策逐步完善、市场化推进固废处理方向明确，处理需求逐步加大。鉴于行业在以往市场化程度不高，行业集中度低，现有行业整体情况呈现出"大行业，小公司"的特点。随着各项行业政策出台和落实，以及垃圾处理领域 PPP 模式的全面实施，市场化进程将加速打破地方藩篱，既有产能规模大、资本实力雄厚、跨区域经营能力强的企业未来可实现"强者恒强"，商业银行等金融机构可重点关注具有行业龙头潜质企业的并购重组等扩展需求。

第四节　新能源与清洁能源行业分析

2014 年 6 月，习近平总书记在中央财经领导小组第六次会议上就推动能源生产和消费革命提出要求，指出要立足国内多元供应保安全，大力推进煤炭清洁高效利用，着力发展非煤能源，形成煤、油、气、核、新能源、可再生能源多轮驱动的能源供应体系；立足我国国情，紧跟国际能源技术革命新趋势，以绿色低碳为方向，分类推动技术创新、产业创新、商业模式创新，把能源技术及其关联产业培育成带动我国产业升级的新增长点。因此，大力发展新能源及可再生能源行业，对于优化能源结构、增加

能源供给、改善环境质量、促进节能减排具有重要意义。如何使丰富的新能源及清洁能源得到科学合理的开发利用，需要社会各方力量共同思考、协调与推动，让其更好地服务于美丽"中国梦"的建设。

新能源与清洁能源是两个不同的概念。新能源主要是相对于常规能源而言，包括氢能、水合物和阳光等。在中国，煤、石油和天然气都属于常规能源。生物质能也是常规能源，运用比较广泛；但是生物质能已经被纳入新能源范畴，利用形式是被直接转化为现代电力、液体和气体燃料使用。核能也属于新能源，在中国，技术主要是依靠引进模式，其发展有待提高。清洁能源即绿色能源，是指不排放污染物、能够直接用于生产生活的能源，它包括核能和可再生能源。可再生能源主要相对于不可再生能源而言，指能够周而复始地进行利用的能源，如太阳能和水能。不可再生主要是指由动植物埋藏后转化为碳氢化合物的化石能源，主要用于燃料使用，如煤炭、石油和天然气。由于化石能源在使用过程中会排放大量二氧化碳气体，导致全球变暖，而且经济快速发展导致化石能源消费增长，同时化石能源作为不可再生能源，过度开采使用会使全球面临严峻的能源危机，因此出现了低碳经济的呼声，未来需要大规模发展新能源和清洁能源，逐步取代化石能源。

综上所述，新能源与清洁能源行业涉及的细分领域广泛且复杂，本节主要将该领域的主要子行业——太阳能、风能、天然气、新能源汽车作为绿色金融重点行业进行阐述与分析。

一、太阳能子行业分析

太阳能无疑是目前地球上可以开发的最大可再生能源。根据对到达地球上的太阳辐射能量进行转化形式的不同，太阳能的利用可以分为光热利用和光伏发电两大类别。光热利用按温度可分为中低温和高温热利用：中低温热利用主要包括太阳能热水器、太阳能建筑供暖制冷、太阳能海水淡化、太阳能干燥等，高温热利用主要包括太阳能热发电及太阳能热化学等。光伏发电是利用半导体界面的光生伏特效应，将光能直接转变为电能的一种技术，这种技术的关键元件是太阳能电池。

从我国太阳能行业目前的发展情况来看，常规的光伏发电技术在我国已经发展稳定,技术相对成熟;而光热利用虽然很早就在国外兴起,但是在我国依然处于技术不断创新与改进的阶段。另外,从全球市场来看,光伏装机规模和发展速度远高于光热,光伏发电的经济性比光热更优,同时技术也更为成熟,如在光伏发电方面,晶体硅、薄膜和聚光电池等三种电池技术已经成功实现商业化,生产成本近十年降幅达到90%,电池转换率也以每年0.5个百分点的速度提升,相较光热发电有较大优势。本节以光伏发电行业为主进行阐述与分析。

(一)行业运行情况

1. 行业发展现状。

光伏行业包括从太阳能光伏电池的制备到应用开发所涉及的完整产业链。我们以晶体硅光伏产业链为例进行分析。

(1)行业总体情况。在整个晶体硅光伏产业链中,上游为硅料、硅片环节,中游为光伏电池片和组件的生产制造环节,下游为终端应用环节——光伏电站(见图6-6)。晶体硅光伏产业链的中上游环节技术壁垒较低,竞争激烈;下游的光伏电站主要分为地面电站和分布式电站两类,具有类固收产品属性,单个电站在运营周期中投资收益率稳定,但资金壁垒较高。

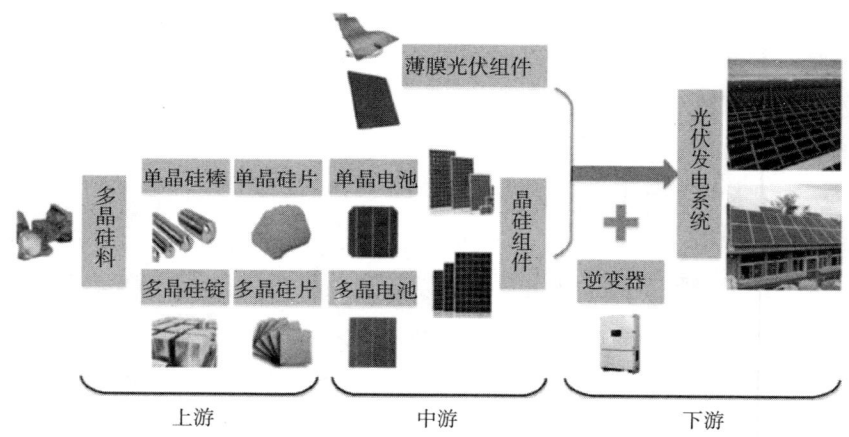

图6-6 光伏产业链架构

上游产业主要为硅料及硅片生产,其中晶硅制造属技术密集型行业;硅片产品工艺与投资设备相关,属资本密集型行业。2017年前三个季度,我国多晶硅和硅片的产量分别为17万吨和62GW，同比分别增长17%和44%。该行业集中度较高，主要生产企业包括新特能源、永祥股份、隆基股份、中环股份等。

中游产业主要为电池片和组件生产，其中将硅片加工为电池是实现光电转换的最核心步骤，因此电池片制造属资本和技术"双密集'型行业；组件属劳动密集型行业，中国的劳动力成本较低，因此组件环节成为我国最具竞争力的环节，也是遭受贸易壁垒最严重的环节。2017年前三个季度，我国电池和组件产量分别为51GW和53GW，同比分别增长约50%和43%，主要生产企业包括通威股份、晶科能源、东方日升等。

电池片和组件生产是中国最具优势的环节，成本低，产品主要用于出口，但因为低成本产品大量出口且受政策保护而享有不同程度的政府补贴，2011年以来欧美先后对中国电池组件进行"双反"调查，并签订MIP协议，从2013年底到2019年3月执行"价格承诺"，削弱了中国光伏产品在欧美的市场份额，导致部分厂商转而投向东南亚等新兴市场区域。2017年1~8月，电池片和组件出口量分别同比增长约39%和34%，但由于产品价格下降，出口额合计同比下降至80亿元左右，其中对印度出口占比最高，为23.3%。

下游产业主要为光伏电站，分为小型分布式光伏电站和大型集中式地面电站，除光伏组件外，还需逆变器、变压器、电缆等配套设施，涉及EPC商和运营商，属资本密集型行业。主要生产企业涉及保利协鑫、阳光电源等。

从需求端来看，全球及我国光伏市场持续快速增长。根据光伏行业协会的数据，2016年全球光伏电站的新增装机量为73GW，同比增长37%，预计2017年新增装机有望达到80GW以上，市场需求增量主要在中国、美国以及印度等新兴市场。其中，中国2016年新增光伏装机容量34.54GW，同比增长132.91%，其中集中式电站30.31GW，分布式电站4.23GW；累计装机容量77.42GW，同比增长79%，我国的新增和累计装机容量均为全球第一。根据国家能源局公布的数据，2017年上半年我国光伏装机达到24.4GW，2016年全国累计光伏发电量662亿千瓦时，占全国全年发电量的1.12%，占比小，但同比增长快，约为68.88%。其中，西北五省（区）光伏发电量为287.17亿千瓦时，占全网总发电量的4.57%；平均利用小时数为 1151 小时,弃光电量为 70.42 亿千瓦时,弃光率为 19.81%,弃光率有所下降,但依旧偏高[①]。

2017 年,受 "6·30 抢装潮"周期性显现影响,上半年新增光伏发电装机容量 24.4GW,其中新增集中式电站 17.29GW,同比减少 16%,新增分布式电站 7.11GW,同比增长 2.9 倍,2017 年国内新增装机达到 53.06GW;仅 6 月就新增光伏装机容量 13.15GW(集中式电站 10.07GW,同比减少 8%;分布式电站 3.08GW,同比增长 8 倍),同比增长 16%。整体来看,中国光伏发电装机容量受清洁能源政策支持以及上网电价逐年下调影响而呈现周期性快速增长趋势,其中分布式电站增速较快,而集中式电站增速趋缓。2017 年上半年,全国光伏发电量 518 亿千瓦时(见表 6-9),同比增加 75%,占全国上半年累计发电量的 1.75%;全国弃光电量 37 亿千瓦时,弃光率同比下降 4.5 个百分点,弃光主要发生在新疆和甘肃。整体来看,光伏电站规模及发电量均快速增长,弃光率有所下降,但西北地区弃光问题依旧较为严重。

表 6-9 中国光伏累计装机容量

	2012 年	2013 年	2014 年	2015 年	2016 年	2017 年 6 月
光伏电站累计装机容量(万千瓦)	419.80	1483.00	2338.00	3680.00	6710.00	8439.00
分布式光伏电站累计装机容量(万千瓦)	230.00	262.00	467.00	608.00	1032.00	1743.00
装机合计(GW)	6.50	17.45	28.05	42.88	77.42	101.82
光伏发电量(亿千瓦时)	—	90	250	392	662	518
总发电量(亿千瓦时)	48188	52451	56495	56184	59111	29598
光伏发电量占总发电量比重(%)	—	0.17	0.44	0.70	1.12	1.75

数据来源:国家能源局、Wind 资讯。

我国光伏增量市场由西部向中东部地区快速转移,市场结构由地面电站转向分布式光伏。光伏发电应用逐渐形成东中西部共同发展、集中式和分布式并举的格局。光伏发电与农业、养殖业、生态治理等各种产业融合发展模式不断创新,已进入多元化、规模化发展的新阶段。2016 年全国新增光伏发电装机中,从装机布局来看,西北地区为 9.74GW,占全国的

[①] 国家信息中心. 中经网 2018 年新能源行业发展报告——展望篇 [R]. 2017.

28%；中东部地区新增装机容量超过1GW的省份达9个，分别是山东、河南、安徽、河北、江西、山西、浙江、湖北和江苏，合计装机17.98GW。光伏发电向中东部地区转移速度加快；从光伏市场结构来看，分布式光伏发电装机容量发展继续提速，主要集中于浙江、山东、安徽三省，新增装机均超过1GW，同比增速均超过2倍，三省分布式光伏新增装机容量占全国的54.2%。2016年8月之后，分布式每月并网量占比都在50%左右，其中浙江、山东、江苏、广东等沿海省份新增分布式居前；宁夏、山西等依托于扶贫电站，新增规模也较大。

2017年上半年，华东地区新增装机为8.25GW，同比增加1.5倍，占全国的34%，其中浙江、江苏和安徽三省新增装机均超过2GW；华中地区新增装机4.23GW，同比增加37%，占全国的17.3%；西北地区新增装机为4.16GW，同比下降50%。2017年上半年分布式新增装机7GW，随着用户侧平价的实现，分布式的市场正在快速打开，预计未来每年能够维持10GW以上的新增装机。2017年7月国家能源局发布了《关于可再生能源发展"十三五"规划实施的指导意见》，要求2017—2020年光伏指导装机规模合计86.5GW，分布式装机不受规模限制。

此外，2016年下半年第一批村级光伏电站规划2.2GW，由于村级光伏电站能发挥较强的扶贫和社会效益，预计这部分装机规模还将保持稳定增长。此外，如果7个红色预警地区的光伏电站能够顺利缓解弃光难题，再加上跨省跨区输电通道配套建设光伏电站，预计未来每年新增装机有望维持在35GW左右，到2020年光伏装机规模有望超过200GW。从供给端来看，行业总体产能过剩，竞争加剧。随着光伏的持续复苏，行业中下游扩产明显，尤其是下游组件行业，具备规模及品牌的一线龙头组件企业均有扩产计划，扩产原因包括高效产能对低效产能的替代、海外建厂扩产规避"双反"、满足订单需求等。目前，一线组件企业如满产生产，基本上将满足全球60%的需求，二三线企业的获利空间不断被压缩，甚至沦为一线企业的代工厂或被淘汰出局，行业集中度不断提升。

行业整体盈利能力不断改善，分化日趋明显，龙头企业"强者恒强"。近几年，随着光伏行业的持续复苏，产业集中度不断提高，产业链各环节的成本不断下降，同时在抢装潮的进一步催化下，光伏行业整体业绩不断改善。其中，经历市场洗礼的光伏龙头企业抗风险能力更强，其技术、规模及成本优势将保障其具有更强的盈利能力，"强者恒强"。技术落后的中小企业利润将不断萎缩，成为被淘汰或被收购的重点对象。

（2）市场需求与发展潜力。到2020年底，太阳能发电装机将达到1.1亿千瓦以上，其中，光伏发电装机将达到1.05亿千瓦以上，在"十二五"的基础上每年保持稳定的发展规模；太阳能热发电装机达到500万千瓦。太阳能热利用集热面积将达到8亿平方米（见表6-10）。到2020年，太阳能年利用量将达到1.4亿吨标准煤以上。"十三五"重点地区2020年光伏发电建设规模见表6-11。

表6-10 "十三五"太阳能利用主要指标

指标类别	主要指标	2015年	2020年
装机容量指标（万千瓦）	光伏发电	4318	10500
	光热发电	1.39	500
	合计	4319	11000
发电量指标（亿千瓦时）	总发电量	396	1500
热利用指标（亿平方米）	集热面积	4.42	8

数据来源：《太阳能发展"十三五"规划》（国能新能〔2016〕354号）。

表6-11 "十三五"重点地区2020年光伏发电建设规模

单位：万千瓦

河北省	1200
山西省	1200
内蒙古自治区	1200
江苏省	800
浙江省	800
安徽省	600
山东省	1000
广东省	600
陕西省	700
青海省	1000
宁夏回族自治区	800

数据来源：《太阳能发展"十三五"规划》（国能新能〔2016〕354号）。

2016年12月，国家发改委和国家能源局印发《能源发展"十三五"规划》，要求推进非化石能源可持续发展，包括水电、核电、风电、太阳能等。2020年太阳能发电规模要达到110GW以上，其中分布式光伏60GW、光伏电站45GW、光热发电5GW。规划要求光伏行业坚持技术进步、降低成本、扩大市场、完善体系，优化太阳能开发布局，优先发展分布式光伏发电，扩大"光伏+"多元化利用，促进光伏产业发展。2017—2020年光伏电站新增建设规模方案见表6-12。

表6-12　2017—2020年光伏电站新增建设规模方案

单位：万千瓦

省份	2017年	2018年	2019年	2020年	2017—2020年累计	2020年规划并网目标
河北	100	120	120	120	460	1200
山西	80	100	100	100	380	1200
山东	50	100	100	100	350	1000
内蒙古	100	100	100	100	400	1200
辽宁	50	40	30	30	150	250
吉林	50	40	40	40	170	240
黑龙江	80	80	80	80	320	600
陕西	80	80	80	80	320	700
青海	80	50	50	50	230	1000
江苏	120	100	100	100	420	1000
浙江	100	100	100	100	400	800
安徽	80	60	50	50	240	700
江西	50	30	30	30	140	400
河南	90	50	50	50	240	500
湖北	50	50	30	30	160	350
湖南	50	50	30	30	160	200
四川	50	50	30	30	160	250
贵州	30	30	30	30	120	200
云南	50	50	50	50	200	310
广东	50	80	80	80	290	600
广西	50	30	30	30	140	100
领跑技术基地	800	800	800	800	3200	

资料来源：《关于可再生能源发展"十三五"规划实施的指导意见》（国能发新能〔2017〕31号）。

2016年光伏领跑技术基地建设规模见表6-13。

表6-13 2016年光伏领跑技术基地建设规模 单位：万千瓦

省（自治区、直辖市）	基地名称	建设规模
河北	冬奥会光伏廊道光伏领跑技术基地	50
山西	阳泉采煤沉陷区光伏领跑技术基地	100
山西	芮城县光伏领跑技术基地	50
内蒙古	包头采煤沉陷区光伏领跑技术基地	100
内蒙古	乌海采煤沉陷区光伏领跑技术基地	50
安徽	两淮采煤沉陷区光伏领跑技术基地	100
山东	济宁采煤沉陷区光伏领跑技术基地	50
山东	新泰采煤沉陷区光伏领跑技术基地	50
总计		550

数据来源：《太阳能发展"十三五"规划》（国能新能〔2016〕354号）。

《太阳能发展"十三五"规划》要求，按照"多能互补、协调发展、扩大消纳、提高效益"的布局思路，在"三北"地区利用现有和规划建设的特高压电力外送通道，按照优先存量、优化增量的原则，有序建设太阳能发电基地，提高电力外送通道中可再生能源比重，有效扩大"三北"地区太阳能发电消纳范围。在青海、内蒙古等太阳能资源好、土地资源丰富地区，研究论证并分阶段建设太阳能发电与其他可再生能源互补的发电基地。

（3）细分产业链情况。

①中上游光伏电池制造环节。多晶硅产业的集中度不断提高，供需逐步趋衡。产业链最上游的多晶硅制造环节技术门槛较高，寡头垄断，成本为核心竞争要素。2016年，从全球看，多晶硅有效产能为45.5万吨，全球产量为38.4万吨，其中，中国多晶硅产量为19.4万吨，占比首次超过一半，达到50.5%。需求方面，2016年全球多晶硅需求量为37.2万吨，供需逐步趋衡。市场主体方面，我国万吨级多晶硅企业达到7家，产量合计为15.5万吨，国内占比为80.4%，集中度不断提升。其中，江苏中能（保利协鑫控股）、新特能源（特变电工控股）、大全新能源等具有成本优势的国内多晶硅龙头企业值得重点关注，其产能详见表6-14。

表 6-14 我国前四大多晶硅企业产能　　　　　单位：万吨

企业	2015年产能	2015年产量	2016年产量	2017年产能	2017年预计产量
江苏中能（保利协鑫控股）	7.5	7.43	7	7.5	7
新特能源（特变电工控股）	2.2	2.1	2.28	3	3
洛阳中硅	1.5	1.2	1.57	1.8	1.8
大全新能源	1.2	0.95	1.28	1.8	1.2

数据来源：兴业研究、根据公开资料整理。

硅片、电池片及组件制造环节产能快速扩张，市场结构性过剩。2016年我国硅片产量超过63GW，同比增长31%以上；我国电池片产量超过49GW，同比增长19.5%以上，单晶、多晶效率分别达到20.5%和19%；我国组件产量约53GW，同比增长15.7%以上，连续10年第一。硅片、电池片及组件制造环节的产能快速扩张，区域上主要集中在海外建厂，进行产能扩张；产品结构上以单晶、高效多晶、PERC、黑硅、N型电池等高效电池的产能扩张为主。我国前十大硅片企业详见表6-15。

表 6-15 我国前十大硅片企业名单　　　　　单位：GW

企业	2016年产能	2016年产量	产品
保利协鑫	20	17.3	多晶
西安隆基	7.5	7	单晶
晶科能源	5	3.9	多晶/单晶
台湾绿能	3	2.6	多晶
浙江昱辉	3.8	2.6	多晶/单晶
英利	4.3	2.7	多晶
赛维LDK	3.8	2.9	多晶
旭阳雷迪	3	2.3	多晶
荣德新能源	3	2	多晶/单晶
中环光伏	3.3	3.1	单晶
晶澳太阳能	4.5	3.7	多晶/单晶

数据来源：兴业研究、根据公开资料整理。

目前市场整体高效产能仍有不足，低端产能仍过剩，市场存在结构性过剩。主要市场主体包括天合光能、阿特斯、晶科、晶澳、协鑫集成、东方日升等。

表6-16、表6-17、表6-18分别介绍了我国主要电池片生产企业、我国主要电池组件企业和我国前十大光伏逆变器生产企业的情况。

表6-16 我国主要电池片生产企业名单　　　单位：GW

企业	2016年产能	2016年产量
晶澳	5	4.2
天合光能	4.5	4.1
茂迪	3.6	3.2
晶科	2.5	2.3
英利	4.2	3.2
新日光	2.2	2
阿特斯	2	2.01
顺风国际	3.4	3
昱晶	2.2	1.6

数据来源：兴业研究、根据公开资料整理。

表6-17 我国主要电池组件企业名单　　　单位：GW

企业	2015年产能	2015年产量	2016年产能	2016年产量
天合光能	5	5.7	6	5.5
阿特斯	4.3	4.7	5.8	4.5
晶科	—	4.5	6.5	5.7
晶澳	3.9	4	5.5	4.7
协鑫集成	3.7	2.7	5	3.7
英利	4.2	2.5	4.2	2.8
东方日升	1.8	1.4	2.2	1.5

数据来源：兴业研究、根据公开资料整理。

表6-18 我国前十大光伏逆变器生产企业名单　　　单位：MW

企业	2016年光伏逆变器出货量
华为技术有限公司	10500.0
阳光电源股份有限公司	8906.7
特变电工西安电气科技有限公司	4000.0
上能电气股份有限公司	3500.0

续表

企业	2016年光伏逆变器出货量
厦门科华恒盛股份有限公司	1300.0
深圳科士达科技股份有限公司	960.7
上海正泰电源系统有限公司	870.0
广东易事特电源股份有限公司	626.9
深圳谷瑞瓦特新能源股份有限公司	580.0
江苏宝丰新能源科技有限公司	550.0

数据来源：兴业研究、根据公开资料整理。

②下游光伏电站环节。虽然光伏补贴电价的下调导致光伏电站的投资回报率降幅明显，但仍吸引大量资本进入光伏电站建设运营领域。目前市场的参与主体主要有大型发电集团、国企、民企以及各路产业资本，对优质光伏项目资源的争夺日渐加剧。

PVP365光伏电站网的统计数据显示，按2015年并网装机容量进行排名，2016年中国光伏电站投资企业20强里面，排名前五的是协鑫（集团）控股有限公司（并网装机容量达1394MW）、国家电力投资集团（并网装机容量达1090MW）、中节能太阳能股份有限公司（并网装机容量达1070MW）、浙江正泰新能源开发有限公司（并网装机容量达800MW）、中利科技集团股份有限公司（并网装机容量达756MW），详见表6-19。

表6-19 我国前20位光伏电站投资企业情况　　单位：MW

光伏电站投资企业	2016年光伏电站投资并网装机量
协鑫（集团）控股有限公司	1394
国家电力投资集团	1090
中节能太阳能股份有限公司	1070
浙江正泰新能源开发有限公司	800
中利科技集团股份有限公司	756
江山控股有限公司	740.3
中广核太阳能发展有限公司	700
常州天合光能有限公司	685.9
晶科能源控股有限公司	503
中民新能投资有限公司	500
江苏爱康科技股份有限公司	489.6

续表

光伏电站投资企业	2016年光伏电站投资并网装机量
特变电工新疆新能源有限公司	450
招商新能源集团有限公司	419.8
山东力诺太阳能电力工程有限公司	360
昌盛日电太阳能科技股份有限公司	325
中国三峡新能源公司	320
上海航天机电汽车股份有限公司	294
江苏旷达电力投资有限公司	250
天津中环半导体股份有限公司	160
江苏林洋新能源科技有限公司	120

数据来源：根据公开资料整理。

盈利模式方面，目前国内光伏电站投资领域主要有三类，即EPC、BT及BOT。BT模式涵盖项目前期工作、路条获取、融资、项目设计、产品采购、电站建设、并网及验收、转让；EPC模式主要是负责项目的设计、施工建设，一般不包括项目的前期开发和后期并网，利润率低于BT模式；而BOT指公司通过收购或自建电站，并网后自己售电运营的模式，采用这种盈利模式，电站建成后可锁定未来20～25年的现金流，不受光伏景气周期的影响，且存量项目的电价不会因为补贴电价的下调而下调，资产回报率稳定。

2. 行业发展趋势。

（1）光伏电价补贴政策。光伏电价补贴的特征是标杆电价不断下调，分布式补贴保持不变。

国家能源局印发的《太阳能发展"十三五"规划》要求到2020年，光伏发电电价水平在2015年基础上下降50%以上，在用电侧实现平价上网目标；太阳能热发电成本低于0.8元/千瓦时。

光伏地面电站补贴方面，全国根据光照条件被划分为三类资源区，对光照资源较差的地区给予更多的补贴。自2011年首次出台光伏上网电价补贴政策之后，随着技术发展、成本下降，国家数次下调光伏补贴。2017年12月，国家发改委发布《关于2018年光伏发电项目价格政策的通知》，将三个光伏资源区上网电价下调：Ⅰ类资源区为0.55元/千瓦时，Ⅱ类资源区为0.65元/千瓦时，Ⅲ类资源区为0.75元/千瓦时。相比2016年底发布的光伏发电价格,各类下调 0.1 元/千瓦时(见表 6-20)。

表 6-20 我国光伏电价补贴政策　　　单位:元/千瓦时

类型	政策	资源区	各资源区所包括的地区	2012—2013 年	2014—2015 年	2016 年	2017 年	2018 年
光伏地面电站补贴	《关于发挥价格杠杆作用促进光伏产业健康发展的通知》	Ⅰ类资源区	宁夏,青海海西,甘肃嘉峪关、武威、张掖、酒泉、敦煌、金昌,新疆哈密、塔城、阿勒泰、克拉玛依,内蒙古除赤峰、通辽、兴安盟、呼伦贝尔以外地区	1	0.9	0.8	0.65	0.55
		Ⅱ类资源区	北京,天津,黑龙江,吉林,辽宁,四川,云南,内蒙古赤峰、通辽、兴安盟、呼伦贝尔,河北承德、张家口、唐山、秦皇岛,山西大同、朔州、忻州,陕西榆林、延安,青海、甘肃、新疆除Ⅰ类以外的地区	1	0.95	0.88	0.75	0.65
		Ⅲ类资源区	除Ⅰ类、Ⅱ类资源区以外的其他地区	1	1	0.98	0.85	0.75
类型	政策	政策内容						
分布式光伏补贴	《关于发挥价格杠杆作用促进光伏产业健康发展的通知》	2013 年 9 月后备案的分布式光伏系统,可在以下两种补贴方式中任选一种,且投入使用后,可以单向调整一次(从方式二调整为方式一): 方式一:与地面电站一样,按照地域享受标杆上网电价补贴。 方式二:享受分布式光伏发电的全电量补贴,即不管是自用还是自用有余用来上网的发电量,都将享受每千瓦时 0.37 元(含税)的补贴;同时,上网的电量由电网企业按照当地燃煤机组标杆上网电价收购。						

注:西藏自治区上网标杆电价另行制定。

数据来源:根据公开资料整理、兴业研究。

分布式光伏补贴方面，补贴也从每千瓦时 0.42 元（含税）降至 0.37 元（含税），即全电量度电补贴标准降低 0.05 元；村级光伏扶贫电站（0.5 兆瓦及以下）标杆电价、户用分布式光伏扶贫项目度电补贴标准保持不变。从以上变化可见，虽然各类光伏发电补贴都有相应的下调，但此次分布式光伏补贴是自 2013 年以来的首次下调，且下调幅度相对地面电站补贴下调幅度较小，由此可见分布式光伏仍有广阔的发展前景。

但从补贴执行层面看，补贴资金仍然不足。2015 年以前可再生能源电价附加每度电征收 0.015 元（之后为每度电征收 0.019 元），每年国家可以征收 400 亿元。如果按照 2020 年风电装机 200GW、光伏装机 150GW 测算，2016—2020 年每年补贴资金需求至少 1500 亿元，目前征收的资金实际为每度电征收 0.019 元，全年征收 600 亿元，远远不够。补贴资金拖欠严重，截至 2016 年底，风电和光伏补贴拖欠资金已高达 500 亿元，最长拖欠周期 3 年。我国 2013—2020 年大型光伏电站和分布式光伏补贴资金需求详见表 6-21 和表 6-22。

表 6-21　我国 2013—2020 年大型光伏电站补贴资金需求

年份	2013	2014	2015	2016	2017	2018	2019	2020
脱硫燃煤电价（元/千瓦时）	—	—	0.36	0.36	0.36	0.38	0.39	0.40
Ⅲ类区电价（元/千瓦时）	—	—	1.00	0.98	0.98	0.98	0.90	0.90
Ⅱ类区电价（元/千瓦时）			0.95	0.88	0.88	0.88	0.80	0.80
Ⅰ类区电价（元/千瓦时）			0.90	0.80	0.80	0.80	0.70	0.70
平均光伏电价（元/千瓦时）			0.95	0.89	0.89	0.89	0.80	0.80
平均每度电补贴（元/千瓦时）	0.57	0.57	0.59	0.52	0.52	0.51	0.41	0.40
光伏新增年度装机（GW/年）	8.00	8.00	10.00	9.00	9.00	9.00	9.00	10.00
光伏累计装机（GW）	16.00	24.00	34.00	43.00	52.00	61.00	70.00	80.00
光伏新增年发电量（亿千瓦时/年）	120.0	120.0	150.0	135.0	135.0	135.0	135.0	150.0
光伏年发电量（亿千瓦时）	240.00	360.00	510.00	645.00	780.00	915.00	1050.00	1200.00
年度补贴资金需求（亿元）	136.8	205.2	298.9	369.4	440.0	508.8	564.2	623.6
累计补贴资金（亿元）	—	—	289.9	668.3	1108.3	1617.1	2181.3	2804.9

数据来源：根据公开资料整理。

表 6 – 22 我国 2013—2020 年分布式光伏补贴资金需求

年份	2013	2014	2015	2016	2017	2018	2019	2020
用户侧电网电价（平均电价）（元/千瓦时）	—	—	0.60	0.62	0.64	0.67	0.69	0.71
平均光伏电价（元/千瓦时）	—	—	0.95	0.89	0.89	0.89	0.80	0.80
分布式每度电补贴（元/千瓦时）	0.42	0.42	0.42	0.42	0.42	0.35	0.35	0.35
光伏年度装机（GW）	1.80	2.50	4.50	11.00	11.00	13.00	13.00	13.00
光伏累计装机（GW）	2.00	4.50	9.00	20.00	31.00	44.00	57.00	70.00
光伏新增电量（亿千瓦时）	19.80	27.50	49.50	121.00	121.00	143.00	143.00	143.00
光伏年发电量（亿千瓦时）	22.00	49.50	99.00	220.00	341.00	484.00	627.00	770.00
年度补贴资金需求（亿元）	8.32	20.79	41.58	92.40	143.22	193.27	243.32	293.37
累计补贴资金（亿元）	—	—	41.58	133.98	277.20	470.47	713.79	1007.16

数据来源：根据公开资料整理。

国家补贴到位机制存在差异。目前国家对光伏电站发电补贴发放的操作机制是：在建设规模总控范围内落实发电上网的项目，电网公司按照标杆电价与项目主体结算电量电价，同时需项目主体向当地电网公司申请国家电价补贴（0.37 元/千瓦时），由于国家发改委、国家能源局安排的补贴资金财政部无法预期及时到位（据行业专家预测，约 500 亿元资金缺口），现阶段实际上由电网公司垫付。国家电网与南方电网则根据项目情况采取不同的应对机制：一是国家电网方面，由于过去北方地区项目多且利用率不高，国家电网公司垫付的补贴资金较多，自 2017 年 1 月 1 日起调整补贴发放机制为自然人投资的分布式光伏电站项目，即上网即落实补贴发放；法人投资的分布式光伏电站项目与地面集中电站项目，发电上网后，需要向国家电网公司申请等候安排发放补贴资金，等候期一般为 2~3 年，个别项目长达 4 年。二是南方电网方面，南方电网对申请接入的地面渔光互补、农光互补等项目区别申请人差异化安排补贴到位等候时间，对具有国资背景的投资主体，发电上网即落实补贴发放，可与企业签订"已将补贴直接计算在售电单价内"的购售电合同；对于民营投资主体，补贴发放一般延后于发电上网时点半年左右发放到位。

（2）其他重大政策与规划。近年来出台的光伏行业政策及规划（见表 6 – 23）的主要重心是改善光伏补贴拖欠及弃光限电问题；培育优势骨干龙头企业，提升行业集中度；设定光伏装机目标，到 2020 年光伏发电装机达到 110GW 以上，每年保持稳定的发展规模，其中分布式达到 60GW 以上；行业"十三五"期间的发展重点主要为发展分布式电站和推动技术进步。

表 6－23　近年来我国光伏行业重要政策及规划

颁布部门	颁布时间	政策名称	相关内容
工信部	2014 年 12 月	《关于进一步优化光伏企业兼并重组市场环境的意见》（工信部电子〔2014〕591 号）	立足产业发展特点和现状，以提升行业集中度、培育优势骨干企业、增强产业核心竞争力、优化产业区域布局为总体目标。到 2017 年底，形成一批具有较强国际竞争力的骨干光伏企业，前 5 家多晶硅企业产量占全国的 80% 以上，前 10 家电池组件企业产量占全国的 70% 以上，形成多家具有全球视野和领先实力的光伏发电集成开发及应用企业
财政部、国家发改委	2016 年 1 月	《关于提高可再生能源发展基金征收标准等有关问题的通知》（财税〔2016〕4 号）	自 2016 年 1 月 1 日起，将各省（自治区、直辖市，不含新疆维吾尔自治区、西藏自治区）居民生活和农业生产以外全部销售电量的基金征收标准，由每千瓦时 0.015 元提高到每千瓦时 0.019 元
国家发改委等	2016 年 3 月	《关于实施光伏发电扶贫工作的意见》（发改能源〔2016〕621 号）	2020 年之前，重点在前期开展试点的、光照条件较好的 16 个省的 471 个县的约 3.5 万个建档立卡贫困村，以整村推进的方式，保障 200 万建档立卡无劳动能力贫困户（包括残疾人）每年每户增加收入 3000 元以上。其他光照条件好的贫困地区可按照精准扶贫的要求，因地制宜地推进实施
国家能源局	2016 年 3 月	《国家能源局关于在能源领域积极推广政府和社会资本合作模式的通知》（国能法改〔2016〕96 号）	指出将光伏扶贫等能源领域项目列入能源领域推广 PPP 范围

续表

颁布部门	颁布时间	政策名称	相关内容
国家发改委、国家能源局	2016年5月	《关于做好风电、光伏发电全额保障性收购管理工作的通知》（发改能源〔2016〕1150号）	重点地区新能源发电最低保障收购年利用小时数，其中Ⅰ类资源区不低于1500小时，Ⅱ类资源区不低于1300小时。未达到最低保障收购年利用小时数要求的省（自治区、直辖市），不得再新开工建设光伏电站项目（含已纳入规划或完成核准的项目）
国家发改委、国家能源局	2016年11月	《电力发展"十三五"规划（2016—2020年）》	"十三五"期间，太阳能发电装机达到1.1亿千瓦以上，其中分布式光伏6000万千瓦以上，光热发电500万千瓦
国家能源局	2016年12月	《关于调整2016年光伏发电建设规模有关问题的通知》（国能新能〔2016〕383号）	有追加2016年度光伏电站建设规模需求的省（自治区、直辖市）可提前使用2017年建设规模，追加规模在其2017年应下达的建设规模中相应扣减。每个省（自治区、直辖市）追加规模最多不超过100万千瓦，超过50万千瓦的明年不再下达其新增建设规模。在弃光超过5%的地区不再增加2016年光伏电站建设规模
国家能源局	2016年12月	《太阳能发展"十三五"规划》（国能新能〔2016〕354号）	到2020年底，太阳能发电装机达到1.1亿千瓦以上，其中，光伏发电装机达到1.05亿千瓦以上，在"十二五"基础上每年保持稳定的发展规模。到2020年，光伏发电电价水平在2015年基础上下降50%以上，在用电侧实现平价上网目标。先进晶体硅光伏电池产业化转换效率达到23%以上，薄膜光伏电池产业化转换效率显著提高
国家发改委、国家能源局	2016年12月	《能源发展"十三五"规划》（发改能源〔2016〕2744号）	平衡能源布局，将光伏布局向东中部转移，目标新增太阳能装机中，中东部地区约占56%，并以分布式开发、就地消纳为主，争取到2020年光伏用电侧实现平价上网

续表

颁布部门	颁布时间	政策名称	相关内容
国家能源局	2016年12月	《可再生能源发展"十三五"规划》（发改能源〔2016〕2619号）	到2020年，太阳能发电装机1.1亿千瓦以上。光伏发电装机年均增长1200万千瓦以上。太阳能发电的发展重心主要体现在加强分布式利用和推动技术进步方面，特别是积极鼓励在工商业基础好的城市推广屋顶分布式光伏项目。对于西部地区的大型光伏电站项目，明确要求在解决弃光问题的基础上有序建设
国家发改委、财政部、国家能源局	2017年1月	《关于试行可再生能源绿色电力证书核发及自愿认购交易制度的通知》（发改能源〔2017〕132号）	为引导全社会绿色消费，促进清洁能源消纳利用，进一步完善风电、光伏发电的补贴机制，拟在全国范围内试行可再生能源绿色电力证书核发和自愿认购。根据市场认购情况，自2018年起适时启用可再生能源电力配额考核和绿色电力证书强制约束交易
国家能源局、工信部、国家认监委	2017年7月	《关于提高主要光伏产品技术指标并加强监管工作的通知》（国能发新能〔2017〕32号）	自2018年1月1日起，新投产并网运行的光伏发电项目的光伏产品供应商应满足《光伏制造行业规范条件》要求。其中，多晶硅电池组件和单晶硅电池组件的光电转换效率市场准入门槛分别提高至16%和16.8%。多晶组件一年内衰减率不高于2.5%，后续年内衰减率不高于0.7%；单晶组件一年内衰减率不高于3%，后续年内衰减率不高于0.7%
国家能源局	2017年8月	《关于减轻可再生能源领域涉企税费负担的通知（征求意见稿）》	切实减轻可再生能源企业增值税税负，对纳税人销售自产的利用太阳能生产的电力产品，实行增值税即征即退50%的政策，从2018年12月31日延长到2020年12月31日

续表

颁布部门	颁布时间	政策名称	相关内容
国土资源部、国务院扶贫办、国家能源局	2017年9月	《关于支持光伏扶贫和规范光伏发电产业用地的意见》（国土资规〔2017〕8号）	光伏发电可以利用未利用的地，不得占用农用地；可以利用劣地，不得占用好地。禁止以任何方式占用永久基本农田，严禁在国家相关法律法规和规划明确禁止的区域发展光伏发电项目。对深度贫困地区脱贫攻坚中建设的光伏发电项目，以及国家能源局、国务院扶贫办确定下达的全国村级光伏扶贫电站建设规模范围内的光伏发电项目的用地，予以政策支持，光伏发电使用永久基本农田以外的农用地的，在不破坏农业生产条件的前提下，可不改变原地性质
国家能源局	2017年9月	《关于推进光伏发电"领跑者"计划实施和2017年领跑基地建设有关要求的通知》（国能发新能〔2017〕54号）	拟建设不超过10个应用领跑基地和3个技术领跑基地，其中应用领跑基地和技术领跑基地规模分别不超过650万千瓦和150万千瓦。每个省每期最多可申报2个应用领跑基地和1个技术领跑基地，并分别于2018年底和2019年上半年之前全部建成并网发电

数据来源：根据公开资料整理、兴业研究。

3. 市场机会。

党的十八大以来，国家将生态文明建设放在突出战略位置，将积极推进能源生产和消费革命作为能源发展的核心任务，确立了我国在2030年左右二氧化碳排放达到峰值以及非化石能源占一次能源消费比例提高到20%（"十三五"规划提出2020年目标比例为15%）的能源发展基本目标。伴随新型城镇化发展，建设绿色、循环、低碳的能源体系成为社会发展的必然要求，为太阳能等可再生能源的发展提供了良好的社会环境和广阔的市场空间。同时，随着售电侧改革的推进，分布式发电将会以更灵活、更多元的方式发展，通过市场机制创新解决困扰分布式光伏发展所面临的问题,推动太阳能发电全面市场化发展。

(1) 控火电、治雾霾给予光伏机遇。2017年1月,国家能源管理局在2016年停止18个煤电项目的基础上,直接取消了计划中和在建的85个项目,其中包括数十个已开始建设的项目。它们分布在13个省市,大部分位于中国煤炭资源丰富的北部和西部。火力发电是造成全球变暖的温室气体的最大来源,来自这类发电厂的污染也是近年来冬天笼罩中国大片地区的雾霾的原因之一。业内专家认为,中国治理雾霾,其根本出路是能源发展转方式、调结构,大力发展清洁能源,优化电源结构和布局,这将给予光伏等绿色能源更多的发展空间。

(2) 市场重心向经济较发达区域迁移机遇。在政策引导之下,我国光伏发电正在向中东部转移,这有利于缓解西北能源消纳的压力。2016年,光伏发电从西北部向中东部地区转移的效果是西北地区新增装机占全国的28%,西北以外地区占全国的72%,中东部9个省份新增装机超过1GW。市场重心从经济相对落后的"三北"① 地区向中部、东部、南部经济相对发达区域迁移,在项目投资、补贴及时支付等方面迎来更好的历史机遇。

(3) 光伏扶贫政策机遇。党中央、国务院高度重视光伏产业扶贫工作,国家五部委联合发布了光伏扶贫指导实施意见,决定在全国具备光伏建设条件的贫困地区实施光伏扶贫工程,最初在河北、山西、安徽、宁夏、青海和甘肃进行试点,并逐步扩大试点范围,计划在2020年以前,在16个省的471个县的约3.5万个建档立卡扶贫村,以整村推进的方式,保障200万建档立卡无劳动力贫困户每年每户增收3000元以上。我国从产业政策导向、金融配套和精准扶贫等多个角度明确了光伏产业的扶贫定位。国务院"十三五"脱贫攻坚计划明确鼓励光伏发电与农业设施相结合的方式,充分利用贫困地区的现有资源,完成从扶贫向脱贫的产业方式目标的转变。这对光伏产业抓住机遇、推动产业技术进步与发展、提升产业升级换代、主动适应产业新常态、完善产业基础、推动技术进步、提供消纳市场、完善市场机制等提供了重大政策利好。

---

① "三北"是指西北、东北、华北地区,是我国风资源条件最好和风电装机规模最大的地区,但近年来风电产能利用不足的问题比较突出。

此外，国家还提出建设光伏基地；完善输配电配套设施建设；"领跑者计划"加速落后产能退出；鼓励光伏企业兼并重组，提升行业集中度；逐步推进电改，加速碳交易，推进互联网等促进光伏产业稳健、合理化发展的支持政策。

4. 主要问题。

（1）西北地区消纳能力有限、外送又受到配套的输电线路限制、与常规能源的竞争关系，是其弃光严重的主因。西北地区是我国集中式光伏电站布局的重地，也是弃光的"重灾区"。来自国家能源局的数据显示，2014年西部弃风、弃光总量达200亿千瓦时，2015年更为严重，仅甘肃弃光率就达31%，新疆弃光率达26%；2016年上半年，西北地区的弃光问题更加严峻，弃光电量达到32.8亿千瓦时，弃光率达19.7%。

（2）光伏补贴拖欠越发严重。中国光伏发电起步较晚，目前投资光伏在很大程度上依赖于政府补贴。一方面，由于光伏装机规模增长快，可再生能源补贴无法应收尽收；另一方面，补贴发放程序过于复杂，导致光伏发电补贴拖欠问题严重，平均发放周期为2~3年。目前第七批补贴名录正在审批，时间截点为2016年2月底。2016年初，可再生能源电价附加资金的补贴标准调高至0.019元/千瓦时，但整体补贴缺口仍呈现增大趋势，截至2016年底，中国可再生能源电力发展基金补贴累计缺口已达约600亿元。2017年1月，《关于试行可再生能源绿色电力证书核发及自愿认购交易制度的通知》指出绿色电力证书自2017年7月1日起正式开展认购工作，并明确光伏发电企业出售可再生能源绿色电力证书后，相应的电量不再享受国家可再生能源电价附加资金的补贴，该政策的实施有望在一定程度上缓解补贴缺口扩大压力。但随着光伏电站规模的不断扩大，补贴拖欠缺口势必进一步扩大。补贴资金的延迟，会加重电站企业的财务成本，侵蚀利润，使企业的持续发展受阻，甚至会陷入资金链断裂的危机，并逐步向中上游产业链传导。

（3）弃光限电问题严重。弃光限电既涉及技术问题，又牵扯到和传统能源的利益关系，很难依靠个别政策解决，对传统能源和可再生能源做统一规划、加快电力体制改革是重点；不断调高可再生能源附加费以弥补补贴缺口，很难从根本上解决问题，尽快推动光伏行业市场化才是关键。如无法从根本上解决上述问题，将对光伏行业产生持续负面影响。

大型地面电站主要建设在西北地区，当地消纳能力有限，且远距离输配电设施建设不够完善，导致电力供需在光照资源丰富地区内部及西北内陆和东南沿海地区之间的不平衡，进而造成严重的弃光限电问题。2016年西北地区弃光电量70.42亿千瓦时，弃光率19.81%。其中，新疆和甘肃弃光率均超过30%。此外，新疆、甘肃等部分地区地方政府表示，受地方实际条件限制，最低保障收购年利用小时政策短期内落实情况不容乐观，2016年内蒙古、新疆、甘肃、青海等多个地区均没有达到要求，其中，新疆和甘肃实际利用小时数与最低保障收购年利用小时数偏差超过350小时。

（4）集中式光伏向分布式转换带来新痛点。集中式风光装机占比超过或接近30%，必然使得限电形势加剧，政策意图已开始转向分布式光伏，而目前分布式光伏的项目内部收益率（IRR）可达到10%，远高于定期贷款的利率。但分布式光伏之前遭遇过一系列行业痛点，主要包括小而分散的规模进一步提高了并网难度、25年运营周期所涵盖的配件质量风险、安装环境复杂带来的安全隐患以及业主资质问题可能造成的电费回收风险、安装过程不规范导致的电站质量隐患。

（5）技术进步、产业升级、降低度电成本是光伏产业发展的重点任务。《太阳能发展"十三五"规划》提出了技术进步目标：先进晶体硅光伏电池产业化转换效率达到23%以上，薄膜光伏电池产业化转换效率显著提高，若干新型光伏电池初步产业化，光伏发电系统效率显著提升，实现智能运维。达成上述目标，先进晶硅电池产业化转换效率每年提升幅度需要至少在0.3个百分点，并通过产业升级，带动成本下降，依据规划目标，2020年光伏发电电价水平在2015年基础上下降50%以上，在用电侧实现平价上网。

（6）推动可再生能源绿色电力资源认购交易，尽快启动可再生能源电力配额考核和绿色电力证书强制约束交易，以解决补贴资金和限电问题。光伏发电的补贴和限电问题成为当前光伏发电发展的两大关键性因素，其中补贴拖欠问题从下游的市场倒推到上游制造企业，对光伏全产业链都存在影响。预计2020年当年电价补贴资金缺口接近600亿元，累计缺口2443亿元。因此，拓展可再生能源补贴资金规模和渠道是当务之急。建议对于电价补贴资金需求存量部分，财政安排一定的资金逐年予以解决；对于增量部分，通过调整可再生能源电价附加水平、尽快推进绿色电力证书交易等方式解决。

（二）光伏行业的总体思路与规划——基于商业银行视角

商业银行顺应光伏市场分化趋势，严格落实国家政策及监管要求，推动光伏业务有序、合规、健康发展。在目前新形势下，对光伏行业总体应"有所为有所不为"，按照"区域南移，聚焦发电；突出差异，审慎判断；优选客户，提升效益"的原则，对光伏相关业务实施差异化、精准化管理，把握合规底线，防范实质风险。

一是突出差异服务，介入优势区域的优势产业。在中央与地方产业政策支持下，融资支持重心向光伏产业应用端倾斜，审慎介入多晶硅制造、光伏组件制造等过剩产能产业链环节客户，甄选行业重点能源客户，优先考虑中部、东部、南部区域发电项目，避开"三北"等弃光限电区域项目。

二是重视政策新动向，适当介入项目新类型。在国家鼓励光伏扶贫的背景下，商业银行应结合荒山荒地和沿海滩涂综合利用、采煤沉陷区等废弃土地治理、设施农业、渔业养殖等方式，因地制宜开展各类"光伏+"应用工程等政策引导下的光伏开发项目，对相关商业模式、资金支持模式有清晰的把握，重点研究细分业务发展趋势，可按照"一例一案"原则开展研究，有序推进。

二、风能发电子行业分析

我国风能资源丰富，可开发利用的风能储量约 10 亿千瓦，其中，陆地上风能储量约 2.53 亿千瓦（陆地上离地 10 米高度资料计算），海上可开发和利用的风能储量约 7.5 亿千瓦，共计 10 亿千瓦。从国内自身状况来看，风电市场经过 2015 年大跨步式的发展，产能达到 3000 万千瓦以上。全球风电的产业格局正经历一个调整、重构、再建设的关键节点，而中国的风电产业实现了接连突破，已经成为全球风力发电规模最大、增长最快的市场。

(一)行业运行情况

1. 行业发展现状。

(1)行业总体情况。

第一,2017年增速放缓,弃风限电明显改善。我国风电装机从2007年开始进入高速增长阶段,截至2016年底,全国风电累计装机1.69亿千瓦,2016年新增装机2337万千瓦,新增装机和累计装机均为全球第一(见图6-7)。但对比2015年3075万千瓦的年装机容量,新增装机同比下滑24%。这主要是因为2016年补贴水平降低,2015年全年抢装导致2015年基数较大。

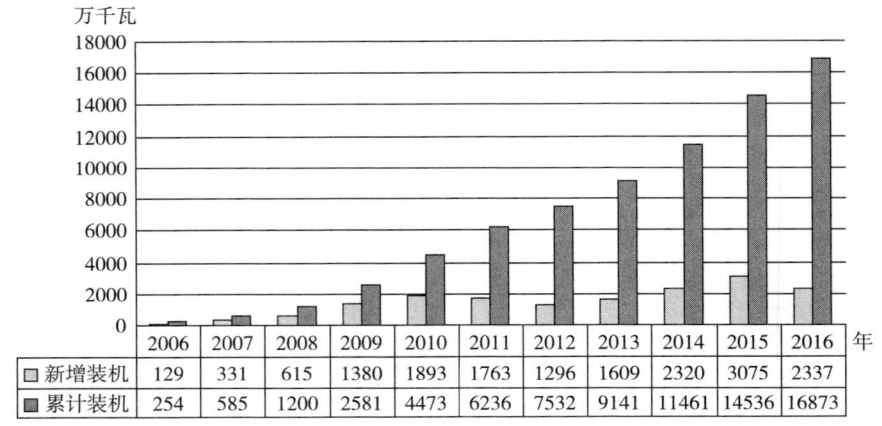

数据来源:中国风能协会(CWEA)。

图6-7　2006—2016年我国风电新增和累计装机情况

2017年前三个季度,全国新增风电并网容量970万千瓦,到9月底累计风电并网容量达到1.57亿千瓦,同比增长13%;全国风电发电量2128亿千瓦时,同比增长26%;平均利用小时数1386小时,同比增加135小时;全国弃风电量295.5亿千瓦时,同比减少103亿千瓦时,弃风率同比下降6.7个百分点,实现弃风电量和弃风率"双降",详见表6-24。

表 6-24　2017 年前三个季度风电并网运行情况

省份	新增并网容量（万千瓦）	累计并网容量（万千瓦）	发电量（亿千瓦时）	弃风电量（亿千瓦时）	弃风率（%）	利用小时数（小时）	风电企业经济损失（亿元）
合计	970	15720	2128	295.5	—	1386	146.53
北京	0	19	2	—	—	1284	—
天津	1	28	4	—	—	1570	—
河北	75	1174	177	14.0	7.0	1521	7.00
山西	66	842	105	9.4	8.0	1287	5.64
山东	114	997	115	—	—	1267	—
内蒙古	24	2633	377	59.1	14.0	1432	27.78
辽宁	10	700	107	7.5	7.0	1531	4.50
吉林	0	505	63	14.8	19.0	1246	7.99
黑龙江	26	568	76	10.5	12.0	1351	5.67
上海	0	71	12	—	—	1633	—
江苏	65	626	82	—	—	1398	—
浙江	8	131	17	—	—	1403	—
安徽	23	205	29	—	—	1484	—
福建	30	239	37	—	—	1610	—
江西	60	162	21	—	—	1361	—
河南	72	189	20	—	—	1199	—
湖北	42	238	36	—	—	1578	—
湖南	30	247	35	—	—	1504	—
重庆	5	33	6	—	—	1755	—
四川	55	159	25	—	—	1761	—
陕西	56	229	29	1.4	4.0	1459	0.84
甘肃	0	1277	136	67.4	33.0	1068	33.70
青海	109	101	13	—	—	1453	—
宁夏	0	942	113	3.8	3.0	1210	2.05
新疆	30	1806	247	102.0	29.3	1377	47.94
西藏	0	1	0	—	—	1165	—
广东	13	330	34	—	—	1040	—
广西	29	126	15	—	—	1489	—
海南	0	31	4	—	—	1189	—
贵州	10	362	49	—	—	1385	—
云南	15	749	142	5.7	4.0	1897	3.42

注：（1）弃风电量和弃风率为电网公司调度口径，其他数据来自中国电力企业联合会官方网站；（2）陕西数据不含陕西地方电力公司相关数据。

数据来源：国家能源局网站、北极星风力发电网。

整体来看,西北、东北弃风严重地区的新增装机供给仍将严控,灵活调峰电源比例不断提高,本地消纳能力不断得到挖掘和提升,特高压直流等输电通道将批量建成,弃风问题将得到持续缓解;而红色预警机制甚至能管控到以地级市为单位的地区的新增装机规模,能有效防范非限电地区出现和西北、东北类似的严重弃风问题。预计未来全国范围内弃风率将持续走低。

第二,风电建设布局优化,"三北"区域建设放缓。风电限电区域主要集中在华北、东北、西北三个区域,由于当地电力消纳困难、外输通道不畅等原因,2016年"三北"区域出现严重的弃风限电问题。为了避免新增容量进一步加重弃风问题,国家调整了风电建设布局,建设中心从"三北"区域向东南区域转移。"三北"地区新增装机容量占比由2015年的64%下降至2016年的53%,华东和中南地区占比则分别由2015年的13%、9%增长至20%、13%(见图6-8)。

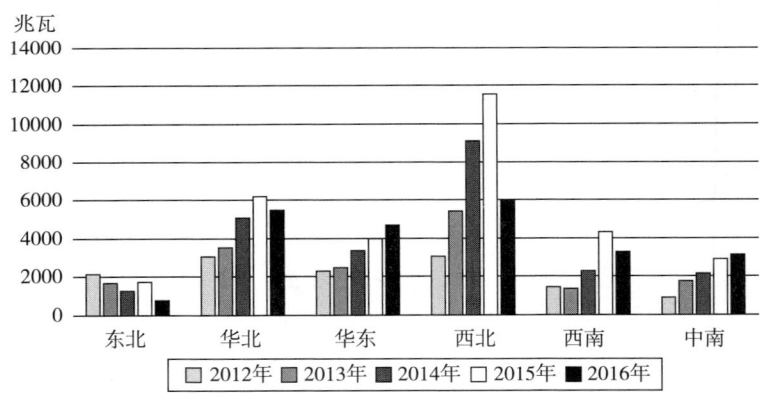

数据来源:CWEA。

图6-8 我国分地区新增风电装机情况

2017年上半年,中东部和南方地区风电新增装机303.7万千瓦,占全国新增装机的50%,西北、东北、华北地区风电新增装机分别为135.0万千瓦、26.0万千瓦、136.3万千瓦,分别占23%、4%、23%,体现了风电布局进一步优化的趋势。新增装机较多的省份是青海、河北、河南和江西,分别新增64万千瓦、58万千瓦、58万千瓦和52万千瓦。

2017年,新疆、甘肃、宁夏、吉林、黑龙江、内蒙古等六省(区)被核定为红色预警省(以下简称红六省),其他省的预警等级为绿色。从国家能源局公布的上半年新增情况来看,红六省合计新增开网装机仅700兆瓦,同比下滑56%。整体来看,红六省以外的区域基本对应我国风电的Ⅳ类资源区,风资源相对较差,普遍属于低风速区域。受益于政策的引导和技术进步,中东部和南方地区低风速风电资源开发有望成为新的蓝海,成为风电行业的增长点。

第三,风电场开发商、风机整机制造商集中度格局进一步提高。2016年,中国风电有新增装机的开发商超过100家,前十家装机容量占比达到58.8%。前十大开发商中,"五大四小"① 国有发电集团占据优势地位,河北建投旗下的新天绿色能源和整机制造商金风科技下的天润为仅有的非发电集团企业。截至2017年9月底,全国风电新增投产970万千瓦,较上年同期多投产146万千瓦,同比增长17.7%,风电新增装机主要集中在山东、青海、河北、河南、山西、江苏、江西、陕西、四川等省份(项目合计装机均在60万千瓦以上)。

风机整机制造商方面,前十大制造商的市场占有率由2013年的77.8%提升到2016年的84.2%,格局稳定。其中,金风科技新增装机容量达到634.3万千瓦,市场份额达到27.1%,位列第一;远景能源、明阳风电、联合动力和重庆海装、上海电气、湘电风能、东方电气、运达风电、华创风电分列2~10名。2017年上半年,受洪涝灾害的影响,中东部与南方地区施工进程放缓,项目开发速度不及预期。该地区的省级政府(如贵州与江西)开始放缓省内风电开发速度,应对有可能出现的弃风限电现象。2017年上半年,风机整机商与零部件制造商的出货量出现15%~20%不同程度的减少。2017年新增并网容量为15.03吉瓦,2018年预计为20吉瓦。

从企业盈利能力来看,风电场运营属于类固收产品,盈利能力主要受补贴调整影响,整体盈利较稳定。风电设备方面,龙头企业市场占有率高,盈利情况明显优于中小企业,但2016年风电新增装机速度放缓,竞争更加激烈,龙头企业盈利能力有所下滑,但整体仍然保持较高的景气度。Wind数据库显示,8家上市风电设备商中,两家亏损,龙头企业盈利能力

---

① 五大发电集团:中国华能集团公司、中国大唐集团公司、中国华电集团公司、中国国电集团公司、中国电力投资集团公司。四小豪门:国投电力、国华电力、华润电力、中广核。

仍然较强。

2017年前三个季度风电增速趋缓，新增装机970万千瓦左右，风电累计装机1.57亿千瓦。2017年前三个季度风电开发商业绩如表6-25所示。

表6-25 风电开发商前三个季度业绩

序号	企业名称	前三个季度发电量	同比	风电发电量	同比
1	华能新能源	159.86亿千瓦时	增长16.0%	150.48亿千瓦时	增长15.7%
2	大唐新能源	104.03亿千瓦时	增长22.25%	102.10亿千瓦时	增长22.38%
3	龙源电力	325.96亿千瓦时	增长12.42%	240.84亿千瓦时	增长14.19%
4	国投电力	961.30亿千瓦时	增长7.44%	15.02亿千瓦时	—
5	华电福新	309.44亿千瓦时	降低0.8%	103.16亿千瓦时	增长17.6%
6	华润电力	1431.50亿千瓦时	增长3.0%	76.59亿千瓦时	增长20.9%
7	协和新能源	16.81亿千瓦时	增长10.66%	13.26亿千瓦时	增长42.16%
8	节能风电	前三季度营收13.32亿元	增长27.18%	上半年净利润2.84亿元	增长112.09%
9	新天绿色能源	46.13亿千瓦时	增长64.07%	45.40亿千瓦时	增长64.04%
10	神华集团	前三季度营收1825.35亿元	增长46.3%	净利润356.49亿元	增长106.0%

数据来源：兴业研究、根据公开资料整理。

第四，海上风电增长较快，机组技术门槛较高。2016年，中国海上风电新增装机154台，容量达到59万千瓦，同比增长64%（见图6-9）。共有4家制造企业有新增吊装。其中，上海电气的海上风电机组供应量最大，占比达到82.5%；其次是远景能源、金风科技和重庆海装。截至2016年底，海上风电机组供应商共10家，其中，累计装机容量达到15万千瓦以上的机组制造商有上海电气、远景能源、华锐风电、金风科技，这4家企业海上风电机组装机量占海上风电装机总量的90.1%，上海电气以58.3%的占比排名第一。按照"十三五"规划，未来几年我国海上风电的装机容量还有较大的成长空间，但海上风机单机容量更高（4兆瓦以上），对盐雾、腐蚀等都有很高的要求，制造门槛高。

2017年1月25日，《战略性新兴产业重点产品和服务指导目录（2016版）》强调将3兆瓦及以上海上风力发电机组配套的各类发电机、轴承、风轮叶片等列为战略性新兴产业重点产品。作为我国"一带一路"倡议以及"十三五"新能源规划中的重点产业，海上风电也是用来推动沿海经济发达地区能源转型的重要手段。2017年5月，国家发改委与国家海洋局联

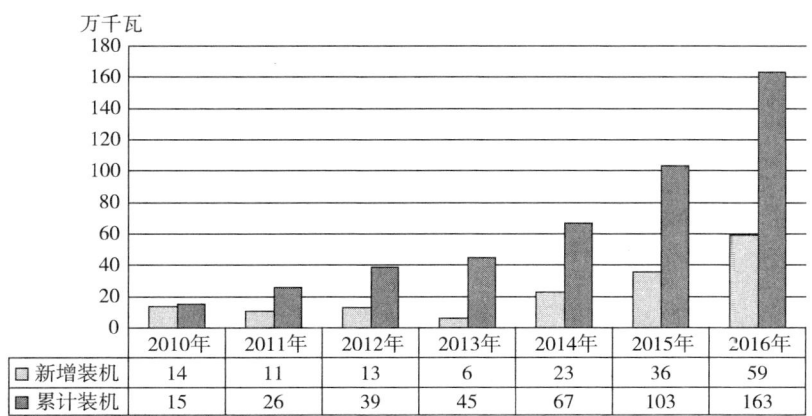

数据来源：CWEA。

图 6-9 我国海上风电新增装机情况

合印发《全国海洋经济发展"十三五"规划》，也明确提出加快 5 兆瓦、6 兆瓦及以上大功率海上风电设备研制。

（2）行业产业链情况。

第一，上游风电机组零部件情况。上游零部件议价能力弱，利润率持续走低。风电机组一般有四大关键零部件：风机叶片、齿轮箱、塔架和发电箱，其成本分别约占机组总成本的 23%、15%、15%、10%，我国目前已基本形成完备的风电部件制造产业链，各类部件产能充足，满足市场需求。但总体而言，零部件企业数量众多且产品多元，因此上游企业议价能力较弱，受风电新增装机容量下滑影响，市场竞争更加激烈，零部件企业利润持续走低。

风电叶片大型化、碳纤化是趋势，目前国内市场被几大龙头企业瓜分。风电叶片作为风电机组的关键部件之一，其产品性能、技术含量以及成本优化等对产业的前景至关重要。随着国内风电装机向低风速区转移以及整机轻量化的要求，叶片大型化、碳纤化成为趋势。近年来，我国叶片企业通过技术引进，逐步掌握了叶片设计、制造、运维等技术，制造的风电叶片技术指标已经达到或接近国际同类型号的水平，但距离最优设计和最佳制造技术还有差距。国内市场则主要被中材叶片、中航惠腾、中复连众、LM 等瓜分，集中度较高。

其他零部件方面,齿轮箱生产企业主要有南京高速齿轮制造有限公司(南高齿)、重庆重齿、大连重工、杭州前进齿轮箱(杭齿)、重庆望江、天津华建天恒、宁波东力以及博世力士乐、威能极等,发电机生产企业主要有南车电机、西安捷力、兰州电机、湘潭电机、上海电机、盾安电气、大连天元、东方电机及ABB、斯维奇等,轴承生产企业主要有瓦轴集团、洛阳LYC、天马轴承、大连冶金、京冶轧机以及FAG、SKF、Timken、NSK等,变流器生产企业主要有禾望电气、阳光电源、科诺伟业、大连尚能、九洲电气以及ABB、斯维奇等。

第二,中游风力发电整机制造情况。陆上风机大型化、运维智能化是趋势。为降低风电度电成本,最终实现平价上网,降低风电场建设成本、提升电站运营效率是两个重要的方法,而提升单台机组功率有助于降低机组成本,推动风机运营智能化有助于提高发电效率,成为未来风机技术发展的重点方向。

陆上风机整机制造集中度高,市场格局稳定。我国风电产业经历了十几年的高速发展,部分风机整机企业制造能力已经接近世界先进水平,外资企业在中国风机整机市场中占比很小。同时,前十大制造商的市场占有率不断提高,目前已经由2013年的77.8%提升到2016年的84.2%,格局稳定。盈利方面,两极分化严重,金风科技等龙头企业盈利能力较强,排名靠后的部分企业则出现亏损(见表6-26)。

表6-26 2016年我国风机整机企业新增及累计装机容量情况

2016年新增			2016年累计		
排名	企业名称	装机容量(万千瓦)	排名	企业名称	装机容量(万千瓦)
1	金风科技	634.3	1	金风科技	3748
2	远景能源	200.3	2	华锐风电	1647
3	明阳风电	195.9	3	联合动力	1635
4	联合动力	190.8	4	明阳风电	1207
5	重庆海装	182.7	5	东方电气	1189
6	上海电气	172.7	6	上海电气	906
7	湘电风能	123.6	7	远景能源	890
8	东方电气	122.7	8	湘电风能	827

续表

	2016年新增			2016年累计	
排名	企业名称	装机容量（万千瓦）	排名	企业名称	装机容量（万千瓦）
9	运达风电	72.4	9	重庆海装	712
10	华创风能	71.5	10	Vestas	554
11	三一重能	55.9	11	运达风电	488
12	Vestas	51.0	12	Gamesa	453
13	Gamesa	49.8	13	华创风能	408
14	中车风电	46.4	14	中车风电	362
15	京城新能源	30.7	15	三一重能	282
	总计	2336.9		总计	16873

第三，下游风电场建设和运营情况。风电场开发门槛较高，龙头开发商以发电集团为主。不同于光伏电站开发，风电场开发周期长、专业性更高，投入也更大，再加上风电"路条"的影响，使得风电前十大开发商中，"五大四小"发电集团占据绝对优势（见表6-27），河北建投旗下的新天绿色能源和整机制造商金风科技下的天润新能为仅有的非发电集团企业。

表6-27 风电场开发商新增及累计装机量统计

	2016年新增				2016年累计		
排名	企业名称	装机容量（万千瓦）	占比（%）	排名	企业名称	装机容量（万千瓦）	占比（%）
1	国电集团	261	11.2	1	国电集团	2682	15.9
2	大唐集团	183	7.8	2	华能集团	1782	10.6
3	国家电投	178	7.6	3	大唐集团	1515	9.0
4	华能集团	143	6.1	4	华电集团	1235	7.4
5	中广核	126	5.4	5	国家电投	1183	7.0
6	国华电力（神华子公司）	123	5.2	6	中广核	1069	6.3
7	华电集团	104	4.5	7	国华电力（神华子公司）	752	4.5

续表

2016 年新增				2016 年累计			
排名	企业名称	装机容量（万千瓦）	占比（%）	排名	企业名称	装机容量（万千瓦）	占比（%）
8	新天绿色能源	98	4.2	8	华润集团	545	3.2
9	天润新能（金风子公司）	81	3.5	9	天润新能（金风子公司）	507	3.0
10	华润集团	79	3.4	10	中国电建	419	2.5
前十名总计		1376	58.8	前十名总计		11689	69.3
总计		2337		总计		16873	

风电场运营属于类固收产品，收益稳定。风电场一旦建成并网，国家将按照当年的标杆上网电价对风电场发电进行补贴，该补贴锁定20年不变，因此风电场运营有很强的类固收属性，一旦建成并网，后续将不受行业周期影响，回报率稳定。也正是因为风电场运营有较好的回报，且回报稳定，好的风电场资源（"路条"）较难以获取。

2. 行业发展趋势。

（1）重要政策梳理。

第一，"十三五"确立总量、消纳、产业发展三个方面的目标。我国在2016年底发布《电力发展"十三五"规划（2016—2020）》《风电发展"十三五"规划》，为"十三五"期间风电行业发展设定了三个方面的目标。一是总量目标，2020年风电并网装机容量达到2.1亿千瓦以上；其中海上风电并网装机达到500万千瓦以上，风电年发电量达到4200亿千瓦时以上，约占全国总发电量的6%。二是消纳目标，到2020年"三北"地区全面达到最低保障性收购利用小时数的要求；根据与2016年的实际水平比较，新疆、甘肃等西北省份和黑龙江、吉林等东北省份风电消纳提出了很高要求，如达到规划目标，当地风电场盈利性有望改善。三是产业发展目标，风电设备制造水平和研发能力不断提高，3~5家设备制造企业全面达到国际先进水平，市场份额明显提升，市场集中度不断提高，龙头优势不断凸显。

第二，风电实施上网标杆电价制度，存量已并网电站需纳入补贴名录才可领取补贴，越早并网，补贴水平越高。根据国家有关规定，可再生能源电站须经相关认定审核，被列入《可再生能源电价附加资金补助目录》才能够享受电价补贴。2012年以来，国家共颁布了六批次目录，风电项目占据多数。不同时期并网电站所享受的电价政策不同，早年的补贴标准较高，随着风电产业的发展和成本的降低，补贴标准不断调低。目前，国家的基本政策是并网时的补贴标准不变，存量电站补贴水平不随后续电价标准变化而变化，即越早并网的电站补贴越高，收益越好。调整的电价政策仅适用于规定时点后并网的新增装机。

第三，2018年新并网的风电上网电价进一步下调。从2009年实行标杆上网电价制度开始，国家已经两次下调风电电价水平（2015年和2016年），下调的幅度与风电成本下降的幅度基本保持一致，而让风电摆脱对补贴的依赖，实现完全市场化是最终的发展目标。2018年起下调陆上风电标杆上网电价，Ⅰ类、Ⅱ类、Ⅲ类、Ⅳ类地区标杆上网电价将分别由原来的0.47元/千瓦时、0.5元/千瓦时、0.54元/千瓦时、0.6元/千瓦时下调至0.44元/千瓦时、0.47元/千瓦时、0.51元/千瓦时、0.58元/千瓦时。此次电价下调的幅度较大，超出市场预期，尤其是Ⅰ类风场，补贴下调后内部收益率将降至7%，而Ⅲ类、Ⅳ类风场IRR降幅相对较小，也显示出国家支持风电建设向中东部发展的趋势。

表6-28 我国风力发电标杆上网电价补贴政策

资源区	资源区所包括的地区	标杆上网电价（元/千瓦时）			
		2009—2014年	2015年	2016—2017年	2018年
Ⅰ类	内蒙古自治区除赤峰市、通辽市、兴安盟、呼伦贝尔市以外其他地区，新疆维吾尔自治区乌鲁木齐市、伊犁哈萨克自治州、昌吉回族自治州、克拉玛依市、石河子市	0.51	0.49	0.47	0.44
Ⅱ类	河北省张家口市、承德市，内蒙古自治区赤峰市、通辽市、兴安盟、呼伦贝尔市，甘肃省张掖市、嘉峪关市、酒泉市	0.54	0.52	0.5	0.47

续表

资源区	资源区所包括的地区	标杆上网电价（元/千瓦时）			
		2009—2014年	2015年	2016—2017年	2018年
Ⅲ类	吉林省白城市、松原市，黑龙江省鸡西市、双鸭山市、七台河市、绥化市、伊春市、大兴安岭地区，甘肃省除张掖市、嘉峪关市、酒泉市以外其他地区，新疆维吾尔自治区除乌鲁木齐市、伊犁哈萨克族自治州、昌吉回族自治州、克拉玛依市、石河子市以外其他地区，宁夏回族自治区	0.58	0.56	0.54	0.51
Ⅳ类	除Ⅰ类、Ⅱ类、Ⅲ类资源区以外的其他地区	0.61	0.61	0.6	0.58

第四，可再生能源消纳是政策的核心重点。传统风资源最好的"三北"地区经济欠发达，本地消纳能力有限，外送通道又无法满足需求，加上近年来全国用电量增速下滑，可再生能源与传统能源之间存在竞争关系，导致我国当前弃风限电现象比较严重。国家发改委、国家能源局《关于做好风电、光伏发电全额保障性收购管理工作的通知》对四类风资源区设置最低保障收购年利用小时数，其中Ⅰ类风资源区按地域不同不低于1900～2000小时，Ⅱ类风资源区按地域不同不低于1800～2000小时、Ⅲ类风资源区不低于1800～1900小时，Ⅳ类风资源区不低于1800～1900小时。未达到最低保障收购年利用小时数要求的省（自治区、直辖市），不得再开工建设新项目。从现有的情况来看，从根本上解决弃风限电现象，一方面需要持续建设特高压电网保障外输能力，另一方面应当限制传统能源装机规模的扩张速度，支持能源结构转型。

第五，其他风电行业政策。2017年2月17日，国家能源局发布关于2017年度风电投资监测预警结果的通知：内蒙古、黑龙江、吉林、宁夏、甘肃、新疆（含兵团）等省（区）为风电开发建设红色预警区域，其他省份为绿色区域。

2017年5月17日，为引导和促进可再生能源产业持续健康发展，提高风电的市场竞争力，推动实现风电在发电侧平价上网，国家能源局综合司发布关于开展风电平价上网示范工作的通知,要求各地区能源主管部门结合本地区风能资源条件和风电产业新技术应用条件,组织各风电开发企业申报风电平价上网示范项目。

2017年11月15日,国家发改委发布《关于不单独进行节能审查的行业目录》,其中风电站、光伏电站(光热)等不再单独进行节能审查,可在项目可行性研究报告或项目申请报告中对项目能源利用情况、节能措施情况和能效水平进行分析。

(2)发展趋势。

第一,风电已进入平稳发展阶段,重心从开发建设转向高效利用。风电作为清洁能源,发电成本已经与火力发电差距不大。经过十几年的发展,风电装机已经从高速增长逐步进入稳定发展阶段,从"十三五"规划中也可以看出,装机容量不再是突破的重点,在保障行业稳步发展的前提下,解决消纳问题、降低成本实现平价上网将是未来几年发展的重中之重,短期内风电装机难有大幅跃升,今后几年每年新增2000万千瓦是各方共识,预计每年新增风电场投资将不低于1400亿元。

第二,科学规划、技术升级和运维水平提升带来的成本降低是维持利润水平的重点,龙头企业优势将进一步凸显。在补贴退坡、新增装机容量放缓的情况下,缺乏核心技术竞争力,仅依靠市场快速扩容获得机会的风机设备企业将承受较大压力。未来的竞争,是前期规划和后期运维能力的竞争,通过技术升级降低成本以适应补贴的下调是关键,有技术优势和综合服务能力的龙头企业优势将进一步扩大,通过提高市场占有率维持利润水平。

第三,风电场开发商将面临投资回报率下降的压力,项目资源和融资能力是关键。目前低风速地区风电场开发主体暂时仍以"五大四小"等央企为主,但地方企业和民营企业作为开发商的占比正在显著上升,区域项目资源壁垒是其中的关键原因。对于这些中小型开发商来说,融资支持也是选择整机制造商的一大考虑因素。这意味着整机制造商要想具备竞争力,其服务范围不仅要包括建设前期的风场设计优化方案、后期的运维服务方案,还要能提供建设过程中的金融支持方案。对于风电场开发商而言,新增项目将面临投资回报率下降的压力,但整体来看,受增量市场下滑的影响不如设备商严重。未来，风电场开发商的资本性融资需求将有较大上升。

3. 市场机会。

（1）存量电站未来收益资产盘活。我国可再生能源电价补贴实施名单制管理。已出台的前六批目录纳入了大量优质风电项目，但由于领取补贴款的程序较多，从被纳入目录到款项落实到位仍需要一年半到两年的时间，许多项目业主面临较大的应收账款压力。据相关数据，补贴款占已投运项目未来收益的比例至少在30%~40%，在补贴不到位的情况下电站会持续带来现金流出，仅凭借基本电价收入不足以覆盖运维支出和本金偿还。运用资产证券化、收费权质押融资、融资租赁等产品盘活已投运电站资产，是企业解决补贴款拖欠、快速回笼资金的有效手段。同时，对于金融机构而言，在未来新建电站补贴水平不断下降的趋势下，存量资产的盘活可有效缓释新能源发电行业风险，并为绿色金融业务开拓新的增长点。

（2）电价下调之前的优质新建项目。经过业内多次征求意见，2016年底新的风电调价方案正式发布，新的上网电价标准于2018年实施。2017年第三季度与上年同期比较，风电项目抢装实际较为平稳。由于2018年之前已经取得核准并纳入之前年份财政补贴规模管理的项目，只需要在2019年底之前开工即可，风电开发商不必扎堆在2017年完成吊装或者并网，"核准"抢装将取代"吊装"及"并网"抢装。

从电价下调幅度可以看到，Ⅰ类至Ⅳ类风区的电价下调幅度分别为14.9%、10%、9.3%和5%。Ⅰ类风区下调幅度最大，Ⅳ类风区下调幅度最小。这反映出国家政策在向弃风限电较少的中东部和南方地区倾斜。此外，国家已经发布2017年度风电行业预警信息，对弃风率超过20%的省份（内蒙古、黑龙江、吉林、宁夏、甘肃、新疆）暂停安排新建风电规模；云南、浙江等地也计划继续执行2016年的指标，不安排新增规模。在此情况下，国家鼓励新增装机的一些地区，价值就将更为凸显——国家已明确发文支持中东部和南方地区，以及冀北、晋北等地区的重点风电基地。另外，国家继续鼓励加快海上风电开发利用，特别是江苏、浙江、福建、广东等东南沿海地区。尽管海上风电技术难度仍然较大，目前的补贴政策也不具有明显的商业吸引力，但仍建议关注。

(3) 围绕行业龙头的产业链整合融资需求。经过十余年的快速发展，风电已呈现出比其他可再生能源领域更高的行业集中度，行业龙头综合实力处于世界领先水平。未来，行业龙头在技术先进性、设备可靠性、后期运维能力、外延服务实力上的优势将更加凸显。根据国家相关行业规划和市场研究分析，"十三五"期间行业龙头将呈现出以下几个方面的发展方向：一是产业链的整合和延伸，包括从装备制造到风电场的投资运营，以及风电项目并购和对于中小技术性企业的兼并重组；二是增量市场从国内向国外扩张，包括风电设备的出口、海外风电场的投资和收购；三是从设备供应升级到全产业链服务的过程，包括对于中小风电开发商和地方开发商的融资服务能力。除传统业务外，建议关注风电企业在股权融资、产业基金、绿色债券、资产证券化、融资租赁、供应链金融等方面的融资需求。

(4) 海上风电进入发展机遇期。进入"十三五"以来，在政策引导下，我国风电布局将逐渐向中东部和南方地区转移，海上风电迎来发展机遇期。《风电发展"十三五"规划》中提出，到2020年底，海上风电并网装机容量达到500万千瓦以上。与此同时，该规划将中东部和南方地区作为我国"十三五"期间风电持续规模化开发的重要增量市场。

截至2016年底，我国海上风电新增装机59万千瓦，比上年增长64%；累计装机容量163万千瓦，比上年增长58%；新增装机机组154台。海上风电靠近电力负荷中心，地理位置优越，能够较好地满足市场需求，而且海上风电的发电时间长，设备利用率比陆上风电高了1倍，且有一定规律性，有利于峰谷的调配，相比之下，陆上风电很难调节。在东部和南部，我国发展海上风电具有天然优势。我国海岸线长达1.8万公里，可利用海域面积达300万平方公里。根据中国气象局风能资源调查数据，我国5~25米水深线以内近海区域、海平面以上50米高度风电可装机容量约2亿千瓦，70米以上可装机容量约5亿千瓦。

虽然目前海上风电标杆电价大幅高于陆上风电，但是从长远来看，电价补贴退坡是必然趋势。根据2017年初开始实施的《国家发展改革委关于调整光伏发电陆上风电标杆上网电价的通知》，对非招标的海上风电项目，上网电价依旧保持之前水平。具体来看，从2018年1月起，四类地区新建陆上风电电价调整为 0.4~0.57 元/千瓦时，而海上风电的标杆电价为潮间带项目 0.75 元/千瓦时、近海项目 0.85 元/千瓦时，维持不变。根据测算，在 0.85 元/千瓦时的电价下，开发商是可以实现 10% 的资本金收益率的，同时随着成本的不断下降，收益率依然有提升的空间。

随着国内的海上风电政策支持力度加大，各大风电企业纷纷入局，海上风电正迎来加速发展期。包括中广核、上海电气、陆上风电龙头金风科技和华能国际在内的众多企业同样纷纷布局海上风电业务。一批海上风电示范项目陆续建成，设备技术水平不断提高。当前，中国海上风电发展进入集中连片规模开发的快速发展新阶段。随着海上风电不断发展，更大功率、更远、更深发展趋势也越发明显。未来海上风电安装平台的趋势，一是适应未来越来越深的水深；二是主吊的能力越来越大；三是甲板面积不断加大，承载能力不断增强。

我国海上风电仍处于起步阶段。为了弥补经验不足，不少企业将目光投向海外。近年来，三峡集团、国投电力等中国能源企业积极收购欧洲地区成熟的海上风电项目。中国企业通过收购海外成熟的海上风电项目，吸收、学习其先进经验，为国内海上风电连片开发做参考；同时，把国内外开发、建设、运营技术与其相对接，逐步建立起相应的国内标准。未来几年，海上风电是我国发电行业的发展方向。

4. 主要问题。

（1）弃风限电现象突出。尽管可再生能源"保障性收购"政策落地后，我国风电弃风限电现象有所缓解，但考虑到全国用电增速放缓，如果无法从根本上解决可再生能源与火电之间的利益矛盾，考虑到未来几年可再生能源装机容量的增加，弃风限电形势依然严峻，对电站企业的盈利造成严重影响。我国弃风限电的主要原因有：①风资源集中、规模大，远离负荷中心，难以就地消纳；②风电建设速度超出本地区电力消纳能力的增长速度，风电并网规模超出电网外送能力；③风电集中的"三北"地区电源结构单一，抽水蓄能、燃气电站等灵活调节电源比重不足 2%；④大区电网之间的联系还很薄弱，跨区输电能力不足。针对"三北"地区弃风限电问题，国家已经启动了以特高压为代表的电力外送通道项目建设。产业界也放缓大型风电基地建设速度，而积极对并网条件较好的低风速地区进行风电开发。预计未来我国将逐步解决弃风限电问题。

（2）补贴拖欠难以改善。截至2017年底，可再生能源补贴资金缺口再创新高，累计约600亿元，其中风电补贴缺口高达200亿元。随着可再生能源装机规模的不断扩大，补贴拖欠缺口势必进一步扩大。补贴资金的延迟，会加重电站企业的财务成本，侵蚀利润，使企业持续发展受阻，甚至会陷入资金链断裂的危机，并逐步向中上游产业链传导。弃风限电问题既涉及技术问题，又牵扯到和传统能源的利益关系，很难依靠个别政策解决，对传统能源和可再生能源做统一规划、加快电力体制改革是重点；不断调高可再生能源附加费以弥补补贴缺口，很难从根本上解决问题，尽快推动技术升级以降低项目投资运营成本、实现风电平价上网仍有经济性才是最终出路。

（二）风电行业的总体思路与规划——基于商业银行视角

近年来，风电行业发展十分迅猛，已经成为我国第三大电力来源。预计未来几年风电新增装机将保持在每年2000万千瓦左右，保障电量消纳、促进技术进步、扶持产业升级将成为关键词。市场主体方面，预计行业集中度将进一步提高，装备制造龙头将向行业整合者、综合服务提供商方向发展。风电项目方面，存量电站资产盘活从各方面看均优于新建项目，建议商业银行在新建项目的选择上重点考察所在区域的弃风限电情况和行业政策导向，择优介入。

综合来看，商业银行可从以下几个方向择优介入风电行业：一是存量电站未来收益权资产证券化；二是国家明确支持的新增装机区域和项目类型；三是行业龙头企业业务发展、兼并重组、产业链延伸等的融资需求。

三、天然气子行业分析

《天然气发展"十三五"规划》提出大力发展天然气产业，逐步把天然气培育成主体能源之一，至2020年将天然气在一次能源中的占比提升至8.3%~10%。随着国内燃气行业市场化改革对天然气下游消费市场的规模化推动，以及西气东输、陕京线、川气东送、沿海LNG接收站等一系列天然气基础设施的建成投产，我国天然气行业已经基本形成了完整的产业链,整个行业进入快速发展期,是绿色金融重点关注的行业之一。

(一) 行业运行情况

1. 行业现状。

天然气是一种多组分的混合气体,主要成分是甲烷,通常蕴藏于地下多孔隙岩层中,燃烧后主要产生二氧化碳和水,是一种安全、清洁且热值高的能源。

按运输方式的不同,天然气可分为管道天然气(PNG)、液化天然气(LNG)和压缩天然气(CNG)。天然气在常压下,冷却至约 -162℃ 时,由气态变成液态,称为液化天然气。液化天然气的主要成分为甲烷,还有少量的乙烷、丙烷及氮等。天然气加压并以气态储存在容器中称为压缩天然气。压缩天然气除了可用油田及天然气田中的天然气外,还可人工制造生物沼气(主要成分是甲烷)。

按开采方法的不同,天然气可分为常规天然气和非常规天然气,非常规天然气是指在地下的赋存状态和聚集方式与常规天然气藏具有明显差异的天然气聚集,比如煤层气、页岩气、致密砂岩气、可燃冰等(见表 6 - 29)。

表 6 - 29 天然气的主要类型

类型	主要来源	特点	所属类别
煤层气	存在煤层中,以吸附在煤基质颗粒表面为主,部分游离于煤孔隙中或溶解于煤层水中	1 立方米纯煤层气的热值相当于 1.13 千克汽油、1.21 千克标准煤,是通用煤的 2~5 倍	非常规天然气
页岩气	以吸附或游离状态存在于泥岩、高碳泥岩、页岩及粉砂质岩类夹层中	大部分产气页岩分布范围广、厚度大,且普遍含气	非常规天然气
致密砂岩气	砂岩层中的天然气藏,几乎存在于所有的含油气区	孔隙度低(<12%)、渗透率比较低(0.1×10 - 3μm2)、含气饱和度低(<60%)、含水饱和度高(40%)	非常规天然气

续表

类型	主要来源	特点	所属类别
天然气水合物	分布于大陆架、陆坡、小型洋盆等深水环境，也出现在大型内陆湖盆、极地及永冻土地带	在低温、高压环境中，由气体或挥发性液体与水相互作用形成的白色固态结晶物质，外观似冰，遇火可燃	非常规天然气
油田气	伴随原油共生，与原油同时被采出	主要成分是甲烷，并含有少量的乙烷、丙烷、丁烷、戊烷和己烷	常规伴生气
气田气	天然气田产生的天然气	包括纯气田天然气和凝析气田天然气两种，在地层中都以气态存在	常规非伴生气

资料来源：中国知网、方正证券研究所。

2017年，受经济好转、"煤改气"政策、国内供应增长、海外气源丰富等因素影响，天然气产量、进口量、消费量同比均有大幅攀升。国家发改委数据显示，2017年全年，天然气产量1487亿立方米，同比增长8.54%；进口量920亿立方米，同比增长27.6%；消费量2373亿立方米，同比增长15.3%。

2017年天然气消费快速回升的主要原因有三个：一是2017年是"大气污染防治行动计划"（2013年9月10日印发）的收官之年，加之清洁取暖的实施，"煤改气"用量有较大幅度的增加；二是随着天然气价格的下调，非居民用气将有较大增量；三是中国经济稳中向好趋势明显，工业生产形势较上年显著改善。

2. 行业发展趋势。

（1）天然气供应情况。

第一，天然气勘探获得一系列重大发现，国内储量持续高增长。截至2016年底，全国累计探明天然气（含非常规气）地质储量14.97万亿立方米（见表6-30），其中页岩气5441亿立方米，煤层气6928亿立方米。2017年南海北部天然气水合物试采获得突破，开辟了天然气勘探开发新领域。

表 6-30　2016 年中国天然气探明地质储量变化情况

单位：亿立方米

项目	常规天然气	页岩气	煤层气	合计
2015 年新增	6772	4374	26	11172
2015 年累计	130100	5441	6293	141834
2016 年新增	7270	0	576	7846
2016 年累计	137370	5441	6869	149680

数据来源：《国际石油经济》、兴业研究。

第二，国内天然气产量快速增长，多气源供应格局初现。由图 6-10 可知，中国天然气产量由 2001 年的 303 亿立方米增长到 2017 年的 1487 亿立方米（含非常规天然气），年均增长 10.6%，形成了"西气东输、北气南下、海气登陆"多元互补供应格局。统计显示，近年来受市场销售制约，天然气产量增速放缓，2015 年增长 3.7%，2016 年仅增长 1.6%。其中，常规天然气产量连续两年微降，但非常规天然气获得了快速发展，产量显著增长。页岩气开发实现了历史性突破，我国成为继美国、加拿大之后第三个实现页岩气工业化开发的国家。2016 年中国页岩气产量 78 亿立方米，煤层气产量 46 亿立方米，合计约占全国天然气总产量的 9.0%。

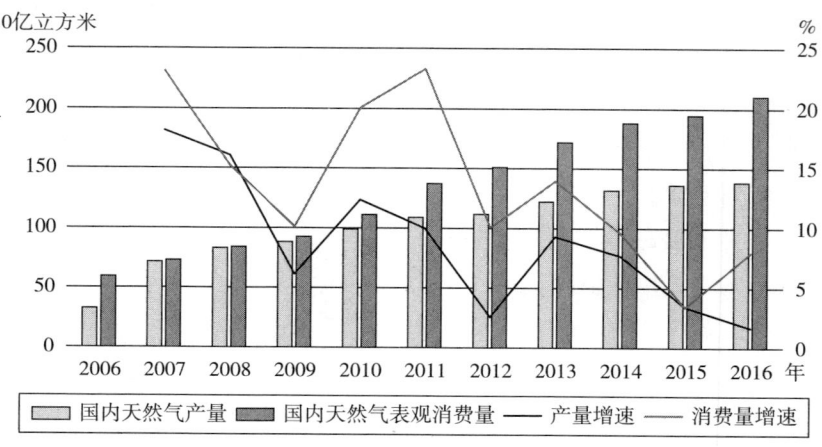

数据来源：《BP 世界能源统计年鉴》。

图 6-10　国内天然气产销情况

国内天然气生产依然以中石油集团为主。2016年，中石油集团天然气产量为981.1亿立方米，占全国总产量的72%。中石油集团的长庆油田、塔里木油田和西南油气田仍然是中国天然气产量最大的三个油气田，2016年这三个气田的天然气产量合计约790.7亿立方米，占全国总产量的58%。其中，长庆油田天然气产量出现小幅下降，塔里木油田保持稳定，西南油气田则比上年增长35.3亿立方米。2016年中石化集团天然气产量为210.5亿立方米。中海油总公司天然气产量为129.2亿立方米，产量同比下降。预计未来国内天然气产量增长主要来源于中石油集团的西南油气田，同时随着页岩气开采技术的不断进步，国内页岩气产量有望持续增长，中石化涪陵页岩气田将是主要增产来源。

天然气进口量快速增加。2016年我国进口天然气721亿立方米，同比增长17.43%，比2010年增加了3.4倍，对外依存度由15.8%上升至35.0%，初步形成了中亚、中缅管道气，以及东南亚、澳大利亚、中东等液化天然气（LNG）的多元进口格局。其中，管道天然气进口量为383.4亿立方米，占天然气进口总量的53%，同比增长7.8%。LNG进口量为337.6亿立方米，比上年大幅增加79.2亿立方米，增幅高达30.8%。

第三，全球天然气总体过剩，价格维持低位。资源储备方面，根据《BP世界能源展望（2016）》的数据，全球天然气剩余技术可采资源量约784万亿立方米，在未来200年中都可以保证全球天然气的稳定供应。

从生产来看，美国页岩气开发活跃，澳大利亚、美国、俄罗斯等国新建或扩建了大量天然气产能，而地缘政治危机也使得全球关键天然气供应国卡塔尔宣布拟将天然气产量提升逾30%，根据目前的施工情况预计这些项目将从2017年开始到2020年以前陆续投产，届时将为全球市场大量新增LNG供给。

价格方面，来自日本、韩国等原有天然气进口主力的需求都在不断下降，中国、印度等新兴市场的需求增长，但并不足以维持全球的需求增长，预计未来时段内，全球市场整体上还是呈现供大于求的态势，天然气价格预计将维持低位。

LNG资源引进方面，新奥燃气、广州燃气、北京燃气公司加入LNG采购行列,中石油、中石化、中海油三大石油企业之外的中国LNG采购第二梯队不断壮大。

随着上述企业沿海地区LNG接收站陆续建成,接收能力大幅增长,LNG进口量出现井喷。2016年,LNG接收站新增投产项目3座,分别为北海LNG、如东LNG二期和大连LNG二期,共新增LNG接卸能力900万吨/年。另外,2017年以来陆续有广东揭阳的粤东LNG接收站、启东LNG分销转运站投入运行,合计新增LNG接收能力约260万吨/年。截至2017年6月底,我国已投产的LNG接收站共有15座,接收规模达到5640万吨/年(折合约790亿立方米/年)。另外,已获核准正在建设的LNG项目有6个,已获核准尚未开工项目有2个,规模合计2000万吨/年(见表6-31)。按照2016年LNG进口337.6亿立方米计算,目前我国LNG接收站的负荷水平约43%,未来LNG进口量有望持续快速增长。

表6-31 中国LNG接收站建设情况(截至2017年6月)

单位:万吨

项目类型	省/市/区	名称	规模	所属企业
已投产	广东	深圳大鹏LNG接收站	680	中国海油
	福建	福建LNG接收站	630	中国海油
	上海	上海LNG接收站	一期300	中国海油
	江苏	如东LNG接收站	一期、二期650	中国石油集团
	辽宁	大连LNG接收站	一期、二期600	中国石油集团
	浙江	宁波LNG接收站	一期300	中国海油
	广东	珠海LNG接收站	一期350	中国海油
	天津	天津浮式LNG接收站	一期220	中国海油
	河北	唐山LNG接收站	一期、二期650	中国石油集团
	海南	海南LNG接收站	一期300	中国海油
	山东	青岛LNG接收站	一期300	中国石化集团
	广西	北海LNG接收站	一期300	中国石化集团
	广东	粤东LNG接收站	一期200	中国海油
	广东	九丰LNG接收站	一期100	九丰能源
	江苏	启东LNG分销转运站	一期60	新疆广汇
		小计	5640	

续表

项目类型	省/市/区	名称	规模	所属企业
已核准在建	广东	深圳迭福 LNG 接收站	一期 400	中国海油
	浙江	舟山 LNG 接收站	一期 300	新奥能源
	天津	南港 LNG 接收站	300	中国石化集团
	福建	福建 LNG5*、6*储罐	—	中国海油
	广东	潮州 LNG 储备站	一期 100	华丰集团
	浙江	宁波 LNG 接收站	二期 300	中国海油
		小计	1400	
已核准尚未开工	广东	深圳 LNG	一期 300	中国石油集团
	浙江	温州 LNG	一期 300	中国石化集团
		小计	600	

数据来源：《国际石油经济》、兴业研究。

另外，我国 LNG 进口来源主要为澳大利亚、卡塔尔，2016 年从上述两国进口 LNG 合计约 222 亿立方米。当前国际市场 LNG 供应充裕，LNG 价格较低，这使得我国进口 LNG 面临较好的局面。2017 年美国总统特朗普访华，签订了多项能源领域大单，总金额超过 1600 亿美元，其中天然气/LNG 是重点。未来美国也有望成为我国 LNG 的重要来源之一。

综合上述分析和《天然气发展"十三五"规划》，预计到 2020 年国内天然气供应总量约 3600 亿立方米。其中，天然气产量约 2070 亿立方米，较 2016 年增加约 729 亿立方米；天然气进口总量约 1530 亿立方米，较 2016 年增加约 797 亿立方米（见图 6-11）。

（2）天然气消费情况。

第一，消费量快速增长，消费结构仍需调整。中国天然气消费量由 2001 年的 274 亿立方米增加到 2016 年的 2058 亿立方米，年均增长 14.4%，增幅约为同期世界平均水平的 7 倍。近年来，受气价偏高和政策不完善的影响，天然气消费增速明显放缓，2015 年、2016 年连续两年增速低于 10%。

2016 年国内天然气消费中工业用气和城市燃气占比较高，分别为 27.8% 和 26.7%；其次是化工、发电和供热。从发达国家的经验来看，天然气消费的主要领域是城市燃气、工业用气和发电。

2010—2016 年的变化趋势显示，城市燃气、燃气发电的消费占比增长

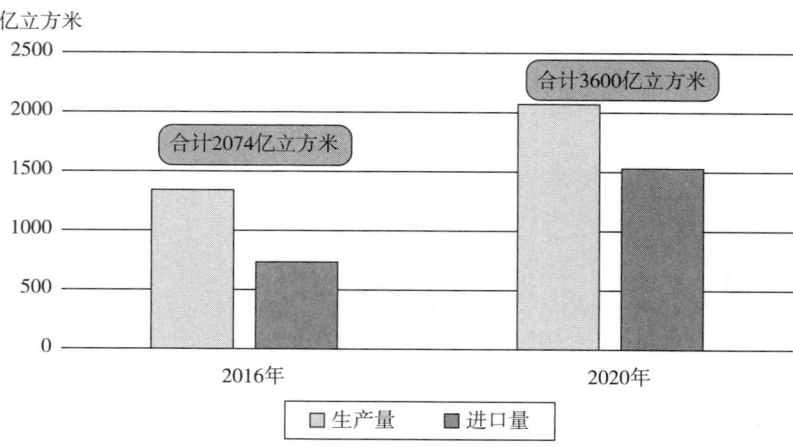

数据来源:《天然气发展"十三五"规划》、中国石油经济技术研究院。

图6-11 2016年我国天然气供应量以及2020年预测值

最快,过去6年年均增长了2.9个百分点。交通运输的用气占比也增长2.8个百分点。同期,工业用气和天然气化工用气占比则出现了下降(见图6-12)。国家已经不再鼓励天然气用作化工原料,因此未来天然气化工的用气规模可能出现萎缩。

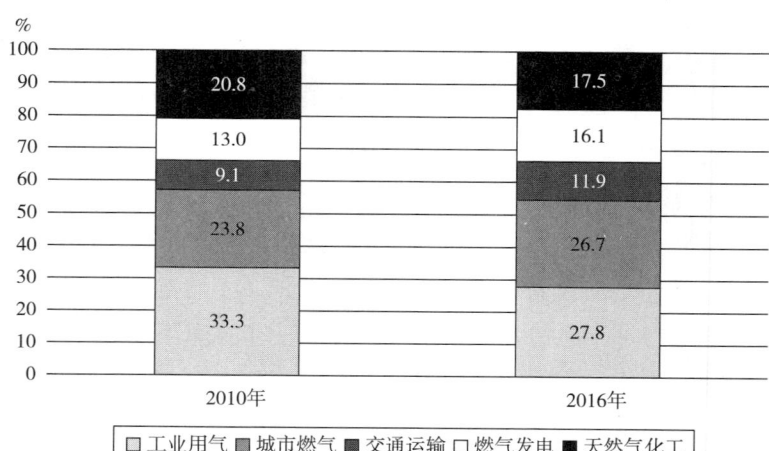

数据来源:《2016年中国天然气市场发展述评及2017年展望》。

图6-12 我国天然气消费结构变化趋势

2017年6月发布的《加快推进天然气利用的意见》指出,将以燃料清洁替代和新兴市场开拓为主要抓手,加快推进天然气在城市燃气、工业燃料、燃气发电、交通运输四大领域的大规模高效利用。未来我国天然气消费结构将进行调整。

第二,天然气消费增长的主要推动因素。天然气与石油、煤炭相比具有热值高、污染低等优点。按当前市场价计算,天然气单位热值价格为87.5元/GJ,电、液化石油气、汽柴油等热值价格均高于天然气,只有无烟煤的热值价格低于天然气(见表6-32)。

表6-32 各能源热值比较

能源名称	单位	热值(GJ)	单价(元)	单位热值价格(元/GJ)	价格比(%)
天然气(居民)	立方米	0.0343	3.00	87.5	100
电(居民)	千瓦时	0.0036	0.45	125.0	143
无烟煤	千克	0.0293	0.80	27.3	31
液化石油气	千克	0.0461	5.00	108.5	124
天然气(车用)	立方米	0.0352	4.00	113.6	130
0号柴油	千克	0.0431	6.69	155.2	177
92号汽油	千克	0.0431	8.33	193.3	221

数据来源:兴业研究。

天然气净化之后杂质少,燃烧污染低。有数据显示,天然气燃烧造成的污染较小,其二氧化硫排放约为石油的1/900,其颗粒物排放约为煤的1/600(见表6-33),因此被称为大自然赋予的"绿色能源"。所以,从环保角度考虑,未来大力发展天然气应用符合绿色环保的发展趋势和可持续发展的战略。

表6-33 各种能源大气污染物排放对比

能源名称	天然气	石油	煤
10亿热值(1GJ)	29.14立方米	23.88千克	47.77千克
污染物	—	—	—
二氧化碳(千克)	41.64	66.33	125.16
一氧化碳(千克)	0.0093	0.0167	0.0478

续表

能源名称	天然气	石油	煤
氮氧化物（千克）	0.67	1.24	1.44
二氧化硫（千克）	0.011	9.45	10.96
颗粒物（千克）	0.025	0.039	14.64
水银（千克）	0	0.0032	0.0072

数据来源：兴业研究。

第三，天然气消费增长点。国务院办公厅印发的《能源发展战略行动计划（2014—2020年）》提出到2020年，非化石能源占一次消费的比重达到15%，天然气比重达到10%以上，煤炭消费比重控制在62%以内。若要完成这个目标，保守测算，中国天然气消费规模在2020年将达到3600亿立方米，则2016—2020年增加1542亿立方米，年均需求增长386亿立方米，年复合增长率15%以上。

《天然气发展"十三五"规划》预计"十三五"期间，天然气需求增量主要来自大气污染治理重点地区的气化工程、天然气发电及分布式能源工程、交通领域气化工程和节约替代工程。

——"煤改气"。

雾霾治理已成为各级政府最为关注的重大民生问题之一。治霾力度加大，城镇、工业领域"煤改气"有望推动天然气消费量大幅增加。

目前，北方地区农村居民冬季取暖仍主要依靠家用燃煤取暖炉，燃烧散烧煤为平房供暖。为了减少冬季燃煤污染、改善空气质量，我国北方许多城市开始推广"煤改电""煤改气"工程，将散烧煤替代为燃烧天然气或者用电。"2+26"区域内"煤改气"相关政策详见表6-34。

表6-34　"2+26"区域内"煤改气"相关政策

发布日期	政策名称	政策重点内容
2016年12月	《能源发展"十三五"规划》	扩大城市高污染燃料禁燃区范围，加快实施"煤改气"。以京津冀及周边地区、长三角、珠三角、东北地区为重点，推进重点城市"煤改气"工程，增加用气450亿立方米，替代燃煤锅炉18.9万蒸吨。

续表

发布日期	政策名称	政策重点内容
2017年3月	《政府工作报告》	坚决打好蓝天保卫战。加快解决燃煤污染问题。全面实施散煤综合治理，推进北方地区冬季清洁取暖，完成以电代煤、以气代煤300万户以上，全部淘汰地级以上城市建成区燃煤小锅炉。
2017年2月	《京津冀及周边地区2017年大气污染防治工作方案》	将"2+26"城市列为北方地区冬季清洁取暖规划首批实施范围。北京、天津、廊坊、保定市10月底前完成"禁煤区"建设任务，并进一步扩大实施范围，实现冬季清洁取暖。传输通道其他城市于10月底前，每个城市完成5万~10万户以气代煤或以电代煤工程。
2017年5月	《关于开展中央财政支持北方地区冬季清洁取暖试点工作的通知》	中央财政支持试点城市推进清洁方式取暖替代散煤燃烧取暖，试点示范期为三年，直辖市每年安排10亿元，省会城市每年安排7亿元，地级城市每年安排5亿元，试点工作将重点支持京津冀及周边地区大气污染传输通道"2+26"城市。
2017年7月	《加快推进天然气利用的意见》	以京津冀及周边大气污染传输通道内的重点城市"2+26"为抓手，力争5年内有条件地区基本实现天然气、电力、余热、浅层地能等取暖替代散烧煤。

资料来源：国务院网站、方正证券研究所。

2017年，环保部公布《京津冀及周边地区2017年大气污染防治工作方案》，要求将"2+26"城市列为北方地区冬季清洁取暖规划首批实施范围，全面加强城中村、城乡结合部和农村地区散煤治理，北京、天津、廊坊、保定市10月底前完成"禁煤区"建设任务，并进一步扩大实施范围，实现冬季清洁取暖。传输通道其他城市于10月底前，按照宜气则气、宜电则电的原则，每个城市完成5万~10万户以气代煤或以电代煤工程。加大工业低品位余热、地热能等利用。

国家发改委于2017年10月16日发布《关于做好2017年天然气迎峰度冬工作的通知》。迎峰度冬期间，天然气消费需求持续旺盛，供需形势较为严峻。如遇持续低温天气，矛盾将更为突出。通知要求中石油、中石化、中海油等企业在确保安全的情况下放压增产，力争迎峰度冬期间国内天然气产量比上年同期只增不减。

从经济性来看,据相关测算,燃气锅炉较燃煤锅炉运行成本上升22%,经济性上主要的差别还是在于燃料成本。简单来算,按单位煤、天然气热值分别为5000大卡和8600大卡,燃煤锅炉和燃气锅炉热效率分别为60%和90%来算,只要气价/煤价比高于2.58,燃气锅炉的年运营成本就相对较高。

从短期来看,"煤改气"工程的推进来自环保整治下的居民"煤改气"的推进;从长期来看,由于我国总用气量的70%~80%来自非居民用气量,工业燃煤锅炉的替代会是促进"煤改气"工程推进的主要驱动力。根据相关规定,"煤改气"工程将在全国地级及以上城市建成区基本淘汰10吨/小时以下的燃煤锅炉,完成35吨/小时及以上燃煤锅炉脱硫脱硝除尘改造、钢铁行业烧结机脱硫改造、水泥行业脱硝改造。相关政策落实后,预计将新增用气量450亿立方米。具体有两个发展方向:一是钢铁、冶金、建材、石化等耗能行业的燃料结构优化,二是城市中工业锅炉、窑炉改气需求的提高。

——燃气发电。

目前燃气发电在我国天然气消费量结构中的比重远低于世界平均水平。2015年,我国发电用气量为294亿立方米,气电装机容量为6600~6700万千瓦,气电发电量为1658亿千瓦时,装机容量和发电量在电源结构中的占比分别只有4.3%和2.9%,远低于世界约30%的平均水平。从天然气消费量结构来看,2015年我国发电用气量占天然气消费总量的15%,与美国(35%)、英国(27%)、日本(69%)的比重相比也有很大差距。

与火电等其他发电方式相比,燃气发电有优势也有不足。

天然气发电与煤炭相比主要有四大优势。一是转换效率高。燃气轮机较燃煤机组热效率高10%以上,天然气分布式能源的综合能源利用效率甚至可达70%以上。二是调峰能力强。燃气发电调度灵活、启停速度快、建设周期短、占地面积小,且较其他新能源单机容量大,运行安全稳定。三是环保优势突出。燃气联合循环电厂的烟尘、SO_2、NO_x等污染物排放明显低于燃煤电厂,且碳排放也要低55%左右(见表6-35)。四是天然气分布式能源靠近负荷中心,节省输配电投资,有效提高系统供能可靠性。

表6-35 电厂发电污染物排放对比　　单位：克/千瓦时

电厂类型	污染物排放量					
	SO_2	NO_x	CO_2	CO	TSP（总悬浮颗粒物）	灰渣
常规燃煤电厂	8.794	3.909	845.766	0.126	0.194	68.406
烟气脱硫火电厂	0.920	2.198	946.700	0.143	0.036	117.600
燃气联合循环电厂	0.002	0.679	379.000	0.000	0.009	0.000

数据来源：《北京市天然气热电联产与调峰机组经济性研究》。

但天然气发电存在四大问题，限制了其快速发展。一是经济性较燃煤差。天然气发电仅燃料成本就已超过煤电的上网电价，更是远高于水电、核电，甚至获得政府补贴后的风电。以北京市为例，目前北京市发电用气价为2.67元/立方米，综合发电气耗约0.21立方米/千瓦时。据相关研究机构测算，在基本负荷情况下，天然气发电成本约0.861元/千瓦时，而北京市规定的气电上网电价为0.65元/千瓦时。很明显，较高的用气成本导致天然气发电的经济性低于煤电，制约了天然气发电的发展。二是燃机装备成本较高。我国尚未完全掌握燃机核心技术，整机检修维护、改造升级、部件更换等均依赖原厂商，燃气电厂主要依托制造厂家服务协议模式管理设备，费用高昂。三是固定成本偏高。中国燃气电厂的固定成本为燃煤电厂的90%，美国仅为30%。中国燃气电厂的设备成本与燃煤电厂大致相同，而美国仅为煤电的1/3。四是分布式发电项目能源上网政策不明，导致部分项目运行经济性不达预期。

综上所述，天然气发电虽然具有环保优势，具有"调峰填谷"的功能，但要推动我国天然气发电规模的增长，仍需要政府相关政策的引导和扶持：一是深化天然气市场改革，降低气电用气成本；二是要完善天然气发电定价机制，提高天然气发电的经济性。

—— 天然气汽车。

与成品油燃料相比，天然气在公共交通运输领域拥有污染物排放量小的明显优势，目前主要用于汽车和船舶的燃料消费。截至2015年底，我国天然气汽车保有量约500万辆，占全部汽车保有量的1.8%。

出租车、公交车是天然气汽车的发展重点。从全生命周期看，燃气出租车、公交车行驶里程长，因此采用天然气为燃料经济性较好，能源利用效率高且环保优势明显,2年左右可收回改装成本或抵消原装差价,此后每年可节约较为可观的燃料、保养和运行费用。福建省的数据表明,2015年福建省燃气车辆中约82%为出租车和公交车,合计保有量约1.9万辆。此外,船舶使用LNG替代柴油也具备较好的经济性和安全性,是我国发展天然气交通的方向之一。

目前我国发展天然气交通也面临一系列的问题。一是配套加气站设施不足,限制了天然气汽车、船舶保有量的增长;二是油价走低,使得燃气交通的经济性优势有所减弱;三是政府对电动车补贴力度大,存在燃气汽车市场空间被电动车挤占的局面;四是我国船舶老旧情况严重,如改用天然气将占用较多船内空间,导致船舶"油改气"动力不强。

"十三五"期间,若积极支持天然气汽车的发展,推动划定船舶大气污染物排放控制区,并严格执行减排要求,鼓励在内河、湖泊和沿海发展以天然气为燃料的运输船舶相关支持政策能够顺利落地,配套基础设施的建设能够不断完善,则我国天然气交通将迎来新的发展机遇,用气量将明显增长,成为天然气消费市场的重要组成部分。

根据《天然气发展"十三五"规划》提出的目标,2020年将气化各类车辆约1000万辆,配套建设加气站超过1.2万座,船用加注站超过200座。这意味着车船用天然气利用规模将介于500亿~600亿立方米。"十三五"期间天然气行业发展目标见表6-36。

表6-36 "十三五"期间天然气行业发展目标

指标	2015年	2020年	年均增速	属性
累计探明储量(常规气,万亿立方米)	13	16	4.30%	预期性
产量(亿立方米/年)	1350	2070	8.90%	预期性
天然气占一次能源消费比例(%)	5.9	8.3~10		预期性
气化人口(亿人)	3.3	4.7	10.30%	预期性
城镇人口天然气气化率(%)	42.8	57		预期性
管道里程(万公里)	6.4	10.4	10.20%	预期性
管道一次运输能力(亿立方米)	2800	4000	7.40%	预期性
地下储气库工作气量(亿立方米)	55	148	21.90%	约束性

数据来源:《天然气发展"十三五"规划》。

—— 天然气分布式能源。

天然气分布式能源是指利用天然气为燃料，通过热冷电三联供等方式实现能源的梯级利用，并在负荷中心就近实现能源供应，规模一般在数千万瓦到50兆瓦，具有能效高、清洁环保、安全性好、削峰平谷等诸多优点。截至2015年底，我国天然气分布式能源项目（单机规模小于或等于50兆瓦，总装机容量200兆瓦以下）总装机共1112万千瓦。国家近年来多次出台政策，支持天然气分布式能源的推广与建设。

天然气分布式能源项目本身拥有较高的能源使用效率，可以达到80%以上。此外，分布式发电系统可以减少电能的远程传输，减少电能的传输损耗，同时可以减少电网建设的投资费用。在京津冀、长三角、珠三角等负荷中心区域，在城市严格控煤的背景下，天然气分布式能源项目在补充电源、热源和制冷方面开始扮演重要角色。同时，作为调峰电源，分布式能源会使得电力系统的电力负荷峰谷差减小，从而使发电设备能够在稳定的发电出力下运行，减少发电过程中的工况不稳损耗。

此外，与燃煤热电联产项目相比，天然气分布式能源项目在能源效率以及控制排放方面优势显著。以传统能源供能方式作为基准，在相同的蒸汽外供量基础上对节能及减排数据进行测算分析。与燃煤热电厂相比，天然气分布式能源的一次能源节能率为35.58%，二氧化碳减排率为48.73%。

《电力发展"十三五"规划（2016—2020年）》中提出，重点发展热电冷多联供，到2020年热电冷多联供装机达到1500万千瓦（见表6-37）。在市场环境改善、气源成本不断降低、机制成熟的情况下，可关注天然气分布式能源市场机会。

表6-37 支持天然气分布式能源项目的部分重点政策

发布时间	政策名称	政策主要内容
2014年12月	《国家发展改革委关于规范天然气发电上网电价管理有关问题的通知》	鼓励天然气分布式能源与电力用户直接签订交易合同，自主协商确定电量和价格。建立气、电价格联动机制，但最高电价不得超过当地燃煤发电上网标杆电价0.35元/千瓦时
2015年11月	《国家发展改革委关于降低非居民用天然气门站价格并进一步推进价格市场化改革的通知》	从2015年11月20日起降低非居民用天然气门站价格0.7元/立方米

续表

发布时间	政策名称	政策主要内容
2016年12月	《电力发展"十三五"规划（2016—2020年）》	推广应用分布式气电，重点发展热电冷多联供。2020年气电装机达到1.1亿千瓦以上，其中热电冷多联供1500万千瓦
2017年6月	《加快推进天然气利用的意见》	大力发展天然气分布式能源。在大中城市具有冷热电需求的能源负荷中心、产业和物流园区、旅游服务、商业中心、交通枢纽、医院、学校等推广天然气分布式能源示范项目，探索"互联网+"、能源智能微网等新模式，实现多能协同供应和能源综合梯级利用

资料来源：方正证券研究所。

（3）天然气行业改革方向。

当前机制下，国内天然气产业链存在诸多问题，包括上游存量气田的闲置、部分气田开采成本的高企，中游基础设施的重复建设、收费机制的模糊不清及下游非居民用气价格高企。针对这些问题，我国天然气改革总体思路是"管住中间，放开两头"。

上游改革的主要内容是扶持更多市场主体参与油气资源上游开发，除了传统油企，民营企业和非国有企业也将获准进入国内页岩气、煤制气，以及国外天然气领域。允许符合资质的市场主体、民营资本进入上游油气勘探开发领域，并且使得矿权的准入和退出更加灵活，最终的目的就是让油气资源的利用更加充分和高效。未来上游勘探开采领域放开力度会逐步加大，尤其是在页岩气及常规天然气方面，其中常规天然气将以新疆试点的成果为基础，向全国扩散，逐步实现探矿权由登记制向招标制的转变，并放宽勘探和开采资质的条件限制，进而达到盘活存量气田、提高国产气供给能力的目的。

中游改革主要遵循"网运分开、放开竞争性业务"的思路，包括两个主要部分：一是分步推进国有大型油气企业干线管道独立，实现管输和销售分开；二是完善油气管网公平接入机制，油气干线管道、省内和省际管网均向第三方市场主体公平开放。

下游改革主要是促进天然气配售环节公平竞争，发挥市场决定价格的作用，推进非居民用气价格市场化，进一步完善居民用气定价机制。加快油气交易平台建设，鼓励符合资质的市场主体参与交易，通过市场竞争形成价格。2016年11月，国家发改委发布《关于福建省天然气门站价格政策有关事项的通知》，福建省成为新一轮天然气体制改革第一个试点省市，未来试点将向天然气用气大省逐步扩散。

天然气价格改革不断深化，市场化定价开始试水。国内天然气定价机制逐渐理顺。

一是加强输配价格监管，发布管输价格机制和成本监审办法，严格"管住中间"。2016年8月，国家发改委发布《关于加强地方天然气输配价格监管降低企业用气成本的通知》，要求全面梳理天然气各环节价格、降低过高的省内管道运输价格和配气价格、减少供气中间环节、整顿规范收费行为、建立健全监管长效机制，以及制定省内管道运输价格、城镇燃气配气价格具体管理办法，规范定价行为等。通知下发后，已有江西、浙江、陕西和广东等省市降低了省级管道的输气价格。

2016年10月，国家发改委同时发布了《天然气管道运输价格管理办法（试行）》和《天然气管道运输定价成本监审办法（试行）》，确立了新的天然气管道运输定价方法，实行"一企一价"并按照"准许成本加合理收益的原则"制定。同时，要求管道运输信息公开、成本公开、政府监审公开、定价程序公开，以及按3年为周期对管道运输价格进行校核调整等。办法实施后，我国天然气管道运输价格有一定幅度下调。

2017年8月，国家发改委核定了13家天然气跨省管道运输企业的管道运输价格，对国内天然气市场建设和相关行业发展产生深远的影响。首先是推动管网向第三方开放，相关办法规定管道运输价格与负荷率挂钩，管道运输企业负荷率低于75%，实际收益率将低于准许收益率（8%）。据了解，部分企业已准备主动将管道向第三方开放，提高管道负荷率，从而取得国家规定的准许收益率。其次是促进管道运输企业降本增效。通过加强成本监审核定管道运输价格，将引导管道运输企业主动加强成本管理，控制支出，提高管道运行效率。再次是促进天然气市场化交易。核定出各管道运输价格后，每一个入口到出口的运输价格清晰明了，天然气生产经营企业和用户可以约定运输路径并按此结算运输费用，为天然气市场化交易奠定了基础。最后是为管道独立运行创造了条件。油气体制改革方案明确提出,分步推进油气干线管道独立,实现管道运输和销售分开。先行核定天然气管道运输价格,为管道独立运行做好了准备。

二是明确储气设施价格政策,弥补储气库费率缺失。2016年10月,国家发改委印发了《关于明确储气设施相关价格政策的通知》,规定储气服务价格由供需双方协商确定,储气设施天然气购销价格由市场竞争形成。储气库一直是我国天然气基础设施建设中的短板,缺失储气库价格科目是其中的重要原因之一。储气设施价格政策将对我国地下储气库建设起到积极作用。

三是化肥用气价格放开,直供非居民用气全部实现协商定价。2016年11月初,国家发改委发布《关于推进化肥用气价格市场化改革的通知》,确定自11月10日起,全面放开化肥用气价格,由供需双方协商确定。从1992年我国实行天然气用户分类价格以来,化肥用气价格就一直享受的优惠折扣正式终结。化肥用气价格放开后,价格水平未大幅上涨,因化肥价格看涨,用气量出现稳定增加。

四是尝试天然气门站供需协商定价,推出冬季高峰气价。2016年11月中旬,国家发改委决定在福建省开展天然气门站价格市场化改革试点,不再执行国家规定的门站指导价,由供需双方协商确定门站价格。11月下旬,陆上两大石油公司决定在冬季用气高峰期,将非居民用气价格上浮0.15~0.20元/立方米。这是有史以来天然气生产企业首次自主上调天然气价格,开创了市场化定价的先河。

五是上海石油天然气交易中心正式投运。2016年11月26日,国家级油气现货交易平台——上海石油天然气交易中心正式投运。从国家发改委、上海市政府和三大石油公司的首脑出席投运发布会,足以看出政府与企业对交易中心的期望和重视。然而,尽管2016年上海石油天然气交易中心现货天然气成交量达到了150亿立方米,但由于天然气体制机制改革滞后,气源之间的竞争还不充分,短期内还难以发挥调节天然气供需和发现天然气市场价格的作用。同时,由于我国天然气供需存在明显的区域性差异,应重视和开展区域天然气交易中心建设,以支撑上海石油天然气交易中心的国家级地位和作用。

3. 市场机会。

对于商业银行来说，天然气行业目前正处于快速发展的阶段，存在以下市场机会：

在天然气上游环节，国内天然气资源基本被三大石油公司垄断，其他资本很难与之竞争，进口管道气也基本被中石油等央企把持，社会资本能参与的主要集中在 LNG 进口环节。目前新奥、广汇等公司已开始进口 LNG，并建成或批准建设 LNG 接收站。在国内 LNG 进口量持续增长的情况下，LNG 接收站项目预计现金流较好，对于商业银行来说相关 LNG 项目或存在较好的投融资机会。

天然气中游输气主要是依托长输管网、区域管网进行中长距离输送，也有部分通过 LNG 运输车船和压缩天然气（CNG）运输车。我国天然气管道运输行业呈现出"三桶油"和若干省域天然气管输企业同时存在的格局。

在天然气产业链的中游环节，在"管住中间、放开两头"的政策背景下，输配管道项目价格管制趋严，项目盈利前景与管道输气负荷密切相关。输气负荷在 75% 以上的管道项目盈利较好，预计项目投资回报率将高于 8%。如果输气负荷长期维持在较低水平，则管道项目的投资回报率可能偏低。因此，从商业银行角度来看，东部沿海地区、京津冀地区等天然气消费量增长较快地区的城市管网项目预计存在较多的投融资机会。

天然气下游为城市燃气企业，在获得专营权之后，向中上游的供气商购买天然气，并通过自建城市管网，向下游的居民和非居民用户供气，赚取购销差价，并向新开拓用户收取燃气安装接驳费。城市燃气具有一定的行业壁垒，主要包括资质壁垒、气源供应以及资金、技术壁垒。由于城市燃气属于公用行业，价格波动空间小，盈利情况稳定。目前，国内已经形成了以华润燃气、昆仑燃气为代表的国资背景的企业，以新奥能源为代表的民营企业，以中华煤气、中国燃气为代表的境外资本企业，以及以北京燃气、上海燃气、深圳燃气为代表的区域性燃气集团并存的竞争格局。其中，中华燃气、新奥能源、华润燃气、港华燃气、昆仑燃气等五大跨区域经营的燃气运营商是我国城市燃气行业的龙头骨干企业。

在天然气产业链的下游环节，除了居民用天然气价格之外，其余用气价格基本实现了市场化，各地的城市管网企业一般都有当地的管网特许经营权，盈利稳定，是较好的投资方向。此外，加气站等基础设施的未来需求将增加，也值得关注。天然气产业链见图6-13。

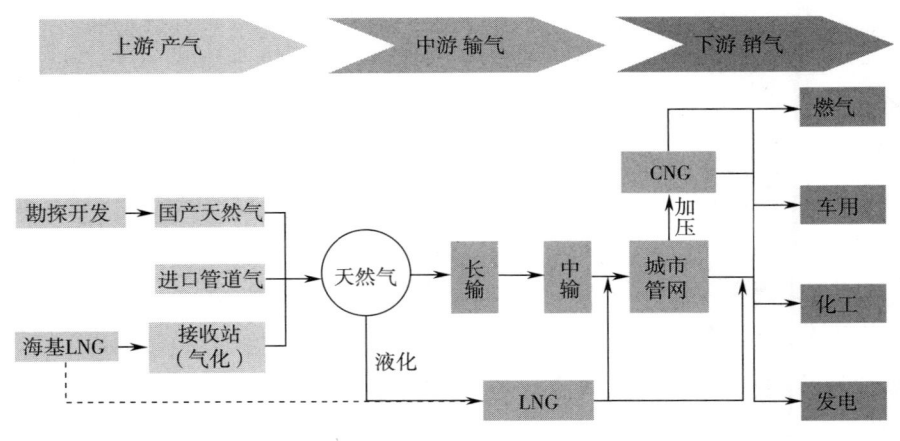

图6-13 天然气产业链

数据来源：兴业研究。

（二）天然气行业的总体思路与规划——基于商业银行视角

优化能源结构和环境治理需求是我国天然气消费的主要驱动力，近年来的能源政策都明确将天然气培育成主体能源之一。在环保倒逼和政策推动的双重促进下，天然气作为城市燃气主导气源和未来发展方向，将在"十三五"期间有较大发展空间。一言以蔽之，"行业看需求，需求看价格，价格看改革"。"行业看需求"即供给充足，行业的发展主要看需求释放的快慢；"需求看价格"即终端消费主要增量在于非居民用气（包括工商业、分布式能源站）等，如果价格下行，与其他能源的竞争优势显现，则需求增速将进一步提高；"价格看改革"即体制机制改革特别是价格体制改革，以自由竞争促进市场价格公允化，消除非居民价格高企和交叉补贴等不合理现象，降低管输价格，多渠道开拓气源等。

在当前上游勘探开发市场有序放开、中游管网独立而管道运输价格逐步理顺、下游放开非居民终端价格的政策背景下，我们认为，商业银行应按照以下思路优先开展燃气行业业务：

一是开采采购环节紧紧围绕"三桶油"及延长石油，其他省级天然气开采与进口企业开展合作，支持企业融资结构调整优化融资、燃气开采项目投资、燃气进口跨境融资与汇率风险锁定等融资安排。

二是储存输送环节重点支持"三桶油"及省网公司等优质主体中长途管道运输企业具有特许经营权的融资项目，以及安全性好的下游客户优质且需求稳定 LNG 和 CNG 汽车运输与船运融资项目。

三是供气销售细分市场，重点支持获得城市燃气经营许可证、在特许经营的区域内实行独家经营的五大燃气运营商及部分大型地方燃气企业、上市公司，抓住全社会燃气消费需求受"气代煤"驱动消费高增长、基础设施建设日益完善、体制改革取得阶段性成果等有利时机，重点拓展终端销售融资与结算业务。

四、新能源汽车子行业分析

随着城市化、工业化进程加速，汽车工业快速发展，国际原油供求矛盾逐步加深，全球气候变暖日益明显。在此背景下，以节能减排为重要目标的新能源汽车行业不断发展，并逐步形成以能源、机电新技术为支撑，多种新能源为动力，涵盖新能源汽车整车、配套部件、专用储能材料及相关服务等领域，具有巨大市场潜力的新兴产业，呈现快速突破、竞相发展的态势。

对中国汽车产业来说，新能源汽车的意义远不止于此，它让中国汽车企业第一次有机会与世界传统汽车巨头同步竞争。当前，正是我国汽车产业转型升级、实现跨越发展、抢占先机的重要机遇期，新能源汽车行业作为政府高度重视的战略性新兴产业之一，具有广阔的发展前景。

（一）新能源汽车的总体情况介绍

广义的新能源汽车是指采用非传统化石燃料作为动力来源，在动力控制和驱动方面与传统汽车相异，具有新技术、新结构的汽车类型。电动汽车是指以车载电源提供全部或部分动力，用电动机驱动车轮行驶的汽车。电动汽车在车辆性能方面具有转矩响应迅速、加速快等优势。新能源汽车广义上主要分为纯电动汽车、混合电动汽车、燃料电池电动汽车、插电式电动汽车四种。目前我国所提倡的新能源汽车主要是指纯电动汽车。

1. 我国新能源汽车研发政策支持起步较早。

我国对新能源汽车的研发一直都比较重视，而且着手比较早。"十五"期间，科技部就设立了电动汽车重大专项研究课题，提出"三纵三横"研究开发布局，以纯电动汽车、混合电动汽车、燃料电池电动汽车三种整车研究为核心，开展相关研究工作。目前，我国在电动汽车整车和关键部件研究方面取得了大量的研究成果，形成了较为完整的电动汽车及关键零部件的创新和研发体系。

2010年9月，新能源汽车被国务院确定为我国七大战略性新兴产业之一。2012年4月，国务院常务会议通过《节能与新能源汽车产业发展规划（2012—2020年）》，明确指出要以纯电驱动为汽车工业转型的主要战略取向。2017年4月25日，工信部、国家发改委、科技部联合印发《汽车产业中长期发展规划》，明确了力争经过十年持续努力，迈入世界汽车强国行列的目标；到2020年，新能源汽车年产销达到200万辆；到2025年，新能源汽车占汽车产销的20%以上。

2. 燃油车逐步退出带来难得发展机遇。

2017年底，在中国汽车产业发展国际论坛上，工信部副部长透露，针对一些国家已经制定了停止生产销售传统能源汽车的时间表，目前工信部也启动了相关研究，将制定中国自己的时间表，同时备受关注的"双积分"政策也即将发布。

2017年9月，工信部等部门发布《乘用车企业平均燃料消耗量与新能源汽车积分并行管理办法》，自2018年4月1日起实施，2018—2020年三个年度的新能源汽车积分比例要求分别是8%、10%和12%，新能源积分不能在不同年度间结转——"双积分"指乘用车企业平均油耗积分和乘用车企业新能源汽车积分；也就是说，未来"双积分"管理既对车企的传统燃油车辆进行考核，同时也考核该车企的新能源汽车。这一系列政策的出台意味着燃油车在我国的逐步退出，同时也是政府大力鼓励新能源汽车发展的标志，给新能源汽车的发展带来了难得的发展机遇。

（二）新能源汽车产业核心企业与产业链现状

相对于传统的燃油汽车，我国的汽车工业与西方至少有50~100年的发展差距，而新能源汽车方面，由于我国的起步时间与国外基本一致，大力发展新能源汽车为我国的汽车工业发展提供了一个难得的弯道超车的机会。我国从 2009 年的"十城千辆"开始大规模鼓励和推广新能源汽车的发展，在发展方向上确立了以纯电动汽车为主的发展模式。

1. 新能源汽车整车情况。

国家对新能源汽车的补贴政策大大加快了国内新能源汽车行业的发展，通过对历年新能源汽车产业补贴政策的梳理，可将新能源汽车补贴发展与演变进程分为四个阶段。

第一阶段（2009—2013 年），启动阶段。该阶段的特点是补贴领域窄、补贴范围少、补贴区域少，补贴领域起初仅限于公共服务领域，后来扩展到了私人领域，客车补贴范围仅限 10 米以上，补贴区域仅有 13 个试点城市和部分非试点城市。

第二阶段（2014—2015 年），扩大阶段。该阶段的特点是补贴范围和补贴区域明显扩大，补贴额度根据里程等条件进一步细化（见表 6-38），同时取消了对节能汽车的财政补贴，补贴对象仅限于新能源汽车（纯电动、插电式混合动力以及燃料电池汽车）。该阶段补贴区域涉及 38 个城市群共计 88 个城市，新能源汽车产销快速放量，属于"骗补"高发的阶段。

表 6-38 2013—2015 年新能源汽车补贴情况

时间	政策文件	政策主要内容	适用区域
2013 年 9 月 17 日	《关于继续开展新能源汽车推广应用工作的通知》	纯电动、插电式混合动力（含增程式）乘用车按纯电动续驶里程给予 3.5 万~6 万元补贴；纯电动、插电式混合动力（含增程式）客车按车身长度给予 25 万~50 万元补贴；纯电动专用车按电池容量 2000 元/千瓦时，不超过 15 万元；燃料电池乘用车和商用车分别给予 20 万元和 50 万元补贴。退坡机制：2014 年和 2015 年，纯电动乘用车、插电式混合动力（含增程式）乘用车、纯电动专用车、燃料电池汽车补助标准在 2013 年标准基础上分别下降 10% 和 20%，纯电动公交车、插电式混合动力（含增程式）公交车标准维持不变	继续依托城市尤其是特大城市推广应用新能源汽车

续表

时间	政策文件	政策主要内容	适用区域
2014年1月28日	《关于进一步做好新能源汽车推广应用工作的通知》	纯电动乘用车、插电式混合动力（含增程式）乘用车、纯电动专用车、燃料电池汽车补助标准调整为：2014年在2013年标准基础上下降5%，2015年在2013年标准基础上下降10%	39个城市群的88个城市
2015年4月22日	《关于2016—2020年新能源汽车推广应用财政支持政策的通知》	纯电动乘用车、插电式混合动力（含增程式）乘用车按续航里程给予2.5万~5.5万元/辆；燃料电池汽车20万~50万元/辆；纯电动、插电式混合动力（含增程式）等专用车、货车1800元/千瓦时。退坡机制：2017—2020年除燃料电池汽车外其他车型补助标准适当退坡，其中2017—2018年补助标准在2016年基础上下降20%，2019—2020年补助标准在2016年基础上下降40%	全国范围内

财政部牵头的一项督查报告显示，2013—2015年，中央财政共拨付补贴、奖励资金284.44亿元，地方财政2013—2015年拨付补助资金合计200多亿元，中央与地方合计补贴484.44亿元，中国合计补贴了42.135万辆新能源汽车，补贴强度是美国的9倍。

高强度的补贴，直接刺激了新能源汽车的生产和销售。2015年我国共生产新能源汽车37.4万辆，同比增长301.5%，其中新能源商用车（客车为主）生产16万辆，同比增长432.1%；新能源乘用车生产21.4万辆，同比增长239.2%。

第三阶段（2016—2020年），退坡阶段。该阶段的特点是补贴范围大、补贴额度逐步退坡。在该阶段，国家开始集中稽查"骗补"行为，整顿行业不正之风，努力引导行业向健康有序的方向发展。2016年纯电动汽车各领域领军企业详见表6-39。

表 6-39 2016 年纯电动汽车各领域领军企业

排名	纯电动乘用车			纯电动客车			纯电动专用车		
	企业	销量（辆）	销量占比（%）	企业	销量（辆）	销量占比（%）	企业	销量（辆）	销量占比（%）
1	吉利	48808	20.02	宇通客车	21428	18.53	东风汽车	2508	27.73
2	比亚迪	48407	19.86	比亚迪	14903	12.88	上海商用车	1950	21.56
3	北汽	42252	17.33	中通客车	11747	10.16	山东昊宇	1594	17.63
4	众泰	37166	15.24	南京金龙	7921	6.85	国宏汽车	960	10.62
5	江淮	18193	7.46	珠海银隆	6047	5.23	重庆瑞驰	569	6.29
6	奇瑞	17320	7.10	北汽福田	5188	4.49	大运汽车	372	4.11
7	江铃	14232	5.84	厦门金旅	4686	4.05			
8	长安	6336	2.60	安凯客车	4329	3.74			
9	东风日产	1893	0.78	中车时代	3410	2.95			
10	上汽	1551	0.64	江苏九龙	3247	2.81			
	累计	236158	96.87	累计	82906	71.68	累计	7953	87.94

注：根据中汽协相关数据整理，其中纯电动乘用车、纯电动客车为 2016 年年度数据，纯电动专用车为 2016 年 1~10 月数据。

新能源汽车补贴包括国家补贴和地方补贴两部分。从过去几年看，地方各级补贴总额不得超过中央单车补助额的 50%，按照此前多数地方政府采取的地方补贴与中央补贴 1:1 的方式，地方补贴大幅缩水。2018 年 2 月，财政部、工信部、科技部、国家发改委联合发布《关于调整完善新能源汽车推广应用财政补贴政策的通知》，强调各地不得采取任何形式的地方保护措施，包括但不限于设置地方目录或备案、限制补贴资金发放、对新能源汽车进行重复检验、要求生产企业在本地设厂、要求整车企业采购本地零部件等措施。对经有关部门认定存在地方保护行为的地方，中央财政将视情节相应扣减充电基础设施奖补资金，可见中央破除地方保护、建立统一市场的决心。

第四阶段（2020 年以后），后补贴时代（指财政补贴取消的阶段）。

在该阶段，国家可能考虑全面取消新能源汽车财政补贴，新能源汽车市场由政策驱动转向市场和技术"双驱动"。

自 2010 年中央实施新能源汽车补贴政策以来，补贴额度逐年下降，享受补贴的车辆标准逐年提高。目前政府对汽车企业的燃料消耗限值不断降低以及补贴退坡的情况显示出，政府希望由市场力量来推动新能源汽车的发展。但从长期来看，汽车"电动化"趋势已经确定。按照《汽车产业中长期发展规划》的要求，到 2020 年，电动汽车生产能力要达到 200 万辆，累计销量超过 500 万辆。据此测算，2018—2020 年平均复合增长率有望突破 40%。2018 年新能源汽车补贴将在 2017 年的水平上有所下调，加上《乘用车企业平均燃料消耗量与新能源汽车积分并行管理办法（征求意见稿）》将于 2018 年开始实施，说明新能源汽车市场已逐渐向市场和技术驱动转型。

2. 新能源汽车产业链情况。

新能源汽车产业链长，涉及多个行业的发展。与传统汽车行业不同，"三电"（电池、电机和电控）取代"三大件"（发动机、变速箱和底盘），成为汽车行业关键零部件。电池在新能源汽车上扮演了更为重要的角色，成本占整车的 40%，且关系到汽车续航里程、充电效率和性能等参数。新能源汽车对传统汽车的改变不仅在驱动力的改变上，还能够提供一个完全不同的产业链，带动相关产业的上下游的发展。从目前国内新能源汽车主要零部件的研发和生产情况来看，动力电池和控制系统的发展一直非常迅速。[①] 以电池为主线，我们对新能源汽车产业链进行了梳理。

（1）新能源汽车电控系统。新能源汽车电机控制器通常指控制新能源电动汽车驱动电机的装置，其主要作用是控制驱动电机的电压和电流，完成对电动机转矩、转速和转向的控制，也可以指对电动汽车的助力转向泵电机、打气泵电机、空调电机、BSG 电机、ISG 电机等辅助电机进行控制的装置。新能源汽车的电控系统作为传统变速箱功能的替代，其性能直接决定了电动汽车的爬坡、加速、最高速度等主要性能指标。

---

① 国家信息中心、中经网. 2018 新能源汽车行业发展报告——展望篇［R］. 2017.

目前,新能源汽车电控系统的生产厂商主要包括两类:

第一类是具备电机电控供应链的电动汽车整车企业,由其自有生产能力或关联供应链企业向其供应全部或部分电机电控产品,部分整车厂的电机电控产品也少量外销。这类企业一般为传统汽车制造企业,经过多年积累,具备完整的零部件生产能力。目前国内的主机厂中,比亚迪、北汽新能源、江铃新能源、长安新能源、中通客车、厦门金龙等企业均具备自主供应电机电控产品的能力。

第二类是专业从事汽车零部件供应或专业从事电机电控产品供应的企业,其中包括专业汽车零部件供应商,如采埃孚(ZF)、大陆(Continental)、博世(Bosch)、日立(Hitachi)、现代摩比斯(Mobis)等国际汽车供应量巨头;以及国内外新兴的专业电机电控制造企业,如上海电驱动、上海大郡、精进电动、台湾富田电机(Fukuta)等。此外,部分传统工业电机、变频器等生产企业也依靠在研发、生产上的技术积累,积极转型介入新能源汽车电机电控相关产品的供应,如汇川技术、英威腾、卧龙电气、方正电机(002196)、江特电机等。

根据行业统计,2016年1~7月国内生产的超过18万辆纯电动汽车中,整车厂自行提供和第三方电机企业供应的电机装机占比分别为55.4%和44.6%,整车厂自行提供和第三方电控企业供应的电控装机占比分别为56.2%和43.8%,比例基本持平。

电机电控行业受市场关注度低于动力电池,原因主要有两个方面:其一,新能源汽车电机电控产业基本与国内电动汽车市场同步启动,整车企业对于电动汽车的研发、采购、生产和销售等流程都处于探索和完善阶段,对于电机电控配套行业的标准和体系也尚未成型;其二,锂电池在3C等领域的应用有近20年历史,行业形成了相对完整的技术标准和产品体系,为动力电池提供了一定的参考和借鉴,而新能源汽车电机与工业电机技术路线和要求差别较大,专业企业中很大一部分仍为10年以内的创业型企业,行业尚未形成清晰稳定的市场格局。

(2)新能源汽车动力电池系统。占整车成本近一半的动力锂电池行业,市场空间巨大。截至2016年底,出货量前十的企业产能达到43GWh,超过2016年28GWh的总需求量,叠加其他中小企业的30GWh产能,动力电池迅速由 2015 年的紧俏进入过剩。但 2017 年，各大电池厂商仍在扩大产能。2016 年投资额超过 20 亿元的动力电池项目见表 6-40。

表 6-40　2016 年投资额超过 20 亿元的动力电池项目

投资主体	投资项目	投资金额
宁德时代	江苏锂电池基地：年产能超过 10GWh	100 亿元
迈科锂电	8GWh 高性能锂离子动力电池项目	50 亿元
中航锂电	年产 5GWh 的三元里动力电池生产线	43.7 亿元
猛狮科技	年产 5GWh 锂电池及电池研究中心	不低于 30 亿元
力信能源	年产 4GWh 动力电池项目	30 亿元
国轩高科、康盛股份	年产 10 亿安时的动力电池项目	30 亿元
亿纬锂能	湖北荆门投建动力电池项目	25 亿元
国能电池	年产 5 亿安时的动力电池项目	25 亿元
吉利集团	金华动力电池总成项目	20.5 亿元
骆驼股份	年产 5GWh 的动力电池项目	20 亿元

数据来源：根据公开资料整理、兴业研究。

目前国内动力电池以磷酸铁锂和三元锂电池为主。三元锂电池能量密度更高，主要用于乘用车；磷酸铁锂由于安全性更好，主要用于客车。从 2017 年已经发布的五批推荐目录来看，乘用车仍然以三元锂电池为主导，203 款乘用车车型中共有 149 款搭载了三元锂电池，客车则依然以磷酸铁锂电池为主，1115 款上目录的客车中有 818 款客车搭载了磷酸铁锂电池。未来乘用车占比的提升将推动三元锂电池占比不断提升。

作为新能源汽车的核心部件，大型车企尤其是乘用车车企对动力电池进入其整车产业链有着严格的考核流程，加上电池行业规模效应明显，电池龙头制造企业出货加大。2016 年出货量前十动力电池企业的市场占有率超过 75%，仅比亚迪和宁德时代新能源科技股份有限公司（CATL）两家的市场占有率就超过 50%。

（3）新能源汽车动力电机系统。中国新能源汽车动力电机系统发展经过了"十五"和"十一五"的相关科技和产业化发展,并围绕"三纵三横"①的发展路线,已自主开发了各类新能源车辆的动力电机系统,但对应整体电机产业来看,还需关注以下信息:

第一,新能源汽车高速发展催生出巨大的电机需求市场。随着新能源汽车在国内的高歌猛进,新能源汽车电机的增速也非常高。2014年,国内新能源汽车电机的市场规模为14.8亿元,其中客车驱动电机和乘用车驱动电机分别占53%和42%,还有5%为专用车电机;2015年我国新能源汽车电机行业对应规模约为65.6亿元,客车、乘用车、专用车驱动电机所占份额分别为52%、33%、15%;2016年中国新能源汽车用电机市场已达到97亿元的市场规模;随着未来几年新能源汽车产销的持续增长,电机市场将呈现高速增长态势,预计到2020年市场空间将突破190亿元。

未来几年,新能源乘用车的产销量增速将超过客车增速,乘用车用电机的比例将呈现上升态势。预计到2020年,新能源乘用车用电机占比达到47.4%,新能源客车用电机占比达到42.7%,专用车用电机占比10%。

第二,国内外技术存在差距。目前,我国新能源汽车配套电机市场仍然是国内自给,国际竞争对手参与较少,而国内技术水平与国外相比,仍有不少差距。以专利作为技术储备来衡量,过去10年,我国新能源汽车电机及驱动控制系统专利申请总量位于世界第一,但其中最能体现技术水平的发明专利仅占50%,远低于同期国外发明专利申请总量90%的占比。

全球来看,德国、日本、韩国的电驱动系统实力强劲。国内奇瑞汽车、吉利汽车研究院、清华大学、长安汽车、上海中科深江电动、长安新能源、北京理工大学、比亚迪等企业和研究机构具有丰富的技术储备。

第三,产品竞争激烈,参与者众多。目前新能源汽车驱动电机产业颇具吸引力,潜在市场空间较大,行业标准未确定,整车供应链未成熟,能够伴随新能源汽车一同壮大,正是理想的朝阳行业。现阶段主要有三类市场(潜在)参与者:传统电机生产企业、汽车零部件供应商、整车企业内

---

① "三纵"就是混合动力汽车、纯电动汽车、燃料电池汽车,"三横"就是多能源动力总成控制系统、电机及其控制系统、电池及其管理系统。

部配套。

传统电机生产企业产能成熟，电机生产制造经验丰富，且中小电机行业近几年持续低迷，使其具有迫切向新能源驱动电机转型的需求。这类企业生产线可以较快的技改切换适应激增的新能源汽车订单，在竞争中最具实力。如江特电机、大洋电机、方正电机、信质电机、正海磁材、尼得科（中纺锐力）、东方电机等，纷纷转型进入新能源汽车驱动电机生产阵营。

由于电力电子及材料储能技术的进步，汽车终端消费市场逐渐被电气化的新能源产品替代，汽车整车厂及零部件供应商为了适应这种产品形态的渗透乃至颠覆，都有自我革新、推出电动化新时代产品的需求，其中的先行者包括华域电动、南车时代电动、万向钱潮、比亚迪、上汽集团、奇瑞汽车等。

事实上，由于新能源汽车驱动系统电机和控制器需要高效匹配，且两类产业电机制造偏重资产，控制器属于轻资产，具有一定互补性，因此，市场上越来越多的参与者希望将驱动系统进行整体打包制造销售。因此，电机、控制器的相互合作并购和产业联盟就越来越频繁，产业界限逐渐模糊，这种趋势带来的另一后果就是动力系统集成化的趋势。

由于新能源汽车行业享受了多项政策优惠，为了抢先登陆新能源汽车电机市场，近年来，资本市场密集出现涉及新能源汽车电机项目的并购重组案例，其中上海电驱动、上海大郡、天津松正、大洋电机等都是新能源汽车电机行业的佼佼者。大洋电机已经收购了上海电驱动，方正电机也将并购上海海能和德沃仕。国内电机业巨头纷纷收购新能源汽车电机及上游材料企业，希望通过并购企业的方式来为自己增加竞争砝码，足见这些企业对新能源汽车的重视。

由于新能源汽车电机的起步时间并不长，所以还需要从汽车应用的角度入手，让整车企业与电机厂商共同携手来研究制造出满足新能源汽车需求的专用电机。在中国乃至全球范围内，汽车电机都是电机业中的小分支，但是汽车电机制造门槛非常高，尤其是我国的电机驱动系统与国外驱动机系统相比还存在不小的差距与不足，得益于政策的扶持和电机巨头对市场的重视，目前中国的新能源汽车产业正在加快发展步伐。国内外主要新能源汽车电机企业详见表6-41。

表6-41 国内外主要新能源汽车电机企业

区域	电机企业	区域	电机企业
国外	采埃孚	浙江	宁波韵升
	博世		斯科若
	大陆		百转电动
	西门子		德沃仕
	丰田		方正电机
	日立		卧龙电气
	富田		万向电动
	松下		尤奈特
	明电舍		绿巨能机电
	现代摩比斯	江苏	微特利
	美倍亚株式会社		牧康新能源
	雷米国际	湖北	宇清专动
	麦格纳	山东	德洋电子
广东	比亚迪	福建	福工动力
	大地和		尤迪电机
	港新动力	湖南	中车时代
	金泰德胜		湘潭机电
	合普动力		中智远科技
	大洋电机		众达汽车
北京	精进电动	天津	松正
	中纺锐力	吉林	富奥
	中科易能	辽宁	天元电机
上海	上海大郡	广西	五菱柳机
	上海电驱动	江西	江特电机
	中科深江	安徽	巨一自动化
	联腾动力		芜湖杰瑞诺
	华域汽车	四川	成都华川电装
	南洋电机		

数据来源：根据公开资料整理、中国科技论坛。

3. 行业发展趋势。

在财政补贴、税收减免、牌照优势及技术更迭的合力助推下,新能源汽车必将达到2020年产销200万辆、2025年产销500万辆的阶段性目标（预计产值1.5万亿元的规模）。从支持方向上来看,无论是上游"三电"还是核心厂商,政策均以扶植本土企业为主,新能源的长足发展本质上就是中国自主品牌汽车产业的发展,因此不论从政策导向、市场趋势还是新能源汽车相关技术的发展来看,新能源汽车行业都具有广阔的发展前景,其主要核心竞争力概括如下：

（1）政策方面。

补贴政策方面,现行补贴政策明确了退坡机制,2020年国家财政补贴有可能退出,转而依靠"平均燃料积分"政策以燃油车企补贴新能源汽车。现行补贴政策《关于调整新能源汽车推广应用财政补贴政策的通知》中明确提到："各类车型2019—2020年中央及地方补贴标准和上限,在现行标准基础上退坡20%。同时,有关部委将根据新能源汽车技术进步、产业发展、推广应用规模等因素,不断调整完善。"但从2018年四部委联合发布《关于调整完善新能源汽车推广应用财政补贴政策的通知》来看,2019年将在2017年补贴标准的基础上退坡的政策已提前到2018年。

《关于调整完善新能源汽车推广应用财政补贴政策的通知》从三个方面调整完善推广新能源汽车应用补贴政策：一是提高技术门槛要求,二是完善新能源汽车补贴标准（新旧补贴方案对比见表6-42）,三是分类调整运营里程要求。其中,新能源汽车续航里程150公里以下的产品补贴将为零,并将原先的三档补贴变更为五档；同时,最后两档补贴力度相比之前有大幅提高,合计补贴9.5万元/辆,比前三档合计还要高出2.2万元/辆。就整个产业链来说,新能源汽车龙头最先受益,受政策导向影响,A00车型[①]有可能逐步淘汰,转而生产A级以上车型；而中上游三元动力电池及三元材料供应商,特别是龙头企业,也将迎来业绩大幅增长。

---

① 德系标准,按轴距和发动机排量分为A00、A0、A、B、C、D六个等级,A00纯电动汽车续航里程一般在200KM以下。

表6-42　新旧补贴方案对比　　　　　　　　　单位：公里、万元

续航里程	2017年正式版本	2018年草案版本	2018年正式版本
100≤R<150	2	0	0
150≤R<200	3.6	1	1.5
200≤R<250		2.5	2.4
250≤R<300	4.4	3.4	3.4
300≤R<400		4.5	4.5
R≥400		5	5

同时，2017年12月27日，财政部、国家税务总局、工信部、科技部发布联合公告，规定自2018年1月1日至2020年12月31日，对购置的新能源汽车免征车辆购置税，并通过发布《免征车辆购置税的新能源汽车车型目录》实施管理。购置税额是征收汽车售价（不含税价）的10%，因此该政策的延续也是政府持续鼓励支持该行业的明确信号。和补贴政策一样，新能源汽车的免征购置税在续航里程上也有一定要求，如乘用车领域，纯电动的续航里程要达到150千米，插混动工况法要达到50千米等。以第十四、第十五批免征车辆购置税的新能源汽车为例，入选的纯电动乘用车续航里程为150~400千米，纯电动客车续航里程集中在200~500千米，插混动乘用车续航里程为50~80千米。具体免征车辆购置税车辆情况可参考表6-43。

表6-43　免征车辆购置税的新能源汽车车型第十四、第十五批数据整理

	比亚迪		吉利		华晨汽车		北京汽车	
	车型	续航里程（千米）	车型	续航里程（千米）	车型	续航里程（千米）	车型	续航里程（千米）
纯电动乘电车	e5	400	K22	158	EV180	155	EU300	300
	秦EV	400	知豆D2	155	—			
	宋EV	350	—					
插混动乘用车	宋	80	—		全新BMW5系	61		

由表 6-43 可知，在入选的纯电动乘用车中，比亚迪的续航能力最强，达到 400 千米，吉利与华晨汽车的续航里程为 150~160 千米，北京汽车的 EU300 为 300 千米；在插混动乘用车中，比亚迪续航能力依旧最强，为 80 千米，华晨宝马的全新 BMW5 系为 61 千米。从中可以看出，受补贴新政影响，比亚迪受益最为明显，其免征车辆购置税的 e5 和秦 EV 均达到 2018 年新补贴政策第五档要求，宋 EV 则达到第四档要求，补贴金额均比之前有所提高。

另外，从 2018 年政策调整方向上来看，新能源汽车地方补贴将取消，这一政策的发布符合我国政府对新能源汽车行业的一贯导向。取消地方对汽车厂商的直接补贴，能够斩断地方性保护根源，有利于进一步推动新能源汽车市场化并规范市场；地方性资金将更多地用于构建良好的新能源汽车应用环境，如支持基础设施建设、补贴电费、停车费等，将资金真正用于需求方，即新能源汽车的使用者，更全面地构建整个新能源汽车体系，形成完整的生产—消费—使用的闭合回路，同时也是为新能源汽车行业的市场化做准备。2020 年之后，纯粹的国家财政补贴或将退出，转而依靠更为市场化的《乘用车企业平均燃料消耗量与新能源汽车积分并行管理办法》以燃油车企补贴新能源汽车。

其他支持性政策方面，预计新能源汽车牌照政策将延续，"非个人用户 3 万公里才能申请补贴"的标准调整为 2 万公里。目前新能源汽车的主要消费城市均为限牌城市，预计为了推动个人消费，新能源汽车牌照发放优惠政策仍将持续。另外，2017 年开始的"非个人用户必须满足 3 万公里才能申请补贴"的标准已降低为 2 万公里。一方面，该方案有利于遏制"骗补"；另一方面，不同类型的非个人用车正常情况下要达到 3 万公里运营距离所需时间差异大，对车企回款形成较大压力，因此对不同类型的非个人售车申报条件作出调整。

总体来看，国家将保持新能源汽车行业扶持政策的稳定性和连贯性。行业准入门槛的提高、补贴逐渐退坡等政策并不意味着政府支持力度减弱，而是为了保证政策的持续性和稳定性。在新能源汽车"后补贴时代"，支持方式更加多元化，如"双积分"政策的制定和实施，就是用于支持新能源汽车长期稳定发展的政策之一。

(2)市场方面。

短期来看,2018年下半年新能源汽车销量将逐步回升,乘用车为主的销售结构将延续;长期来看,电动化趋势确定,预计2017—2020年新能源汽车销售年复合增长率将达到40%。

新能源汽车产业链各环节逐步消化补贴下滑带来的影响,2017年新能源汽车共销售77.7万辆,同比增长53.3%,超出市场预期;其中,新能源乘用车共销售约56万辆,同比增长69.4%;新能源商用车共销售约21万辆,同比增长23.8%。由此可见,乘用车仍将是销售主力且30%~40%的增速基本可以保障。

长期来看,汽车"电动化"趋势确定。虽然2018年新能源汽车补贴开始退坡,但2017年底国家发布的对购置的新能源汽车免征车辆购置税的政策持续利好,加上《乘用车企业平均燃料消耗量与新能源汽车积分并行管理办法(征求意见稿)》将于2018年开始实施,因此2018年新能源汽车行业景气度将高于2017年。同时,尽管为打击"骗补"新能源汽车补贴下滑,但整体来看汽车"电动化"趋势明确。按照《汽车产业中长期发展规划》,到2020年,电动汽车生产能力要达到200万辆,累计销量超过500万辆。据此测算,2018—2020年平均复合增长率有望突破40%。销售区域方面,则有望随着政策引导,从目前的一线城市为主逐步向二线城市渗透。

(3)技术方面。

在技术层面,我国已形成了包括关键原材料(正极、负极、隔膜、电解液等)、动力电池、系统集成、示范应用、回收利用、生产装备、基础研发等在内的完善的锂离子动力电池产业链体系,掌握了动力电池的配方设计、结构设计和制造工艺技术,生产线逐步从半自动中试向全自动大规模制造技术过渡;在产业布局方面,中国形成了珠江三角洲、长江三角洲、中原地区和京津冀区域为主的四大动力电池产业化聚集区域。据统计,目前有近100家动力电池企业开展动力电池的研发及产业化工作,有近1000亿元产业资金投入,形成近40GWh年产能,技术研发、产业化进展显著,有力地支撑了新能源汽车产业的快速发展。

从未来发展方向看,预计纯电动仍将是发展主力。我国发展新能源汽车以发展纯电动为主，预计该趋势仍将持续。因此，短期来看，三元锂电池受益于乘用车占比的提升，未来出货量将持续上升；磷酸铁锂虽然能量密度偏低，但由于安全性更好，仍将在客车上应用。固体锂电池、锂金属电池、锂空气电池、燃料电池中的石墨烯等技术尚处于实验室阶段，但长期来看有望突破，最终动力电池将有望达到"2020年，动力锂电池能量密度300Wh/kg，价格下降至1元/Wh"的目标。

（三）新能源汽车行业的总体思路与规划——基于商业银行视角

整体来看，新能源汽车行业逐渐由超速发展过渡到稳定发展阶段。在国家相关政策推动下，我国新能源汽车行业从2014年开始进入高速发展期，2016年新能源汽车共销售50.7万辆；受查处"骗补"影响，同比增速从2014年、2015年的超过300%下降至53.1%。2017年，为了堵住"骗补"漏洞，国家和地方补贴大幅下调，加上能够享受补贴的车型目录被推翻，重新逐步发放，新能源汽车销量受到影响，1~5月共销售新能源汽车13.6万辆（其中乘用车11.78万辆、商用车1.82万辆），新能源汽车销量同比增速下滑，然而从销售结构来看，乘用车销售占比由2016年的66.3%提升至2017年1~5月的86.6%，反而出现大幅增长；与此同时，新能源汽车配套的电池、电机、电控、充电设施等相关产业规模迅速扩张。

从销售区域来看，北京、上海、深圳等限牌城市依然为主力销售区域且区域特性明显。在限牌政策下，新能源汽车牌照优势明显，虽然地方保护政策明确取消，但北京、上海、深圳等地已成为明显的销售主力地区，仅这三个城市销售的新能源汽车数量占到总销量的36.56%（北京5.37万辆、上海3.78万辆、深圳3.14万辆）。

因此，建议商业银行对于新能源汽车行业遵循"积极跟进、切入主流"的总体思路有序推进。细分行业上，可重点支持新能源乘用车行业等有明显优势的产业；产业链环节上，可重点支持动力电池、电机、电控等核心上游零部件和新能源整车生产制造环节；区域选择上，可重点支持以北京、上海、深圳为核心的华北京津冀产业集群、华东长三角产业集群以及华南区域产业集群。

参考文献

［1］中华人民共和国环境保护部.2017年全国大、中城市固体废物污染环境防治年报［R］.2017.

［2］商务部.中国再生资源回收行业发展报告2017［R］.2017.

［3］中国经济信息网.中国行业发展报告（年度篇）之新能源［R］.2017.

第七章　绿色金融可持续的省思与启示

目前，我国绿色金融发展属于起步阶段。党的十九大报告进一步将"美丽中国"写进社会主义现代化强国建设的重要目标，明确提出要"发展绿色金融，推进绿色发展"。发展绿色金融成为我国经济发展转型的新方式，是推进绿色发展的必经之路。

我国的绿色金融发展进程方兴未艾，但尚存在诸多问题，值得我们关注与思考并提出相应的政策建议。

第一节　绿色金融发展面临的问题

一、绿色金融的发展缺乏内部驱动力

（一）金融机构的参与度需进一步增强

"十三五"时期，在利率市场化改革深入推进、同质化竞争模式难以维系的背景下，越来越多的金融机构意识到发展绿色金融是经济转型发展的迫切需要，也是提升品牌价值和社会形象的重要方式，部分政策性银行、国有商业银行、全国性股份制银行、区域性银行等都已积极开展绿色信贷业务。

然而，就现阶段绿色金融的发展而言，人们的关注点仍然主要集中在银行业，目前来看，各大银行参与绿色金融业务的积极性相对较高。但总体而言，多数金融机构普遍存在着绿色金融的投资周期长、回报率低的认识误区，大部分金融机构如保险、基金、信托等发展绿色金融的意识薄

弱，绿色金融的发展主要通过政府以及金融监管机构的外部推动，有些金融机构仅仅将开展绿色金融服务作为附带产品，在开发新产品时考虑更多的是自身的短期利益。

(二) 企业的"绿色"意识尚待提高

现代环境问题是伴随着工业化与现代化进程产生的。随着全球和我国的经济发展，环境日益恶化的现象不容小觑，环境问题成了经济发展的瓶颈。为了人类的生存和经济持续发展，已经有越来越多的企业意识到要担当起保护环境、维护自然和谐的重任，摒弃了传统的、污染严重的资源能源密集型发展方式，优化自身的生产模式、经营方式，向可持续的绿色发展方向上迈进。

然而，在目前环保的高压背景下，节能技改设施的建设或许会给生产企业增加污染控制成本或生产成本，仍有相当一部分生产制造企业过度追求短期的利润目标，缺少"绿色"意识，导致企业对于绿色金融的参与性不高。事实上，要想实现企业长期利益的最大化，必须协调好生产建设与环境保护之间的关系，将"绿色"意识贯穿到企业的整体布局与战略思考中，并让企业积极参与到绿色金融的实践，引导企业实现从生产到经营的绿色转型。企业自身环境责任感的不断提升，可提高企业声誉，增强消费者的忠实度，"绿色"责任应该将成为企业新的、强有力的竞争优势。

二、支持绿色金融发展的政策体系有待完善

(一) 绿色金融政策、法律体系尚未健全

完善健全的法律法规等政策性支撑是推动绿色金融健康发展的制度性保障。2007年环保总局、人民银行、银监会联合出台的《关于落实环境保护政策法规防范信贷风险的意见》，被认为是中国绿色信贷制度建立的标志。2012年银监会发布《绿色信贷指引》，对银行业金融机构开展绿色信贷、大力促进节能减排和环境保护提出了明确要求；2016年8月31日，人民银行、财政部、国家发改委、环保部、银监会、证监会、保监会联合印发《关于构建绿色金融体系的指导意见》，被视为绿色金融相关政策体系进一步完善的重要举措。

总体来看，上述政策和相关配套法律的出台是我国立法针对发展绿色金融的现实要求所做的积极应对，但与绿色金融政策体系发达的其他国家相比，我国在完善绿色金融政策与法律的探索之路上任重而道远，存在诸多不足，主要表现为以下几方面：

一是立法层级低。近年来我国在绿色金融相关领域的配套法律建设中虽有很大的进步，但实际上，现有的关于绿色金融自身的规范性法律文件主要由国务院及有关部委进行制定，尚无由最高国家权力机关制定的专门的绿色金融法律。这种情况造成了已制定的法律权威性不足，多具有政策指导性和宣示性，缺乏法律应有的强制力和权威性。

二是内容缺失，缺少法律责任规定。现阶段的绿色金融法律条款规定多是建议和宣示性的声明要求，尚无责任追究制度和惩罚手段，造成"违法难究"。如《节能减排授信工作指导意见》仅对各个金融机构在环保职责方面有强制性规定，而在企业违规排放方面的惩处措施缺失，造成执法机关在行政执法时无据可依、困难重重。法律责任制度是经济法律关系的实体法基础，只有法律上明确规定环境污染者应承担的责任，并加大执法力度，企业才会有足够的压力和动力去保护环境和减少污染，金融机构才能更好地督促企业管理环境和社会风险，推行绿色金融的实施与发展。

三是规定的针对性不强，缺乏操作性。目前我国制定的绿色金融方面的法律条款只是笼统地进行说明，针对性不强，具体性、适用性条款缺乏，造成在实际执行过程中可操作性低。现阶段，我国绿色金融立法的相关内容规定都以建议和宣导要求各金融机构履行职责，相应的责任追究制度和惩罚手段明显不足、立法针对性不强，实践中难以执行和落实。

（二）缺乏有效的绿色金融管理体制

当前，我国已开始探索建立较为全面的绿色金融管理体制，并取得了一定成果，如 2012 年银监会发布的《绿色信贷指引》、2017 年底人民银行和证监会联合发布的《绿色债券评估认证行为指引（暂行）》等，都标志着我国在绿色金融管理体制的制定工作上已经实现了"从无到有"的突破，但在建立系统、全面、科学、统一的绿色金融管理体系方面，仍存在一些问题与障碍。

首先，绿色金融监督管理制度缺失。一个有效的监督体系的建立能够保证相关规范的有效实施，否则会导致相关规定形同虚设，影响其实施效力。因此，我国在进行绿色金融推广的过程中应当建立起有效的监督体系并细化出各级考核标准，确保对绿色金融政策的施行状况进行有效的监督。然而，目前我国的绿色金融管理制度并未真正有效建立，需监管各方根据绿色金融发展现状制定合理、明确、有效的全面监督管理制度。

其次，信息披露机制亟待完善。绿色金融发展涉及金融机构、环保部门和企业几类不同主体，环保部门和金融机构获取企业环境信息的渠道有所不同，又缺乏有效的信息披露制度，两个部门之间的信息沟通不畅，使金融机构和环保部门无法全面掌握企业的环境信息，无法了解企业可能存在的环境风险。同时，在向金融机构和环保部门提供的信息上，企业存在隐瞒、谎报现象，使金融机构难以获得真实信息。在信息披露机制不完善的背景下，金融机构获取企业环保信息的难度和成本较大，导致开展绿色金融业务存在一定的风险，影响着绿色金融的发展。

三、绿色金融市场发展尚未成熟

2016年，中国绿色债券市场已成为全球最大的绿色债券市场。截至2017年底，由我国地方政府发起或参与发起的绿色基金达到了约50只，社会资本发起的绿色基金则达到了200余只，我国在许多绿色金融市场上取得了快速的发展。虽然我国在绿色金融方面已取得了长足的进步，但是绿色金融占整个金融体系的比重仍然很低，产品体系单一，不可避免地存在一些问题。

（一）绿色金融体系总量较小，结构失衡

在银行主导金融体系的格局下，我国的绿色金融服务体系主要由银行的绿色信贷主导，绿色保险、绿色证券市场仍处于相对初期阶段。就产品体系而言，仍旧以传统信贷业务为主，虽然绿色众筹、融资租赁、资产证券化、碳金融产品、清洁发展机制应收账款保理融资等新型融资工具已有了较多实践，但仍处于初期阶段，尚未成为市场主流。

截至2017年6月底，我国21家主要银行业金融机构绿色信贷余额达

8.3万亿元,仅占各项贷款的9.0%,总体规模依然较小;而2017年绿色债券合计发行2067.80亿元,比2016年增长4.16%,我国成为全球第二大债券市场。然而,我国的绿色金融市场结构并不完善,各类绿色金融产品的发展也并不均衡。我国绿色金融产品仍以绿色信贷为主,尚未建立起完整、成熟的绿色金融产品运营和发展机制。究其原因,主要有以下几方面:一是相关政策操作性不强。迄今《绿色信贷指引》及其配套统计制度尚未提供绿色产业准入、技术、能耗、排放的具体标准,使金融机构在具体执行时面临较大困难;同时现有政策并未实行全生命周期覆盖的授信决策机制,难以解决企业获得授信前后环境行为不一致的问题。二是缺乏充分有效的激励机制和评价系统。目前绿色信贷的推进仍主要依赖银行自身的社会责任感,并没有建立明确的赏罚机制。三是信息披露缺乏统一、清晰的口径。银行由于自身的特性,对绿色产业与项目都有各自的定义,导致不同银行的信息缺乏可比性与准确性。四是创新能力不足,缺乏量身定制的特色绿色金融产品。目前我国绿色金融产品体系仍以绿色信贷为主,所开发的绿色金融产品和相关服务较为单一,无法完全满足社会经济发展的需要,也无法真正发挥调节社会资源的杠杆作用。

(二) 市场专业性服务体系发展滞后

绿色金融业务涉及环境风险评估、碳交易等十分复杂且不断发展更新的专业技术,对金融机构的风险评估和管理工作提出了更高要求。基于分工原理,需要专业性的服务机构来为金融机构开展绿色金融业务提供一系列配套服务。目前我国的专业性服务机构,如信用评级机构、资产评估机构、会计师事务所等已开始涉足绿色金融服务领域,其他诸如环境损害鉴定评估机构、环境风险评估机构和数据服务公司等中介服务机构尚未建立。因此,有必要加强对中介机构的培育,并鼓励民间组织与机构继续发挥信息提供方的作用。

(三) 引导市场的相关措施不到位

一是财税激励政策尚需完善。当前财税支持政策主要针对节能环保企业或项目展开,但对支持这类企业或项目发展的金融机构及其业务却缺乏相应的配套激励政策,如在绿色信贷方面缺乏财政贴息、税收减免、税前计提拨备等优惠政策,使得金融机构的"绿色导向性"不强。

二是专业人才发展战略的引导机制尚未建立。目前，国内大多数商业银行并没有设立专门的绿色金融部门或者委员会来负责对绿色金融业务的指导和管理，绿色金融业务混同在一般银行业务中一并处理。绿色金融作为一项发展不成熟、技术含量高的新兴业务，业务开展过程中不可避免地会遇到很多不同于一般业务的新问题，需要有专职机构负责研究、处理、指导，同时进行风险管理。商业银行中往往没有专业技术人员，从而无法评估项目与企业的经营风险和收益能力，制定具体的授信政策和实施细则，因此对此类项目持谨慎态度，导致信贷资金往往投向于风险可知可控的传统经济领域。

兴业银行作为我国首家赤道银行，在绿色金融业务起步之初，就认识到了专业人才培养的重要性，将绿色金融所需要的专业技术和金融背景相结合，在总分行层面设立了绿色金融部，建立了完善的绿色金融业务专业化运营体系，引导资金投入绿色金融领域，可供其他金融机构借鉴与学习。

第二节 推动绿色金融发展的建议

一、加强顶层设计

2016年是我国的绿色金融元年，绿色发展顶层设计确立，绿色金融体系初步形成。2017年绿色金融政策主要围绕落实绿色金融顶层设计《关于构建绿色金融体系的指导意见》展开，环境信息披露、环境压力测试等绿色金融基础设施逐步完善，绿色金融由中央向地方铺开，绿色金融国际合作的深度与广度都有所加深，我国绿色证券、绿色保险、地方绿色金融等领域都取得了切实进展。另外，《中共中央、国务院关于加快推进生态文明建设的意见》、《生态文明体制改革总体方案》、"十三五"规划纲要和党的十八届五中全会公报等一系列文件均对我国落实绿色发展、构建绿色金融体系作出了战略安排，表明发展绿色金融已经成为一项重要的国家战略行动计划，为发展绿色金融提供了方向性指引，对推动绿色金融发展具有标志性的意义。在此基础上,我们对如何加强我国绿色金融的顶层设计提出以下具体建议。

(一) 强化我国绿色金融激励机制

昂格尔曾说过:"如果法律中被承认的道德戒律被确立得与日常行为的动机和模式相距太远,那么,它们不是令人窒息就是空想的东西。"如果将绿色金融以强制性的形式规范在相关政策中,那么就背离了正常的市场规律,难以发展与进步。发展绿色金融,更多地是需要利用激励机制来鼓励各类市场主体积极参与绿色金融活动,并充分利用市场规律,在尊重金融市场主体自由选择的基础上通过调整利益、激发动机来引导金融市场主体的行为,使之符合绿色金融的要求。政府应当鼓励绿色金融激励机制的建立及完善,从而促进绿色金融的产品及服务改进。

1. 金融机构方面。

政府可以结合转型发展的要求,确定绿色产业发展方向,积极向金融机构推荐、介绍相关的项目和企业,支持金融机构对所支持项目的考察和论证,提高金融机构绿色金融政策的可操作性和执行效率,并出台适当的鼓励和扶持政策,充分调动金融机构发展绿色金融的积极性,如建议相关部门出台税收减免、不良资产自主核销、财政贴息、税前计提拨备等鼓励和扶持政策,提供风险补偿与设立担保基金等,也可以适当降低金融机构绿色金融项目的贷款资本金要求,充分发挥政策性银行在绿色保险、绿色债券、绿色信贷等方面的作用。

例如,厦门市政府于2017年11月11日在全国率先出台《关于促进厦门市银行业金融机构发展绿色金融的意见》(以下简称《意见》),这是继2016年8月31日国务院七部委联合印发《关于构建绿色金融体系的指导意见》之后,地方政府出台的第一份贯彻意见。《意见》指导银行机构围绕厦门低碳城市、国家级海洋生态文明示范区和国家森林城市等重点建设目标,加大对重点领域的绿色金融支持力度,重点对银行机构开展绿色金融业务加强财政扶持,包括从贷款增量奖励、贷款贴息、风险分担、挂钩财政存款奖励等四个方面给予财政奖励,单家银行机构每年奖励上限为1500万元,单个贷款项目不超过100万元,是地方政府在绿色金融政策扶持方面进行的一次新突破和有益尝试。

2. 市场方面。

财政政策向利于绿色金融市场发展的方向倾斜。如湖州市出台《建设国家绿色金融改革创新试验区的若干意见》，该政策明确自 2017 年起至 2021 年，每年安排绿色金融改革创新试验区建设专项资金 10 亿元，鼓励支持绿色金融改革创新；广州市花都区于 2017 年 7 月 11 日出台《广州市花都区支持绿色金融和绿色产业创新发展若干措施》，制定了推进绿色金融试验区建设的实施细则和扶持政策，如对经认定的重大绿色企业落户最高给予 1200 万元奖励；对经认定的核心技术强、产业前景好、发展潜力大的绿色企业和项目，最高给予 5000 万元的股权投资支持；对在境内主板、中小企业板、创业板上市的绿色企业，给予 1000 万元奖励等。

另外，也可学习参考绿色金融先进国家的经验，如在德国，对于环保、节能项目，政府予以一定额度的贷款贴息；对于环保节能绩效好的项目，给予持续 10 年、贷款利率不到 1% 的优惠信贷政策，利率差额由中央政府予以贴息。实践证明，国家利用贴息的形式支持环保节能项目的做法能取得很好的效果，国家利用较少的资金能调动起一大批环保节能项目的建设和改造，杠杆效应非常显著。

（二）完善我国绿色金融法律制度

确保金融产业绿色发展，就需要强化法律建设，在法制建设当中需要做好相应的顶层设计，采用完善的法律保障制度来强化绿色金融的有序发展。2016 年 12 月由第十二届全国人大常委会通过的《中华人民共和国环境保护税法》，自 2018 年 1 月 1 日起与《中华人民共和国环境保护税法实施条例》同步实施，以保证排污费制度向环境保护税制平稳转移，该法律的颁布与实施，被视为环境保护法律体系进一步完善的又一重要举措。

然而，完善绿色金融法律制度，不仅需要完善相关的环境保护立法，制定严格的节能减排要求、完善的监督管理措施和严厉的处罚措施，还需要完善绿色金融相关立法，对金融机构的环保义务提出更为严厉的要求与相应的监控惩罚措施。通过颁布法律，可确定绿色金融的有关限制性指标，内容应全面涵盖规章建设、行业指标、条件设计、公众责任等方面。通过立法，让绿色金融有章可循、有法可依，使政府机关、金融机构、项目业主等各个参与者在完善的法律制度下依照行业规定经营，同时也可以防止因违法和监管不慎导致的损失。

另外,也可依据我国相关法律法规,借鉴相关绿色金融法律国际经验,立足国情探索研究,明确贷款人或企业尽职免责要求和环境法律责任,提出相关立法建议。同时,建立对企业、金融机构违反绿色金融法律要求的责任追究机制,启动对经办人员的惩戒机制。将企业环境违法违规信息等企业环境信息纳入金融信用信息基础数据库,建立一套符合我国绿色金融发展现状的法律制度体系。

(三) 构建我国绿色金融监管政策

有效的监管机制是发展绿色金融的基础。建立相关信息披露制度、完善绿色金融监管制度、构建多层级监管体系是发展绿色金融的保障。要保证信息的及时性与有效性,就需要建立统一、透明的企业环境污染与金融机构绿色金融开展情况信息披露制度,加强各部委间的信息交流与共享。相关部门应当不断扩大环保信息的覆盖率,加强对社会企业的环境监督,提高企业信息的透明度。如建立企业环境保护信息数据库,要求企业将生产过程中的有害物质排放等状况及时公布在信息数据库内,以便及时掌握企业的污染排放情况等环保信息动向;还可建立绿色金融信息服务平台,用于多部门信息共享。

信息披露制度的完善,可强化对相关企业的有效监管。对于非金融企业,全程监督并适时披露企业生产经营环节中的相关重要信息。对于违反相关政策的企业,可加大对企业环境污染违法处置的执法力度。对于金融机构,加强环保部门与"一委一行两会"等各监管部门之间的协调配合,如2017年12月26日,人民银行、证监会联合发布了《绿色债券评估认证行为指引(暂行)》,在我国绿色债券发行过程中,对债券绿色属性的评估和认证工作进行了规范,目的在于提高绿色债券评估认证质量,促进绿色债券市场健康发展,更好地服务实体经济的绿色发展。另外,还可发挥民间组织机构、舆论媒体等第三方监督职能,打造"纵向监管、横向监督"的多层级监管体系,也可促进金融机构对于绿色金融资产的管理与维护。

(四) 健全我国绿色金融风险防范体系

目前,我国绿色金融发展仍处于初级阶段,必须建立绿色金融风险防范机制,健全问责制度,制定投融资风险考核机制,引进第三方绿色评估机构，加强防范机制的构建。如制定专门的绿色融资审查体系，对绿色项目的备案和绿色投融资资金的使用方向建立考核体系，严格监督资金的使用方向，培育专业的第三方绿色评估机构，对融资使用状况进行评估，以确保资金投向真正的绿色项目。

其实，对于以上建议的实施，目前我国已有先行案例。例如，兴业银行等商业银行已陆续承诺加入且采用赤道原则，并按其管理政策制定相关绿色信贷等业务的实施细则，取得了令人瞩目的成绩。另外，相关监管部门还可将绿色金融业务开展成效、环境风险管理情况纳入金融机构绩效考核体系，依法建立绿色项目投资风险补偿制度，通过担保和保险体系分散金融风险，如推行绿色保险制度，将环境污染责任保险嵌入绿色信贷的担保体系，加强绿色金融体系本身的抗风险能力，促进绿色金融助力低碳绿色发展。

二、明确实现路径

2017年6月14日的国务院常务会议决定选择浙江、江西、广东、贵州和新疆的部分地市，作为绿色金融改革创新试验区，从而推动中国的绿色转型。此次绿色金融改革创新试验区的落地，标志着我国地方绿色金融体系的建设进入实践阶段。如何将绿色金融的顶层设计落实到具体实践当中，是目前我国绿色金融发展面临的又一大挑战。对此，我们提出以下几点建议。

（一）夯实绿色金融配套基础设施建设

1. 构建环境信息披露机制。

建立环境信息披露机制是完善绿色金融基础设施建设的必要路径之一。信息披露是增强金融机构和企业社会责任感、防止其开展污染性投资项目并加大绿色投资力度的有效措施。另外，环境信息披露除了可以为投资者提供单个企业环境表现的信息之外，还可以为资本市场开发绿色股票指数及相关产品、绿色债券指数及相关产品、绿色债券评级、第三方绿色债券认证等提供重要的基础。例如，可强制要求上市公司和发行债券的公司披露环境信息，证券监管部门通过信息披露管理办法、定期报告格式准则，交易所通过上市规则和专门的社会责任披露指引、规则，明确定期报告和临时报告的持续环境信息披露责任；同时，强调信息披露的实质性，提高信息披露的定量程度及可比性，以利于市场及其他利益相关方对其进行有效应用。

环境信息披露机制下的各类产品和服务，可以为更多的投资者提供更为便利的、投资于绿色产业的金融工具，有助于进一步强化资本市场向绿色产业配置资源的能力。

2. 建立绿色评级体系。

建立绿色评级体系是绿色金融的一项基础性工作。通过对项目和融资企业进行绿色评级并将其运用到征信系统中，可较为准确地评估其环境影响（正负外部性），为财政补贴、银行贴息或处罚措施提供决策依据。对此，我们建议：

一是确定并统一绿色评级标准与方法。应参照银监会发布的《绿色信贷指引》，研究绿色因素对政府与企业评级的影响路径和程度，确定应选取的指标和相应的评级权重，更新并完善现有评级方法。

二是推动绿色评级结果的应用。可选取绿色评级试点进行评级体系的应用及试验，包括针对绿色债券、绿色信贷，在第三方评级机构建立绿色评级体系并应用于部分银行等金融机构，进行试点推广；同时，财政部门也可依据绿色评级系统的输出结果，对绿色债券提供不同程度的财政补贴与税收支持，通过在绿色评级试点中的不断实践与应用，建立起一套相对完善的绿色评级体系。

3. 明确环境法律责任。

明确各方的环境法律责任。环境法律责任虽然不同于其他的社会责任，但也必须由环境法律文件予以明确规定，由国家强制力保障其实施，并且由国家授权机关依法追究，如允许污染受害者起诉对污染项目提供资金支持的银行等贷款金融机构。依据"以民事责任为主，行政、刑事责任为辅"的原则，建议修订《商业银行法》，明确贷款金融机构对所投项目环境影响的法定审查义务，确立相关责任人的环境法律责任。

4. 完善绿色金融基础产品体系。

（1）绿色信贷类。目前我国绿色信贷余额已占到全部贷款余额的10%

左右，已成为当前我国绿色金融最主要的产品。由于绿色信贷有效地控制了环境风险，提升了企业和项目经营的可持续性，信贷质量整体良好，不良率处于较低水平。2017年6月底，国内主要银行节能环保项目和服务不良贷款余额241.7亿元，不良率0.37%，比各项贷款不良率低1.32个百分点。因此，绿色信贷可作为我国绿色金融发展鼓励和支持的主要方向之一。

发展绿色信贷，需要政府提供相应的支持性激励政策，最直接有效的方式就是加大对绿色信贷的贴息力度，绿色信贷的贴息是用较小的财政资金撬动十几倍乃至几十倍社会资金的有效手段。近年来，我国不断加强绿色金融的相关工作，在财政支出上已陆续出台了数十项政策，但大部分为直接补贴类的措施，力度相对较小。因此，有必要进一步完善财政贴息机制，具体建议包括：一是加大对绿色信贷的财政贴息力度，提高贴息手段在相应财政支出中的运用，增加绿色贷款贴息资金占财政支出的比例；二是适当提高财政贴息率和贴息规模，目前大多数地方政策对贴息利率有较低的上限限制，建议适当调高贴息额度标准，如对绿色信贷的贴息可以实际利率为限全部贴息；三是延长贴息期限，目前中央财政贴息政策的期限较短，一般不超过三年，建议将补贴期限与实际信贷业务期限相匹配，适当延长其期限；四是建立信息共享机制，包括与财政、银行、环保多部门的信息沟通共享机制，明确各方相关职责，理顺绿色信贷与财政贴息决策机制。

另外，政府相关部门还应支持和引导银行等金融机构建立符合绿色企业和项目特点的信贷管理制度，优化授信审批流程，在风险可控的前提下对绿色企业和项目加大支持力度，降低绿色信贷成本，同时建立第三方评级制度，探索将绿色信贷实施情况关键指标评价结果、银行绿色评价结果作为重要参考，纳入相关指标体系，加强对银行等金融机构绿色信贷的监督评价，并以结果为导向，对实践效果好的项目和金融机构给予一定的财政奖励；另外，还应推动绿色信贷资产证券化等信贷产品，在总结前期绿色信贷资产证券化业务试点经验的基础上，通过进一步扩大参与机构范围，规范绿色信贷基础资产遴选，探索高效、低成本抵（质）押权变更登记方式，提升绿色信贷资产证券化市场流动性，推动绿色信贷业务的市场化、常态化发展。

（2）绿色债券。2017年，中国债券市场上发行绿色债券2486.13亿元，较2016年同比增加了22.72%，是全球绿色债券市场上最大的发行来源国之一。虽然我国的绿色债券市场取得了快速发展，但绿色债券市场仍然面临着激励机制较弱、投资者缺乏绿色投资理念、产品工具不足等问题和挑战。我国发行的绿色债券仍只占到国内全部债券发行量的2%，相对于每年几万亿元且快速成长的中长期绿色融资需求来说，我国的绿色债券市场仍有巨大的增长空间。

发展绿色债券市场方面，我们建议：一是要进一步完善绿色债券的相关规章制度。作为债券市场的创新品种，需加强部门间协调，完善并统一我国绿色债券界定标准，除了绿色债券和发行项目标准的界定，还应在信息披露、第三方认证、信用评级、绿色债券指数、担保、次级债券与再保险等信用增信工具、环境效益评价、项目评估和资金使用评价体系等多个方面完善。二是要使绿色债券的标准随着产业政策和技术的变化而适时更新，包括强化对绿色建筑、生态农业等重点领域和薄弱环节的支持力度，制定更加明确的、可操作的标准。三是应落实好人民银行和证监会发布的《绿色债券评估认证行为指引（暂行）》，强化对发行人绿色表现和所投资项目的尽职调查，保证评估认证的质量。发行人应充分披露绿色债券的相关环境信息，尤其是银行作为绿色债券发行人应该充分披露资金的投向信息，以保证绿色债券信息披露的及时性与准确性。四是为绿色债券发行人或投资人提供相关政策优惠，包括审批的快速通道、绿色贷款机制、风险权重优惠、海外人民币离岸市场发行的相关配套支持等系列政策的制定与出台。

（二）加大绿色金融创新力度

除了要对现有绿色金融基础设施进行必要的完善，还应加大绿色金融的创新力度，包括持续研究推出绿色金融融资工具、优化产品组合、建立新型绿色市场机制等。

1. 创建绿色保险制度。

绿色保险作为一种市场化的风险治理机制，能够在防范和转移环境污染风险，以及提供风险损失补偿等方面发挥积极作用。人民银行、财政部等七部委联合印发的《关于构建绿色金融体系的指导意见》也明确提出，要发展绿色保险，具体包括建立环境污染强制责任保险制度，鼓励与支持保险机构创新绿色保险产品和服务、参与环境风险治理体系建设等，表明了利用保险产品创新的必要性。

采用强制保险的绿色责任保险制度，可有效降低高污染、高环境风险企业的社会污染和金融风险。企业是否投保环境污染责任保险情况，可作为其能否获得绿色信贷等金融服务的重要参考指标，以绿色保险保障地区绿色产业体系安全发展。如在部分省份、部分行业推行强制性的绿色保险，在有一定实践与经验积累后，进行完善并逐步向全国推广与应用，形成环境风险有效防范和快速转移的风险治理机制。目前已有部分地区开始进行绿色保险的尝试与探索，如河北实施"绿色保险"工程，建立"曹妃甸保险服务可持续发展试验区"；内蒙古、河南、山西鼓励商业保险机构开展环境责任保险业务，将本地区主要污染行业（重金属、石油化工、煤炭及煤化工）和放射源使用、危险废物处置等重点涉污企业及其他有环境污染事故记录的企业纳入保险体系；福建鼓励保险公司探索保险费率直接与排量或采用清洁能源挂钩的绿色车险业务，鼓励开展节能减排贷款及绿色信贷保证保险等。相关政府部门也应积极参与制定绿色保险相关法律，适时出台"环境污染责任强制保险条例"，对环境污染责任保险的投保、承保、保险条款、保险费率、业务核算、费率调整机制、信息共享机制、赔偿处罚规则、监管等问题作出明确规定，对环境污染风险评估和损失赔偿标准进行明确与细化。

2. 推进绿色 IPO 等直接融资方式。

积极发展绿色直接融资。在支持绿色企业多渠道融资方面，除了依靠政府补贴等财政扶持政策外，还需要通过市场化运作激发绿色企业自身的活力，才能够实现绿色金融的健康发展。我们从两个方面提出以下建议。

一是简化绿色企业首次公开募股（IPO）的审核程序。发行股票方面，建立健全环保审查机制，加快推动具有较高环境标准公司的审批程序。明确绿色产业和企业的认定标准，对于环境友好型和资源节约型项目，可优先考虑上市融资，或适度放宽其股票发行资格限制。另外，建立环保企业上市的绿色通道，对符合条件的新三板绿色企业优先开展专板试点，加快绿色企业上市步伐。

二是强化股票市场对绿色企业的支持。通过提高配套措施的灵活性，适应绿色企业特殊的融资需求，建议提高环保企业所募集资金投资项目的灵活性，适度放宽所募集资金用于补充绿色企业流动资金或偿还银行贷款金额和比例的限制等。

对于以上支持方式，目前我国已开始进行探索与实践。2008年，国家出台《关于加强上市公司环境保护监督管理工作的指导意见》，要求火电、钢铁等重污染行业的公司在IPO申请或再融资时，必须通过环保部的环保核查，否则证监会不予受理；同时关闭"两高一剩"（高污染、高能耗、产能过剩）行业企业寻求上市融资的直接融资渠道。另外，部分地区如上海、浙江、重庆提出继续深化绿色证券改革、利用经济手段和政策调节影响市场主体行为，内蒙古提出优先支持节能减排项目、循环经济项目直接融资和节能环保企业上市培育等。

3. 发展环境权益等绿色金融衍生品市场。

环境权益交易市场及其衍生融资工具是绿色金融体系的重要组成部分，能够通过量化环境成本来推动企业和行业进行绿色转型升级，走节能、低碳、环保的技术道路，同时也是我国应对全球气候变化、履行国际公约的重要举措。2017年12月，国家发改委印发《全国碳排放权交易市场建设方案（发电行业）》，在经过北京、深圳等七个试点地方碳市场三年多的经验积累后，全国统一的碳排放权交易市场正式启动，先期将电力行业作为碳市场建设的突破口。此外，2017年1月国家发改委、财政部、国家能源局三部委联合发布《关于试行可再生能源绿色电力证书核发及自愿认购交易制度的通知》，7月绿色证券认购正式开始上线交易；10月底国家发改委、国家能源局正式发布《关于开展分布式发电市场化交易试点的通知》，通过市场化手段来推动清洁能源发展，全国碳市场逐步走向成熟。

虽然我国环境权益交易市场已逐步建立，但仍然存在诸多问题。例如，对于排污权（最早由美国经济学家戴尔斯提出，表示为"pollution right"①）等环境权益的属性认定一直存在争议，主要是其准物权属性和用

---

① DALES J H. Land, Water and ownership [J]. Canadian Journal of Economics, 1968 (1): 791-804.

益物权属性的判定,而排污权属性的定性直接关系到我国排污权交易制度的构建,是排污权交易机制得以展开的前提和基础。另外,排污权等权益的抵押登记制度缺失,导致银行等金融机构缺乏实现抵押权的有效法律保障。再者,排污权等环境权益市场定价机制不完善,行政干预过多,导致其市场的有效价格机制并没有形成,形成了"有价无市"的困局,这些问题都亟需相关市场配套政策的创新与完善。应统一排污权等环境权益的权属形态,明确权益抵押的公示方法以便于管理并防止滥用,对于权益类产品的估值应以市场价格为基础、以政府定价为指导,避免公权的过度介入等;同时,应稳步推进全国碳市场及排污权交易市场的建设,在加强立法和顶层设计的基础上,合理规划配额和交易机制,提高市场流动性,鼓励金融机构创新绿色金融服务,如碳期权、碳租赁、碳债券、碳资产证券化和碳基金等碳金融产品和衍生工具,探索研究碳排放权期货交易等。

4. 探索绿色基金新模式。

作为绿色金融体系的重要组成部分,绿色基金的资金来源广泛,资金量充足,可以汇集政府、机构以及私人资金,因此在绿色金融的发展中具有十分突出的作用。

PPP模式绿色产业引导基金是以公共财政和私人资本合作为模式建立的产业基金新模式,符合我国当前的经济背景与产业政策,七部委发布的《关于构建绿色金融体系的指导意见》中也明确鼓励各类绿色基金支持以PPP模式运作的相关项目。通过建立PPP模式的引导基金,政府可依据其财政政策,对市场进行宏观调控,为绿色企业拨补助款,对绿色企业的项目与产品进行一手的对口投资,或对企业进行控股和参股投资的资本性融资支持,一方面可不断提高社会资本的参与度,解决市场中绿色企业融资困难的现实问题,另一方面也可提高绿色环保产业的积极性,全面强化政府在绿色产业中的引导作用,以更好地在实操层面推动绿色金融的发展。

作为我国国家层面建立的首只专门应对气候变化的清洁发展机制基金(CDMF),截至2017年底已累计投资绿色低碳项目223个,减碳量达4654.62万吨,并与多个地方政府建立了全面合作关系。随着绿色金融改革创新试验区的建立,多个地方政府相继成立了区域性绿色引导产业基金,以推动地方产业的绿色转型升级。

(三) 加强人才引进,加快国际化进程

1. 积极培育专业性人才。

对于专业性人才的培养,需要各方的支持与配合。政府方面,应积极与相关教育机构共同打造绿色金融专业人才,并定时对相关人员组织系统性培训与学习,提高工作人员的专业理论水平和业务熟练程度。另外,政府应提供资金和政策支持,促进相关学科在高校的设立和高素质人才的培养,并做好高技术、高技能人才的引进工作,为绿色金融行业的发展储备人才。银行等金融机构方面,可以先进赤道银行的做法为模板,成立绿色金融专责机构,负责绿色金融战略与政策的制定、对重大绿色金融项目的授信与审批、贷后的风险管理。同时,吸收宏观政策研究、低碳技术、环境保护等领域的复合型专家,制定完善的绿色金融战略,对绿色金融业务进行科学的指导,为业务的开展提供技术保障。

2. 有效开展国际合作,加快国际化进程。

借鉴发达国家在推动绿色投资方面的政策、体制和创新经验,服务国家重大战略的实施,深化绿色金融在国际合作和协同发展中的重要作用。鼓励金融机构加强多边合作,在更好地支持国内外经济可持续发展的同时,实现金融机构自身的转型和升级。

服务"一带一路"等重大战略的深入实施,通过上海合作组织、中国—东盟等区域合作机制和南南合作,以及亚洲基础设施投资银行和金砖国家新开发银行撬动民间绿色投资的作用,推动区域性绿色金融国际合作;稳妥推动绿色证券市场双向开放,支持我国金融机构和企业到境外发行绿色债券;充分利用双边和多边合作机制,引导国际资金投资于我国的绿色债券、绿色股票和其他绿色金融资产。

另外,应参照并借鉴国外绿色金融原则与实践经验。我国绿色金融起步较晚,在制定实施绿色金融的政策和方针时,可以参考国际上现有的较为完善的原则制度,如联合国责任投资原则、联合国环境规划署金融行动、赤道原则等;同时,应借鉴德国、美国等绿色金融先进国家的经验,鼓励与国际金融机构的多边合作,在更好地支持国内外经济可持续发展的同时,实现金融机构自身的转型和升级。

第七章 绿色金融可持续的省思与启示

参考文献

[1] 王姣,史安玲.基于我国绿色金融发展问题的讨论[J].中国商贸,2015.

[2] 张承惠,谢孟哲.中国绿色金融:经验、路径与国际借鉴[M].北京:中国发展出版社,2015:61-75.

[3] 王飞.中国商业银行绿色信贷研究[D].北京:北京工业大学,2009.

[4] 高清霞,吴青莹.我国商业银行发展绿色金融的问题及对策研究[J].环境与可持续发展,2016(1).

[5] 李若愚.我国绿色金融发展现状及政策建议[J].宏观经济管理,2016(1).

[6] 袁康.绿色金融发展及其法律制度保障[J].证券市场导报,2017(1):4-11.

[7] 高清霞,王谦.新常态下我国商业银行碳金融业务发展对策探究[J].环境与可持续发展,2015,40(4):7-9.

[8] 绿色金融工作小组.构建中国绿色金融体系[M].北京:中国金融出版社,2015:41-69.

[9] 马骏,施娆,姚斌.绿色金融政策及在中国的运用[J].中国人民银行工作论文,2014(7).

[10] 林欣月.我国绿色金融的内涵、现状和发展对策[J].现代经济信息,2016(4).

案例篇

第八章 玄圃积玉

——绿色金融案例分析

本章以兴业银行的绿色实践为内容,从传统绿色融资、绿色金融特色创新、集团化综合服务三个维度精选了相关细分领域具有创新性、代表性和前沿性的 20 个案例,以飨读者,希望可借此案例,为决策部门、金融机构、企业、其他市场参与方及学术界提供绿色金融的中国经验,为推动中国绿色金融的发展、建设水绿天蓝的美丽中国提供有益的参考。

第一节 传统绿色融资案例

一、助力改革"从山下向山上"——全国首笔林权按揭贷款

(一)业务背景

从 2002 年 6 月开始,以"明晰产权、放活经营权、落实处置权、保障收益权"为纲,福建省开启了集体林权制度改革,让"绿水青山就是金山银山""不砍树也能致富"的理念深入人心,让中国 1 亿多户林农的林权明晰到户,实现了"山定权、树定根、人定心",扭转了林权制度改革前林农没有收益权、乱砍滥伐屡禁不止、"只见山林不见树"的状况。这场绿了群山、富了林农的集体林权制度改革激发出强大的生产力,并迅速从福建蔓延至全国,被誉为"中国农村的又一场伟大革命","像家庭联产承包责任制那样,将改革从山下转向山上"。

2014年初，为更好地推动林权制度改革工作，福建省S市政府研究确定成立ZY林权收储有限公司，兴业银行与之合作设计了全新的林权抵押贷款流程，解决了金融机构在介入林权抵押贷款时产生不良贷款的流转问题，提高了金融机构介入林权抵押贷款的积极性，以便推动林权制度改革及流转。

为适应林地建设一次性资金投入大、林木生产周期长的特点，满足林农和林企的实际需求，兴业银行创设了短期、中期、长期一系列林权抵押贷款产品，在此基础上，进一步创设了林权按揭贷款，最长期限可达30年，并于2014年11月发放了全国首笔林权按揭贷款。林权按揭贷款具有期限长（林农按揭最长30年、林企按揭最长15年）、还款灵活、支取方便等特点，一经推出便得到市场的广泛认可。

（二）金融服务方案

1. 客户需求。

S市下辖县国有林管理站由县人民政府全额出资，属于自收自支事业单位，隶属HS林业有限公司管理，经营范围为管理国有林区森林资源，负责辖区内国有林森林培育、经营规划、采伐计划编制、林木新技术推广、护林防火等。

该单位拥有独立的采购、生产和销售等业务体系，具备完全面向市场独立经营的能力，掌握的森林资源及房产等固定资产较多，承担了全县主要国有林木资产的管理和经营任务。林业生产经营行业为国家鼓励性行业，每年可获得国家补助资金。因国有林管理站林木蓄积量大，目前大多数林木资源还处于中幼期，随着林业资产年限的增加，主伐亩数和活立木转让亩数将呈逐年递增趋势，每年苗木的培育、造林、抚育、管护等急需投入大量资金。

2. 服务方案。

根据客户需求，兴业银行当地分行及时为该单位安排发放了林权按揭贷款，贷款期限为15年，每月等额本息还款。与此同时，兴业银行积极寻求林权制度改革过程中的金融需求，为更好地促进林权交易流转，满足林业企业并购林权资金需求，于2015年9月推出林权支贷宝业务。

2017年，兴业银行为了更好地推动分行林权抵押贷款业务发展，在原合作的 ZY 林权收储有限公司及福建省 MT 资产管理有限公司基础上，再引入 JS 林权收储有限公司和 HX 金融控股有限公司，通过新合作者的引入，进一步推动林权按揭贷款业务在当地的推广，盘活了林业资源，惠及了更多的农林企业。

（三）案例价值

林权按揭贷款的发放及时解决了融资单位生产经营中的资金需求，有力地促进了林业生产经营。因贷款期限较长，兴业银行当地分行契合林木生长周期慢、资金周转慢和投资回收期相对较长的特点，将还款方式设置为每月按揭还款，减轻了该单位的集中还贷压力。林权支贷宝业务的推出则解决了收购方的收购资金需求和出售方的安全交易需求，促进了林权交易的公开、透明、安全，大大推动了林权的流转。

二、变废为宝，化腐为奇——生活垃圾焚烧发电项目

（一）业务背景

当前，中国各城市面临"垃圾围城"的窘境。以北京为例，当前北京常住人口已突破 2200 万人，每天产生的生活垃圾达到 1.84 万吨之多，如果用装载量为 2.5 吨的卡车来运输这些生活垃圾，卡车连成一串，能够整整排满三环路一圈。

垃圾处理的原则是无害化、减量化、资源化。垃圾焚烧发电因大大减少填埋而能够节约大量的土地资源，同时也减少了填埋对地下水和填埋场周边环境的大气污染。根据我国现行政策，城市生活垃圾焚烧发电技术将以机械炉排炉为主导，辅以煤—垃圾混烧流化床垃圾焚烧技术和其他技术。按照日处理 1800 吨二段往复式垃圾焚烧设备计算，年发电量可达 1.6 亿千瓦时，可节约标准煤 4.8 万吨，年减少氮氧化合物排放 480 吨、二氧化硫排放 768 吨。

随着我国城市化进程的加快，垃圾污染日益严重，处理不当将会制约城市的生存与发展。为此，我国 2011 年专门制定了《全国城市生活垃圾无害化处理设施建设"十一五"规划》，2016 年又印发了《"十三五"全国城镇生活垃圾无害化处理设施建设规划》，在全国范围内实施垃圾处理

收费制度，并进一步加大了对垃圾发电的政策支持力度。《京都议定书》生效后，各国积极采取措施，控制污染物的排放。这些给以垃圾发电为代表的清洁能源产业带来了无限的商机。

（二）金融服务方案

1. 客户需求。

G市环保发电有限公司（融资人）是专门为G市生活垃圾焚烧发电项目设立的独立法人项目公司，资产负债率较低。其申请"G市生活垃圾焚烧发电项目"，建设项目及规模为焚烧处理城市生活垃圾900吨/天（年处理垃圾约29.97万吨），配置三台300吨/天焚烧炉、一台12兆瓦汽轮发电机和一台6兆瓦汽轮发电机；建设期两年，已于2014年8月开工建设，2016年7月建成；项目建设期18个月，稳定运行期不超过6个月，特许经营权期限30年（不含建设期18个月），自开始运营日之日起至30周年届满之日止。

本项目总投资4.66亿元，其中项目资本金1.4亿元，银行借款3.26元。客户因项目建设需要，提出固定资产项目贷款需求，申请贷款金额不低于3.26亿元，期限不低于可研报告测算的10年。

2. 服务方案。

根据融资人的需求，兴业银行向其发放项目贷款人民币3亿元，贷款期限12年，专项用于G市城市生活垃圾焚烧发电项目建设，由融资人股东提供连带责任保证担保，追加该项目特许经营权、融资人股东持有融资人的100%股权质押担保，追加该项目土地使用权以及经营资产（包括但不限于机器设备等）抵押担保，项目建成后追加该项目电费收费权、垃圾处理费收费权质押担保。相关电费及垃圾处理费收入需指定由兴业银行账户收取。

项目从报批到落地用时不到三个月，真正体现了"专业人办专业事"的兴业作风及其大力支持中小型节能环保企业的决心。

在审批流程方面，为了尽快满足客户经营需要，兴业银行总分行联动，加快审批速度。总行在该项目的部分手续尚未齐全的情况下，采用正式审批与预审批结合的灵活审批方式，高效完成了总分行审批流程；在贷款的担保措施方面，进行了一定的创新突破。分行在该项目用地暂时无法办理抵押的情况下,以垃圾处理费收费权质押作为替代,在风险可控的前提下,突破了兴业银行贷款项目原则上要求土地抵押的政策。在贷款利率方面,鉴于该项目的节能环保属性和巨大的社会效益,兴业银行提供了相较其他同业机构更为优惠的利率,降低了企业的融资成本;并在符合外规的前提下,适当调整还款安排,要求客户前两年每年还款100万元,充分减轻企业经营压力。

(三)案例价值

兴业银行对融资人的资金支持,使原有的垃圾处理工艺得到进一步优化,相较原方案,新工艺更先进,更能适应现有的周边环境。

通过工艺改良,截至2018年2月底,G市环保发电有限公司累计已分类处理垃圾109万吨,厌氧处理易腐垃圾,产出沼气总量1442万立方米,沼气发电量达2543万千瓦时。

三、"千万工程"扮靓美丽乡村——浙江嘉兴畜禽污染整治项目

(一)业务背景

嘉兴是浙江省的生猪主产区,也是上海、苏州、杭州等周边地区的重要畜产品供应基地。生猪养殖是嘉兴农业生产中重要的组成部分,是农民增收的重要途径之一,从20世纪80年代新丰镇的"供港猪"到长三角最大的生猪养殖基地,嘉兴养猪产业用了30多年时间站上行业之巅,其产值一直以来占嘉兴市畜牧业总产值的50%左右。

然而,嘉兴生猪养殖业呈现出总体数量大、主体规模小、整体布局散、局部密度高的"大、小、散、密"的特点。由于生猪养殖散户过多、养殖设施设备较为落后等,病害较多和严重,降低了生猪产品的市场信誉,对区域生态环境造成的影响较为严重,影响了农民增收。同时,长久以来,众多农户将畜禽排泄物直接外排,乱弃死猪的现象也时有发生,出现河道堵塞、臭气熏天的景象。生猪养殖的面源污染物主要包括粪便污染、养殖场的废水污染和死猪丢弃所造成的水体污染,相关污染物包括化学需氧量(COD)、全氮、全磷、铜和锌等。

面广量大的畜禽养殖污染已经成为嘉兴的心腹之患、切肤之痛。面对生猪养殖业发展面临的严峻形势，2013年，嘉兴全面部署开展了生猪养殖业转型发展工作，以"三改一拆"和"五水共治"为契机，全面清理整治造成农业面源污染的农村猪舍，并不断拓展建设内容，形成了整体推进美丽乡村建设的格局。

从2003年起，浙江启动"千村示范、万村整治"行动，拉开了农村人居环境建设的序幕。十五年间，"千万工程"造就万千美丽乡村，浙江率先走向乡村振兴。从美丽生态，到美丽经济，再到美丽生活，"三美"融合下的江南乡村生机勃勃。

（二）金融服务方案

1. 客户需求。

嘉兴市××区XSZ开发建设集团有限公司为嘉兴市国资委直属企业，集团总资产超过150亿元，外部评级AA级，是区城镇化建设及环境整治建设的龙头企业，依托政府背景支持开展业务经营，业务具有一定的垄断性，收入来源稳定，盈利能力良好，申请"××区美丽乡村建设禽畜污染整治工程"项目融资7亿元，期限12年，由嘉兴市××区国有资产投资有限公司担保。

2. 服务方案

项目总投资约10亿元，其中兴业银行提供给融资人项目贷款授信7亿元，其余自筹解决。资金专项用于"××区美丽乡村建设畜禽污染整治工程"项目建设，计划贷款期限12年，拟采用政府采购方式，采购方××区财政局与企业签订采购协议，财政局出具纳入政府预算的文件。自2021年起，每年归还贷款本金1亿元，至2027年结束，由××区财政局根据协议按年支付。贷款由嘉兴市××国有资产投资有限公司承担保证责任，贷款利率5.5%。

（三）案例价值

该项目建设符合××区总体规划要求，以"三改一拆"和"五水共治"为契机，全面清理整治造成农业面源污染的农村猪舍，有利于加快农业面源污染治理和水环境的改善；有利于加快推进生猪产业结构调整，保障农民持续增收，维护公共卫生安全，实现生猪养殖业的生态、高效、优质、安全、可持续发展，加快构建新型畜牧产业体系；有利于推进新型城镇化，优化生态和人居环境，改善城乡面貌，推动经济转型升级，促进节约集约用地，具备良好的社会效益和经济效益。

就项目而言，拆猪舍不是目的，转型发展才是目的，转型发展成效才是关键。随着"万元千斤"种植模式及生态高效农业加快推广，农民就业服务全面铺开，数千名养殖户告别猪棚，加快转产转业，走向"绿色致富"，一拆一转，交出了一张环境改善与转型升级并重的成绩单。

四、日趋激烈的"跑马圈地"——固废环保公司并购贷款项目

（一）业务背景

近年来，在一片抗议声中，中国的垃圾焚烧发电项目与日俱增，数量越来越多，规模越来越大。诸多企业纷纷进军垃圾焚烧发电业"跑马圈地"。虽然垃圾焚烧发电收益率低，但持续稳定，在中央大力提倡"美丽中国"的政策引导下，各路资本这两年对环保产业青睐有加。面对日趋激烈的市场竞争，垃圾焚烧的处理服务费也在不断降低，价格战已经打响。

固废处理属于公用事业，政府承担主要责任，并以补贴等方式承担运行费用。与发达国家垃圾处理收费类似，我国正逐渐形成统一的垃圾处理收费方式。垃圾处理服务费一般包括基本经营成本、"三废"（飞灰、炉渣、渗滤液）处理费用、折旧费、合理利润及税费。电厂的收益大致有两类：地方政府支付的垃圾处理费和焚烧垃圾电价收入。其中，垃圾处理费各地不一样，以中标价为准；而垃圾焚烧电价则执行全国统一的每千瓦时0.65元（含税），每吨生活垃圾折算上网电量为280千瓦时。目前固废处理行业企业数量较多，市场份额较为分散，加之目前固废业务技术路线、商业模式尚未完全成型，产业化程度和市场集中度还非常低，尚未出现主流标准技术和寡头垄断格局。

目前，民营固废处理厂的经营以与政府协议BOT的方式为主。政府负责固废垃圾的收集，固废处理厂负责固废垃圾的处理。政府的议价能力较强，通常会抑制固废处理企业的利润率，但由于固废处理企业具有技术、

项目运营经验方面的优势，在项目谈判前，能作出较为准确的估算，且项目运营期长，处理费价格具备长期上涨趋势，项目运营中后期的盈利情况十分可观，因此此类项目通常能保证合理甚至是较高利润率。

D 环保股份有限公司（以下简称 D 环保）是国内第一家在境外上市的民营环保企业。经过近年来的高速发展，D 环保已逐步成长为中国废物处理行业的领先企业，目前 D 环保已建成全国规模最大、技术最先进的重金属废物处理和资源化基地，目前在全国建有近 60 家分（子）公司，年处理废物能力达百万吨。

（二）金融服务方案

1. 客户需求。

D 环保授信额度充足，财务弹性好，保持良好的信用记录，是多家商业银行重点客户。公司近几年业务发展速度较快，自 2014 年以来加大了并购业务力度，业务规模迅速扩张，有着较强的资金需求。公司主要考虑公司债、绿色债券、并购基金等多种融资方式，以尽快系统解决资金问题。

D 环保已与被并购方 L 环保产业股份有限公司及其股东签订了增资及股转协议，已确定了并购的合同价款、股权转让的先决条件、合同价款的支付方式等，目前已使用超募资金和自有资金支付了 2.7 亿元并购价款，还需支付 1.05 亿元。

2. 服务方案。

本次并购交易资金 50% 由兴业银行以并购贷款的形式提供，期限 5 年，利率为基准利率上浮 10%；使用被收购方 L 环保产业股份有限公司 60% 股权质押，待工商变更后股权质押给兴业银行。

由于交易时间限制和兴业银行审批流程的时间要求，如果在兴业银行审批结果确定前，或已经通过但贷款未发放之前，D 环保使用自有资金支付并购价款，则待本笔贷款落地后置换自有资金。

（三）案例价值

D 环保是兴业银行绿色金融专属客户，与兴业银行的合作关系良好。其在 2012 年上市后募集资金全部托管在兴业银行。此次并购贷款项目中，兴业银行在为公司提供优质服务的同时，也获得了较高的收益，银企双方实现了共赢。

第二节 绿色金融特色创新案例

一、PPP项目

(一) 风光旖旎新绿堤——海塘道路工程PPP融资项目

1. 业务背景。

L城城西每逢台风季节、天文大潮期，常受洪涝灾害，积水成患。L城海塘工程正是填补该区江水沿岸防洪短板的最后一块拼图。一旦建成，意味着该区沿江地带终于全部受到堤防保护，城市防洪能力将从现有的50年一遇，提高到百年一遇。据估算，该工程将使城市洪涝灾害损失平均每年减少1.2亿元，相当于每天从洪水里捞回一辆宝马车。

L城海塘工程不仅是条堤，也是一条改善城市西部交通的路。OJ路西延线道路工程作为海塘工程的一部分，全长约6千米，设计双向两车道，建成通车后将促进主城区与西片交通的对接，成为该区快速交通走廊的一部分。

沿江十里绿堤，是当地市民常去的景观休闲地。竣工后，住在中心城区西部的居民将有一段全长近6千米、风光旖旎的新绿堤——L垞区OJ绕城高速至W段海塘工程。

2. 金融服务方案。

(1) 客户需求。该海塘道路工程PPP项目政府方为L城水利部门；社会资本方为LY建设集团、HJ建设集团的联合体，包括建设周期为48个月的OJ绕城高速至W段海塘工程水利项目和建设周期为36个月的OJ路西延二期道路工程市政项目，两个项目既相对独立又紧密相连，基本上要同时竣工。

项目合作期14年，其中，建设期为4年，固定运营期10年。为保障贷款收益和安全性，融资期限12年。项目公司向兴业银行申请中长期项目贷款人民币12亿元（风险敞口），期限12年，利率为基准利率上浮10%。

(2) 服务方案。本项目整体资金拼盘完整，根据本次 PPP 项目合同约定，L 城区财政部门将财政资金作为本项目的第一还款来源，LY 建设营业收入和其他融资渠道作为第二还款来源。

兴业银行为 ML 基础设施投资有限公司提供了项目贷款人民币 12 亿元，敞口 12 亿元，期限 12 年，专项用于该 PPP 项目，其中水利项目贷款金额不超过 100000 万元，市政道路工程贷款金额不超过 20000 万元。在还款方面，贷款发放后第 4 年偿还本金不少于 6 亿元，之后每年偿还本金不少于 0.75 亿元，按季结息。

3. 案例价值。

这是 W 市入选国家 PPP 项目库的 8 个重点项目之一，列入了 2015 年省政府与社会资本合作项目（第一批）名单。项目工程的建设，将提高西段堤塘内部城市防洪标准，改善工程河段河道流态，改善下游南北叉分流比例。工程建设同后侧市政道路、堤顶大范围绿化风景带等有机结合，将极大地改善 W 城市西向城建、交通、市政等基础设施。

该笔业务为 W 市首单 PPP 融资落地项目。由于该项目属于海塘防洪工程，符合兴业银行绿色金融投向，因此获得了兴业银行总行绿色金融差异化政策支持。L 城海塘工程带来的拆改，还成为城市有机更新的一个契机。借助 L 城海塘工程带来的交通利好，一批城市配套和区域发展项目在该区西部落地。

（二）别有洞天的"地下世界"——地下综合管廊 PPP 产业基金项目

1. 业务背景。

地下综合管廊无疑是近几年城市基础设施建设的热点。作为"收纳神器"，它将原本一条条单独铺设的线缆管线集中起来，统一置于新建的地下管廊之中，避免了由于埋设或维修管线而导致道路重复开挖的麻烦，不仅节约用地，还可使城市告别"蜘蛛网"和"马路拉链"，再不需要频繁地"开膛破肚"。

由于管线不接触土壤和地下水，地下综合管廊避免了土壤对管线的腐蚀，延长了管线的使用寿命，还为城市的发展预留了别有洞天的地下空间，是 21 世纪新型城市市政基础设施建设现代化的重要标志之一。越来越多的城市逐步意识到地下管廊的重要性，在建、将建的管廊项目也越来多。近几年，我国每年开工建设的综合管廊均超过2000公里，到2020年，整体规模有望赶超发达国家。

H市作为全国10个综合管廊建设试点城市之一，根据国家相关文件要求，探索采取PPP模式吸引社会资本参与项目的投资建设和运营维护。管廊建成后，给水、再生水、热力、电力、电信、燃气、污水等管线都将迁至"地宫"。

2. 金融服务方案。

（1）客户需求。H市城乡建设委员会发布了"H市地下综合管廊建设工程项目PPP模式社会资本招标"的公告，项目采取"投资、建设和运营维护一体化+入廊单位付费+政府补贴"的运作方式。H市人民政府指定H市建设集团有限公司与中标的社会资本共同成立项目公司。

H市地下综合管廊PPP项目预计总投资逾32亿元，其中中央财政补助12亿元，其余由社会资本进入。项目分多个标段进行建设，预计建设期2年，营运期25年。当时该项目的财政补贴部分已经取得H市财政的批复。

（2）服务方案。兴业银行H市分行积极与市政府相关部门和社会资本方面进行沟通，确定分行先期为PPP项目自有资金缺口部分提供夹层融资，保持与政府在PPP业务合作上的持续深入合作。同时，通过了解社会资本方融资需求，与××建筑公司组成联合体，提供融资方案。

政府方面要求，在项目公司成立时，融资人与社会资本应出资2.6亿元作为资本金注资项目公司，兴业银行针对融资人该部分资本金出资提供产业基金融资。兴业银行募集资金1.8亿元，融资人投入0.8亿元，共同成立JXXS管廊投资合伙企业（有限合伙）。兴业银行募集资金投资作为综合管廊PPP项目产业基金的优先级LP，社会资本作为劣后级LP，同时可转让信托持有的LP份额。融资人实际控制人提供连带责任保证。由中央财政提供财政补贴，用于到期还款。

3. 案例价值。

作为H市首笔PPP项目，省政府、H市政府及两级财政均较为重视该项目，项目在兴业银行成功获批并运作，有较好的社会效益，进一步提升了兴业银行在H市的市场地位及知名度。同时，本笔项目也为兴业银行带来了良好的综合收益。

二、绿色债务融资

（一）飞轮频转电益丰——风电市场首单绿色永续债项目

1. 业务背景。

乘火车进入乌鲁木齐，透过车窗常能看到上百个风车叶轮飞速旋转。新疆呈现出的早已不是岑参笔下"轮台九月风夜吼，一川碎石大如斗，随风满地石乱走"的景象，不变的却是当地千百年来得天独厚的风力资源。

风力发电作为一种清洁能源发电方式，既可减少环境污染，又可以满足当地电力需求。继多个省份明确支持发展分散式风电产业之后，在政策大力支持、弃风限电改善明显等因素推动下，新增装机空间将被进一步打开。

J公司为上市公司，外部评级为AAA级，在国内风电设备制造商中连续五年排名第一，在行业内多年保持领先地位。作为全球领先的风电制造商及风电整体解决方案提供商，该公司近年来的风能相关业务营业收入均占总营业收入的99%以上，是一家经营纯绿色业务的企业。公司的核心业务为风力发电机组研发、制造及销售，同时提供全面的风电服务，并开发可供向风电场运营商及投资者出售的风电场。公司作为中国风电设备制造行业历史最久的企业之一，拥有当今世界领先的产品技术路线，具备强大的自主研发能力，并与国外机构合作，形成了国际化研发团队。

2. 金融服务方案。

（1）客户需求。J公司销售业绩及利润表现均高于行业平均水平，并且在市场整体疲软的情况下，销售收入每年增长30%，销售回款保持正常，且销售现金率逐年提升，表现出较强的市场竞争力。为扩大生产规模、提高生产效率、提高整体利润水平，J公司加大了对风电场的投资，具有固定资产融资需求。此外，J公司有降低财务成本的需求。由于J公司财务成本控制意识强，银行融资成本基本控制在基准水平，但手段单一，当年未启用授信近百亿元。

总体而言，J公司需要的是长期限、低利率、不提高资产负债率的银行融资产品。

（2）服务方案。J公司是兴业银行优质客户。为支持发电机组建设，根据合作现状及其现有需求，兴业银行通过票据池业务（含票据托管及低风险票据质押融资业务）与J公司进行业务合作，同时对J公司配套一系列业务合作，涵盖信用证开证、绿色金融固定资产贷款、含票据池专项额度、保理、保函，涵盖非标债权融资、债务融资工具支持性额度等，授信主体覆盖J集团核心企业及主要成员企业。

与此同时，J公司与兴业银行对接了非标债权融资、私募债券、融资租赁、福费廷、银财直联、结算、存管等保值增值业务，并办理外币结算业务，对主要经销商、合同能源服务商提供信用业务支持。

针对J公司目前急需降低资产负债率及项目建设资金需求，兴业银行为其注册中期票据30亿元，结合项目建设进度陆续分期发行。

此次中期票据于2016年初成功注册30亿元，一期已成功落地，发行金额10亿元，期限5+N年，利率5.0%，募集资金全部用于绿色项目。该中期票据是当地省内企业在银行间市场成功注册发行的首只绿色长期含权中期票据，也是国内首批绿色债务融资工具之一。

3. 案例价值。

该笔债务融资工具的成功发行，是积极发挥绿色债券融资在促进绿色产业发展方面迈出的重要一步。

未来，银行及非银行金融机构、实体企业还将更加紧密地合作，积极探索更加切实可行的投融资模式，支持促进绿色发展、推动节能减排、解决突出环境问题、应对气候变化、发展节能环保产业，助力经济及社会健康、快速发展。

（二）从唉声叹"气"到一团和"气"——燃气集团短融项目

1. 业务背景。

2017年我国的天然气市场出乎很多人的意料，全年强势。自2017年4月以来，走出了一个"有峰无谷"的奇特曲线。从夏季开始价格连涨，到入冬后出现"上气不接下气"的气荒，天然气市场全年爆发式增长，全国天然气消费量增幅达到17%。这个增量相当于前5年年均增量的两倍以上，并刷新了我国天然气消费增量的纪录。

"十三五"期间,国家层面的能源结构优化和环境污染治理将成为天然气消费最主要的推动力。2013年版《天然气利用政策》的出台,进一步指明了未来国内天然气利用的发展方向。在城市燃气领域,随着我国新型城镇化持续推进,年均气化人口在3000万人左右,2020年全国城镇气化率将达到60%以上,天然气将成为城市居民的主要燃料。长期来看,近些年能源清洁化渐成潮流。巴黎气候大会后,我国加快政策层面对天然气使用的鼓励和引导,从《大气污染防治行动计划》打响蓝天保卫战,到《能源发展"十三五"规划》提出到2020年天然气消费在能源中的比重增加到10%,天然气迎来发展的中长期"风口"。业内预计,作为从煤炭到新能源的过渡能源,在未来的15~20年,天然气将在比例和消费份额上逐渐增加,成为"明星能源"。

2. 金融服务方案。

(1)客户需求。C市燃气集团股份有限公司(以下简称燃气集团)自成立起历经多次增资扩股,主营城市管道燃气供应、液化石油气批发、瓶装液化石油气零售和燃气投资业务。其中,管道燃气业务收入占燃气集团主营业务收入的50%~65%,石油气批发业务收入占15%~30%,进口液化石油气批发多年居全国第一。

燃气集团运用市场化手段,已成功控股十多个异地城市的燃气项目并获得了当地的城市燃气特许经营权,燃气集团将在拓展下游产业的同时,逐渐向上游产业发展,以把握更多的发展机会。为保障天然气供应,其主要需求包括低融资利率的需求、集团统一融资的需求、降低短期偿债风险的需求、改善财务报表的需求。

(2)服务方案。兴业银行为燃气集团提供了对外基本授信额度人民币8亿元,用于集团本部采购燃气及购买管道原材料。因燃气集团为大型上市国企,议价能力较强,资本成本控制在低水平,公司较为青睐兴业银行的投行业务。

兴业银行债务融资工具发行工作在业内具有较强优势,与交易商协会沟通机制通畅,机构间信誉良好。目前,公司已发行两期短期融资,第一期短期融资金额9亿元,第二期短期融资金额11亿元,价格为同期市场最低,且全部认购完成。

3. 案例价值。

国有企业财务制度完善,且信用评级较高。燃气集团注册的 20 亿元的短期融资全部发行完成,兴业银行的发行价格和发行效率均得到了企业的认可,出色的发行工作也保障了燃气集团的日常经营和天然气的有序供应。

燃气集团借助其高信用评级,直接融资余额较大,短期融资、中期票据、公司债等债务余额较大。由于此前的良好合作,燃气集团各项债务融资工具的到期转续安排,也积极与兴业银行沟通协调,为后续合作打下了良好基础。

三、资产证券化业务

(一)不必"冻手暖髯须"——供热集团收费权资产证券化项目

1. 业务背景。

冬季取暖是关乎民生的大问题,中国北方地区几乎都有集中采暖,"你在南方的艳阳里大雪纷飞,我在北方的寒夜里四季如春"常被戏称为南方人对北方供暖的羡慕。集中采暖最大的优点是 24 小时不间断循环供暖,虽然可能无法在家中短衣短裤,却也省去了"旋呵冻手暖髯须"的苦恼。

集中供热是以热水或蒸汽作为热媒,由一个或多个热源通过热网向特定区域用户供应热能的方式。目前集中供热已经成为现代化城市的重要基础设施之一,也是国家能源合理分配和利用的一项重要措施,大力提高城市集中供热覆盖率符合城市化建设的发展方向。经过十多年的发展,城市集中供热已经形成成熟的工艺流程。

2014 年七部委联合印发《燃煤锅炉节能环保综合提升工程实施方案》,要求加快淘汰小型分散燃煤锅炉,推行城市集中供热。2015 年《煤炭清洁高效利用行动计划(2015—2020 年)》要求加快推动能源消费革命,进一步提高煤炭清洁高效利用水平,有效缓解资源环境压力,到 2020 年,淘汰落后燃煤锅炉 60 万蒸吨,重点区域基本完成天然气、热电联供、洁净优质煤炭产品等替代。

2. 金融服务方案。

（1）客户需求。HW供热集团为市国资委全资企业，承接供热、物业管理、公有住房管理等业务。就当地而言，HW供热集团在供热面积、专业程度、收入规模等方面属于龙头企业，是当地多家银行激烈竞争的优质客户。

省国资委提出国企改革的号召，鼓励省内各国企盘活固定资产、采取创新融资方式。HW供热集团作为市供热领域的"领头羊"，具备极强的议价能力，始终强势坚持"市场化最优原则"，即合作方的业务方案必须优于其他银行。

（2）服务方案。通过仔细分析HW供热集团的运营特点、财务情况，兴业银行发现企业整体负债中，短期负债占比高，负债结构不合理，因此为其推荐资产证券化业务。由于当时HW供热集团在其他银行发行了中期票据、私募债等，企业所有回款都归集到其他银行，如果做资产证券化业务，势必会影响回款归集。但兴业银行设身处地为客户着想的诚意和专业化精神，最终打动了HW供热集团，其决定办理资产证券化业务。

兴业银行联合J证券，使用HW供热集团多家子公司的热费收费权产生的未来收益做基础资产，通过结构设计，发行受益凭证，为其提供了14.8亿元融资。通过此业务，可盘活企业未来收益资产，实现企业融资并为其优化财务报表。

3. 案例价值。

通过近年来与HW供热集团的全面战略合作，兴业银行在其负债规模和资产投放方面扩大同业占比，在其资产负债率不增长的前提下，通过流动资金贷款、非标资产投放为企业解决资金需求和置换他行贷款，通过资产证券化业务调整了负债结构，为企业的稳健发展提供了完善的金融支持。

兴业银行与HW供热集团签署了《兴业银行与HW供热集团有限责任公司战略合作协议》《兴业银行和HW供热集团资产证券化合作框架协议》以及《HW供热集团互联网平台建设合作开发意向性协议》。当前合作的业务品种包含流贷、非标、租赁、资产证券化等，大大提高了双方的合作广度与深度。

(二) 清江一曲抱村流——江水整治工程应收账款资产证券化项目

1. 业务背景。

清水长流，润泽民生。重大水利工程的供水、节水、灌溉、防洪、航运、发电等效益明显，不仅为缺水地区"解渴"，还可以畅通航运水道，保大江大河安澜。完善的水利设施，既可以提供江水烟波浩渺、江中帆舫争流、江滩芦苇摇曳、江岸柳绿桃红的人居环境，也可以为经济社会的持续发展提供"水支撑"。

Y市是水域大市，河道整治工程是Y市民生工程的主要工作之一。J江整治工程是列入政府河道整治规划报告的河道整治项目之一，是Y市防洪治涝工程的重要组成部分，属省、市重点工程。工程建设任务以防洪排涝为主，同时改善河网水环境，推进城乡一体化建设，工程总投资逾5亿元。

2. 金融服务方案。

（1）客户需求。当地水投公司与Y市水利局签订的项目回购协议显示，Y市水投公司计划于2008—2013年完成J江整治工程施工及验收，政府于2016年起按回购协议确定的回购金额，以回购协议中约定的方式分5年予以回购。

（2）服务方案。兴业银行对该项目的立项、环评、四证、项目竣工等情况进行了核实，确认了Y市水利局与水投公司的回购协议及回购期限、金额等，并确认Y市政府负有偿还责任。经尽调，该项目符合兴业银行应收账款资产证券化业务的准入门槛。总分行十分重视这一新型绿色融资产品，及时制定出合作方案，明确项目操作模式为财产信托模式，Y市水利局和财政局负有回购责任。Y市水投公司对应收账款的回收及业务存续期间的资金占用费负有差额补足及回购责任。

兴业银行向Y市水投公司开展了首笔绿色金融应收账款资产证券化业务，金额近6亿元，期限5年，按年偿还本金及利息，各方共同签署"债权债务确认协议"，明确应收账款金额及本息偿还计划，包括但不限于各期应收账款的偿付金额、偿付期限，确定资金来源由财政统筹安排解决并纳入年度财务预算，明确相应支付账户安排等，并承诺放弃应收账款项下任何抗辩的权利。

3. 案例价值。

J 江整治工程应收账款资产证券化业务是对绿色金融业务的又一次创新，丰富了兴业银行的业务模式，巩固了兴业银行在绿色金融领域的领先地位，是符合绿色金融要求的成功案例。

该项目不仅有效调整了企业的债务结构，密切了兴业银行与 Y 市财政局、水利局的关系，取得了较好的综合效益，而且有力地支持了当地水资源建设。该工程的建成，将大大提高当地西北地区的防洪治涝能力，减轻 Y 江东排压力。

四、环境权益类业务

（一）可以盘活的"紧箍咒"——碳资产质押融资项目

1. 业务背景。

为应对气候变化这一非传统安全威胁，我国将控制温室气体排放全面融入国家经济社会发展总战略，作为实现发展方式转变的重大机遇，同时承担与自身责任、能力相符的国际义务。

全国碳交易体系于 2017 年 12 月 19 日启动建设，从而兑现了我国的国际承诺。国家发改委已发布 24 个行业的企业温室气体排放核算与报告指南，4 个主要支撑系统也进入建设阶段。

碳排放配额不仅是企业节能的"紧箍咒"，也可"变身"为企业资产，进行质押贷款。有碳资产的企业自行与银行在交易价格和贷款利率上达成一致意见，之后联合向碳交易中心提交质押申请，交易中心不参与定价。在企业有多余的碳资产时，如果出现财务紧张，碳资产抵押可助力企业资金流动。

2. 金融服务方案。

（1）客户需求。XY 水力发电有限公司 20 兆瓦水电项目，装机为两台 10 兆瓦的机组，属于水库蓄水类小水电项目。项目的 CDM 开发已于 2010 年 6 月 10 日获得联合国注册，PDD 中预计年平均减排量为 43603 吨 CER，项目实际计入期为 2010 年 6 月 10 日至 2017 年 6 月 9 日。

客户希望盘活碳资产，以此作为担保物向兴业银行申请贷款，用于流动资金周转。

（2）服务方案。结合项目运行情况、CDM 开发现状和国外买方的信用度等多方面因素，在经过材料审查、项目现场考察、国外买方访谈等前期准备后，兴业银行总行对项目的碳资产现状有了充分了解，于 2011 年 2 月出具了碳资产评估报告，作为授信审批部门在评审项目时的参考材料。一个月后，碳资产质押授信业务通过审批，贷款利率为基准利率上浮 15%，同时要求客户在兴业银行开立电费收入及 CDM 收入专户。

该项目比较独特的是嵌入了碳资产价值评估和碳买家信用评估两项工作。项目需要承担的费用包括联合国适应性费用、向中国政府缴纳 2% 的收益分成的管理费用分摊以及一年一度的核查费用（其中第一次核查的费用由买方承担）等，兴业银行通过自主开发的碳资产评估工具可测算出预期收益，且项目国际买方股东背景较好，具有较强的项目开发能力和履约能力，擅长开发水电项目。

该客户在缺乏实质性抵押担保的情况下取得银行授信的难度较大，而兴业银行碳资产质押授信业务顺应市场需求，采用新型融资方式帮助企业盘活碳资产，另辟蹊径，展示了新产品特色价值，在同业市场具有差异化竞争优势，获得了客户的认可。

3. 案例价值。

碳资产质押融资产品推出时，兴业银行是国内唯一推出碳资产质押授信业务的银行，实现了 CDM 项下碳资产融资方式突破。碳资产质押授信业务在项目组织实施过程中，需要较强的项目判断、商务谈判、市场判断能力以及相应的法律知识。最终，兴业银行通过专业、有效的沟通和交流，打消了客户的顾虑，获得了客户和国外买方的多方面支持，展示了自身在碳金融领域的服务能力和丰富经验。

对于一些由于授信条件等客观因素的制约，难以找到与其合作切入点的中小型客户，该项目的落地具有较大示范效应，可以为今后与该类型客户的合作提供指导意义。

（二）让"沉睡"的资本动起来——排污权抵押融资项目

1. 业务背景。

排污权有偿使用和交易制度以环境资源有偿使用、环境成本内部化的经济手段促使企业自身直接成为污染治理的责任和决策主体，可以让"沉睡"的资本动起来，弥补了行政执法可能存在的不足，在我国已试行十余年，为环境污染问题提供了一个运用市场机制的新的解决思路。利用经济手段解决环境问题，把排污权作为一种商品进行买卖，是排污权交易的实质。

J市是全国排污权有偿使用和排污权交易的试点城市，成立了全国首家排污权交易中心，N区作为J市的试点区域率先启动了排污权有偿使用和排污权交易，并与当地银行合作开展了排污权抵押贷款业务。

该市×区也积极行动起来，拟开展排污权抵押业务，探索用市场化手段治理环境污染。2010年，×区挂牌成立排污权储备交易中心，区人民政府发文要求所有新建、扩建、改建项目新增的化学需氧量和二氧化硫排污权必须从×区排污权储备交易中心交易获得。2011年，×区人民政府发文，开始正式实施排污权交易制度。

2. 金融服务方案。

(1) 客户需求。排污权有偿使用的推行，促进了政府对污染物排放总量的控制，有效改善了区域环境的综合质量，是政府通过市场化手段配置资源要素的有益尝试。当地政府有节能减排指标，同时还需要完成招商引资的任务；既要确保企业正常的生产运行，又要企业缴纳相应的环保费用，但这无形之中增加了企业的负担。

(2) 服务方案。兴业银行十分重视这一新型绿色融资产品，两次带领专项组实地调研，多方认证了开展排污权抵押授信业务的可行性和必要性，并发文正式批复开展业务，及时制定出相应合作方案：明确排污权贷款操作流程和办法、明确政府相关政策文件与法律要求、签订三方合作协议等。本次排污权抵押贷款实施过程比较独特的是排污权价值主要依赖政府指导价，故贷款最高额度原则上不得大于所抵押排污权评估价值的70%~80%。评估价按有偿取得的初始购买价、政府回购价和当期市场价三者孰低原则确定。兴业银行与×区环保局、×区财政局签订了排污权抵押授信业务合作三方协议，明确当地政府的回购义务和回购资金来源。

2011年3月，兴业银行向×区某中小企业发放了兴业银行系统内首笔排污权抵押贷款，贷款金额100万元，以该企业每年30.91吨化学需氧量的污染物初始排放权做抵押，缓解了该企业因购买排污权而出现的流动资金短缺问题。

3. 案例价值。

如何创设新的金融产品,解决政府和企业遇到的问题?如何介入环保市场?作为金融机构,兴业银行提出的解决方案是为政府和交易机构提供排污权收入资金清算、支付结算、交易资金存管及其他交易金融服务,为企业提供初始排污权出售抵押授信业务,帮助政府减轻推广压力,同时减轻企业负担。

本次排污权抵押授信业务的成功落地,不仅有力地推进了实体企业节能减排、结构调整和转型升级,而且拓宽了中小企业融资渠道。

五、其他创新业务

(一)"追风逐日"撬动"无限风光"——首个绿色能源产业基金股权直投项目

1. 业务背景。

近年来,新能源产业生机勃勃,产销量实现快速增长,但在此背后,新能源产业陷入何去何从的阵痛彷徨,承受着来自能源、技术等领域的压力和挑战,以及新的商业模式、新的思维方式的冲击和变革。

在此背景下,绿色能源产业基金应运而生。作为经济结构调整和产业转型升级的重要引擎,绿色能源产业基金可以发挥资金的引导和杠杆放大效应,有效撬动社会资本支持绿色能源产业发展,促进优势资本、项目、技术和人才向行业聚集,推动产业转型升级。

Z省民营经济发达,与国企融合程度高,在地方国企混改中一直走在全国前列。按照Z省国企改革时间表,2017年进入重点突破的加速阶段,《Z省省属企业改革发展"十三五"规划》中亦做了重点表述:实施整体上市工程,大力推进企业上市。同时,Z省努力创建国家清洁能源示范省,通过持续推进科技创新、产业进步、体制改革和重大能源项目实施等举措,支持清洁能源发展。

2. 金融服务方案。

(1)客户需求。Z集团主要从事能源基础产业(电力、煤炭、天然气）的投资、开发、建设、经营和管理，承担了全省电力生产、天然气引进和供应的公共事业，目前拥有控投、管理企业近200家。在政策驱动下，Z集团发起设立绿色能源股权投资基金，以寻找合适的投资伙伴，通过吸收其余投资人优秀的投资理念和丰富的投资经验来培育基金投资标的，在传统能源业务稳步发展的同时寻找新的利润增长点。

Z集团考虑到兴业银行在股权直投方面优异的创新能力和对绿色产业的支持力度，希望通过本基金与兴业银行在绿色金融方面进行合作。同时，Z集团表示对本基金合伙人开放项目库资源，基金合伙人有机会跟投Z集团领投的优质项目，也可以推荐优质项目给Z集团投资。

（2）服务方案。结合Z集团的需求，兴业银行以权益类投资产品与之合作。权益类投资是指以客户价值为基础，以客户成长为核心，以服务客户股权融资需求为目的，不带有直接的强主体回购或者差额补足条款的真股权投资业务。

基金总规模暂定150亿元，基金发起人Z集团出资60亿元作为有限合伙人，兴业银行出资30亿元作为有限合伙人，剩余由其他机构出资。基金存续期5+2年，其中5年为投资期，2年为退出期，主要投向为绿色能源项目、绿色能源下游产业链、基础能源产业、天然气、石油资源等。

基金采用平层投资模式，兴业银行出资获取基金实际投资收益。Z集团拿出两个上市项目作为本基金的基石项目。基金投资项目均围绕Z集团绿色能源板块上下游产业链展开，Z集团对基金投资项目优先提供收购的退出通道，确保了本基金可靠的退出途径。

3. 案例价值。

本基金是兴业银行首单绿色股权直接投资业务，同时也是兴业银行首单省属国企混改股权直接投资业务。兴业银行通过本基金加深了与Z集团的全方位合作，相互成为对方重点战略合作客户，达到了互利互惠，综合效益可期。

本基金响应省政府"创建清洁能源示范省"号召，是兴业银行向真股权投资迈出的坚实步伐，基金投资标的为绿色能源上下游产业板块，属于目前国家政策鼓励支持行业，也与兴业银行赤道银行标准相符合。本基金的成立得到Z省政府的高度重视，省长等政府主要领导参与揭牌仪式，省政府希望将本基金打造为 Z 省绿色混改基金的优秀典范并加以推广宣传。兴业银行一直秉承绿色金融理念创新进取，在本次基金顺利签约后，社会反响强烈，多家国有企业主动联系，希望和兴业银行开展绿色环保基金、旅游基金的合作。

（二）节约一分＝生产一分——合同能源管理未来收益权质押融资项目

1. 业务背景。

英国有句谚语，叫作"节约一分钱等于生产一分钱"。合同能源管理就是以节省的能源费用来支付节能项目全部成本的节能投资方式。自 2010 年以来，我国密集出台了一系列支持合同能源管理和节能服务产业发展的政策措施，有力推动了合同能源管理在中国的推广和应用。通过为客户实施合同能源管理项目，节能服务公司迅速发展成为我国节能产业的一支新生力量。

节能环保领域中的合同能源管理的商业模式特点在于项目投资"前期一次投入、后续多年回收"，传统的信贷服务已经难以适应其需求。标准化的合同能源管理贷款业务品种，应从融资期限、抵押担保、风险控制、还款安排等角度契合合同能源管理项目特点。

××能源投资有限公司是经国家发改委备案的第一批节能服务公司、省 LED 领域第一批备案节能服务公司，具有多笔路灯照明节能改造项目成功案例。企业需全额垫资向设备供应商采购 LED 路灯，节能改造后，节能效益由节能服务公司与用能单位共同分享（分享期 10 年），节能指标及检测和确认节能效益的方法通过双方合同约定。据测算，项目总投资 2019 万元，灯具更换后预计年照明节电率 70% 以上，预计年节电量 564 万度，具备良好的经济效益与环境效益。

2. 金融服务方案。

（1）客户需求。××能源投资有限公司自有资金有限，项目回款周期长，缺少土地、厂房等抵押品，"轻资产"特征明显。此外，项目运营质量和节能效益难以准确量化，难以判断项目的风险和收益，银行常规的风险管理方式难以适用。企业拟以合同能源管理模式对某高速公路照明路灯实施节能减排改造。

（2）服务方案。该项业务主要以节能服务公司合同能源管理合同项下的未来收益权质押作为主要担保，以项目本身的节能效益作为主要还款来源，弱化了对土地、厂房等传统抵押物的要求。

兴业银行依托专家团队力量，根据节能项目的技术成熟度以及节能效益的可实现程度等因素对节能效益进行量化评估，并精心提供了合同能源管理融资专项服务方案，提供了5年期项目贷款，占项目总投资的40%，用于购买灯具、配套件及工程改造支出；在还款方式上，分期还款方式与项目现金流频率相匹配。同时，更多地考量该公司既往案例、本项目未来现金流及其监管，较少地考量土地、厂房等常规担保品，有效地支持了合同能源管理项目的顺利实施。

3. 案例价值。

目前国内节能服务公司从经营规模上来说，基本上还属于中小企业范畴，应着重关注节能服务公司自身资质而非规模。除了提供融资服务外，自有技术突出、业绩成长迅速的节能服务公司依托兴业银行综合化经营平台，获得财务顾问、咨询和现金管理等一揽子综合化服务，还可以在股份制改造、私募融资、上市辅导等多方面获益。

兴业银行的合同能源管理融资业务，将非典型意义上的权利质押确权并成为标准化的担保品，同时辅以现金流管控措施，有效缓解了轻资产型的节能服务公司融资担保难题，为深入拓展节能服务产业链提供了有利条件，获得了节能服务公司的高度认可。

（三）屋顶上的"香饽饽"——损失分担型分布式光伏"阳光贷"项目

1. 业务背景。

分布式光伏市场一直以来经历着"冰火两重天"——趋势看好、市场前景广阔的同时融资困难，真正进入的资本较少。这一方面是由于分布式光伏所需项目资金较少，"做起来累心"；另一方面是由于没有合适的商业模式，难以把控风险，"看不懂门道"。

光伏行业呈现集中式电站集聚西北、中东部分布式发展快的特征。S市处于标杆电价较高的三类地区，但近年来随着光伏发电成本的下降，不断下调光伏标杆电价是趋势（对已建成项目执行投运时点的标杆上网电价或电价补贴标准，期限原则上为20年不变）。

为解决光伏电站融资难这个困扰整个行业的问题，S市推出了分布式光伏"阳光贷",在现有中小企业融资担保工作体系基础上,委托 S 市节能减排中心作为第三方行业服务机构,负责搭建"阳光贷"项目管理和检测平台,承诺优惠利率的试点银行作为放贷主体。

为风电、集中式光伏、光热等新能源提供以财政为担保的贷款形式,这在我国尚无先例。同时,由于有政府财政做担保,具有很强的社会公信力,可谓"看得懂门道,做起来省心",这也使分布式光伏贷款项目摇身一变,成为众多资本方开始关注的"香饽饽"。

2. 金融服务方案。

(1) 客户需求。S 市节能减排中心、S 市中小微企业政策性融资担保基金管理中心希望通过兴业银行,充分利用各方优势,合作操作分布式光伏"阳光贷",为投资建设分布式光伏发电项目的中小企业提供受信支持。

(2) 服务方案。根据促进分布式光伏发电发展的地方政策,兴业银行针对该行业中小企业客户探索创新模式的业务合作——损失分担型分布式光伏"阳光贷",具体业务模式为:

S 市节能减排中心搭建"阳光贷"项目管理和监测平台,对项目实施评估验收并出具评估报告,进行后期监管。S 市中小微企业政策性融资担保基金管理中心对合作项目承担具体担保业务。兴业银行为在 S 市投资建设分布式光伏项目的中小企业发放贷款,若贷款发生违约,经过尽职追偿后,兴业银行和担保基金按照 1:9 的比例承担损失。

兴业银行根据"阳光贷"操作流程进行贷款的管理,与借款人签订资金监管协议,根据操作流程的要求,细化对于资金监管账户回笼资金的监管,并严格执行账户管理,防范潜在的脱保风险。同时,兴业银行在 S 市节能减排中心评估项目的资金测算基础上,进行项目审查审批,并严格执行贷前、贷中和贷后管理,防范应该承担的损失部分风险。

3. 案例价值。

该项目使光伏电站能够获得稳定收益的最大优势得到了充分发挥,电站价值得以体现,盘活了分布式光伏发电企业的资金,解决了光伏电站投资中的资金问题。

截至 2015 年底,S 市分布式光伏发电累计并网装机容量 30 万千瓦,根据 S 市"十三五"规划纲要,2020 年分布式光伏发电总装机容量将达到

80万千瓦，新增50万千瓦，据此年均新增装机容量10万千瓦，年投资额约7亿元。据S市节能减排中心初步预计，60%的项目将申请"阳光贷"。

第三节 集团化综合服务案例

一、惠泽膏流润九垓——水利投资集团银租联动项目

（一）业务背景

位于四川成都的都江堰，是中国古代建设并使用至今的大型水利工程，两千多年来一直发挥着灌溉防洪作用，被誉为"世界水利文化的鼻祖"。直至清朝，诗人黄俞还评价其"恩波浩渺连三楚，惠泽膏流润九垓"。都江堰的建成，不仅消除了水患，也使川西平原成为"水旱从人"的"天府之国"。

"善治国者先治水。"水利工程，泽被苍生，长期以来在防洪、排涝、防灾、减灾等方面对国民经济的发展作出了重大的贡献，也因此受到政府的高度重视。2013年以来，全国累计完成水利建设投资2.64万亿元，当前在建投资规模超过9000亿元。

S水利投资集团有限公司（以下简称S水投）作为S省唯一的省级水利建设投融资平台，以政府水利基建项目作为基础业务，并且在这一领域中具有不可复制的垄断性优势。目前S水投业务主要涵盖S省南水北调配套工程投融资、管理与运营，部分省重点水利工程、供排水工程、治河工程以及污水处理等工程投融资、建设及管理。

近两年S水投负责的水利基建项目陆续进入回购期，项目投资收益为S水投贡献的收入将持续增长；同时，根据政策导向的变化，S水投所承建的政府项目逐步向PPP模式转移，收益率较以往的BT、BOT项目有所提高，为S水投带来持续的项目投资收入。整体而言，S水投综合实力较强，企业治理规范，得到了政府多方面的大力支持，规模快速扩张，自身营运能力显著增强。

(二) 金融服务方案

1. 客户需求。

(1) 常规金融服务需求：主要集中于中长期贷款需求，同时也有短期内流动资金周转的需要。

(2) 财务结构优化需求：企业长期借款和债务融资工具体量较大，有降低资产负债率、优化财务结构的需求。

(3) 战略整合扩张需求：鉴于企业特性，产业基金、PPP项目贷款和债务融资工具将会是企业重点融资方向，以满足其合并省内地市级水厂、承建地市级水利基础设施项目的需要。

(4) 融资成本降低需求：企业融资规模不断扩大，财务成本居高不下，需要多元化的融资产品，以帮助其降低整体融资成本。

2. 服务方案。

兴业银行当地分行在与S水投的沟通接触中发现，S水投对融资多元化和创新型产品兴趣度较高，并且乐于尝试。为此，兴业银行结合集团内租赁产品优势，提供了具有针对性的服务方案。

(1) 基础金融服务方案：给予S水投流动资金贷款额度，包含流动资金贷款、银行承兑汇票、国内信用证、固定资产贷款、并购贷款等。

(2) 优化财务结构服务方案：给予融资租赁贷款额度。

(3) 战略整合扩张服务方案：考虑到企业正在对省内地市级水厂进行并购，给予其并购贷款授信支持。

(三) 案例价值

该项目的成功落地有利于在建水利工程的管理和维修养护投入，促进水利工程管理单位的健康发展，实现水资源的可持续利用，确保水利工程的经济效益和社会效益。

该业务综合运用了集团化产品服务，重点落在S水投的PPP项目以及发债项目上。这类项目期限长、收益高，能够使银行和企业进行长期稳固的合作，增进银企关系。

二、守住"城市的良心"——公用事业投资发展集团银信联动项目

（一）业务背景

法国作家雨果在《悲惨世界》里说到，一个城市的下水道代表了一个城市的良心。几个小时的降雨、降雪让全市交通瘫痪的情景，在全国不少城市都出现过。市政建设与城市建设不同步的现象至今仍是不小的问题。以应有的功能来衡量，我国很多城市公用事业还处于"亚健康"状态。

公用事业是企业生产经营、居民日常生活所不可缺少的事业，是城市生存与发展的基础和基本条件，一般包括电力、供水、废物处理、污水处理、燃气供应、交通、通信等。在我国，大部分城市公用事业由国家或城市财政投资兴办，经营管理方式则根据公用事业的性质和城市的具体情况而不同，具有整体性、非营利性、规模性、垄断性、公益性等特点。

当前，在政府的大力支持下，公用事业水平得到了大幅提高，供给水平大幅提高。市政设施明显完善，生态环境明显优化，但总体上仍存在供给水平低、区域发展差异大、行业发展不均衡、定价机制不完善等问题。

Z公用事业投资发展集团有限公司（以下简称Z公用）是隶属于Z市人民政府的国有独资公司，主要承接政府下达的市政公用设施建设任务，在实体企业业务范围之外发展自身业务，形成一定的收入和盈利能力，经营范围包括供水、供热、燃气供应、污水处理（污泥处置）、垃圾处理等。

（二）金融服务方案

1. 客户需求。

随着Z公用及其各控股子公司业务规模和企业总产值逐年上升，Z市投融资决策管理委员会给Z公用下达多项建设任务，工程计划总投资33亿元。除此之外，从2014年开始Z市城市管理局下属部分单位职能也计划纳入Z公用管理。伴随业务量的增加，Z公用的流动资金需求不断增大，主要用于集团本部及子公司日常流动资金周转需求。

2. 服务方案。

Z公用具有良好的发展前景和正外部性，兴业银行与之积极合作，相

继与该公司洽谈了一系列合作意向，包括项目融资、资产整合、并购、重组等多项投融资业务，在与其子公司Z市污水净化有限公司10亿元银团项目贷合作之后，再次安排5亿元非标准债权投资业务，用于补充集团本部及下属子公司运营资金需求。

同时，兴业银行设计了信托交易模式金融服务方案，由信托公司成立单一资金信托计划，由Z分行的同业合作客户作为信托计划的委托人，将资金委托给信托公司，由信托公司向融资人发放5亿元信托贷款。Z分行作为受让人，受让该信托计划的信托受益权。

（三）案例价值

本笔融资可在兴业银行集团内部流转及监控，降低了风险。本次合作不仅为当地优化和改善了城市环境，还为兴业银行带来了良好的回报，使兴业银行与Z公用建立了更加稳固的合作关系，并带来了更深入的合作机会。

三、化污为洁　水清若空——污水处理收费权银基联动项目

（一）业务背景

我国污水处理产业发展较晚，但污水处理需求增速远高于全球水平。当前，政府正"两手发力"：一手抓污染减排，把污染物的总量减下来；一手抓扩容，增强水生态系统的保护和修复，使之有更大的接纳能力和净化能力。伴随着污水处理市场的快速发展，我国污水处理产量也结束了长期徘徊的局面，实现了高速增长。

G公司是国内生活污水处理行业市场化过程中最早提供系统集成与专业运营"一站式六维服务"的综合解决方案提供商，是IPO重启后创业板首批上市企业之一，上市以来利用资本运作平台，开展了再融资、股权激励、兼并收购、发行短期融资券、发行ABS等系列资本运作活动，各项业务持续稳定增长。

（二）金融服务方案

1. 客户需求。

公司主要围绕水环境综合治理开展业务，当前主要业务模式为水务运

营、PPP项目投资、工程总承包EPC和环保设备生产制造。上述业务模式的特点是初始投资大、投资回收周期长，对公司资金投入要求较高。

为了满足公司持续快速发展的需求，摆脱资金紧张的现状，公司迫切需要改变现有融资模式，谋求中长期稳定资金支持，以为公司快速发展提供强有力的保障，获得大金额、长期性的稳定融资支持成为当前最迫切的需求。

2. 服务方案。

兴业银行决定从盘活该公司存量资产入手。基于该公司旗下污水处理厂众多，兴业银行向G公司提出拟开展污水处理厂污水服务收费权的资产证券化业务，以帮助其获取大金额、长期性融资。

在业务结构设计上，兴业银行引入了集团联动的总体方针，即在资产证券化发起的同时，金融市场部门同时发起一笔针对该资产证券化业务的同业投资，最大限度地锁定ABS的发行成本。另外，除了对业务盘活存量资产特性的阐述以外，兴业银行联合兴业基金公司、兴业财务资产管理公司重点向G公司分析了各种融资方式的区别，打消了其在发行难度、融资成本等方面的顾虑。

本次资产证券化业务中，由兴业基金公司设立资产支持专项计划（SPV），然后SPV将G公司旗下6家污水处理厂收费权资产汇集成资产池（Assets Pool），以该资产池所产生的现金流为支撑在市场上发行有价证券融资，向投资者发行资产支持证券以募集资金，再以募集资金向发行人购买基础资产。

基金私募发行时，兴业银行作为优先级LP出资90%，G公司作为劣后级LP出资10%。优先级和次级资产支持证券在项目存续期间每季度支付利息，逐季度到期，到期一次还本，票面利率采取固定利率方式。该资产支持证券的预期期限为5年，最后用资产池产生的现金流来清偿所发行的有价证券。

（三）案例价值

6家污水处理厂是G公司项目贷款结清且污水处理服务费现金流入较大的几家污水处理厂，为G公司的核心资产。该项目的成功落地，为公司提供了大金额、长期性的稳定融资支持，使其摆脱了资金紧张的现状，满足了公司持续快速发展的需求，有效促进了各家子公司的生产经营。

此外，由于项目落地取得了良好成果，G 公司将本次业务在集团内进行大力宣传。其兄弟公司主动与兴业银行联系，有意开展相关业务的合作。

四、"解渴"关中——陕西引汉济渭工程集团联动项目

（一）业务背景

水资源的紧缺已经成为陕西经济发展的瓶颈因素。秦岭之南，水量丰沛；秦岭之北，干涸缺水。面对"喊渴"的省内城市，为改变缺水状况，陕西省曾多次就调水工程拟设方案。

在陕西南北间埋一根"管子"，让汉水一路流向关中，是一直以来的畅想。从众多"南水北调"方案中，陕西省筛选出引汉济渭、引红济石、引乾济石三项调水工程，引汉济渭是其中的骨干工程。2011 年，工程开工。该工程将汉江水引入渭河以补充西安、宝鸡、咸阳等 5 个大中城市的给水量，是缓解关中渭河沿线城市和工业缺水问题的根本性措施。

工程建成后，可使 1000 万人喝上汉江清水，支撑约 500 万人的城市规模和 5000 亿元的地区生产总值；将还原被挤占的农业用水，使失灌的 300 万～500 万亩耕地有水可灌。在考虑人口增长的情况下，关中人均占有水资源量将由 304 立方米提高到 450 立方米，人均用水量将由 203 立方米提升到 302 立方米。

可以预见，引汉济渭工程将在未来几十年影响陕西，特别是关中地区人们的生产和生活。

（二）金融服务方案

1. 客户需求。

融资人 Y 工程建设有限公司为国有独资企业，负责引汉济渭工程前期的管理、建设、资金，其中包含的水源工程项目总投资约 180.89 亿元，项目贷款 75.18 亿元，占 41.6%。陕西省自 2011 年每年拿出 8 亿元资金投入本项目，2011 年至今陕西省的财政资金均能按期到位。融资人拟向兴业银行申请 75.18 亿元的项目贷款，期限 18 年。

2. 服务方案。

兴业银行通过成立专项小组，参与该项目金融服务方案的设计、讨

论,并将融资人申请成为绿色金融专属客户,保障了审批资源、信贷规模、财务资源向该客户倾斜。

在引汉济渭项目推进过程中,兴业银行多次拜访、商谈合作,以非标准债权融资、产业基金及传统项目贷款产品与融资人进行对接,并根据融资人需求多次变更融资方案,力图满足项目建设各个时期的实际需求。

兴业银行从投行、贸融、基金、现管等不同产品角度出发,为该客户设计了一套综合、全面的金融服务方案,并与融资人签署战略合作协议,约定双方在交易结算、产品、服务上进行合作,为后续业务开展奠定了基础。

(三)案例价值

在该项目获得国家发改委批复后,兴业银行可以保险资金直投产品,为融资人提供10年期以上长期项目融资,融资人可以获得长期、稳定、低成本的大额资金支持。

在项目建设后期及运营期,兴业银行可以资产支持票据、债务融资工具承销、融资租赁的回租模式以及特许经营权质押融资介入,还可搭配以施工企业为主体的短期融资业务;在项目进入正常经营期后,兴业银行可为融资人的闲置资金办理财富管理业务。这不仅以多种方式满足了融资人生产经营中的资金需求,同时提高了融资人的资金使用效率。

五、珠联璧合的集团化作战——大型企业集团产品综合运用项目

(一)业务背景

金融产品的综合运用是国内外金融业发展的重要特征和趋势,可以充分发挥大型金融机构集团化、多牌照的经营优势,发挥各机构之间的规模经济和协同作用,使金融体系和金融机构更有效率,也能更好地满足企业和个人综合化金融需求。对金融机构而言,产品的综合运用是获取多元化收入、提升竞争能力的必要手段,也有助于金融机构分散相关风险。

S集团为一家集科、工、贸为一体的民营大型企业集团,目前涉足机械设备制造业、化学纤维制造业、化学原料制造业、塑料制品、酒店餐饮

业、房地产业、批发零售业等行业，拥有一家上市公司以及二十多家子公司和关联公司。集团信誉良好，多年来被与之有信用关系的银行评为AAA级信用企业，是银行总行级"黄金客户"。

（二）金融服务方案

1. 客户需求。

在与S集团的不断接触中，兴业银行发现S集团在各板块生产经营过程中存在较大融资需求，主要包括：

（1）转型升级、并购融资需求。S集团自2015年起进行了一系列资产重组和业务结构调整，特别是上市公司需要将化工产品生产等非主业资产进行剥离，从而提高上市公司盈利水平，为上市公司的股东创造更大价值，因此具有较强的新增并购融资需求。

（2）改善融资结构的需求。历年来，S集团下属子公司较多，均以银行短期贷款为主要融资渠道，融资结构较为单一，且合作银行较多，财务压力较大。近年来，S集团顺应市场趋势，开启了多元的融资渠道，试图改善融资结构。

（3）降低财务成本的需求。S集团改变了原有的集团下属子公司单个融资模式，转而倾向集团授信方式，试图提高议价能力、优化集团财务管理制度、改善融资结构，最终达到降低财务成本的目的。

2. 服务方案。

近年来，S集团财务管理由原来的单点式向集约式发展。兴业银行表达了与S集团整体合作的意向。根据S集团的金融需求，兴业银行专门为S集团及子公司提供了多元化的绿色融资方案：

（1）集团授信业务。根据该集团财务内部管理需求，给予S集团基本授信额度，有效期1年。

（2）并购基金业务。设立并购夹层基金，用于收购其上市公司所持有公司的75%的股权，同时偿还债权。

（3）股票质押式回购。兴业银行与S集团下属公司开办股票质押式回购业务，约定了标的股票的数量、质押率、预警平仓线、融资金额和期限。

（4）供应链业务。S集团下属公司在兴业银行办理供应链业务，以进口开证、进口押汇等业务为主。

（5）其他业务。S集团为兴业银行现金管理客户。下属公司已与兴业银行签订票据池合作协议，并陆续办理了票据托管托收业务。另外，集团公司多次协助办理信用卡营销团办活动以及公司高管年终奖金存单代发等零售业务。

（三）案例价值

通过兴业银行支持其并购夹层基金等融资，S集团使其旗下上市公司确立了更清晰的发展定位，消除了公司与关联方化学品生产业务的关联交易，提高了公司资产效率和盈利水平。

S集团并购夹层基金的成功落地，直接增加了集团与兴业银行的合作黏度，后续与集团的并购基金、下属新三板企业的ABS项目也在积极推进。

通过此次与S集团产品综合运用集团联动项目的成功落地，兴业银行增强了支持绿色经济发展的信心。未来，兴业银行将继续推进绿色金融产品创设与业务发展，广泛参与绿色环保产业相关项目，助力节能环保行业的发展。

附　　录

赤道原则 Ⅲ

序言

大型基础设施和工业项目会对人和环境产生负面影响。作为融资人和顾问，我们与客户合作，以结构化方式持续为客户识别、评估、管理环境和社会风险及影响。这种合作促进了环境和社会的可持续发展，并能带来更好的金融、环境和社会成果。

我们，赤道原则金融机构，采用赤道原则以确保所融资和提供咨询服务的项目按照对社会负责的方式发展，并体现健全的环境管理惯例。我们认识到气候变化、生物多样性和人权问题的重要性，并相信受项目影响的生态系统、社区和气候应尽量免受不利影响。如果这些影响无可避免，也应减轻、降低影响及/或对影响进行恰当的补偿。

我们相信，采纳和遵守赤道原则会有助于客户促进与当地受影响社区的关系，对我们、客户和当地利益相关者也有重大裨益。作为融资人，我们深知应把握机会促进负责任的环境管理，对社会负责，包括根据赤道原则开展尽职调查来履行我们尊重人权的职责。

赤道原则旨在提供一套通用的基准和框架。我们致力于在为项目提供融资活动相关的内部环境和社会政策、程序和标准中实施赤道原则。假如客户不会或无法遵守赤道原则，我们将拒绝为项目提供项目融资或提供与项目关联的公司贷款。由于过桥贷款和项目融资咨询服务是在项目初期提供给客户的产品和服务，因此我们要求客户明确表明他们遵守赤道原则的意向。

赤道原则金融机构基于实施经验应不时重检赤道原则，以便能够反映正在进行的学习情况和新出现的好做法。

适用范围

赤道原则适用于全球各行各业。

在支持一个新融资项目时，赤道原则适用于下述四种金融产品：

1. 项目资金总成本达到或超过 1000 万美元的项目融资咨询服务。

2. 项目资金总成本达到或超过 1000 万美元的项目融资。

3. 符合下述四项标准的与项目关联的公司贷款①（包括出口融资中的买方信贷形式）：

（1）大部分贷款与客户（直接或间接）拥有实际经营控制权的单一项目有关。

（2）贷款总额为至少 1 亿美元。

（3）赤道原则金融机构的单个承诺（银团贷款或分销前）为至少 5000 万美元。

（4）贷款期限为至少 2 年。

4. 过桥贷款，贷款期限少于两年，计划由符合上述相关标准的项目融资或一种与项目关联的公司贷款重新提供资金。

虽然目前不计划就过往项目追溯应用赤道原则，但当现有项目涉及扩充或提升现有设备，而有关改动在规模或范围上或会对环境及社会造成重大风险和影响，抑或对现有影响的性质或程度带来重大转变，则赤道原则金融机构会就有关项目所涉及的融资应用赤道原则。

方法

项目融资和与项目关联的公司贷款

赤道原则金融机构仅会为符合原则 1~10 条的项目提供项目融资和与项目关联的公司贷款。

项目融资咨询服务和过桥贷款

赤道原则金融机构在提供项目融资咨询服务和过桥贷款时，会令客户明白赤道原则的内容、应用和在预期项目中采用赤道原则的益处。赤道原

---

① 与项目关联的公司贷款不包括出口融资中的卖方信贷形式（客户无实际经营控制权）。此外，与项目关联的公司贷款不包括为基础项目提供资金的其他金融工具，如用于维持公司运营的资产融资、并购融资、对冲基金、租赁、信用证、一般企业性贷款和一般营运资金支出贷款。

则金融机构会要求客户在其后物色长期性融资时,向赤道原则金融机构表示有意遵守赤道原则的规定。赤道原则金融机构会指导并支持客户循序渐进地应用赤道原则。

对于分类 A 或 B(原则 1 中所界定的)的过桥贷款,下列要求在相关情况下适用。在贷款期限内,项目处于可行性分析阶段并预计不会产生任何影响,赤道原则金融机构将确认客户会进行一次环境和社会评估(评估)操作。在贷款期限内,环境和社会评估文件(评估文件)已准备好,项目开发即将开始,赤道原则金融机构会适当与客户合作确定一名独立环境和社会顾问并开展一定量的工作,以着手进行独立审查(原则 7 中所界定的)。

信息共享

为了遵守商业保密原则和适用的法律法规,被委托的赤道原则金融机构将适当与其他被委托金融机构共享相关环境和社会信息,旨在实现对赤道原则应用的一致性。该类信息共享不应涉及任何竞争情报等敏感信息。任何关于是否及在何种情况下提供金融服务的决定("范围"中所界定的)将由每个赤道原则金融机构分别给出并符合各自的风险管理政策。时间限制可能导致赤道原则金融机构在所有其他金融机构被正式委托前,考虑通过交易寻求客户的授权来启动类似的信息共享。赤道原则金融机构期望客户提供类似的授权。

原则陈述

原则 1:审查和分类

当项目提呈进行融资时,赤道原则金融机构将作为内部环境和社会审查及尽职调查工作的一部分,根据项目潜在环境和社会的影响及风险程度将项目分类。这种筛选基于国际金融公司的环境和社会分类操作流程。

通过分类,赤道原则金融机构的环境和社会尽职调查工作与项目性质、程度和阶段相称,并与环境和社会风险及影响相称。

分类 A——项目对环境和社会有潜在重大不利并/或涉及多样的、不可逆的或前所未有的影响;

分类 B——项目对环境和社会可能造成不利的程度有限和/或数量较少,而影响一般局限于特定场地,且大部分可逆并易于通过减缓措施加以解决;及

分类 C——项目对环境和社会影响轻微或无不利风险和/或影响。

原则 2:环境和社会评估

对于每个获评定为 A 类和 B 类的项目,赤道原则金融机构会要求客户开展环境和社会评估,在令赤道原则金融机构满意的前提下解决与提呈项目有关的环境和社会影响及风险。评估文件应提供与提呈项目性质和规模在某种意义上相关相称的可减少、减轻和补偿不利影响的措施。

无论评估文件由客户、顾问或外部专家制定,它都将充分、准确并客观地评价、说明环境和社会风险和影响。A 类项目及部分视情况而定的 B 类项目的评估文件应包括一份环境和社会影响评估,可能还需要进行一项或多项专门研究。此外,在有限高风险的情况下,客户可相应地在评估文件中加入明确的人权尽职调查作为补充。对于其他项目,评估文件可局限或集中于某个问题的环境或社会评估(如审核),或是针对环境选址、污染标准、设计规范或施工标准的直接应用。

对所有项目,在所有地区,范围 1 和范围 2 的年总二氧化碳排放量预计超过 100000 公吨,将实行替代分析来评估替代品并减少温室气体的排放。请参考附件 A 的替代分析要求。

原则 3:适用的环境和社会标准

评估过程在环境和社会问题方面,应首先符合东道国相关的法律法规和许可。

赤道原则金融机构运营于不同市场:一些市场拥有健全的环境和社会治理、立法体系和机构功能来保护居民和自然环境,一些市场也在不断完善其技术和机构功能来治理环境和社会问题。

赤道原则金融机构将要求评估过程符合以下适用标准:

1. 假如项目位于非指定国家,则评估过程应符合当时适用的国际金融公司《环境和社会可持续性绩效标准》及世界银行《环境、健康和安全指南》。

2. 假如项目位于指定国家,评估过程在环境和社会问题方面,应符合

东道国相关的法律法规和许可。东道国法律符合环境和/或社会评估（原则2）、管理体系和计划（原则4）、利益相关者的参与（原则5）及投诉机制（原则6）的要求。

评估过程将会证明并令赤道原则金融机构信纳，项目整体上符合，或只在合理情况下偏离适用标准。适用的标准代表赤道原则金融机构所采用的最低标准。赤道原则金融机构可以根据他们独立判断适用额外要求。

原则4：环境和社会管理体系以及赤道原则行动计划

对于每个获评定为A类和B类的项目，赤道原则金融机构会要求客户开发或维持一套环境和社会管理体系。

此外，客户须准备一份环境和社会管理计划，借以处理评估过程中发现的问题并整合为符合适用标准所需采取的行动。当适用标准不能令赤道原则金融机构满意时，客户和赤道原则金融机构将共同达成一份赤道原则行动计划。赤道原则行动计划旨在概述根据适用标准，距离符合赤道原则金融机构要求还存有的差距和所需的承诺。

原则5：利益相关者的参与

对于每个获评定为A类和B类的项目，赤道原则金融机构会要求客户用一种在结构和文化上均合适的方式，持续进行利益相关者的参与行动，与受影响社区和其他利益相关者进行磋商。对于对受影响社区有潜在重大不利影响的项目，客户将实行通报协商和参与流程。客户将磋商流程内容定制为项目带来的风险和影响、项目的开发阶段、受影响社区的语言偏好、决策制定流程、弱势和易受伤害群体的需要。磋商应是自由的，不受外部操纵、干扰、强迫和威胁。

为了促进利益相关者的参与，客户将以当地语言和文化上合适的方式，为受影响社区及其他利益相关者提供与项目的风险和影响相称的评估文件。

客户将会考虑利益相关者参与流程的结果，包括流程结束后办议/达成共识的任何行动，并制成文件。对于具有不利社会或环境风险和影响的项目，披露工作应在评估过程的早期阶段进行，在任何情况下，均应在项目开工之前进行，并应一直持续下去。

赤道原则金融机构认为原住居民可能代表了受项目影响社区的弱势群

体。受项目影响的原住居民将成为通报协商和参与流程的一部分，并需要符合相关国家法律中赋予原住居民的权利和给予的保护，包括国际法中履行东道国义务的法律。符合国际金融公司绩效标准7详述的特定规定（原则3中所界定的），项目若对原住居民产生不利影响，则须得到他们自由、事先和知情的同意。

原则6：投诉机制

对于每个获评定为A类和部分视情况而定的B类项目，赤道原则金融机构会要求客户设立一套投诉机制，作为环境和社会管理体系的一部分，此举可让客户收集并促进解决对项目的环境和社会绩效的关注和投诉。

投诉机制应按照项目风险和不利影响的比例设立，并将受影响社区作为其主要用户。投诉机制能够通过一种易懂并透明的磋商流程，及时解决被关注的问题，该机制在文化上适当、易于使用、无成本，并且不会对首先提出问题或关注的团体进行报复。该机制不应妨碍司法或行政救济的获取。客户会在利益相关者的参与流程期间将该机制告知受影响社区。

原则7：独立审查

项目融资

对于每个获评定为A类和部分视情况而定的B类的项目，一名与客户无直接联系的独立环境和社会顾问将会对评估文件，包括环境和社会管理计划、环境和社会管理体系及利益相关者的参与流程文件，进行一次独立审查。此举旨在协助赤道原则金融机构的尽职调查工作，并评估项目是否符合赤道原则。

该独立环境和社会顾问还将提出或认可一套合适的赤道原则行动计划，该计划能使项目符合赤道原则，或当项目无法符合赤道原则时，给予指示。

与项目关联的公司贷款

存在潜在高风险影响的项目需要由独立环境和社会顾问进行独立审查，这些影响包括但不仅限于下列各项：

- 对原住居民的不利影响；
- 对重要栖息地的影响；

- 对重要文化遗产的影响；
- 大规模的重新安置所产生的影响。

其他 A 类及部分视情况而定的 B 类中，对于与项目关联的公司贷款，赤道原则金融机构会决定进行独立审查是否合适或赤道原则金融机构的内部审查是否充分。这可能需要考虑由一个多边或双边金融机构或一个经济合作与发展组织官方出口信用保险机构进行尽职调查。

原则 8：承诺性条款

赤道原则的一项重要内容是要求在契约中加入有关合规的承诺性条款。

对于所有的项目，客户应在融资文件内加入承诺性条款，在所有重要方面遵守东道国一切相关的环境和社会法律法规和许可。

A 类和 B 类项目的客户应在融资文件内加入以下承诺性条款：

（1）在项目兴建和运作期间，在所有重要方面均符合环境和社会管理计划（ESMP）及赤道原则行动计划（AP）（如适用）。

（2）按与赤道原则金融机构协议的格式定期提交由内部职员或第三方专家编制的报告（提供报告的频度与影响的严重程度成正比，又或按照法律所规定，但每年至少应提交一次），报告应：①符合环境和社会管理计划及赤道原则行动计划（如适用）；②提供有关当地、州、东道国环境和社会法律法规和许可的合规陈述。

（3）按照协议的退役计划在适用和适当情况下退役设备。

假如客户未能遵守其环境和社会承诺性条款，赤道原则金融机构将与客户协作，采取补救措施，以尽可能使项目符合承诺性条款的要求。假如客户未能在议定的宽限期内重新遵守承诺性条款，则赤道原则金融机构将保留在其认为适当的时候，行使补救措施的权利。

原则 9：独立监测和报告

项目融资

为使项目符合赤道原则并确保于融资结算日和贷款期限内持续监测和报告，赤道原则金融机构将要求所有 A 类项目和部分视情况而定的 B 类项目委任一名独立环境和社会顾问，或要求客户聘请有资格且经验丰富的外部专家,核实将要提交给赤道原则金融机构的监测信息。

与项目关联的公司贷款

对于在原则 7 中需要进行独立审查的项目,赤道原则金融机构将要求在融资结算日后委任一名独立环境和社会顾问,或要求客户聘请有资格且经验丰富的外部专家,核实将要提交给赤道原则金融机构的监测信息。

原则 10:报告和透明度

客户报告要求

下列客户报告要求不包括原则 5 中的披露要求。

所有 A 类项目和部分视情况而定的 B 类项目:

- 客户将至少确保用户可在线获取环境和社会影响评估的摘要①。
- 对于每年二氧化碳排放量超过 100000 公吨的项目,客户将于项目运作阶段就温室气体排放水平(范围 1 和范围 2 排放量的总和)向公众报告。请参考附件 A 温室气体排放报告的详细要求。

赤道原则金融机构报告要求

赤道原则金融机构将在适当考虑保密因素的前提下,至少每年向公众报告至融资结算日时交易的数量及其实施赤道原则的过程和经验,赤道原则金融机构将按照附件 B 中详述的最低报告要求进行报告。

免责声明

赤道原则是金融界中各机构各自发展其内部环境和社会政策、程序和惯例的基准和框架。赤道原则没有对任何法人、公众或个人设定任何权利或责任。金融机构是在没有依靠或求助于国际金融公司、世界银行、赤道原则协会或其他赤道原则金融机构的情况下,自愿和独立地采纳与实施赤道原则。假如适用的法律法规与赤道原则中提出的要求存在明显冲突,则优先遵守当地的法律法规。

---

① 客户无法上网的情况除外。

附 件

执行要求附件

附件 A：气候变化：替代分析，温室气体排放的定量和报告

替代分析

替代分析要求在项目设计、兴建和运作期间，评估能减少与项目相关的温室气体排放，在技术和财务方面可行且经济高效的各个选项。

对于范围 1 中的排放，分析将包括考虑使用适用的代用燃料或能源。如果在监管许可流程中需要进行替代分析，该分析将遵循相关流程的方法和时间范围。对于处于高碳强度行业的项目，替代分析将包括与其他用于相同产业及国家或地区的可行技术的比较，所选技术可带来一定的能源效率。

高碳强度行业在世界银行《环境、健康与安全指南》中有所概述，包括以下各项：火力发电站、水泥和石灰制造业、综合性炼钢厂、贱金属冶炼和精炼及铸造场。

完成替代分析后，客户将通过相应的文件，为在技术和财务方面可行且经济高效的选项提供证明。此举不会修改或减少适用标准中的要求（如国际金融公司绩效标准3）。

定量和报告

客户将按照国际公认的方法和良好实践对温室气体排放进行定量，如温室气体核算体系。客户将对范围 1 和范围 2 中的排放进行定量。

赤道原则金融机构将要求客户每年公开报告温室气体排放等级。

对于每年二氧化碳排放量超过 100000 公吨的项目，客户将于项目运作阶段就温室气体排放等级（范围 1 和范围 2 排放量的总和）问题向公众报告。赤道原则金融机构鼓励客户对每年排放二氧化碳超过 25000 公吨的项目进行公开报告。满足对报告或环境影响评估或自愿报告机制的监管要求，便能满足公开报告的要求，如碳信息披露项目，报告包括项目级别的

排放量。

某些情况下，可能不适合公开披露完整的替代分析或项目级别的排放量。

附件B：最低报告要求

赤道原则金融机构将按照所有下述章节的要求，每年进行报告。

数据和执行报告

进行数据和执行报告是赤道原则金融机构的责任。它将在赤道原则金融机构网站上的单独位置发布，并易于用户访问。

赤道原则金融机构将在所有数据和执行报告中详细说明报告周期（如开始日期和结束日期）。

项目融资咨询服务数据

赤道原则金融机构将在报告期间对受委托提供项目融资咨询服务的总次数作出报告。总次数将按行业和地区划分。

项目融资咨询服务的数据将与项目融资和与项目关联的公司贷款区分，以单独的题目进行报告。项目融资咨询服务数据可能不包括分类，并与独立审查是否已经实行无关，因为项目开发往往处于初期阶段且并非所有信息均可获得。

项目融资和与项目关联的公司贷款数据

赤道原则金融机构将于报告期间对至融资结算日的项目融资交易总次数和与项目关联的公司贷款的总数目进行报告。

各产品种类的总数将按分类（A、B或C）划分，然后按下列各项划分：

- 按行业划分（如采矿业、基础建设业、石油和天然气业、发电业及其他行业）；
- 按地区划分（如美洲、欧洲、中东、非洲和亚太地区）；
- 按国家划分（如指定国家或非指定国家）；
- 独立审查是否已被实施。

项目融资交易数据和与项目关联的公司贷款数据应分开表示。

过桥贷款数据

过桥贷款数据，由于其性质的原因，不作为具体报告要求的一部分。

执行报告

赤道原则金融机构将对赤道原则的执行情况进行报告，包括：

- 赤道原则审查专家的委任（如职责和人员配备）；
- 赤道原则审查专家各自的任务、业务种类和交易审查流程中的高层管理人员；
- 将赤道原则纳入其信用与风险管理政策和流程。

在采用赤道原则的第一年，赤道原则金融机构将详细说明所需的内部准备并提供员工培训。第一年后，如有必要，赤道原则金融机构可能会持续提供员工培训的详情。

项目融资的项目名称报告

赤道原则金融机构将直接向赤道原则协会秘书处提交项目名称数据，旨在将这些信息发布在赤道原则协会网站上。

项目名称报告：

- 仅适用于至融资结算日阶段的项目融资交易；
- 须征得客户同意；
- 须符合当地适用法律法规；
- 如报告属于某个认定的司法管辖区，则不受制于赤道原则金融机构附加责任。

赤道原则金融机构将在任何视为适当但不迟于融资结算日的时候寻求客户的同意。

赤道原则金融机构将直接或通过网页链接提交下列项目名称数据：

- 项目名称（符合贷款协议和/或公开认可的）；
- 交易融资结算日所处的年份；
- 行业（如采矿业、基础建设业、石油和天然气业、发电业及其他行业）；
- 东道国名称。

个别赤道原则金融机构可能会将项目名称数据作为它们报告的一部分，但它们没有义务这么做。

附录文件

附录 I：术语表

除在此处指定的术语外，赤道原则使用国际金融机构《环境和社会可持续性绩效标准》中的定义。

受影响社区是位于项目影响范围内，直接受项目影响的当地社区。

评估（请参见环境和社会评估）。

评估文件（请参见环境与社会评估文件）。

资产融资中将贷款用于资产的采购（如飞机、货船或设备），这些资产将作为偿还贷款的担保物。

过桥贷款是一种给予企业在得到长期资金供应前的过渡性贷款。

买方信贷是一种由出口国银行或其他金融机构向国外买方或买方银行提供的中长期出口融资贷款。

重要栖息地是指具有高生物多样性价值的地区，包括：（1）极度濒危和/或濒危物种的重要栖息地；（2）地方特有和/或限制范围物种的重要栖息地；（3）移栖物种和/或群集物种的重要集中栖息地；（4）受到严重威胁和/或独特的生态系统；（5）与关键进化过程有关的地区。

指定国家是指那些被视为拥有健全的环境和社会治理、立法体系和机构功能来保护他们的居民和自然环境的国家。赤道原则协会网站可以查阅指定国家列表。

实际经营控制权包括客户直接控制项目的运作（作为运营管理者或主要股东）和间接控制（如客户的附属机构对项目的运作）。

环境和社会评估（评估）是一个确定提呈项目在其影响地区存在的潜在环境和社会风险及影响（包括劳动力、健康和安全）的过程。

环境和社会评估文件（评估文件）是指作为项目评估流程的一部分而为项目准备的一系列文件。文件的范围和细节与项目存在的潜在环境和社会风险及影响相对应。评估文件的示例包括环境和社会影响评估、环境和社会管理计划或规模限制性文件（如审核、风险评估、危害评估和相关项目特定的环境许可）。当向公众披露非技术性环境摘要时，也可将其加入评估文件，作为更广泛的利益相关者参与流程的一部分。

环境和社会影响评估（ESIA）是一种关于项目存在的潜在环境和社会风险及影响的综合性文件。绿地开发或大型扩张项目带有经明确确认的物理元素、性质和设施，可能对社会或环境产生重大影响，因此这些项目均须准备环境和社会风险及影响评估。附录 II 对环境和社会风险及影响评估中讨论的环境和社会问题进行了总结。

环境和社会管理计划（ESMP）总结了客户通过避免、减少和补偿/消除的措施解决与减轻风险和影响，并将其作为评估的一部分承诺。该计划的范围可能从对日常缓和措施的简短描述至一系列更为全面的管理计划（如水资源管理计划、废物管理计划、重新安置行动计划、原住居民计划、应急和反应计划、退役计划）。环境和社会管理计划的详细、复杂程度及其确定措施和计划的优先顺序与项目潜在风险和影响相对应。环境和社会管理计划的定义和特性与国际金融机构绩效标准 1 中的"管理程序"大致相同。

环境和社会管理体系（ESMS）可适用于公司层面或项目层面，它是最重要的环境、社会、健康和安全管理体系。该体系设计用于持续鉴别、评估与管理项目涉及的风险和影响。该体系由手册和相关源文件组成，包括关于社会或环境问题的政策、管理程序和计划、流程、要求、绩效指标、职责、培训、定期审核和检查，还包括利益相关者的参与和投诉机制。它是环境和社会管理体系和/或赤道原则行动计划实施的最主要的框架。该术语可以指项目兴建阶段的体系或项目运作阶段的体系，或如上下文需要，两种体系均可指代。

赤道原则行动计划（AP）是赤道原则金融机构的尽职调查过程中须准备的，它描述了为弥补评估文件、环境和社会管理计划、环境和社会管理体系或利益相关者的参与流程文件中的空白还需采取的行动并制定优先顺序，使项目与赤道原则中所界定的适用标准相符。赤道原则行动计划通常是表格形式，它明确列出了从缓释措施到后续研究或评估行动等明确行动，以补充评估文件。

赤道原则协会是由赤道原则金融机构组成的非公司性质的协会，其目标为管理、实施和发展赤道原则。赤道原则协会秘书处负责管理赤道原则协会的日常运作，包括收集赤道原则金融机构项目名称报告数据。更多信息请登录赤道原则协会网站。

赤道原则审查专家是赤道原则金融机构的雇员，他们负责审查符合赤道原则的交易的环境和社会影响。他们可以是赤道原则小组的一部分或银行、信贷风险、公司可持续发展（或类似的）部门的成员，负责赤道原则的内部应用。

出口融资（也称出口信贷）是一种保险、担保或融资的安排，它使国外买方在购买出口货物和/或服务后可在一定期限内延期付款。出口信贷通常分为短期、中期（一般还款期限为 2~5 年）和长期（一般还款期限超过 5 年）。

融资结算日是指先前对债务/资金首次发放设置的所有条件均被满足或终止的日期。

通报协商和参与是指深入地交换意见和信息，也指有组织、反复的磋商，它能使客户将受影响社区居民关于直接影响到他们的问题（如提呈的缓和措施、开发利益与机会的分配和落实问题）的意见纳入决策制定流程。

独立环境和社会顾问是指被赤道原则金融机构所认可的合格的独立公司或顾问（不与客户直接相关联）。

独立审查是指对评估文件的审查，包括环境和社会管理计划、环境和社会管理体系及利益相关者的参与流程文件，该审查由独立环境和社会顾问执行。

资金用途是由客户提供的关于如何使用贷款的信息。

受委任的赤道原则金融机构或受委任的金融机构是指与客户签订合约，为项目或交易提供金融服务的金融服务供应商。

非指定国家是指不被列于赤道原则协会网站指定国家列表中的国家。

经营控制权（请参见实际经营控制权）。

其他利益相关者是指不直接受项目影响，但项目能给其带来利益的组织或个人。它们可以包括国家和地方当局、邻近项目和/或非政府组织。

项目是指在确定区域任何行业的开发行为。它包括对现有运作的扩张或升级，从而造成产量或功能的实质性改变。适用赤道原则的项目示例包括但不限于发电厂、煤矿、石油和天然气项目、化工厂、基础设施开发、生产厂、大规模房地产开发、敏感地区房地产开发或任何其他会产生重大社会和/或环境风险和影响的项目。在出口信贷机构支持交易的情况下，出口所需进行的新的商业性、基础性或工业性的运作都将被视为项目。

项目融资是贷款人将单一项目的产值作为偿还贷款的主要资金来源和安全保障的一种融资方式。该类融资方式通常适用于大型、复杂和成本高的项目，如发电厂、化工厂、煤矿、运输系统基础设施、环境和通信基础设施。无论该建设投资是否带来改进成果，项目融资采取为新建设投资提供资金的形式，或为现有建设投资重新提供资金的形式。在这类交易中，合同中项目的产值通常单独或完全支付给贷款人，如发电厂供电的产值。客户通常是一个带有特殊目的的实体，除了开发、拥有和运作项目外，不允许其拥有任何其他职能。偿还主要取决于项目的现金流量和项目资产的担保价值。采掘业基于储备的融资是一种无追索权的融资，其项目收益用于开发储备（如油田或煤矿），它被视为一种项目融资交易，包含于赤道原则中。

项目融资咨询服务是指在开发过程中，为潜在融资提供咨询意见，该潜在融资形式可能是项目融资。

与项目关联的公司贷款是指企业贷款，提供给与单一项目相关的企业实体（可以是私有企业、上市公司、国有企业或控股企业），项目可以是兴建项目或扩张项目（如有扩张迹象），与单一项目相关的资金用途为下列某项：

（1）贷款人将项目产值作为主要还款来源（如项目融资）和担保形式为公司或母公司担保。

（2）贷款文件表明大部分的贷款将用于项目。该类文件可能包括条款书、信息备忘录、贷款协定或其他客户提供的关于贷款使用意向的陈述。

它包括向政府拥有的公司和其他由政府设立的代表政府进行商业活动的法人实体提供贷款，但不包括向国家、地区或当地政府、政府内阁和机构提供贷款。

范围1　排放量是指物理项目边界内设施的温室气体排放量。

范围2　排放量是指与项目进行非现场生产所使用的能源相关的温室气体间接排放量。

敏感地区是指具有国际、国家或地区重要性的地区，如湿地、具有高生物多样性价值的森林、具有重要考古或文化价值的地区、对原住居民或其他弱势群体具有重要价值的地区、国家公园和其他由国家或国际法律设定的保护区。

利益相关者的参与是指国际金融公司绩效指标中关于外部交流、环境和社会信息披露、参与、通报协商和投诉机制的条款。对赤道原则而言，利益相关者的参与还指原则5中描述的全部要求。

卖方信贷是一种中期/长期，由出口方提供给国外买方的出口融资信贷。

附录 II：在环境和社会评估文件中会涵盖的潜在环境和社会问题的示例清单

以下列表总结了评估文件中可以包含的问题。注意，该列表仅起说明作用。各项目的评估流程可能会或可能不会含有所有所列问题，或者并非每一项问题均与每个项目相关。

评估文件的内容会涵盖以下问题（如适用）：

a. 对基本环境和社会状况的评估；

b. 对环境和社会有利而可行的替代方案的考虑；

c. 东道国法律和法规、适用的国际条约和协议的规定；

d. 生物多样性的保护和保育（包括变迁过的栖息地、自然栖息地和重要栖息地中的濒危物种和敏感生态系统）和受法律保护地区的认定；

e. 可持续性管理和使用可再生自然资源（包括通过适当的独立认证系统进行可持续资源管理）；

f. 危险物质的使用和管理；

g. 重大危险源的评估和管理；

h. 高效的能源生产、交付和使用；

i. 污染防治、废物减少和污染控制（废液和气体排放）及固态和化学废弃物的管理；

j. 考虑可预见的气候模式和情况的变化及能否适应，以此确定项目运作是否可行；

k. 对现有项目、拟建项目和预计日后兴建的项目的累计影响；

l. 通过尽职调查尊重人权，以防止、减轻并管理不利的人权影响；

m. 劳工问题（包括四项核心劳工标准）和职业健康和安全；

n. 项目设计、审查和执行过程中受影响群体的协商和参与；

o. 社会和经济影响；

p. 对受影响社区、易受伤害群体或弱势群体产生的影响；

q. 性别和性别失衡影响；

r. 土地征用及非自愿搬迁；

s. 对原住居民及其独有文化体系和价值观的影响；

t. 对文化财产和遗产的保护；

u. 对社区健康、安全和保障（包括项目使用保安人员的风险、影响和管理）的保护；

v. 防火和生命安全。

附录Ⅲ：国际金融公司《环境和社会可持续性绩效标准》及世界银行《环境、健康和安全指南》

1. 国际金融公司《环境和社会可持续性绩效标准》

适用的八项绩效标准包括：

绩效标准1：环境和社会风险和影响的评估与管理

绩效标准2：劳工和工作条件

绩效标准3：资源效率和污染防治

绩效标准4：社区健康、安全和保障

绩效标准5：土地征用和非自愿迁移

绩效标准6：生物多样性保护和可持续自然资源的管理

绩效标准7：原住居民

绩效标准8：文化遗产

各项绩效标准均附有指南注释。赤道原则金融机构不正式采用这些指南注释。但在赤道原则金融机构和客户寻求绩效标准的进一步指引或诠释时，可以指南注释作为有用的参照。

2. 世界银行《环境、健康和安全指南》

世界银行《环境、健康和安全指南》是技术性参考文件，它包含了《环境和社会可持续性绩效标准》中所描述的良好的产业惯例的范例。它们包含了通常被视为适用于非指定国家可接受项目的绩效等级和措施，同样在新建设施中也可通过现有技术和合理的成本达成指南中的要求。指南包含两类：

（1）一般环境、健康和安全指南。该类指南包含可能适用于所有行业的跨领域环境、健康和安全问题信息。它们可被划分为环境、职业健康和安全、社区健康和安全、项目建设及设施退役。

（2）特殊行业指南。该类指南包含行业具体影响和绩效指标的信息及行业活动的一般说明。

分组如下：

1. 总则 森林 2. 板材及片状材料 3. 木材及木炭产品 4. 林业产物经营 5. 纸浆及造纸工厂 农产品、食物制造 6. 哺乳类、畜类产品 7. 禽类产品 8. 农产品 9. 季节性农产品 10. 海产品养殖 11. 糖制品制造 12. 粮油加工 13. 乳酪产品加工 14. 水产加工 15. 肉食加工 16. 禽类产品加工 17. 酿造厂 18. 食品、饮料加工 普通制造业 19. 水泥、石灰生产 20. 瓷砖、卫生洁具生产 21. 玻璃制造 22. 施工材料制造	23. 纤维制造 24. 鞣革、皮制品加工 25. 半导体机电子产品制造 26. 印刷业 27. 铸造业 28. 综合钢铁厂 29. 矿物、金属提取精炼 30. 金属、塑料、橡胶制品生产 石油和天然气 31. 海上石油天然气开采 32. 岸上石油天然气开采 33. 液化天然气设施 基础设施 34. 旅游、服务业开发 35. 铁路 36. 港湾、港口和终端设施 37. 机场 38. 航运 39. 海运 40. 燃气配给系统 41. 收费公路 42. 电信 43. 原油、石油终端设施 44. 零售石油网络 45. 健康医疗设施	46. 废弃物管理设施 47. 水处理与卫生设施 化学制品 48. 药品与生物技术制造 49. 煤炭处理 50. 天然气处理 51. 油化学制品生产 52. 氮肥生产 53. 硫酸肥生产 54. 杀虫剂制剂、生产及包装 55. 石油重合物生产 56. 石油精炼 57. 大量石油相关有机化学产品制造 58. 大量无机化合物生产及煤焦油精馏 采矿业 59. 采矿 能源 60. 风力发电 61. 地热发电 62. 电力传输及配给 63. 热力发电

关于构建绿色金融体系的指导意见

(银发〔2016〕228号 2016年8月31日)

目前,我国正处于经济结构调整和发展方式转变的关键时期,对支持绿色产业和经济、社会可持续发展的绿色金融的需求不断扩大。为全面贯彻《中共中央 国务院关于加快推进生态文明建设的意见》和《生态文明体制改革总体方案》精神,坚持创新、协调、绿色、开放、共享的发展理念,落实政府工作报告部署,从经济可持续发展全局出发,建立健全绿色金融体系,发挥资本市场优化资源配置、服务实体经济的功能,支持和促进生态文明建设,经国务院同意,现提出以下意见。

一、构建绿色金融体系的重要意义

(一)绿色金融是指为支持环境改善、应对气候变化和资源节约高效利用的经济活动,即对环保、节能、清洁能源、绿色交通、绿色建筑等领域的项目投融资、项目运营、风险管理等所提供的金融服务。

(二)绿色金融体系是指通过绿色信贷、绿色债券、绿色股票指数和相关产品、绿色发展基金、绿色保险、碳金融等金融工具和相关政策支持经济向绿色化转型的制度安排。

(三)构建绿色金融体系主要目的是动员和激励更多社会资本投入到绿色产业,同时更有效地抑制污染性投资。构建绿色金融体系,不仅有助于加快我国经济向绿色化转型,支持生态文明建设,也有利于促进环保、新能源、节能等领域的技术进步,加快培育新的经济增长点,提升经济增长潜力。

(四)建立健全绿色金融体系,需要金融、财政、环保等政策和相关法律法规的配套支持,通过建立适当的激励和约束机制解决项目环境外部性问题。同时,也需要金融机构和金融市场加大创新力度,通过发展新的金融工具和服务手段,解决绿色投融资所面临的期限错配、信息不对称、产品和分析工具缺失等问题。

二、大力发展绿色信贷

（五）构建支持绿色信贷的政策体系。完善绿色信贷统计制度，加强绿色信贷实施情况监测评价。探索通过再贷款和建立专业化担保机制等措施支持绿色信贷发展。对于绿色信贷支持的项目，可按规定申请财政贴息支持。探索将绿色信贷纳入宏观审慎评估框架，并将绿色信贷实施情况关键指标评价结果、银行绿色评价结果作为重要参考，纳入相关指标体系，形成支持绿色信贷等绿色业务的激励机制和抑制高污染、高能耗和产能过剩行业贷款的约束机制。

（六）推动银行业自律组织逐步建立银行绿色评价机制。明确评价指标设计、评价工作的组织流程及评价结果的合理运用，通过银行绿色评价机制引导金融机构积极开展绿色金融业务，做好环境风险管理。对主要银行先行开展绿色信贷业绩评价，在取得经验的基础上，逐渐将绿色银行评价范围扩大至中小商业银行。

（七）推动绿色信贷资产证券化。在总结前期绿色信贷资产证券化业务试点经验的基础上，通过进一步扩大参与机构范围，规范绿色信贷基础资产遴选，探索高效、低成本抵质押权变更登记方式，提升绿色信贷资产证券化市场流动性，加强相关信息披露管理等举措，推动绿色信贷资产证券化业务常态化发展。

（八）研究明确贷款人环境法律责任。依据我国相关法律法规，借鉴环境法律责任相关国际经验，立足国情探索研究明确贷款人尽职免责要求和环境保护法律责任，适时提出相关立法建议。

（九）支持和引导银行等金融机构建立符合绿色企业和项目特点的信贷管理制度，优化授信审批流程，在风险可控的前提下对绿色企业和项目加大支持力度，坚决取消不合理收费，降低绿色信贷成本。

（十）支持银行和其他金融机构在开展信贷资产质量压力测试时，将环境和社会风险作为重要的影响因素，并在资产配置和内部定价中予以充分考虑。鼓励银行和其他金融机构对环境高风险领域的贷款和资产风险敞口进行评估，定量分析风险敞口在未来各种情景下对金融机构可能带来的信用和市场风险。

（十一）将企业环境违法违规信息等企业环境信息纳入金融信用信息基础数据库，建立企业环境信息的共享机制，为金融机构的贷款和投资决策提供依据。

三、推动证券市场支持绿色投资

（十二）完善绿色债券的相关规章制度，统一绿色债券界定标准。研究完善各类绿色债券发行的相关业务指引、自律性规则，明确发行绿色债券筹集的资金专门（或主要）用于绿色项目。加强部门间协调，建立和完善我国统一的绿色债券界定标准，明确发行绿色债券的信息披露要求和监管安排等。支持符合条件的机构发行绿色债券和相关产品，提高核准（备案）效率。

（十三）采取措施降低绿色债券的融资成本。支持地方和市场机构通过专业化的担保和增信机制支持绿色债券的发行，研究制定有助于降低绿色债券融资成本的其他措施。

（十四）研究探索绿色债券第三方评估和评级标准。规范第三方认证机构对绿色债券评估的质量要求。鼓励机构投资者在进行投资决策时参考绿色评估报告。鼓励信用评级机构在信用评级过程中专门评估发行人的绿色信用记录、募投项目绿色程度、环境成本对发行人及债项信用等级的影响，并在信用评级报告中进行单独披露。

（十五）积极支持符合条件的绿色企业上市融资和再融资。在符合发行上市相应法律法规、政策的前提下，积极支持符合条件的绿色企业按照法定程序发行上市。支持已上市绿色企业通过增发等方式进行再融资。

（十六）支持开发绿色债券指数、绿色股票指数以及相关产品。鼓励相关金融机构以绿色指数为基础开发公募、私募基金等绿色金融产品，满足投资者需要。

（十七）逐步建立和完善上市公司和发债企业强制性环境信息披露制度。对属于环境保护部门公布的重点排污单位的上市公司，研究制定并严格执行对主要污染物达标排放情况、企业环保设施建设和运行情况以及重大环境事件的具体信息披露要求。加大对伪造环境信息的上市公司和发债企业的惩罚力度。培育第三方专业机构为上市公司和发债企业提供环境信息披露服务的能力。鼓励第三方专业机构参与采集、研究和发布企业环境信息与分析报告。

（十八）引导各类机构投资者投资绿色金融产品。鼓励养老基金、保险资金等长期资金开展绿色投资，鼓励投资人发布绿色投资责任报告。提升机构投资者对所投资资产涉及的环境风险和碳排放的分析能力，就环境和气候因素对机构投资者（尤其是保险公司）的影响开展压力测试。

四、设立绿色发展基金，通过政府和社会资本合作（PPP）模式动员社会资本

（十九）支持设立各类绿色发展基金，实行市场化运作。中央财政整合现有节能环保等专项资金设立国家绿色发展基金，投资绿色产业，体现国家对绿色投资的引导和政策信号作用。鼓励有条件的地方政府和社会资本共同发起区域性绿色发展基金，支持地方绿色产业发展。支持社会资本和国际资本设立各类民间绿色投资基金。政府出资的绿色发展基金要在确保执行国家绿色发展战略及政策的前提下，按照市场化方式进行投资管理。

（二十）地方政府可通过放宽市场准入、完善公共服务定价、实施特许经营模式、落实财税和土地政策等措施，完善收益和成本风险共担机制，支持绿色发展基金所投资的项目。

（二十一）支持在绿色产业中引入PPP模式，鼓励将节能减排降碳、环保和其他绿色项目与各种相关高收益项目打捆，建立公共物品性质的绿色服务收费机制。推动完善绿色项目PPP相关法规规章，鼓励各地在总结现有PPP项目经验的基础上，出台更加具有操作性的实施细则。鼓励各类绿色发展基金支持以PPP模式操作的相关项目。

五、发展绿色保险

（二十二）在环境高风险领域建立环境污染强制责任保险制度。按程序推动制修订环境污染强制责任保险相关法律或行政法规，由环境保护部门会同保险监管机构发布实施性规章。选择环境风险较高、环境污染事件较为集中的领域，将相关企业纳入应当投保环境污染强制责任保险的范围。鼓励保险机构发挥在环境风险防范方面的积极作用,对企业开展"环保体检",并将发现的环境风险隐患通报环境保护部门,为加强环境风险监督提供支持。完善环境损害鉴定评估程序和技术规范,指导保险公司加快定损和理赔进度,及时救济污染受害者、降低对环境的损害程度。

(二十三)鼓励和支持保险机构创新绿色保险产品和服务。建立完善与气候变化相关的巨灾保险制度。鼓励保险机构研发环保技术装备保险、针对低碳环保类消费品的产品质量安全责任保险、船舶污染损害责任保险、森林保险和农牧业灾害保险等产品。积极推动保险机构参与养殖业环境污染风险管理,建立农业保险理赔与病死牲畜无害化处理联动机制。

(二十四)鼓励和支持保险机构参与环境风险治理体系建设。鼓励保险机构充分发挥防灾减灾功能,积极利用互联网等先进技术,研究建立面向环境污染责任保险投保主体的环境风险监控和预警机制,实时开展风险监测,定期开展风险评估,及时提示风险隐患,高效开展保险理赔。鼓励保险机构充分发挥风险管理专业优势,开展面向企业和社会公众的环境风险管理知识普及工作。

六、完善环境权益交易市场、丰富融资工具

(二十五)发展各类碳金融产品。促进建立全国统一的碳排放权交易市场和有国际影响力的碳定价中心。有序发展碳远期、碳掉期、碳期权、碳租赁、碳债券、碳资产证券化和碳基金等碳金融产品和衍生工具,探索研究碳排放权期货交易。

(二十六)推动建立排污权、节能量(用能权)、水权等环境权益交易市场。在重点流域和大气污染防治重点领域,合理推进跨行政区域排污权交易,扩大排污权有偿使用和交易试点。加强排污权交易制度建设和政策创新,制定完善排污权核定和市场化价格形成机制,推动建立区域性及全国性排污权交易市场。建立和完善节能量(用能权)、水权交易市场。

(二十七)发展基于碳排放权、排污权、节能量(用能权)等各类环境权益的融资工具,拓宽企业绿色融资渠道。在总结现有试点地区银行开展环境权益抵质押融资经验的基础上,确定抵质押物价值测算方法及抵质押率参考范围,完善市场化的环境权益定价机制,建立高效的抵质押登记及公示系统，探索环境权益回购等模式解决抵质押物处置问题，推动环境权益及其未来收益权切实成为合格抵质押物，进一步降低环境权益抵质押物业务办理的合规风险。发展环境权益回购、保理、托管等金融产品。

七、支持地方发展绿色金融

（二十八）探索通过再贷款、宏观审慎评估框架、资本市场融资工具等支持地方发展绿色金融。鼓励和支持有条件的地方通过专业化绿色担保机制、设立绿色发展基金等手段撬动更多的社会资本投资于绿色产业。支持地方充分利用绿色债券市场为中长期、有稳定现金流的绿色项目提供融资。支持地方将环境效益显著的项目纳入绿色项目库，并在全国性的资产交易中心挂牌，为利用多种渠道融资提供条件。支持国际金融机构和外资机构与地方合作，开展绿色投资。

八、推动开展绿色金融国际合作

（二十九）广泛开展绿色金融领域的国际合作。继续在二十国集团框架下推动全球形成共同发展绿色金融的理念，推广与绿色信贷和绿色投资相关的自愿准则和其他绿色金融领域的最佳经验，促进绿色金融领域的能力建设。通过"一带一路"倡议，上海合作组织、中国—东盟等区域合作机制和南南合作，以及亚洲基础设施投资银行和金砖国家新开发银行撬动民间绿色投资的作用，推动区域性绿色金融国际合作，支持相关国家的绿色投资。

（三十）积极稳妥推动绿色证券市场双向开放。支持我国金融机构和企业到境外发行绿色债券。充分利用双边和多边合作机制，引导国际资金投资于我国的绿色债券、绿色股票和其他绿色金融资产。鼓励设立合资绿色发展基金。支持国际金融组织和跨国公司在境内发行绿色债券、开展绿色投资。

（三十一）推动提升对外投资绿色水平。鼓励和支持我国金融机构、非金融企业和我国参与的多边开发性机构在"一带一路"和其他对外投资项目中加强环境风险管理，提高环境信息披露水平，使用绿色债券等绿色融资工具筹集资金，开展绿色供应链管理，探索使用环境污染责任保险等工具进行环境风险管理。

九、防范金融风险,强化组织落实

(三十二)完善与绿色金融相关监管机制,有效防范金融风险。加强对绿色金融业务和产品的监管协调,综合运用宏观审慎与微观审慎监管工具,统一和完善有关监管规则和标准,强化对信息披露的要求,有效防范绿色信贷和绿色债券的违约风险,充分发挥股权融资作用,防止出现绿色项目杠杆率过高、资本空转和"洗绿"等问题,守住不发生系统性金融风险底线。

(三十三)相关部门要加强协作、形成合力,共同推动绿色金融发展。人民银行、财政部、发展改革委、环境保护部、银监会、证监会、保监会等部门应当密切关注绿色金融业务发展及相关风险,对激励和监管政策进行跟踪评估,适时调整完善。加强金融信息基础设施建设,推动信息和统计数据共享,建立健全相关分析预警机制,强化对绿色金融资金运用的监督和评估。

(三十四)各地区要从当地实际出发,以解决突出的生态环境问题为重点,积极探索和推动绿色金融发展。地方政府要做好绿色金融发展规划,明确分工,将推动绿色金融发展纳入年度工作责任目标。提升绿色金融业务能力,加大人才培养引进力度。

(三十五)加大对绿色金融的宣传力度。积极宣传绿色金融领域的优秀案例和业绩突出的金融机构和绿色企业,推动形成发展绿色金融的广泛共识。在全社会进一步普及环保意识,倡导绿色消费,形成共建生态文明、支持绿色金融发展的良好氛围。

绿色信贷指引

(银监发〔2012〕4号 2012年2月24日)

第一章 总　则

第一条 为促进银行业金融机构发展绿色信贷，根据《中华人民共和国银行业监督管理法》《中华人民共和国商业银行法》等法律法规，制定本指引。

第二条 本指引所称银行业金融机构，包括在中华人民共和国境内依法设立的政策性银行、商业银行、农村合作银行、农村信用社。

第三条 银行业金融机构应当从战略高度推进绿色信贷，加大对绿色经济、低碳经济、循环经济的支持，防范环境和社会风险，提升自身的环境和社会表现，并以此优化信贷结构，提高服务水平，促进发展方式转变。

第四条 银行业金融机构应当有效识别、计量、监测、控制信贷业务活动中的环境和社会风险，建立环境和社会风险管理体系，完善相关信贷政策制度和流程管理。

本指引所称环境和社会风险是指银行业金融机构的客户及其重要关联方在建设、生产、经营活动中可能给环境和社会带来的危害及相关风险，包括与耗能、污染、土地、健康、安全、移民安置、生态保护、气候变化等有关的环境与社会问题。

第五条 中国银监会依法负责对银行业金融机构的绿色信贷业务及其环境和社会风险管理实施监督管理。

第二章　组织管理

第六条 银行业金融机构董事会或理事会应当树立并推行节约、环保、可持续发展等绿色信贷理念，重视发挥银行业金融机构在促进经济社会全面、协调、可持续发展中的作用，建立与社会共赢的可持续发展模式。

第七条 银行业金融机构董事会或理事会负责确定绿色信贷发展战略，审批高级管理层制定的绿色信贷目标和提交的绿色信贷报告，监督、评估本机构绿色信贷发展战略执行情况。

第八条 银行业金融机构高级管理层应当根据董事会或理事会的决定，制定绿色信贷目标，建立机制和流程，明确职责和权限，开展内控检查和考核评价，每年度向董事会或理事会报告绿色信贷发展情况，并及时向监管机构报送相关情况。

第九条 银行业金融机构高级管理层应当明确一名高管人员及牵头管理部门，配备相应资源，组织开展并归口管理绿色信贷各项工作。必要时可以设立跨部门的绿色信贷委员会，协调相关工作。

第三章 政策制度及能力建设

第十条 银行业金融机构应当根据国家环保法律法规、产业政策、行业准入政策等规定，建立并不断完善环境和社会风险管理的政策、制度和流程，明确绿色信贷的支持方向和重点领域，对国家重点调控的限制类以及有重大环境和社会风险的行业制定专门的授信指引，实行有差别、动态的授信政策，实施风险敞口管理制度。

第十一条 银行业金融机构应当制定针对客户的环境和社会风险评估标准，对客户的环境和社会风险进行动态评估与分类，相关结果应当作为其评级、信贷准入、管理和退出的重要依据，并在贷款"三查"、贷款定价和经济资本分配等方面采取差别化的风险管理措施。银行业金融机构应当对存在重大环境和社会风险的客户实行名单制管理，要求其采取风险缓释措施，包括制定并落实重大风险应对预案，建立充分、有效的利益相关方沟通机制，寻求第三方分担环境和社会风险等。

第十二条 银行业金融机构应当建立有利于绿色信贷创新的工作机制，在有效控制风险和商业可持续的前提下，推动绿色信贷流程、产品和服务创新。

第十三条 银行业金融机构应当重视自身的环境和社会表现，建立相关制度，加强绿色信贷理念宣传教育，规范经营行为，推行绿色办公，提高集约化管理水平。

第十四条 银行业金融机构应当加强绿色信贷能力建设，建立健全绿色信贷标识和统计制度，完善相关信贷管理系统，加强绿色信贷培训，培养和引进相关专业人才。必要时可以借助合格、独立的第三方对环境和社会风险进行评审或通过其他有效的服务外包方式，获得相关专业服务。

第四章 流程管理

第十五条 银行业金融机构应当加强授信尽职调查，根据客户及其项目所处行业、区域特点，明确环境和社会风险尽职调查的内容，确保调查全面、深入、细致。必要时可以寻求合格、独立的第三方和相关主管部门的支持。

第十六条 银行业金融机构应当对拟授信客户进行严格的合规审查，针对不同行业的客户特点，制定环境和社会方面的合规文件清单和合规风险审查清单，确保客户提交的文件和相关手续的合规性、有效性和完整性，确信客户对相关风险点有足够的重视和有效的动态控制，符合实质合规要求。

第十七条 银行业金融机构应当加强授信审批管理，根据客户面临的环境和社会风险的性质和严重程度，确定合理的授信权限和审批流程。对环境和社会表现不合规的客户，应当不予授信。

第十八条 银行业金融机构应当通过完善合同条款督促客户加强环境和社会风险管理。对涉及重大环境和社会风险的客户，在合同中应当要求客户提交环境和社会风险报告，订立客户加强环境和社会风险管理的声明和保证条款，设定客户接受贷款人监督等承诺条款，以及客户在管理环境和社会风险方面违约时银行业金融机构的救济条款。

第十九条 银行业金融机构应当加强信贷资金拨付管理，将客户对环境和社会风险的管理状况作为决定信贷资金拨付的重要依据。在已授信项目的设计、准备、施工、竣工、运营、关停等各环节，均应当设置环境和社会风险评估关卡，对出现重大风险隐患的，可以中止直至终止信贷资金拨付。

第二十条 银行业金融机构应当加强贷后管理，对有潜在重大环境和社会风险的客户，制定并实行有针对性的贷后管理措施。密切关注国家政策对客户经营状况的影响，加强动态分析，并在资产风险分类、准备计提、损失核销等方面及时做出调整。建立健全客户重大环境和社会风险的内部报告制度和责任追究制度。在客户发生重大环境和社会风险事件时，应当及时采取相关的风险处置措施，并就该事件可能对银行业金融机构造成的影响向监管机构报告。

第二十一条　银行业金融机构应当加强对拟授信的境外项目的环境和社会风险管理，确保项目发起人遵守项目所在国家或地区有关环保、土地、健康、安全等相关法律法规。对拟授信的境外项目公开承诺采用相关国际惯例或国际准则，确保对拟授信项目的操作与国际良好做法在实质上保持一致。

第五章　内控管理与信息披露

第二十二条　银行业金融机构应当将绿色信贷执行情况纳入内控合规检查范围，定期组织实施绿色信贷内部审计。检查发现重大问题的，应当依据规定进行问责。

第二十三条　银行业金融机构应当建立有效的绿色信贷考核评价体系和奖惩机制，落实激励约束措施，确保绿色信贷持续有效开展。

第二十四条　银行业金融机构应当公开绿色信贷战略和政策，充分披露绿色信贷发展情况。对涉及重大环境与社会风险影响的授信情况，应当依据法律法规披露相关信息，接受市场和利益相关方的监督。必要时可以聘请合格、独立的第三方，对银行业金融机构履行环境和社会责任的活动进行评估或审计。

第六章　监督检查

第二十五条　各级银行业监管机构应当加强与相关主管部门的协调配合，建立健全信息共享机制，完善信息服务，向银行业金融机构提示相关环境和社会风险。

第二十六条　各级银行业监管机构应当加强非现场监管，完善非现场监管指标体系，强化对银行业金融机构面临的环境和社会风险的监测分析，及时引导其加强风险管理，调整信贷投向。银行业金融机构应当根据本指引要求，至少每两年开展一次绿色信贷的全面评估工作，并向银行业监管机构报送自我评估报告。

第二十七条　银行业监管机构组织开展现场检查，应当充分考虑银行业金融机构面临的环境和社会风险，明确相关检查内容和要求。对环境和社会风险突出的地区或银行业金融机构，应当开展专项检查，并根据检查结果督促其整改。

第二十八条　银行业监管机构应当加强对银行业金融机构绿色信贷自我评估的指导，并结合非现场监管和现场检查情况，全面评估银行业金融机构的绿色信贷成效，按照相关法律法规将评估结果作为银行业金融机构监管评级、机构准入、业务准入、高管人员履职评价的重要依据。

第七章　附　则

第二十九条　本指引自公布之日起施行。村镇银行、贷款公司、农村资金互助社、非银行金融机构参照本指引执行。

第三十条　本指引由中国银监会负责解释。

能效信贷指引

(银监发〔2015〕2号 2015年1月13日)

第一章 总 则

第一条 为促进银行业金融机构能效信贷持续健康发展，积极支持产业结构调整和企业技术改造升级，根据《中华人民共和国银行业监督管理法》《中华人民共和国商业银行法》《中华人民共和国节约能源法》等法律法规，制定本指引。

第二条 中华人民共和国境内经中国银监会批准设立的银行业金融机构开展能效信贷业务，适用本指引。

重点用能单位、节能服务公司、第三方节能量审核机构依据本指引开展与能效信贷有关的活动。

第三条 本指引所称能效信贷是指银行业金融机构为支持用能单位提高能源利用效率，降低能源消耗而提供的信贷融资。

第四条 中国银监会依法对银行业金融机构开展能效信贷业务实施监督和管理。国家发展改革委依法负责对重点用能单位、节能服务公司、第三方节能量审核机构开展的节能工作实施监督和管理。

第二章 服务领域及重点项目

第五条 能效信贷业务的重点服务领域包括：

（一）工业节能，主要涉及电力、煤炭、钢铁、有色金属、石油石化、化工、建材、造纸、纺织、印染、食品加工、照明等重点行业；

（二）建筑节能，主要涉及既有和新建居住建筑、国家机关办公建筑和商业、服务业、教育、科研、文化、卫生等其他公共建筑，建筑集中供热、供冷系统节能设备及系统优化，可再生能源建筑应用等；

（三）交通运输节能，主要涉及铁路运输、公路运输、水路运输、航空运输和城市交通等行业；

（四）与节能项目、服务、技术和设备有关的其他重要领域。

第六条 能效项目是指通过优化设计、更新用能设备和系统、加强能源回收利用等方式，以节省一次、二次能源为目的的能源节约项目，具备以下特征：

（一）技术类型复杂，专业性强：包括锅炉（窑炉）、电机系统、信息处理等设备，生产线节能改造，热电联产，能量系统优化，余热余压利用，建筑节能，交通运输节能，绿色照明等，涉及各类节能低碳专业技术，且技术创新较快；

（二）涉及内容广，参与主体多：包括节能技术有偿使用、节能设备和产品生产与销售、节能工程建设、节能运行与管理、节能信息服务、节能金融服务等多个方面，涉及众多市场参与者，包括用能单位、节能服务公司、节能设备和产品的供应商与销售商、工程设计单位、金融机构等；

（三）市场潜力大，兼具经济、环境、社会效益：能源稀缺性日益凸显，价格长期呈上升趋势，能效项目经济效益显著，能效提高可以有效降低能源消耗、减少二氧化碳和污染物排放，环境社会效益突出。

第七条 银行业金融机构应在有效控制风险和商业可持续的前提下，加大对以下重点能效项目的信贷支持力度：

（一）有利于促进产业结构调整、企业技术改造和重要产品升级换代的重点能效项目；

（二）符合国家规划的重点节能工程或列入国家重点节能低碳技术推广目录的能效项目及合同能源管理项目，效益突出、信用良好、能源管理体系健全的"万家企业"中的节能技改工程等；

（三）高于现行国家标准的低能耗、超低能耗新建节能建筑，符合国家绿色建筑评价标准的新建二星、三星级绿色建筑和绿色保障性住房项目，既有建筑节能改造、绿色改造项目，可再生能源建筑应用项目，集中性供热、供冷系统节能改造，节能运行管理项目，获得绿色建材二星、三星级评价标识的项目，符合国家能效技术规范和绿色评价标准的新建码头及配套节能减排设施等；

（四）符合国家绿色循环低碳交通运输要求的重点节能工程或试点示范项目，符合船舶能效技术规范和二氧化碳排放限值的新建船舶，列入低碳交通运输"千家企业"的节能项目等；

（五）符合国家半导体照明节能产业规划的半导体照明产业化及室内外半导体照明应用项目等；

（六）获得国家或地方政府有关部门资金支持的节能技术改造项目和重大节能技术产品产业化项目；

（七）其他符合国家产业政策或者行业规划的重点能效项目。

第三章　信贷方式与风险控制

第八条　能效信贷包括用能单位能效项目信贷和节能服务公司合同能源管理信贷两种方式。

（一）用能单位能效项目信贷是指银行业金融机构向用能单位投资的能效项目提供的信贷融资。用能单位是项目的投资人和借款人。

（二）合同能源管理信贷是指银行业金融机构向节能服务公司实施的合同能源管理项目提供的信贷融资。节能服务公司是项目的投资人和借款人。

合同能源管理是指节能服务公司与用能单位以合同形式约定节能项目的节能目标，节能服务公司为实现节能目标向用能单位提供必要的服务，用能单位以节能效益支付节能服务公司的投入及其合理利润的节能服务机制。合同能源管理包括节能效益分享型、节能量保证型、能源费用托管型、融资租赁型和混合型等类型。

节能服务公司是指提供用能状况诊断、能效项目设计、改造（施工、设备安装、调试）、运行管理等服务的专业化公司。

第九条　银行业金融机构应明确纳入能效信贷的相关能效项目、用能单位和节能服务公司的准入要求：

（一）能效项目所属产能应符合国家区域规划政策、产业发展政策和行业准入要求；

（二）能效项目应具备技术可行性和经济可行性。技术可行是指已有类似技术成功实施并已推广应用，或虽属新技术但有充分依据可推广应用，或列入国家发展改革委国家重点节能低碳技术推广目录以及工业和信息化部、住房和城乡建设部、交通运输部等有关部门节能技术、装备、产品目录，项目节能减排效果可测量、可报告和可核证。经济可行是指在预定期限内可通过节能效益回收投资，项目现金流具有可实现性、持续性和稳定性；

（三）用能单位经营合法合规，财务和资信情况良好，具有可持续经营能力，还款来源依靠能效项目产生的节能收益及其他合法还款来源；

（四）合同能源管理中的用能单位除符合前项条件外，还需满足历史能耗数据较为完整或项目能耗基准线得到用能单位与节能服务公司一致认可、能源统计和管理制度健全并有效执行、有良好的节能效益支付能力和支付意愿等条件；

（五）节能服务公司经营合法合规，掌握核心技术，具备合同能源管理专业人才和项目运作经验，财务和经营情况良好。

第十条 银行业金融机构应按照国家有关规定，综合考虑项目风险水平、借款人财务状况以及自身风险承受能力等因素，合理测算项目投资、融资需求，根据预测现金流和投资回收期合理确定贷款金额、贷款期限和还款计划。对于合同能源管理贷款要素的确定，还应合理评估合同能源管理项目的节能收益，充分考虑节能效果的季节性差异、设备检修，合同能源管理合同中规定的借款人节能收益分享比例、期限和支付方式等因素。

第十一条 银行业金融机构应加强能效信贷尽职调查，全面了解、审查用能单位、节能服务公司、能效项目、节能服务合同等信息及风险点，包括但不限于以下内容：

（一）对借款人及能效项目进行严格的合规性审核，包括所需审批（或核准、备案）文件的真实性、完整性和相关程序的合法性，环境和社会风险管理的合规性，确认符合国家产业政策和环保法规；

（二）对借款人的财务状况、生产经营情况，借款人或能效项目所在地区节能减排的税收优惠和财政奖补相关政策的落实情况进行调查评估；

（三）对节能服务公司享受政府优惠政策资格，被主管部门取消备案资格或列入负面清单，节能服务公司项目设计实施和运营保障能力、技术团队及项目管理团队人员数量和资质、拥有的核心技术和专利、相关专业资质、已成功实施的合同能源管理项目、获得国家和地方财政奖励，主要设备供应商的产品质量、市场占有率及售后服务等情况进行调查评估；

（四）对合同能源管理项目技术、设计目标、建设期限、投资总额、资金到位情况、经济效益测算、开工情况、工程进度等项目情况进行调查评估，了解未开工项目施工条件的具备情况，了解已建成项目的方案设计、合同执行、节能效益结算等情况；

（五）调查用能单位经营情况，包括在技术水平、产品质量、市场份额等方面的发展状况及在行业中所处的地位、财务状况、财务管理体系、节能效益支付能力、不良信用记录、能源统计和管理制度、历史能耗记录等；

（六）审查节能服务合同中会对借款人偿债能力产生重大不利影响的条款，包括项目的操作模式、验收标准、期限及工期延误责任、基准能耗量、节能量计算与测量、节能效益计算与分配方法、付款条件、违约及争议处理等。审查借款人在节能服务合同项下的收款权利及权利转让或质押是否存在限制、是否存在对项目履约、付款等产生重大不利影响的条款；

（七）对于项目收益部分来源于碳资产交易或排放权交易的，应重点关注当地交易平台和主管部门相关政策，跟踪资产交易价格，合理评估权益价值。

第十二条 能效项目涉及行业广泛，技术复杂且创新较快，银行业金融机构在办理能效信贷业务时，应对项目技术风险和节能效益进行评估，形成评估意见，并在评估意见中对以下内容进行重点分析和报告：

（一）能效项目所属产能是否属于国家明确限期淘汰或限产类型，项目的专项技术和关键设备是否处于示范应用或创新应用阶段，尚未进行大规模推广；

（二）项目实施方是否具备专项技术实施能力和同类项目施工经验，项目是否存在竣工风险；

（三）预测、评估节能效益的方法是否审慎、科学、合理；

（四）用能单位及时支付节能收益的承诺是否有约束力，项目经济性能否有效实现。

必要时，银行业金融机构可寻求合格、独立的节能监察机构、节能量审核机构等第三方机构和相关主管部门在项目技术和节能量评估等方面给予指导和支持。

第十三条 合同能源管理信贷以借款人在节能服务合同项下的收款权利进行质押的，银行业金融机构应严格、规范办理应收账款质押登记手续，并加强对应收账款质押登记的后期跟踪与维护。

第十四条 银行业金融机构应加强能效信贷授信合同管理，当触发重大违约事件时，可通过约定相应的救济措施，包括追加担保、中止或终止贷款拨付、加速贷款回收、提前行使抵质押权等，落实风险管理措施。其中可以约定的重大违约事件包括但不限于：节能工程施工严重滞后，节能技术和设备出现严重缺陷，主体设施或设备停减产导致用能负荷大幅下降，实际节能量明显低于预测量，贷款挪用，节能收益不能及时回流指定账户，借款人参与民间高利借贷，未经贷款人同意对外担保或举借新债，主要财务指标严重恶化，贷款本息未能按时支付等。

第十五条 银行业金融机构应加强能效信贷贷后管理，密切关注国家产业结构调整、节能减排政策变化和节能减排标准提高对授信企业和项目产生的实质性影响，定期对信贷风险进行评价，并建立信贷质量监控和风险预警制度。贷后管理主要包括现场核查和非现场管控：

（一）现场核查要求定期赴企业和项目现场，掌握借款人整体经营情况，检查信贷资金实际用途，项目建设、竣工和运营状况，节能减排效果。对于合同能源管理信贷，还需考察用能单位的经营稳定性及其对项目服务的评价，并现场审核用能单位和节能服务公司双方共同确认的节能量确认表或第三方节能量审核报告（或通过财政奖励资金推算经政府认可的实际节能量），通过对比实际节能量与预测量，审核用能单位实际付款记录，判断合同能源管理信贷的还款来源的稳定性和可靠性；

（二）非现场管控要求及时掌握国家产业调整及节能减排等政策最新调整情况，定期向借款人收集财务报表，评估财务状况变化情况。对于合同能源管理信贷，应建立管理台账制度，逐笔登记合同能源管理项目节能量、节能服务公司应分享收益、财政奖励资金、约定回款金额、实际分享收益和还本付息金额等，定期监测项目节能效益回款的连续性和稳定性。如发现项目出现重大异常，节能量远低于预测量，实际节能收益低于预期收益等情况，应按授信合同约定要求借款人增加担保措施、提前还贷、提前行使抵质押权等风险管理措施，降低风险。

第四章 金融创新与激励约束

第十六条 银行业金融机构应在做好风险防范的前提下加快能效信贷产品和服务创新，积极提供包括银行信贷、外国政府转贷款、债券承销、保理、融资租赁、引入投资基金等多种融资方式，扩大支持面，提高服务效率。积极探索以能效信贷为基础资产的信贷资产证券化试点工作，推动发行绿色金融债，扩大能效信贷融资来源。

第十七条 银行业金融机构应积极探索能效信贷担保方式创新，以应收账款质押、履约保函、国际金融机构和国内担保公司的损失分担（或信用担保）、知识产权质押、股权质押等方式，有效缓解节能服务公司面临的有效担保不足、融资难的问题，同时确保风险可控。

第十八条 银行业金融机构应加强能效信贷能力建设，提高能效信贷的风险识别和管理能力，积极开展能效信贷的培训，积累有关节能减排重点行业、节能环保技术专业知识，培养和引进具有金融和节能环保专业技术能力的复合型、专业型人才。

第十九条 银行业金融机构应建立能效信贷推广和创新的激励约束机制，配备相应资源，提供内部激励政策，包括总行优先保证能效信贷专项规模，实施差异化经济资本分配和内部资金配套，加强内部考核评价，在风险可控的前提下，鼓励经营机构加大能效信贷投放。

第二十条 银行业金融机构应将能效信贷理念贯穿于其他信贷业务之中，积极开展贷前能效筛查，主动向客户提供与改善能效有关的增值服务。对符合信贷条件，达到先进能效标准的固定资产和项目融资需求优先支持；对达不到国家能效标准的固定资产和项目融资需求，不予支持。

第五章 附 则

第二十一条 银行业金融机构向提高水资源和其他自然资源利用效率、降低二氧化碳和污染物排放的项目或从事相关服务的公司提供信贷融资，参照本指引执行。

第二十二条 本指引由中国银监会、国家发展和改革委员会负责解释。

第二十三条 本指引自印发之日起施行。

绿色信贷实施情况关键评价指标

（银监办发〔2014〕186号 2014年6月27日）

第一部分：定性评价指标			
评价结果			
符合	基本符合	较不符合	不适用
第二章 组织管理			
董事会职责	第七条 银行机构董事会或理事会负责确定绿色信贷发展战略，审批高级管理层制定的绿色信贷目标和提交的绿色信贷报告，监督、评估本机构绿色信贷发展战略执行情况。		
	目标：确保绿色信贷战略、目标得到有效确立		
	核心指标：		
	2.7.1	董事会批准支持绿色、低碳、循环经济，加强环境和社会风险管理，提升机构环境和社会表现的绿色信贷战略。	
	2.7.2	董事会批准实施绿色信贷战略的年度和中长期目标。	
	目标：确保绿色信贷战略得到有效监督和实施		
	核心指标：		
	2.7.3	董事会根据相应职责，监督绿色信贷战略的实施及达标：	
		（1）针对董事会批准的绿色信贷战略和目标，向管理团队提出汇报要求，明确管理团队应承担的汇报职责；	
		（2）董事会指定专门委员会，负责监督绿色信贷战略实施和达标；	
		（3）在董事会中配备一名有绿色信贷专长的董事；	
		（4）董事会审计委员会通过聘请第三方审计机构、委托银行内部审计部门等方式抽查一些典型项目，对其环境和社会风险管理情况进行专项审计；	
		（5）董事会薪酬委员加强监督，确保绿色信贷实施情况在高管人员和其他员工绩效考核中得到恰当体现。	
高级管理层职责	第八条 银行机构高级管理层应根据董事会或理事会的决定，制定绿色信贷目标，建立机制和流程，明确职责和权限，开展内控检查和考核评价，每年度向董事会或理事会报告绿色信贷发展情况，并及时向监管部门报送相关情况。		
	目标：确保绿色信贷战略实施所需的高层管理制度得到有效建立		
	核心指标：		
	2.8.1	制定支持绿色、低碳、循环经济，加强环境和社会风险管理，提升机构环境和社会表现的绿色信贷战略。	

续表

高级管理层职责	2.8.2	设定实施绿色信贷战略的年度及中长期目标，并按地区、条线等进行分解落实。
	2.8.3	批准实施绿色信贷战略的政策和程序。
	2.8.4	确定实施绿色信贷战略的职责划分。
	2.8.5	针对绿色信贷战略的主要目标实施内控和绩效评估。
	2.8.6	定期（至少一年一次）向董事会报告绿色信贷战略实施情况。
归口管理	第九条　银行机构高级管理层应明确一名高管人员及牵头管理部门，配备相应资源，组织开展并归口管理绿色信贷各项工作。必要时可设立跨部门的绿色信贷委员会，协调相关工作。	
	目标：确保绿色信贷战略的实施有专人负责、部门归口管理并配备相应资源	
	核心指标：	
	2.9.1	由高级管理层指定高管人员/牵头管理部门，负责绿色信贷战略的落实。
	2.9.2	由高级管理层为落实绿色信贷战略配备所需的相关资源。
	可选指标	
	2.9.3	设立跨部门的绿色信贷委员会，协调相关工作。
	第三章　政策制度及能力建设	
制定政策	第十条　银行机构应根据国家环保法律法规、产业政策、行业准入政策等规定，建立并不断完善环境和社会风险管理的政策、制度和流程，明确绿色信贷的支持方向和重点领域，对国家重点调控的限制类以及有重大环境和社会风险的行业制定专门的授信指引，实行有差别、动态的授信政策，实施风险敞口管理制度。	
	目标：制定支持绿色、低碳、循环经济，加强环境和社会风险管理，提升自身环境和社会表现的具体政策	
	核心指标：	
	3.10.1	制定绿色信贷支持方向、重点领域的相关政策。
	3.10.2	制定环境和社会风险管理的政策，包括流程和操作程序等。
	3.10.3	对本机构贷款额较多且属国家重点调控的限制类以及有重大环境和社会风险的行业制定了专门的授信指引（需要制定专门的授信指引的行业请参考附表1），明确了有差别、动态的授信政策，并对这些行业实行风险敞口管理。
	3.10.4	制定履行对环境和社会的责任，提升机构的环境和社会表现的政策。
分类管理	第十一条　银行机构应制定针对客户的环境和社会风险评估标准，对客户的环境和社会风险进行动态评估与分类，相关结果应作为其评级、信贷准入、管理和退出的重要依据，并在贷款"三查"、贷款定价和经济资本分配等方面采取差别化的风险管理措施。银行机构应对存在重大环境和社会风险的客户实行名单制管理，要求其采取风险缓释措施，包括制定并落实重大风险应对预案，建立充分、有效的利益相关方沟通机制，寻求第三方分担环境和社会风险等。	
	目标：根据客户的环境与社会风险对其进行分类管理	
	核心指标：	
	3.11.1	明确了本机构所关注的客户的环境和社会风险的内涵，对客户的环境和社会风险进行评估的（参照）标准。

续表

	3.11.2	根据客户面临的环境和社会风险，制定分类标准，将其分为不同的类别：
分类管理		A类：其建设、生产、经营活动有可能严重改变环境原状且产生的不良环境和社会后果不易消除的客户。从事以下项目开发及运营的客户原则上应划入A类：
		——核电站；大型水电站、水利项目；资源采掘项目；环境和生态脆弱地区的大型设施，包括旅游设施；少数民族地区的大型设施；毗邻居民密集区、取水区的大型工业项目等。
		B类：其建设、生产、经营活动将产生不良环境和社会后果但较易通过缓释措施加以消除的客户。从事以下行业的项目开发及运营的客户原则上应划入B类：
		——石油加工、炼焦及核燃料加工；化学原料及化学制品制造；黑色金属冶炼及压延加工；有色金属冶炼及压延加工；非金属矿物制品；火力发电、热力生产和供应、燃气生产和供应；大型设施建筑施工；长距离交通运输（包括管道运输）项目，城市内、城市间轨道交通项目。
		C类：其建设、生产、经营活动不会产生明显不良环境和社会后果的客户
		（不同行业客户的具体划分类别请参见附表2）
	3.11.3	对A类和B类客户控制环境和社会风险的进展情况进行动态评估，相关结果应作为其评级、信贷准入、管理和退出的重要依据，并在贷款"三查"、贷款定价和经济资本分配等方面采取差别化的风险管理措施。
		（对A类和B类客户控制环境和社会风险的进展情况进行动态评估的方法请参见附表3）。
	3.11.4	对存在重大环境和社会风险的客户实行名单制管理，列入名单的客户包括：
		（1）环境和社会风险分类属于A类的客户，以及环境和社会风险缓释措施不足的B类客户；
		（2）国家和省级主管部门认定出现重大环境、安全违法违规的企业；
		（3）国家主管部门认定在节能、节水、减排、环保、安全方面需要重点监控的企业；
		（4）银行机构认为其环境和社会风险需要重点监控的其他客户。
	3.11.5	对进入名单制的客户，针对其面临的环境和社会风险的特点，要求其采取有针对性的风险缓释措施，包括制定并落实重大风险应对预案，建立充分、有效的利益相关方沟通机制，寻求第三方分担环境和社会风险等。

续表

	第十二条	银行机构应建立有利于绿色信贷创新的工作机制,在有效控制风险和商业可持续的前提下,推动绿色信贷流程、产品和服务创新。
绿色创新	目标:促进绿色信贷创新	
	核心指标:	
	3.12.1	通过合理分配经济资本、信贷资源等有效方式优先支持绿色信贷产品和服务的发展。
	3.12.2	优化内部流程,为绿色信贷产品和金融服务研发、审批、推广提供"绿色"通道。
	3.12.3	积极发展与绿色、低碳、循环经济有关的金融产品和服务。
	3.12.4	结合促进"三农"、小微企业金融服务的监管导向,积极发展针对"三农"、小微企业的绿色信贷产品和金融服务。
	3.12.5	积极发展电子银行业务等新兴银行服务业。
自身表现	第十三条	银行机构应重视自身的环境和社会表现,建立相关制度,加强绿色信贷理念宣传教育,规范经营行为,推行绿色办公,提高集约化管理水平。
	目标:提升本机构自身的环境和社会表现	
	核心指标:	
	3.13.1	加强绿色信贷理念教育,推行全员绿色行动:
		(1)在本机构核心价值观中,嵌入绿色信贷理念;
		(2)制订并实施本机构社会自愿者行动计划,鼓励员工积极参与本机构或其他社会组织开展的环境和社会公益活动。
	3.13.2	规范经营行为,自觉维护消费者利益,制定了相关政策并建立了相应的机制。
	3.13.3	制订促进社区发展计划,与机构所在社区加强交流互动,促进社区共同发展。
	3.13.4	推行绿色办公,提高集约化管理水平:
		(1)设立内部环境足迹管理项目,针对电、水、纸张、汽油的耗费进行基线评估,确定量化节约目标;
		(2)对废弃物品如废纸、废电池、废照明用品、废家具等进行回收处理;
		(3)利用视频会议、电话会议或其他电子办公方式,减少不必要的出差旅行;
		(4)厉行节约,减少宴请和职务消费,杜绝公务浪费;
		(5)推行绿色采购;
		(6)重视办公建筑节能,办公建筑能源效率达到国家规定的先进水平。

续表

自身表现	3.13.5	关注员工诉求,维护职工合法权益: (1) 实行"公开、公平、公正"的员工招聘制度,严禁就业歧视; (2) 重视员工的职业发展要求和其他合理诉求,有恰当的员工支持计划; (3) 在同等条件下,优先考虑女性、少数民族、残疾员工的职业发展; (4) 制定并实施管理人员良好行为规范,创造有尊严的工作氛围。
	3.13.6	履行社会责任,为残疾人提供相称的就业岗位。
能力建设	\multicolumn{2}{l	}{第十四条 银行机构应加强绿色信贷能力建设,建立健全绿色信贷标识和统计制度,完善相关信贷管理系统,加强绿色信贷培训,培养和引进相关专业人才。必要时可借助合格、独立的第三方对环境和社会风险进行评审或通过其他有效的服务外包方式,获得相关专业服务。}
	\multicolumn{2}{l	}{目标:提高本机构的绿色信贷能力}
	\multicolumn{2}{l	}{核心指标:}
	3.14.1	加强绿色信贷能力建设,在专业职位和管理岗位设置中充分考虑绿色信贷知识与专长要求。
	3.14.2	建立客户环境和社会风险分类标识,并嵌入本机构的信贷管理系统、IT系统和客户统计系统中。
	3.14.3	根据监管要求,建立并实施绿色信贷统计制度。
	3.14.4	加强员工队伍建设,持续开展绿色信贷培训,培育和引进相关专业人才: (1) 重视员工的多元教育和工作背景以及阅历,使促进节能环保和社会公正所需的技术、经济、社会知识在员工之间得到有效的互补; (2) 通过设立内部网页、互动平台,开展现场讲座、视频培训等方式加强环境和社会责任知识、信息的传播、交流与共享; (3) 在员工的入门教育和再教育课程中,包含绿色信贷相关课程; (4) 为新加入本机构的董事会、监事会成员及高管人员开设绿色信贷培训课程; (5) 重视收集和整理绿色信贷案例,通过各类案例研讨,提高绿色信贷培训的针对性、有效性; (6) 根据本机构绿色信贷发展重点,培育和引进相关专业人才。
	3.14.5	加强团队建设,形成绿色信贷团队合力: (1) 建立环境和风险管理团队,专门负责本机构环境和社会风险管理,并在公司条线配备有环境和社会风险管理专长的专职人员(大型机构)或兼职人员(中小机构);

续表

能力建设		(2) 建立"跨条线"的绿色信贷产品研发和推广团队,成员包括来自研发、公司、风管、信贷管理条线的人员;
		(3) 建立"跨条线"的提升本机构环境和社会表现的团队,成员包括公共关系、风管、公司条线、信贷管理条线的人员。
	3.14.6	对以下类型的客户,必要时可借助合格、独立的第三方对环境和社会风险进行评审或通过其他有效的服务外包方式,获得相关专业服务:
		(1) 环境和社会风险属于 A 类的客户;
		(2) 环境和社会风险虽然属于 B 类但本机构对其风险缺乏充足信息和可靠判断的客户;
		(3) 本机构认为有重大环境和社会风险的其他客户。

第四章 流程管理

尽职调查	\multicolumn{2}{l|}{第十五条 银行机构应加强授信尽职调查,根据客户及其项目所处行业、区域特点,明确环境和社会风险尽职调查的内容,确保调查全面、深入、细致。必要时可寻求合格、独立的第三方和相关主管部门的支持。}
	\multicolumn{2}{l|}{目标:加强对客户及其项目的环境和社会风险的尽职调查}
	\multicolumn{2}{l|}{核心指标:}
	4.15.1	明确相关制度和流程,将客户的环境和社会风险尽职调查作为重要一环纳入授信前尽职调查流程之中。
	4.15.2	确保进行尽职调查的员工具有关于环境和社会风险的知识和经验,或在必要时在有关专家的协助下,足以对拟授信企业和项目的环境和社会风险的严重程度做出恰当的判断。
	4.15.3	根据客户及其项目所处行业、区域特点,明确其环境和社会风险的调查内容:
		(1) 劳动和工作条件;
		(2) 爆炸物和化学品管理;
		(3) 污染预防和控制;
		(4) 社区健康和安全;
		(5) 土地征用和非自愿迁移;
		(6) 生物多样性保护和可持续自然资源的管理;
		(7) 尊重少数民族文化与习俗;
		(8) 文化遗产保护;
		(9) 供应链上的环境和社会风险;
		(10) 客户的环境和社会风险评估及管理系统。

续表

尽职调查	4.15.4	分行业、分类型制定并执行标准化的环境和社会风险尽职调查清单，并对特殊客户制定和执行补充清单。
	4.15.5	对客户提供的环境和社会风险信息及从其他渠道（主管部门、行业协会、征信机构、监管部门、媒体、群众等）获得的客户的环境和社会风险信息进行有效比对，准确把握客户所面临的环境和社会风险。
	4.15.6	在全面、深入、细致调查客户及其项目的环境和社会风险的基础上，综合评价客户管理环境和社会风险的意愿、能力和历史记录，对客户进行初步的环境和社会风险类别分类。
	4.15.7	对环境和社会风险的复杂、严重程度难以判断的客户及其项目，可寻求合格、独立的第三方进行调查，并向政府主管部门咨询。
合规审查	第十六条	银行机构应对拟授信客户进行严格的合规审查，针对不同行业的客户特点，制定环境和社会方面的合规文件清单和合规风险审查清单，确保客户提交的文件和相关手续的合规性、有效性和完整性，确信客户对相关风险点有足够的重视和有效的动态控制，符合实质合规要求。
	目标：	对客户及其项目面临的环境和社会风险进行严格的合规审查，确保形式合规，确信实质合规
	核心指标：	
	4.16.1	明确相关制度和流程，将客户的环境和社会风险作为合规审查的重要内容。
	4.16.2	确保从事项目合规审查的员工具有足够的知识和经验，或在必要时在有关专家的协助下，对拟授信项目的形式和实质合规要求做出适当的判断。
	4.16.3	针对不同行业的客户及其项目特点，制定了标准化的环境、社会方面的合规文件清单和合规风险点审查清单，并确保这些风险点在客户提交的各类合规审查文件中得到足够的关注和说明。
	4.16.4	针对客户及其项目面临的环境和社会风险的性质及严重程度，要求客户提供合规审查文件，审核并确信这些文件的权威性、完整性和相关程序的合法性，确保形式合规。这些合规文件可能涉及但不限于以下方面：
		（1）产业政策和市场准入标准情况，包括抑制"两高一剩"（请见附表4）、淘汰落后产能政策的执行情况；
		（2）项目审批、核准和备案情况；
		（3）用地预审或审批情况；
		（4）环境影响评价审批，包括对社区的影响及与受影响社区的沟通情况，关注公众参与的真实性、代表性、程序合法性和有效性；

续表

合规审查		（5）社会稳定风险评价情况；
		（6）节能评估审查及国家和省级重点节能企业的节能监测情况；
		（7）安全生产和卫生/健康标准执行情况；
		（8）城市规划审查情况；
		（9）其他重大合规情况。
	4.16.5	本机构还做出必要和适当的努力，确信客户对相关的环境和社会风险点有足够的重视和有效的动态控制，符合实质合规要求；确信拟授信项目实质上符合国家的产业政策要求和产业发展的技术经济趋势，项目环评与规划环评的总要求相容，项目技术经济标准向国内先进水平和国际水平看齐。
授信审批	第十七条 银行机构应加强授信审批管理，根据客户面临的环境和社会风险的性质和严重程度，确定合理的授信权限和审批流程。对环境和社会表现不合规的客户，应当不予授信。	
	目标：针对客户的环境和社会风险，强化授信审批管理，落实风险缓释措施	
	核心指标：	
	4.17.1	由环境和社会风险管理团队最终确认客户面临的环境和社会风险的性质及严重程度，并将其划入适当类别，实行动态管理。
	4.17.2	对环境和社会风险分类为A类或B类的客户，环境和社会风险管理团队应对其风险出具书面审查意见，供授信审批部门及其他条线参考。环境和风险审查意见应涵盖以下内容：
		（1）客户（或项目）的潜在环境和社会风险点；
		（2）客户（或项目）后续应采取的环境和社会风险管理措施；
		（3）对客户（或项目）环境和社会风险状况的总体评价。
	4.17.3	根据客户所处环境和社会风险类别，设立差别化的授信流程和权限：
		（1）对环境和社会风险分类为C类的客户，直接进入正常授信流程；
		（2）对环境和社会风险管理团队出具负面审查意见的A类或B类客户，不得进入授信审批流程；
		（3）对环境和社会风险管理团队出具正面审查意见且分类为B类的客户，项目贷款、固定资产贷款等中长期授信至少应在分行或其以上层级审批；
		（4）对环境和社会风险团队出具正面审查意见且分类为A类的客户，项目贷款、固定资产贷款等中长期授信应在授信权限最高的总行审批。
	4.17.4	对用于支持绿色、低碳、循环经济的授信申请，在同等条件下优先审批。
	可选指标：	

续表

授信审批	4.17.5	对分类为A类或B类的拟授信客户及其项目，寻求以下适当方式缓释授信风险：
		（1）要求提高资本金比例；
		（2）要求发行中长期公司债（企业债）；
		（3）要求加列节能环保、安全生产的技改项目和投改计划；
		（4）要求有效控制项目的资产、现金流、经营权等；
		（5）要求对项目投保建设期保险，投保与环境和社会风险有关的工程责任险、环境责任险、产品责任险等，并在合适时，将贷款人列为第一顺位保险赔付受益人；
		（6）要求为受到安全、健康潜在危害的员工购买相关人身损害保险和医疗保险；
		（7）通过银团贷款加强管理，分散风险；
		（8）其他可行的风险缓释办法。
合同管理	第十八条	银行机构应通过完善合同条款督促客户加强环境和社会风险管理。对涉及重大环境和社会风险的客户，在合同中应要求客户提交环境和社会风险报告，订立客户加强环境和社会风险管理的声明和保证条款，设定客户接受贷款人监督等承诺条款，以及客户在管理环境和社会风险方面违约时银行机构的救济条款。
	目标：以有力的合同条款督促客户加强环境和社会风险管理	
	核心指标：	
	4.18.1	对环境和社会风险分类为A类或B类的客户，授信合同中应包含督促客户加强环境和社会风险管理的独立条款。
	4.18.2	对环境和社会风险分类为A类的客户，应在签订授信合同的基础上，与其订立加强环境和社会风险管理的补充合同。
		有关环境和社会风险管理的合同文本内容请参见附表5。
资金拨付管理	第十九条	银行机构应加强信贷资金拨付管理，将客户对环境和社会风险的管理状况作为决定信贷资金拨付的重要依据。在已授信项目的设计、准备、施工、竣工、运营、关停等各环节，均应设置环境和社会风险评估关卡，对出现重大风险隐患问题的，可中止直至终止信贷资金拨付。
	目标：在资金拨付管理环节上督促客户加强环境和社会风险管理	
	核心指标：	
	4.19.1	将客户对环境和社会风险的管理状况作为资金拨付审核的重要内容。

续表

资金拨付管理	4.19.2	在资金拨付审核中发现客户存在重大风险隐患的，可中止直至终止信贷资金拨付。
	4.19.3	重视和加强对项目建设授信资金的拨付管理，制定了项目资金拨付和管理的办法和程序，确保以下规定能够得到实际执行：
		（1）项目应获得而未获得环评、安全生产、职业健康审批的，不预先拨付资金进行开工前准备和建设；
		（2）项目环保、安全生产、职业健康设施的设计、施工、运营与主体工程不同时的，暂停主体工程建设的资金拨付，直到"三同时"实现为止；
		（3）项目完工后应获得而未获得项目竣工环评、安全生产、职业健康审批，不拨付项目运营资金。
贷后管理	第二十条 银行机构应加强贷后管理，对有潜在重大环境和社会风险的客户，制定并实行有针对性的贷后管理措施。密切关注国家政策对客户经营状况的影响，加强动态分析，并在资产风险分类、准备计提、损失核销等方面及时做出调整。建立健全客户重大环境和社会风险的内部报告制度和责任追究制度。在客户发生重大环境和社会风险事件时，应及时采取相关的风险处置措施，并就该事件可能对银行机构造成的影响向监管部门报告。	
	目标：采取综合措施，对有潜在重大环境和社会风险的客户加强贷后管理	
	核心指标：	
	4.20.1	对环境和社会风险分类为A类的客户，应由总行的环境和社会风险管理团队制定专门的贷后管理措施，包括但不限于：
		（1）要求客户至少每半年一次报告环境和社会风险管理制度及风险应对计划执行情况；
		（2）贷款机构至少每半年一次到客户现场检查其环境和社会风险管理制度及风险应对计划执行情况；
		（3）必要时，可委托合格、独立的第三方对客户的环境和社会风险管理制度及风险应对计划执行情况进行检查和评估。
	4.20.2	对环境和社会风险分类为B类的客户，应在总行的环境和社会风险管理团队指导下，由分行制定专门的贷后管理措施，包括但不限于：
		（1）要求客户至少每年一次报告环境和社会风险管理制度及风险应对计划执行情况；
		（2）贷款机构至少每年一次到客户现场检查其环境和社会风险管理制度及风险应对计划执行情况；
		（3）必要时，可委托合格、独立的第三方对客户的环境和社会风险管理制度及风险应对计划执行情况进行检查和评估。

续表

贷后管理	4.20.3	密切关注国家政策对客户经营状况的影响,加强动态分析,并在资产风险分类、准备计提、损失核销等方面及时做出调整:
		(1) 对达不到国家环境和社会标准的客户,及时作出预警,并在其环境和社会风险明显恶化时向下调整其风险分类;
		(2) 在敏感性分析中,考虑到环境、资源税费创设或既有费率提高,或资源价格提高对企业或项目现金流的影响;
		(3) 在宏观经济压力测试、行业压力测试中,将环境和社会风险作为重要的风险驱动因素;
		(4) 针对高环境风险、社会风险行业计提特种准备。
	4.20.4	建立健全客户重大环境和社会风险的内部报告制度和责任追究制度。在客户发生重大环境和社会风险事件时,应及时采取相关的风险处置措施,并就该事件可能对银行机构造成的影响向监管部门报告。
境外项目管理	第二十一条 银行机构应加强对拟授信的境外项目的环境和社会风险管理,确保项目发起人遵守项目所在国家或地区有关环保、土地、健康、安全等相关法律法规。对拟授信的境外项目公开承诺采用相关国际惯例或国际准则,确保对拟授信项目的操作与国际良好做法在实质上保持一致。	
	目标:加强对拟授信的境外项目的环境和社会风险管理	
	核心指标:	
	4.21.1	确保从事境外项目融资的人员,对项目所在国有关环保、土地、安全、健康等法律法规有足够的了解,对境外项目的环境和社会风险管理有足够经验,或在必要时在有关专家的协助下,对拟授信项目的环境和社会风险以及项目发起人的风险管理意愿和能力能做出恰当的判断。
	4.21.2	对授信的境外融资项目的环境和社会风险,实行全流程的管理。
	4.21.3	对拟授信的境外项目承诺采用相关国际惯例或国际准则,如:
		——承诺采纳《赤道原则》;
		——签约加入联合国《全球契约》;
		——签约加入联合国环境规划署《金融倡议》;
		——签约加入联合国环境规划署《银行界关于环境与可持续发展的声明》。
	4.21.4	对国际融资项目的环境社会风险进行评估和控制的国际良好做法有充分了解,确保本机构对拟融资项目的操作与国际良好做法在实质上保持一致。
	4.21.5	对因环境和社会风险产生较大争议的拟授信境外融资项目,应聘请合格、独立的第三方对其环境和社会风险进行评估和检查。

续表

	第五章　内控管理与信息披露	
内控检查	第二十二条　银行机构应将绿色信贷执行情况纳入内控合规检查范围，定期组织实施绿色信贷内部审计。检查发现重大问题的，应依据规定进行问责。	
	目标：加强对绿色信贷的内控检查	
	核心指标：	
	5.22.1	明确绿色信贷内控检查范围：
		（1）支持绿色、低碳、循环经济，严控"两高一剩"（不含转型升级部分）、落后产能的信贷情况；
		（2）督促客户加强环境和社会风险，严控由此引发的各类信贷风险的情况；
		（3）机构自身环境和社会表现情况。
	5.22.2	加大对重大环境和社会风险的内控合规检查：
		（1）对国家环保、安全生产等部门确定的违法违规重点整治行业和地区，在排查相关客户风险基础上，开展专项内控检查；
		（2）对国家环保、安全生产等主管部门认定存在重大违法违规，而本机构又有贷款的客户及其项目，开展专项内控检查；
		（3）对环境和社会风险分类为A类的客户，定期开展专项内控检查；
		（4）对环境和社会风险分类为B类的客户，定期进行内控管理抽查。
	5.22.3	将绿色信贷制度、流程、执行情况纳入内部审计，必要时可开展专项审计。
	5.22.4	内控合规检查和内部审计发现重大问题的，应制定整改措施，督促相关部门、分支行进行整改。涉及个人责任的，应记录在案并按规定问责；涉及高管人员的，还应报告监管部门。
考核评价	第二十三条　银行机构应建立有效的绿色信贷考核评价体系和奖惩机制，落实激励约束措施，确保绿色信贷持续有效开展。	
	目标：加强对绿色信贷的考核评价	
	核心指标：	
	5.23.1	在综合绩效考评指标体系中，设立绿色信贷考核评价指标，定期对相关条线、分支机构开展考评工作，包括：
		（1）与业务条线有关的考核评价指标；
		（2）与环境和社会风险管理有关的考核评价指标；
		（3）与机构自身环境和社会表现有关的考核评价指标。
	5.23.2	加强绿色信贷考评结果的应用管理，制定激励约束措施，优化信贷结构，提高服务水平，促进发展方式转变。
	5.23.3	在机构内公布或向特定对象反馈绿色信贷考核评价指标和考评结果。

续表

信息披露	第二十四条　银行机构应公开绿色信贷战略和政策，充分披露绿色信贷发展情况。对涉及重大环境与社会风险影响的授信情况，应依据法律法规披露相关信息，接受市场和利益相关方的监督。必要时可聘请合格、独立的第三方，对银行机构履行环境和社会责任的活动进行评估或审计。	
	目标：加强信息披露，接受利益相关方监督	
	核心指标：	
	5.24.1	发布本机构的绿色信贷/社会责任报告/可持续发展报告，披露利益相关方关心的信息：
		（1）本机构有关环境、社会表现的理念、价值观、愿景、目标；
		（2）本机构绿色信贷战略和政策；
		（3）本机构支持绿色、低碳、循环经济，严控"两高一剩"（不含转型升级部分）、落后产能的信贷情况；
		（4）本机构通过支持绿色、低碳、循环经济，由此带来的节能减排效果，如节省的能源总量，减少二氧化碳、二氧化硫、化学需氧量、氮氧化合物等污染物排放量；
		（5）环境和社会风险分类为A类的客户名单
		（6）本机构提升自身环境和社会表现，开展相关活动及取得成效的情况。
	5.24.2	对涉及重大环境与社会风险影响的具体项目的授信情况，依据法律法规披露相关信息，接受市场和利益相关方的监督。
	5.24.3	以各种有效方式与利益相关者进行沟通和互动，通过吸收利益相关方提出的建议和意见，改进本机构对环境和社会风险的管理。
	5.24.4	聘请合格、独立的第三方，对本机构在履行环境和社会责任方面的活动进行评估或审计。
	第六章　监督检查	
自我评估	第二十六条　…… 银行机构应根据本指引要求，至少每两年开展一次绿色信贷的全面评估工作，并向银监会报送自我评估报告。	
	目标：确保绿色信贷全面系统持续发展	
	核心指标：	
	6.26.1	组建跨部门绿色信贷评价团队，必要时可邀请外部专家参加，至少每两年开展一次绿色信贷的全面评估工作，并向银监会报送自我评估报告。
	6.26.2	根据评价结果和监管部门指导意见，制定整改措施，持续改善绿色信贷工作的薄弱环节，不断提升绿色信贷工作水平。

绿色信贷实施情况关键评价指标

续表

第二部分：定量评价指标				单位：亿元、个数、吨、%			
核心指标：							
		余额	年内增减	同比增减	不良率	户数	占比
一、支持及限制类贷款情况	1. 节能环保项目及服务贷款						
	2. 节能环保、新能源、新能源汽车贷款						
	3. 上述二类贷款合计情况						
	4. 涉及"两高一剩"行业贷款情况（扣除转型升级部分）						
	5. 涉及落后产能且尚未完成淘汰的企业信贷情况						
	6. 涉及环境保护违法违规且尚未完成整改的企业信贷情况						
	7. 涉及安全生产违法违规且尚未完成整改的企业信贷情况						
		期末数	年内增减	同比增减			
	8. 每亿元贷款的二氧化碳减排当量						
		交易金额	年内增减	同比增减	交易笔数（万笔）	现有开户数（万户）	交易笔数替代率
	9. 主要电子银行业务发展情况						

续表

可选指标：		期末数	年内增减	同比增减	占员工总数比例	
二、机构的环境和社会表现	10. 工作活动产生的员工人均碳排放量（吨）					
	11. 员工人均用电量（千瓦时）					
	12. 中高层女性员工情况					
	13. 残疾人员工情况					
三、绿色信贷培训教育情况	14. 全体员工年内人均绿色信贷培训小时数					
	15. 新员工年内人均绿色信贷培训小时数					
	16. 中高层员工人均绿色信贷培训小时数					
四、与利益相关方的互动情况	17. 本机构与媒体、环境公益组织等的互动交流次数					

附表：1. 应制定信贷政策的行业；

2. A 类、B 类项目和客户的国民经济代码表；

3. 对客户环境和社会风险管控情况进行动态评估；

4. 涉及"两高一剩"行业参考目录；

5. 环境和社会风险管理合同文本参照内容。

附表1 应制定信贷政策的行业

序号	国民经济代码	行业名称
1	01	农业
2	02	林业
3	03	畜牧业
4	04	渔业
5	06	煤炭开采和洗选业
6	07	石油和天然气开采业
7	08	黑色金属矿采选业
8	09	有色金属矿采选业
9	10	非金属矿采选业
10	133	植物油加工
11	1340	制糖业
12	135	屠宰及肉类加工
13	136	水产品加工
14	14	食品制造业
15	151	酒的制造
16	152	饮料制造
17	16	烟草制品业
18	17	纺织业
19	19	皮革、毛皮、羽毛及其制品和制鞋业
20	20	木材加工和木、竹、藤、棕、草制品业
21	22	造纸和纸制品业
22	251	精炼石油产品制造
23	252	炼焦
24	253	核燃料加工
25	261	基础化学原料制造
26	262	肥料制造
27	263	农药制造
28	264	涂料、油墨、颜料及类似产品制造
29	265	合成材料制造
30	267	炸药、火工及烟火产品制造
31	268	日用化学产品制造

续表

序号	国民经济代码	行业名称
32	27	医药制造业
33	28	化学纤维制造业
34	29	橡胶和塑料制品业
35	301、302、303	水泥、石灰和石膏制造业及其制品业
36	304、305、306	玻璃、玻璃纤维制造业及其制品业
37	307	陶瓷制品制造
38	31	黑色金属冶炼和压延加工业
39	32	有色金属冶炼和压延加工业
40	373、4342	船舶制造及修理
41	42	废弃资源综合利用业
42	4411	火力发电
43	4412	水力发电
44	4413	核力发电
45	4414	风力发电
46	4415	太阳能发电
47	4419	其他电力生产
48	4420	电力供应
49	4430	热力生产和供应
50	4500	燃气生产和供应业
51	46	水的生产和供应业
52	47	房屋建筑业（不含机场建设）
53	47、4819	机场建设
54	4811	铁路工程建筑
55	4812	工程公路建筑
56	4813、4819	市政道路工程建筑及其他道路、隧道和桥梁工程建筑（不含飞机场及设施）
57	482	水利和内河港口工程建筑
58	483、484、485、489	其他土木工程建筑
59	76	水利管理业
60	771	生态保护
61	772	环境治理业
62	3099	多晶硅
63		煤化工

附表2 A类、B类项目和客户的国民经济代码表

类别	项目或主业	行业代码	行业名称	主要阶段	备注
A类	核电站	4413	核力发电	建设、运营和关停	
	大型水电站	4412	水力发电	建设	国务院、发改委及相关主管部委审批和核准的项目
	大型水利项目	482	水利和内河港口工程建筑		
	矿产和非矿产资源采掘项目	06	煤炭开采和洗选业	建设和运营	
		07	石油和天然气开采业		
		08	黑色金属矿采选业		
		09	有色金属矿采选业		
		10	非金属矿采选业		
		12	其他采矿业		
	环境和生态脆弱地区的大型设施（包括旅游设施）			建设	
	少数民族地区的大型设施				
	毗邻居民密集区、取水区的大型工业项目				
B类	印染、染整精加工	1713	棉印染精加工	建设和运营	
		1723	毛染整精加工		
		1733	麻染整精加工		
		1743	丝印染精加工		
		1752	化纤织物染整精加工		
		1762	针织或钩针编织物印染精加工		
	鞣制加工	1910	皮革鞣制加工		
		1931	毛皮鞣制加工		
	造纸	221	纸浆制造		
		222	造纸		
	石油加工等	25	石油加工、炼焦和核燃料加工业		

续表

类别	项目或主业	行业代码	行业名称	主要阶段	备注
B类	化工生产	26	化学原料和化学制品制造业	建设和运营	
	药品	27	医药制造业		
	橡胶和塑料生产	29	橡胶和塑料制品业		
	非金属矿生产	30	非金属矿物品业		
	金属冶炼和压延加工	31	黑色金属冶炼和压延加工业		
		32	有色金融冶炼和压延加工业		
	火力发电、热力生产和供应、燃气生产和供应	4411	火力发电		
		4430	热力生产和供应		
		4500	燃气生产和供应业		
	大型设施建筑施工	47	房屋建筑业	运营	
		48	土木工程建筑业		
	长距离交通运输项目；城市轨道交通项目	53	铁路运输业	建设	如修建区为环境和生态脆弱地区，或修建中有国家重点文物遗产，应划入A类。
		5412	城市轨道交通		
		57	管道运输业		

附表3 对客户环境和社会风险管控情况进行动态评估

	非常满意	满意	基本满意	不满意
1. 管理情况				
1.1 环境和社会风险管理制度				
1.2 环境和社会风险管理人员				
1.3 环境和社会风险管理意愿				
2. 表现情况				
2.1 风险事件				
2.2 合规情况				
2.3 环境和社会风险管理行动计划执行情况				
2.4 与同业最佳状况相比				
3. 沟通交流情况				
3.1 环境和社会风险定期报告质量与及时性				
3.2 与利益相关方的沟通交流				

附表4 涉及"两高一剩"行业参考目录

国民经济代码	行业名称
1713	棉印染精加工
1723	毛染整精加工
1733	麻染整精加工
1743	丝印染精加工
1752	化纤织物染整精加工
1910	皮革鞣制加工
1931	毛皮鞣制加工
2211	木竹浆制造
2212	非木竹浆制造
2520	炼焦
2611	无机酸制造
2612	无机碱制造
2613	电石*
2614	甲醇*
2614	有机硅单体*
2619	黄磷*
2621	氮肥制造
2622	磷肥制造
2651	电石法聚氯乙烯*
2911	斜交轮胎*
2911	力车胎*
3011	水泥制造
3041	平板玻璃制造
3099	多晶硅*
3110	炼铁
3120	炼钢
3150	铁合金冶炼
3216	铝冶炼
3731	金属船舶制造

备注：带*号行业名称指该国民经济代码下的细分行业或具体产品。

附表5　环境和社会风险管理合同文本参照内容

1. 借款人管理环境和社会风险的声明和保证条款。例如：
1.1　声明并保证借款人与环境和社会风险有关的内部管理文件符合法律法规要求并得到切实执行；
1.2　声明并保证借款人不存在涉及与环境和社会风险有关的重大诉讼案件。
2. 借款人承诺接受贷款人监督，加强环境和社会风险管理的约束性条款。例如：
2.1　承诺所有与环境和社会风险有关的行为、表现合规；
2.2　承诺建立健全环境和社会风险内部管理制度，并详细规定了借款人相关责任人员的责任、义务及处罚措施；
2.3　承诺建立健全环境和社会风险突发事件应急机制和措施；
2.4　承诺设立专门的部门和/或指定专门人员负责环境和社会风险事宜；
2.5　承诺配合贷款人或其认可的第三方对借款人环境和社会风险的评估检查；
2.6　面对公众或其他利益相关方对借款人控制环境和社会风险的表现的强烈质疑，承诺予以适当的回应或采取其他必要的行动；
2.7　承诺将督促借款人至关重要的关联方加强管理，防止将关联方的环境和社会风险传染至借款人；
2.8　承诺履行贷款人认为与控制环境和社会风险有关的其他事项。
3. 明确借款人环境和社会风险的报告要求。例如，借款人应向贷款人及时、充分通报有关情况：
3.1　在开工、建设、营运、关停过程中与环境社会有关的各类许可、审批、核准情况；
3.2　环境和社会风险监管机构或其认可的机构对借款人环境和社会风险的评估、检查情况；
3.3　环境设施的配套建设、营运情况；
3.4　污染物的排放和达标情况；
3.5　员工的安全和健康情况；
3.6　相邻社区针对借款人的重大投诉、抗议情况；
3.7　重大的环境、社会索赔情况；
3.8　其他贷款人认为与环境和社会风险有关的重大情况。
4. 设定借款人在管理环境和社会风险方面的违约事件，如：
4.1　借款人有关环境和社会风险管理的声明、保证、承诺未得到认真履行；
4.2　借款人因环境和社会风险管理不善受到有关政府部门处罚；
4.3　借款人因环境社会和风险管理不善受到公众和/或媒体的强烈质疑；
4.4　本机构与借款人约定的有关环境和社会风险管理的其他违约事件，包括交叉违约事件。
5. 设定借款人违约时，本机构针对借款人的处罚措施，如：
5.1　撤销已经做出的授信承诺；
5.2　中止贷款的拨付，直到借款人采取了本机构满意的挽救措施；
5.3　提前收回已拨付的贷款；
5.4　在贷款不能偿还时，提前行使相关的抵质押权；
5.5　本机构与借款人约定的其他处罚措施。

节能减排授信工作指导意见

(银监发〔2007〕83号 2007年11月23日)

第一章 总体要求

第一条 银行业金融机构要认真贯彻《国务院关于印发节能减排综合性工作方案的通知》(国发〔2007〕15号)和《国务院关于落实科学发展观加强环境保护的决定》(国发〔2005〕39号)精神,从落实科学发展观、促进经济社会环境全面可持续发展、确保银行业安全稳健运行的战略高度出发,充分认识节能减排的重大意义,切实做好与节能减排有关的授信工作。

第二条 银行业金融机构要将促进全社会节能减排作为本机构的重要使命和履行社会责任的具体体现,强化本机构全体员工的节能减排意识,全面掌握节能减排政策法规和标准,大力增强授信工作的科学性和预见性。

第三条 银行业金融机构要从战略规划、内部控制、风险管理、业务发展着手,防范高耗能、高污染带来的各类风险,加强制度建设和执行力建设。

(一)根据本机构的业务特点、风险特征和组织架构,制定应对高耗能、高污染引起的各类风险的工作方案。

(二)根据本机构客户所在的主要行业及其特点,制定高耗能、高污染行业的授信政策和操作细则。

(三)根据本机构内部控制和风险管理的需要,制定节能减排授信程序和规范。

(四)根据授信审批人员的专业能力与经验等,适当集中与耗能、污染风险有关的企业和项目授信的审批权限。

(五)董事会应审核和批准相关方案、政策、程序和规范,并安排适当资源,指定熟悉了解高耗能、高污染风险的高级管理人员负责相关制度的落实和执行。

第二章 授信政策

第四条 银行业金融机构应依据国家产业政策，对列入国家产业政策限制和淘汰类的新建项目，不得提供授信支持；对属于限制类的现有生产能力，且国家允许企业在一定期限内采取措施升级的，可按信贷原则继续给予授信支持；对于淘汰类项目，原则上应停止各类形式的新增授信支持，并采取措施收回已发放的授信。银行业金融机构不得绕开项目授信的程序，以流动资金贷款、承兑汇票或其他各种表内外方式向建设项目提供融资和担保。

第五条 银行业金融机构应密切关注授信企业节能减排目标的完成情况和环保合规情况，加强与节能减排主管部门的沟通，对其公布和认定的耗能、污染问题突出且整改不力的授信企业，除了与改善节能减排有关的授信外，不得增加新的授信，原有的授信要逐步压缩和收回。

第六条 银行业金融机构要加强重点行业落后生产能力的分析，对国家和省级发展改革委或其他有关部门已列入落后生产能力名单的企业和项目贷款，要采取合理有效措施，及时调整、压缩和收回与落后产能有关的授信。

第七条 银行业金融机构要及时跟踪国家确定的节能重点工程、再生能源项目、水污染治理工程、二氧化硫治理、循环经济试点、水资源节约利用、资源综合利用、废弃物资源化利用、清洁生产、节能减排技术研发和产业化示范及推广、节能技术服务体系、环保产业等重点项目，综合考虑信贷风险评估、成本补偿机制和政府扶持政策等因素，有重点地满足其信贷需求，并做好相应的投资咨询、资金清算、现金管理等金融服务。

第八条 银行业金融机构对得到国家和地方财税等政策性支持的企业和项目，对节能减排效果显著并得到国家主管部门表彰、推荐、鼓励的企业和项目，在同等条件下，可优先给予授信支持。

第九条 银行业金融机构应实施有差别的地区信贷政策，参照国家有关部门公布的各省、自治区、直辖市节能减排指标完成情况，在同等条件下，对节能减排显著地区的企业和项目，可优先给予授信支持；对被国家环保部门列入"区域限批"或"流域限批"名单的地区，要从严控制授信。

第十条　银行业金融机构要充分利用国家实施节能减排战略带来的业务发展机遇，加强金融创新，积极开发与节能减排有关的创新金融产品。

第三章　授信管理

第十一条　银行业金融机构应本着"了解你的客户""了解你的客户的业务"的原则，通过现场调查和向节能减排主管部门、行业协会、征信部门咨询以及其他适当方式，深入了解授信企业和项目的节能减排目标完成情况和环保合规情况，仔细分析授信企业和项目可能存在的耗能、污染问题以及可能引发的各类风险。

第十二条　银行业金融机构应对项目开工建设的"六项必要条件"（必须符合产业政策和市场准入标准、项目审批核准或备案程序、用地预审、环境影响评价审批、节能评估审查以及信贷、安全和城市规划等规定和要求）进行严格的合规审查，以项目获得有关主管部门审批通过作为项目授信合规审查的最低要求。银行业机构在进行合规审查时，既要关注形式上的合规要求，如相关审批（或核准、备案）文件的权威性、完整性和相关程序的合法性，又要关注实质上的合规要求，包括新上项目要符合国家的产业政策和发展趋势，项目环评要与规划环评的总要求相容，技术经济标准原则上应向国内先进水平和国际水平看齐。

第十三条　银行业金融机构要加强对项目建设授信资金的拨付管理。建设项目应获得而未获得环评审批的，银行业金融机构不得预先拨付资金进行开工前准备和建设；项目环保设施的设计、施工、运营与主体工程不同时的，银行业金融机构应暂停主体工程建设的资金拨付，直到"三同时"实现为止；项目完工后应获得而未获得项目竣工环评审批的，银行业金融机构不得拨付项目运营资金；对境内企业在境外投资建设的项目，银行业金融机构在授信管理中应督促建设企业遵守项目所在国家或地区的环保及相关法律要求，遵循对国际融资项目的环境和社会风险进行评估和控制的国际良好做法。

第十四条 银行业金融机构应加强项目授信的分类管理，有条件的银行可以根据借款项目对环境的影响程度将其分为三类：

A 类：严重改变环境原状且产生的不良环境和社会后果不易消除的项目；

B 类：产生不良环境和社会后果，但较易通过缓释措施加以消除的项目；

C 类：不会产生明显不良环境和社会后果的项目。

银行业金融机构应对上述不同类型的项目授信进行分类管理。对列为 A 类项目和 B 类中有较大风险的项目，银行业金融机构应要求建设单位乃至重要的第三方如承包商、供应商、监理商等，建立和实施针对环境影响的管理制度和行动计划，与当地社区和社会公众的沟通制度，监测、评估和报告（公告）制度，同时通过独立的第三方对其环境风险控制的机制、能力、结果进行监督和评估。对 B 类中风险较小的项目和列为 C 类的项目，银行业金融机构应对建设单位的环境风险控制给予适当关注。

第十五条 银行业金融机构对存在重大耗能和污染风险的授信企业应实行名单式管理。进入名单的授信企业包括被国家和地方节能减排主管部门列为重点监控的企业，银行业金融机构自主认定的其他存在重大耗能、污染风险的授信企业。银行业金融机构要主动与节能减排主管部门沟通，及时了解上述企业的节能减排目标完成情况和环保合规情况，不断更新企业名单，对列入名单的授信企业要加强授信管理。

第十六条 银行业金融机构应寻求各种方式缓释与耗能、污染有关的合规与授信风险，可以要求建设单位提高资本金比重，发行中长期公司债（企业债），增加节能降耗的技改项目和投改计划，并以有效益的项目建成后的经营权、现金流作为授信的质押，还可要求建设单位对项目投保建设期保险，投保与耗能、污染风险有关的工程责任险、环境责任险、产品责任险等。对存在重大风险的授信企业和项目，可以通过银团贷款加强管理，分散风险。

第十七条 银行业金融机构在信贷产品的风险定价时应充分考虑授信企业和项目与耗能、污染有关的授信风险，按照风险与收益相称的原则，合理确定节能减排授信定价。在确定风险调整后的收益指标和分配经济资本时，应充分考虑高耗能、高污染行业中的企业和项目可能引发的各类风险影响。

第十八条 银行业金融机构应密切关注国家调整产业结构、关闭落后产能对授信企业和项目偿还能力的影响，密切关注节能减排政策变化和节能减排标准提高对授信企业和项目的现金流的影响，加强敏感性分析，并在资产风险分类、准备计提、损失核销等方面做出及时调整。

第十九条 银行业金融机构应加强涉及耗能、污染风险的企业和项目的授信合同管理，在授信合同中订立与耗能、污染风险有关的条款，包括借款人声明节能减排合规的条款；未履行承诺或耗能、污染风险显现时，同意加速回收贷款或中止贷款的条款；同意提前行使抵质押权的条款等，并严格监控违约风险。

第二十条 银行业金融机构要加强人员培训和能力建设，积累与耗能、污染有关的专业知识，努力提高本机构对涉及耗能、污染风险的企业和项目的授信管理能力。可以根据本机构的业务规模、授信行业和客户的风险特点，培养和引进有关专业人才，也可以借助第三方评审或通过其他有效的服务外包方式，获得相关专业服务。

第二十一条 银行业金融机构要加强节能减排授信工作的信息披露，公开本机构的节能减排授信政策和标准，披露存在重大耗能、污染风险的企业和项目的授信情况等，接受市场和利益相关者的监督。

第二十二条 银监会将把节能减排授信作为银行业金融机构评级的重要内容，将评价结果与被监管银行业金融机构高管人员履职评价、分支机构准入、业务发展相挂钩，落实到位的，予以鼓励。对高耗能、高污染行业授信比例大、增长速度快的银行业金融机构将安排专项检查。必要时，将要求外部审计师关注被审计的银行业金融机构与高耗能、高污染企业和项目有关的授信风险和合规风险。

第二十三条 各级银行业协会要积极协助和指导银行业金融机构做好节能减排授信工作，推广先进经验和良好做法，提供信息服务和技术咨询，加强与相关行业协会、专业协会的联系。

第二十四条 信托公司、企业集团财务公司、金融租赁公司等非银行金融机构参照本指导意见做好相关工作。

后　记

《寓义于利——商业银行绿色金融探索与实践》是兴业银行建行 30 周年、采纳赤道原则 10 周年之际对绿色金融 12 年探索成果的回顾与总结，也是对商业银行绿色金融实践经验的一次淬炼。作为中国首家赤道银行，兴业银行从 2006 年起在绿色金融领域摸索前行，逐步意识到绿色金融不仅拓宽了银行业务，而且可以帮助企业管理风险，促进人与自然、社会的和谐发展，是多方共赢的业务。我们提出"寓义于利"的社会责任实践方式，举全行之力从战略上去推动和发展绿色金融，也欣喜地找到了一条与众不同但更可持续的履行社会责任的道路。

党的十九大以来，随着生态文明建设进程的进一步深化和污染防治、生态保护力度的日益加大，我国已成为习近平总书记提出的"全球生态文明建设的重要参与者、贡献者、引领者"。随着绿色发展和转型的不断深化，污染防治和环境保护的专业性大幅提高，促使节能、环保、新能源等绿色产业快速发展。不论是新产业发展，还是绿色低碳基础设施的建设与改造，都需要有力的金融支持，这为绿色金融带来了长期可观的业务空间。

在此背景下，新旧动能的转换与环境治理的紧迫性日益凸显。越来越多的市场主体认识到了绿色转型的必然趋势和巨大的潜在收益，社会的投资理念正在发生潜移默化的改变和升级。越来越多的投资者在投资过程中，开始关注社会与环境责任。对于金融机构而言，发展绿色金融是适应客户需求转变、履行社会责任、进一步普及绿色投资和绿色发展理念的必然选择。

绿色金融的发展有助于实现结构调整的目标，也有助于金融机构自身防范重大风险。在良好的政策环境、制度保障和结构转型的态势下，服务于生态文明和节能环保的绿色金融业务，将是未来市场空间较大、资产质

后　记

量较好的业务领域，是商业银行新的业务增长点。绿色金融面临难得的历史发展机遇。

本书是兴业银行12年植绿不辍的成果结晶，既涵盖了国际与国内绿色金融的发展、政策变迁，也梳理了商业银行自身发展过程中在体制机制、专业素养与创新能力上的不断演变和深化。

本书作者在绿色金融领域积累了丰富的实践经验和认知体会，因此内容具有很强的实践性。编写组经过多方查阅资料，研究并撰写成文，同时认真对待每一次修改。通过总结回顾国内商业银行在绿色金融领域的探索和实践，希望在实操层面能够让社会大众真正理解绿色金融的价值，能够对国内同业的绿色金融发展提供有益的参考并从中汲取发展经验。

本书的编写与出版有幸得到多方的支持和帮助，在此表示衷心的感谢。

感谢编写组所在单位领导和同仁的全力支持和无私帮助。感谢兴业银行股份有限公司高建平董事长、陶以平行长的悉心指导，感谢薛鹤峰副行长的支持，感谢兴业银行集团全体兴业人一直以来对绿色金融的探索实践与热情奉献。

感谢中国人民银行货币政策委员会委员、中国金融学会绿色金融专业委员会主任、G20可持续金融小组共同主席马骏，中国人民银行研究局副局长周诚君为本书提供指导与建议，马骏主任还亲自为本书题写了书名，同时感谢马骏主任、G20可持续金融小组共同主席、英格兰银行高级顾问迈克尔·谢伦（Michael Sheren）为本书拨冗作序。

感谢中国金融出版社为本书顺利出版所付出的努力，他们的专业素养和敬业精神是本书出版不可或缺的保障。在本书付梓之际，特向中国金融出版社的各位同志表示诚挚的感谢。

兴业银行绿色金融编写组
编写组成员：罗施毅（课题主持人）
　　王益锋　贾　超　虞　毅　田　乐
　　　　别　智　吴　笛　张　斌
2018年8月